COLLECTION A UN FRANC LE VOLUME.
1 FR. 25 CENT. POUR LES PAYS ÉTRANGERS.

MAXIMILIEN PERRIN.

MÉMOIRES

D'UNE

LORETTE

PARIS
ALEXANDRE CADOT, ÉDITEUR,
37, RUE SERPENTE, 37.

MÉMOIRES D'UNE LORETTE.

MAXIMILIEN PERRIN

MÉMOIRES

D'UNE

LORETTE

PARIS
ALEXANDRE CADOT, ÉDITEUR,
37, RUE SERPENTE, 37.

1864

I

ENTRÉE EN CONNAISSANCE.

J'avais vingt ans, cher lecteur ou lectrice, lorsqu'il prit fantaisie à mon très-honoré père, ancien avoué retiré des affaires avec une belle fortune, de m'expédier un jour pour Paris, de la ville de Nantes que nous habitions alors. Je venais dans la grande capitale augmenter le nombre de cette foule d'étourdis appelés *Etudiants en droit*, qui, pour la plupart, n'en possèdent que le titre, passant leur temps en folles dissipations, et le partageant entre l'amour, l'estaminet et les jouissances de la Closerie des Lilas. Je l'avouerai à ma honte, au lieu d'être profondément attendri, de mêler quelques larmes à celles que versait ma tendre mère en pressant dans ses bras l'enfant qui, pour la première fois, allait s'envoler de dessous son aile protectrice, j'éprouvais au contraire une joie ingrate et secrète, un désir impatient de m'élancer vers la grande ville, désir que retardaient les caresses de ma famille, les tendres étreintes et les sages conseils du plus prudent des pères.

Enfin! enfin! encore une longue péroraison, une douzaine de baisers à recevoir et à rendre, puis je m'élançais en wagon.

J'avais vingt ans, un physique passable, un cœur tout disposé en faveur du beau sexe, surtout pour les femmes de la Capitale, qu'en province on me dépeignait, à juste titre, si belles et si dangereuses. J'avais avec cela six mille francs à dépenser par an. Tels furent les avantages avec lesquels je fis mon entrée à Paris. Mon père m'avait dit : Mon enfant, c'est au faubourg Saint-Germain, dans le quartier de l'école de Droit, qu'il faudra te caser, et faire en sorte de trouver une honnête famille qui t'accepte en qualité de pensionnaire. Aussi, en voyant ce quartier latin, si étroit, si obscur, avec ses maisons noires, incommodes, contemporaines des *Thermes de Julien*, je me dis : *Au diable ce triste séjour!* second tome de ma vieille cité de Nantes. C'est Paris qu'il me faut! Paris, mais avec ses riches boulevarts, ses maisons dorées, son monde fashionable. J'allai demeurer dans la Chaussée-d'Antin.

Ce fut donc un premier février que j'installai mes pénates dans un petit entresol garni de la rue du Helder. J'étais bien décidé, après un mois employé à satisfaire ce désir de tout voir et de connaître à Paris, de me consacrer entièrement à l'étude, et à commenter mon code sans relâche, dussé-je pâlir et dessécher dessus comme un vieux scribe sur son registre.

Ce fut aussi dans cette dernière intention que près d'une des fenêtres de ma chambre à coucher, je fis placer mon bureau que j'encombrai aussitôt de livres et de paperasses. Je m'y assis ensuite, afin de commencer ma vie parisienne, en écrivant à mes parents une longue et sensible épître, pour leur annoncer l'impossibilité dans laquelle je m'étais trouvé de me loger convenablement dans le quartier des écoles et ma résolution d'habiter la rive droite de la Capitale.

Quinze jours après cette installation, un matin, le concierge de ma nouvelle demeure, après avoir frappé à la porte, entre et s'avance vers moi la casquette à la main.

— Que désirez-vous, mon cher?

— Monsieur, je me nomme Baptiste.

— Eh bien, Baptiste, qui vous amène près de moi?

— L'ordre de madame Sainte-Rose, monsieur, qui désire avoir vos nom, prénoms, l'indication de votre état, pays et demeure, afin de déclarer le tout à la police, ainsi qu'il est d'usag pour les personnes qui logent en garni.

— C'est bien ! mais quelle est madame Sainte-Rose ?

— La locataire de cet appartement et la propriétaire du mobilier.

— Je comprends, c'est cette dame qui me sous-loue ?...

— Comme vous le dites, monsieur, ce petit appartement est situé sous celui qu'elle occupe au premier étage, et que le départ de son parent a laissé vacant.

— Ah ! c'est là la raison ; autrement, madame Sainte-Rose n'en fait point état ?...

— Par exemple ! une femme si *comme il faut* ! riche, jeune et belle !

— Voilà de beaux avantages, Baptiste, qui me donnent envie d'aller moi-même porter à cette dame les renseignements qu'elle désire, et profiter de l'occasion pour lui présenter mes hommages ; car, enfin, on aime à connaître les gens chez qui on demeure.

— Mais, monsieur, il faudrait avant que je consulte madame, qui, à vous dire vrai, n'aime pas à recevoir ses locataires, raison pour laquelle je suis spécialement chargé du soin de louer ce logement et d'en percevoir les loyers.

— Alors, Baptiste, comme je ne prétends forcer aucune consigne, allez exprimer mon désir à madame Sainte-Rose, et venez m'instruire de sa décision.

— J'y cours, monsieur.

— A propos, Baptiste, vous avez oublié de me donner avec les clés de l'appartement celle qui ouvre ce placard.

— La clé de cette petite porte, monsieur ? excusez, vous n'êtes pas dégoûté, me répondit le concierge en souriant et se frottant les mains.

— Eh bien ! qu'y a-t-il donc dans cette armoire de si précieux qu'on ne puisse en avoir la jouissance ?

— Ah ! c'est que voyez-vous, monsieur, ce que vous prenez pour une porte de placard n'est autre chose que celle d'un petit escalier dérobé aboutissant tout juste dans l'alcôve de madame Sainte-Rose, escalier dont jadis faisait usage le parent de madame, et dont on a condamné la porte le jour où il fut décidé que cet appartement serait loué à des étrangers.

— Voilà qui est infâme, Baptiste ; car si, comme vous le dites madame Sainte-Rose est une jolie femme, on a détruit le plus délicieux avantage de ce logement.

— Ah! ah! compris! compris! Vous êtes un farceur, vous, monsieur! dit Baptiste en riant aux éclats et se frottant les mains de plus belle.

— Ah çà! Baptiste, et M. Sainte-Rose, quelle espèce d'homme est-ce?

— M. Sainte-Rose?... connais pas!

— Cette dame est-elle veuve?...

— Je ne sais pas, répondit Baptiste d'un ton discret, en clignotant les yeux et se tenant droit comme un I.

— Cela suffit, Baptiste, allez porter ma réponse à madame Sainte-Rose.

Resté seul, je quittai mon bureau pour faire quelques tours dans ma chambre, pour m'approcher de cette porte en question, vers laquelle m'attirait un certain je ne sais quoi, un désir, un charme, une pensée d'amour et de bonheur. J'y portai involontairement la main. J'osai l'ébranler doucement; mais, hélas! une forte serrure la retenait de l'autre côté et s'opposait à mon indiscrète action.

— Eh bien! faisons en sorte, si cette femme est vraiment jolie, comme l'assure Baptiste, que ce soit elle, un jour, un soir, une nuit, qui vienne me l'ouvrir elle-même, me dis-je avec fatuité en m'éloignant et regagnant mon siége, où Baptiste me surprit, à son retour, enfoncé dans de profondes réflexions.

— Monsieur!

— Eh bien! Baptiste, quelle nouvelle?...

— Madame Sainte-Rose, après m'avoir fait force questions sur votre personne, questions auxquelles j'ai répondu ainsi que cela devait être, c'est-à-dire tout à votre avantage, consent à vous recevoir d'ici à deux heures. Sa femme de chambre viendra vous prévenir.

— Cela suffit, Baptiste, prenez cela pour votre peine.

A la vue du napoléon que je lui plaçai dans la main, Baptiste se mit à sourire, en m'accablant d'une foule de remerciements et de salutations. Resté seul, je me hâtai de faire ma toilette d'une manière élégante. En singeant devant une glace les manières, la tenue distinguée d'un fashionable pur sang, je ne travaillai qu'à me rendre ridicule. Je renonçai à ce manége stupide pour me contenter d'être moi et d'en courir la chance.

J'entendis un petit coup de sonnette, je courus ouvrir... C'était une gentille, fringante et fraîche camériste qui venait m'annoncer, le sourire sur les lèvres, que sa maîtresse m'attendait. Je remercie, je suis la jolie servante, qui m'introduit dans un vaste et somptueux appartement, à travers une foule de riches pièces où brillent l'or et la soie, jusqu'à un petit boudoir où mes yeux aperçoivent la plus belle comme la plus gracieuse des femmes, couchée nonchalamment sur un divan de satin rose. O mon cœur ! ô mon âme ! qu'éprouvâtes-vous en ce moment ? Quelle délicieuse sensation vint s'emparer de vous, en contemplant d'un regard rapide l'adorable Sainte-Rose, cette créature enchanteresse à la blonde chevelure, au front pur et blanc, aux yeux noirs.

— Oh ! m'écriai-je, les superbes dents ! le beau cou ! la délicieuse créature !

Et j'étais prêt à me prosterner devant ce chef-d'œuvre, divinité céleste qui avait étourdi mon cœur palpitant d'amour et d'admiration, lorsque sa bouche souriante m'engagea à m'asseoir, lorsque son bras nu, type de perfection, m'indiqua un petit siége placé tout près du divan où elle reposait dans la plus gracieuse désinvolture.

J'étais là, humble et timide, la tête, le cœur éperdus, muet de surprise et d'adoration. A peine placé sur le siége, je cherchai un mot, quelque chose enfin qui fît comprendre à cette femme si belle que je n'étais point un sot, ainsi que devait le lui faire penser ma stupide contenance. Hélas ! je ne trouvai rien, rien absolument.

— C'est donc vous, monsieur, qui êtes mon nouveau locataire ? me dit enfin l'adorable Sainte-Rose, en souriant peut-être à ma gaucherie, peut-être aussi par indulgence pour un malheureux dont elle prenait pitié.

— Oui... oui, madame, c'est moi qui ai cette faveur, si précieuse, répondis-je en tremblant.

— On vous nomme, monsieur ?...

— Oscar Senneval, madame.

— Vous arrivez de votre province ?

Il faut croire que ma gaucherie le lui indiquait.

— Oui, madame, repris-je, de Nantes, où réside ma famille.

— Et vous venez à Paris...

— Faire mon droit, madame.

— C'est pour cela que vous placez votre demeure à l'extrémité des écoles, dit-elle en riant.

— A Paris, les distances disparaissent aisément.

— Oui, pour celui qui a une voiture à ses ordres... Votre famille est riche, sans doute, monsieur?...

— Mon père, ancien avoué, possède des biens dont le produit est de cinquante mille francs par année.

— Et vous êtes fils unique?

— Fils unique, madame.

— Votre position vous permet de jouir des plaisirs de Paris, d'y fréquenter la bonne société, les spectacles, les bals...

— C'est ce que je compte faire, madame.

— Ce soir il y a bal masqué à l'Opéra, irez-vous?

— Telle est mon intention, car je désire depuis longtemps connaître ce lieu féerique.

— J'aurai sans doute le plaisir de vous y rencontrer ce soir?

— Voilà, madame, un bien puissant motif pour m'y attirer, quand même je n'aurais pas eu l'envie de m'y rendre.

— Une galanterie, très-bien pour un nouveau débarqué! dit en souriant madame Sainte-Rose.

— Oui, un nouveau débarqué, un pauvre provincial, bien gauche, bien timide, mais dont il dépend de vous, madame, de faire le plus charmant, le plus spirituel des hommes, en daignant jeter un regard de pitié sur lui, sur son ignorance, et le prendre sous votre divine protection.

J'avais prononcé ces mots avec feu, emporté par le délire, l'enthousiasme que me causait la présence de cette femme charmante.

— Moi, monsieur, devenir votre précepteur, votre mentor! y pensez-vous? lorsque moi-même, emportée sans raison par une tête volcanique, un caractère faible, inconstant, j'ai besoin d'un guide sage et patient!... Non, non! n'exigez rien de prudent de ma part; cherchez ailleurs quelqu'un plus digne que moi de guider votre cœur dans le labyrinthe de ce monde.

Telle fut la réponse de madame Sainte-Rose qui soupira presque, et dont le beau front se couvrit d'une teinte rouge.

— Ainsi, madame, vous refusez au pauvre provincial d'être son institutrice en l'art de plaire?...

— Je refuse tout, monsieur, hors mon estime dont je vous crois digne.

— Au moins, madame, m'accorderez-vous l'avantage de venir

quelquefois vous saluer en qualité de voisin et de locataire?...

— Vous êtes insinuant, monsieur Senneval, c'est une qualité fort précieuse qui, dans le monde, sera pour vous une parfaite introduction.

— Mais, madame, vous ne répondez pas à ma demande...

— Qui ne dit mot consent, me dit-elle avec le plus doux sourire qui m'annonçait quelque peu d'espoir. La femme de chambre venant annoncer une visite, je pris congé de madame Sainte-Rose, tout en maudissant l'importun qui m'arrachait à la plus adorable contemplation, à un entretien que j'espérais prolonger le plus longtemps possible. En traversant le salon, je rencontrai le visiteur, et mon cœur se comprima de crainte et de jalousie en remarquant dans cet homme, d'une quarantaine d'années, une figure belle, une tournure distinguée.

— Un amant, et un amant aimé peut-être! me disais-je avec dépit en rentrant chez moi, où, me jetant sur un siége, je m'enfonçai dans mille et mille pensées, livrant tour à tour mon cœur à l'espoir, à l'amour, à la crainte, à la jalousie.

Décidément, je veux savoir quelle est cette femme, ce que je puis craindre ou espérer en me livrant à tout l'amour, à toute la passion brûlante dont sa présence vient d'embraser mon âme et mes sens!

Cela dit, me levant vivement, je courus à ma sonnette, et Baptiste parut.

— Quoi qu'il y a pour le service de monsieur?

— D'abord, Baptiste, prenez ce napoléon.

— Encore! mais monsieur est cent fois trop généreux; car, enfin, je n'ai rien fait jusqu'alors qui me mérite des pourboires aussi *conséquents*.

— J'agis toujours ainsi avec les bons serviteurs, et je ferai de même à votre égard si je rencontre en vous franchise et dévouement.

— Parlez, monsieur, que faut-il faire pour vous prouver à l'instant tout mon zèle?... quitter à l'instant même ma porte qui, cependant, me rapporte par an près de 1,400 francs!... Faut-il, abandonnant femme et enfants, vous suivre au bout du monde, au-delà de la Picardie, de la Normandie même? Parlez, mon maître, je suis à vos ordres?

— Non pas tout cela, mais bien répondre avec franchise à mes questions.

— Parlez, mon maître, j'écoute.

— Baptiste, qu'est-ce que madame Sainte-Rose?...

— La locataire de l'entresol et du premier, de plus très-jolie femme, comme monsieur a été à même d'en juger par lui-même, et, par-dessus tout, payant fort exactement son terme.

— Baptiste, vous m'avez déjà dit vingt fois cela, mais il me faut des renseignements plus positifs, plus étendus. Madame Sainte-Rose est-elle fille, femme, ou veuve?...

— Dame!...

— Eh bien! répondez, Baptiste!

— Hum!...

— Allons donc, de l'or, de l'or! Entendez-vous, Baptiste! de l'or pour vos aveux, votre franchise!

Disant, je pris ma bourse et fis briller aux yeux cupides du cerbère le métal tentateur. Baptiste n'y tint plus, se gratta l'oreille, sourit bêtement; puis, ouvrant la bouche, il me dit d'un ton mystérieux :

— Demoiselle.

— Demoiselle!... quel bonheur! Maintenant, Baptiste, a-t-elle une famille?

— Certainement! une sœur d'abord, puis des oncles et des cousins à n'en plus finir, répondit Baptiste d'un ton sarcastique.

— Le nom de cette famille? La source de cette aisance dont elle semble jouir?...

— Le nom de la famille?... Connais pas. Quant à la source de sa fortune... dame! monsieur, une aussi jolie femme ne manque pas d'amis, de protecteurs qui l'alimentent.

De ce demi-aveu, je dus conclure alors que madame Sainte-Rose n'était autre qu'une femme entretenue, et cette pensée me fut pénible.

— Oui, monsieur, me dit Baptiste, cette femme dont l'entourage annonce une duchesse, une millionnaire, n'est autre que ce que nous appelons dans le quartier une *Lorette*.

— C'est impossible, Baptiste, qu'une aussi gracieuse créature, une femme digne de l'adoration de l'univers entier, soit... Allons donc, impossible, encore une fois.

— Dame! monsieur, surveillez, épiez, puis jugez et prononcez; surtout ne vous prenez pas trop fort aux gluaux de la dame. Prenez garde, car vous n'ignorez pas que nos *Lorettes* en veulent plus à la bourse qu'au cœur de leurs dupes.

— C'est bon, c'est bon, Baptiste; assez, laissez-moi seul maintenant.

Lorette! une lorette! elle si belle, si gracieuse... Un cœur vénal, une âme corrompue! m'écriai-je avec agitation, resté seul et me promenant à grands pas dans ma chambre... Après un instant de réflexion :

Conquête faite! m'écriai-je; oui, oui, à moi cette femme, mais sans amour, sans estime de ma part... Oh! qu'il est cruel de mésestimer ceux qu'on aimerait à honorer, chérir; et que le vice est dangereux, caché sous une si belle enveloppe!... Mais ce Baptiste n'est peut-être qu'un calomniateur, un faiseur de propos comme tous ses pareils... Sainte-Rose, cette femme admirable, n'est qu'un ange égaré, que l'amour, la protection d'un honnête homme, ramèneraient au bien, à la vertu!... Ah! quelle délicieuse conversion à entreprendre, et que la réussite en serait douce et glorieuse... J'essaierai!

Telle fut la conclusion du sujet. Voyant la nuit close, je m'éloignai de chez moi pour aller prendre mon repas dans la ville, finir la soirée au spectacle et pour attendre avec moins d'impatience l'ouverture des portes du bal de l'Opéra. A une heure du matin je vis l'Opéra, son bal éblouissant, ses prestiges, ses milliers de bougies, son innombrable public qui va, vient, s'agite, bourdonne; ses femmes à la tournure svelte et gracieuse, dont un masque couvre les traits; mais une chevelure d'or ou d'ébène, une adorable et mignonne oreille, un cou, des épaules d'une blancheur admirable, trahissent, chez presque toutes, les traits charmants qu'elles dérobent à la vue.

Ainsi, voilà donc le bal de l'Opéra! Dans mon admiration, j'ouvrais les yeux le plus grand possible pour mieux voir et saisir à la fois. M'élançant dans cette arène de plaisir, d'amour et d'intrigues, coudoyé, pressé entre vingt femmes, j'aspirais de tous côtés un parfum d'amour.

Hélas! hélas! que ce sanctuaire est séduisant; combien l'air qu'on y respire est dangereux! que de séductions, de prestiges, d'enivrements!... Pensant ainsi, mon pauvre cœur s'ouvrait largement pour y recevoir, aimer, adorer, toutes ces femmes que je voyais et convoitais du regard. Oh! mes vingt ans! oh! mon innocence de province que vous courriez de danger en ce moment! A trois heures, la foule, diminuant, commençait à faire place à l'ennui; car en ce lieu féerique où moi pauvre provincial, étranger aux roueries des élégants mondains de la capitale, qui m'étais promis tant de succès et d'intrigues dans ce temple du plaisir et de la volupté, je n'avais rencontré jusqu'alors que l'indifférence des femmes trop occupées pour consentir à m'entendre, à me consoler, à me payer, par un peu d'attention, du mal incroyable que je m'étais donné dans l'espoir de rencontrer la belle Sainte-Rose! femme cruelle, à qui en ce moment j'en voulais à la mort pour son indifférence à mon égard; car enfin, il était impossible que dans les mille tours et détours que j'avais faits dans le bal pendant les trois heures qui s'étaient écoulées depuis mon entrée, elle ne m'eût pas aperçu, reconnu, évité peut-être! Sottise! amour-propre! comme si une *Lorette* n'avait point à s'occuper, en ce lieu, d'intrigues plus importantes que celle que lui offrait la personne du petit provincial, tout frais débarqué.

Comme je terminais cette boutade, inspirée par le dépit, une main, derrière moi, pressa doucement mon bras. Je me retourne! C'était un élégant domino noir; c'était une femme aux beaux cheveux d'or, à la taille de sylphide; c'était l'adorable Sainte-Rose! que je reconnus aussitôt, en dépit du masque vénitien qui couvrait son beau visage!...

— Vous! madame, m'écriai-je plein de trouble, d'ivresse et de bonheur!

— Oui, moi, qui prends pitié de l'ennui, qui de votre âme se réflète sur votre visage. Venez un instant.

— Oh! volontiers, répondis-je.

Sainte-Rose passa amicalement son bras sous le mien en posant sa main divine sur la mienne.

— Oh! merci! merci! madame, de votre pitié! Oui, en effet, ce bal avait, sans vous, perdu tout son charme.

— Allons nous asseoir dans une loge; là, je vous écouterai mieux, Oscar, venez!

Cela dit, elle m'entraîne dans une petite loge grillée, située aux secondes, meublée de deux chaises sur le devant; Sainte-Rose en occupe une, moi l'autre, et près d'elle, tout près; mon bras pressant le sien, mon genou, son genou. Je respire à peine tant je me sens heureux.

— Ainsi donc, ce bal a été pour vous sans attraits jusqu'à présent?

— Sans attraits aucuns, madame.

— Est-ce possible de rencontrer l'ennui au milieu d'un essaim d'aussi jolies femmes que celles qui, en ce moment, peuplent ce lieu de plaisir?... Mais, en galant chevalier, vous n'avez donc point essayé d'une conquête?

— Je n'avais qu'un but, un désir brûlant, celui de rencontrer la plus belle des belles, d'être placé ainsi près d'elle, de l'admirer et l'entendre!

— Ce compliment s'adresse à moi, mon cher locataire, et bien loin de me flatter, il m'afflige...

— Hélas! et pourquoi, madame?

— Parce qu'il ressemble à toutes les fadeurs que me débitent, chaque jour, les hommes qui m'approchent; parce qu'il me rappelle, hélas! que l'amour, entre votre sexe et le mien, se met sans cesse de la partie. Enfin, je donnerais tout pour rencontrer un ami véritable et désintéressé, là où je ne trouve jamais qu'un amant.

— N'est-ce pas là, madame, le privilége de la beauté?

— Triste et fatal privilége! monsieur, répondit Sainte-Rose en pressant de sa main mon bras et laissant échapper un soupir! Monsieur Senneval, croyez-moi, pour me plaire et mériter mon estime, quittez ce ton galant, *amoroso*. Parlez-moi en frère, en ami, et je serai heureuse de vous entendre!

— Quoi! madame, me défendre d'être galant envers vous? m'interdire le droit de rendre hommage à vos charmes? mais il y a cruauté!

— Oui, je le veux ainsi, car à quoi bon ces fadeurs qui me fatiguent et m'affligent? Vous ne m'aimez pas, vous ne pouvez m'aimer, me connaissant à peine! Cessez donc d'user à mon égard de ces fades louanges pour me faire entendre le langage de la franche amitié.

— Je ne vous aime pas, dites-vous, car pour qu'il en soit autrement, je ne vous connais pas assez! Hélas! faut-il donc tant de temps? Vous voir, vous adorer, mais tout cela est l'œuvre d'un de vos regards; et les vôtres se sont fixés sur moi! C'est vous dire, madame, que je suis votre esclave pour la vie!...

— Silence, enfant! ne mentez pas ainsi; et dites que, suivant l'instinct de votre sexe trompeur, mes quelques charmes ont allumé dans votre cœur une passion passagère, que ma crédulité, ma possession, éteindraient aussitôt. Oui, c'est ainsi que vous autres hommes pensez sur nous; que vous nous trompez; que vous perdez souvent notre avenir!... Pauvres crédules que nous sommes!

— Non, détrompez-vous, adorable Sainte-Rose, ce n'est point le caprice ni une passion passagère, que vos charmes ont fait naître en moi, mais bien un amour vif, brûlant, éternel!

— Monsieur Senneval, un amour sincère, durable, ainsi que vous le dépeignez, ne va point, ce me semble, si vite en besogne; au surplus, n'importe votre opinion sur moi, le jugement que vous portez de ma personne; je vous défends de me parler d'amour; oui, j'ai pitié de vous, enfant, et ne veux point que vous m'aimiez.

— Et c'est par excès de pitié cruelle, que vous voulez me désespérer et me condamner à un regret éternel!... Ah! je ne comprends pas cette charité, madame, m'écriai-je hors de moi. Et comme j'allais saisir la main de Sainte-Rose, afin de la contraindre à reprendre le siége dont elle venait de se lever spontanément, la porte de la loge s'ouvrit, et l'homme que j'avais rencontré dans son salon parut.

— C'est vous, comte! fit Sainte-Rose avec surprise.

— Moi-même. Mais quel est ce monsieur? demanda le comte, en jetant sur moi un regard scrutateur.

— Un ami de ma famille, répond la dame avec un grand aplomb.

— Très-bien! venez, ma chère, reprend le comte.

Et tous deux s'éloignent sans m'adresser un mot, un salut.

— Un mensonge! un mensonge dans une si belle bouche! ah! c'est affreux, et cette action la rabaisse mille fois à mes yeux!... Oh! Baptiste a dit vrai, cette femme est véritablement une *Lorette*, une femme indigne de mon respect, de mon sincère amour, mais elle est belle, que dis-je, belle! admirable, divine, à en faire perdre la tête! à rendre fou le plus sage, comme le plus froid des hommes.

Cela dit ou plutôt pensé, je quitte la loge, le bal, l'Opéra, et cours chez moi m'enfermer, me jeter sur mon lit; mais, hélas! pas de repos. Cette femme, toujours cette femme qui me trotte dans la pensée. J'entends marcher au-dessus de ma tête; c'est elle sans doute, elle qui est rentrée, qui va se mettre au lit; c'est d'elle dont un court espace, une mince cloison me séparent; car, en m'orientant, c'est sous sa chambre à coucher que doit être placée la mienne; c'est au-dessus de mon lit que doit être situé le lit où chaque nuit elle repose; j'entends marcher encore, j'entends même plusieurs pas, les siens d'abord, puis ceux de sa femme de chambre... ou plutôt, et je frémis de rage et de jalousie, rien qu'à la pensée du doute, ceux d'un amant heureux et privilégié, ceux de ce comte que je hais, que je veux tuer sans miséricorde! Ah! que ne puis-je ouvrir cette porte, me glisser à travers cet escalier?

Parlant ainsi, je m'étais jeté en bas du lit, j'ébranlais la port du petit escalier, je collais mon oreille dessus et tout cela pour rien! car rien ne cédait sous mes efforts; nulle parole, nul bruit, ne venaient frapper mon oreille attentive!... Mais j'y pense, une femme qui vend son amour, doit faire peu de cas du sot amoureux qui, pour tout profit, lui offre simplement un cœur brûlant et candide... de l'or ou plutôt un riche présent... Oui, voilà la seule clef qui peut m'attirer les faveurs d'une telle femme. Et puisque je suis amoureux d'elle comme un niais, faisons un sacrifice, bien vil sans doute, mais dont seul j'aurai à rougir, grâce au mystère dont j'envelopperai ce honteux moyen de séduction...

Une nuit sans sommeil et le matin je courais les boulevards, m'arrêtant devant les étalages des riches magasins, lorgnant les cachemires, les diamants, les objets d'art et de fantaisie, essayant de faire un choix, de m'arrêter sur quelques bagatelles de bon goût, d'un prix auquel ma bourse puisse atteindre sans éprouver un trop rude échec, et je me décidai enfin pour deux charmants petits vases étrusques d'un travail et d'un goût admirables, le tout en or émaillé et du prix de 600 francs! Satisfait de mon emplette, j'indiquai la demeure de madame Sainte-Rose, avec ordre de lui porter aussitôt mon présent, non de ma part, mais en laissant le porteur libre de dépeindre celui qui l'envoyait.

Cela fait, ce fut avec la plus vive impatience que j'attendis l'heure convenable de me présenter chez ma belle, impatient que j'étais de connaître la réception qu'allait me faire Sainte-Rose après une telle galanterie. A trois heures de l'après-midi, ce fut la tête haute, presque avec l'aplomb et le sourire de la satisfaction sur les lèvres, que je me fis annoncer par la camériste et saluai Sainte-Rose, qui, cette fois, me reçut dans son riche salon, où je la trouvai assise près d'une fenêtre et travaillant à un ouvrage de tapisserie sur un métier placé devant elle. Après un sourire de sa jolie bouche, un signe de sa main blanche et potelée, je m'assis à ses côtés; ce fut avec satisfaction, avec orgueil, que j'aperçus mes vases briller parmi une foule d'autres objets d'art et d'un grand prix, placés sur une petite étagère.

— Je vous attendais, monsieur, dit-elle, tout en continuant son travail.

— Quoi! madame, tant de bonheur m'était réservé! et qui pouvait vous faire présumer une visite?

— Le désir d'entendre de la bouche de celle dont vous vous dites amoureux, un remerciement sur votre exquise galanterie, votre goût.

— Comment, madame, vous avez deviné... Ah! pardon d'avoir osé sans votre aveu vous faire hommage d'une telle bagatelle.

— Allons, ne faites pas le modeste, monsieur Senneval, et recevez mes excuses sur l'impolitesse avec laquelle je vous ai quitté cette nuit au bal.

— A vous l'excuse, madame, et à moi la faute; ma rancune à celui qui est venu si brusquement vous enlever à mon admiration.

— Ah! c'est qu'il est de ces invitations devant lesquelles toute considération doit céder et vous en avez eu la preuve, à la vitesse avec laquelle je me suis rendue à ce mot du comte : Venez!

— En effet, madame, cet homme vous a parlé en maître...

— Et j'ai obéi en esclave, n'est-ce pas?...

— Grand Dieu! quel est donc l'empire de cet homme sur vous? A quel droit, à quel titre?...

— Silence! ne m'interrogez pas, souvenez-vous, monsieur, que pour moi, vous êtes une connaissance d'hier, et qu'il y aurait inconséquence et audace de votre part.

— C'est juste, madame, et cependant... Ah! pourquoi faut-il que je sois étranger! moi qui, à vos genoux, voudrais avoir passé ma vie.

— Toujours ce langage d'amoureux donc?...

— Ah! c'est que je le suis de vous, madame, mille fois plus que ma bouche ne peut l'exprimer.

— Prenez garde, on rencontre souvent le ridicule en poussant trop loin une passion non partagée, mon cher Senneval, répond Sainte-Rose en souriant avec finesse.

— Alors, prenez donc pitié de mon supplice, en me donnant, madame, un peu d'espérance!

— Je n'aurai garde!

— Eh bien! c'est ma mort, cruelle, que causera votre indifférence à mon égard.

— Allons! fi donc! cette tactique est usée, monsieur, je conviens qu'autrefois quand on jurait de mettre fin à ses jours cette ruse faisait fléchir plus d'une beauté crédule, mais aujourd'hui on jure simplement de se consoler, d'offrir ses hommages à une autre, et l'on se guérit en tenant parole.

— Ainsi, madame, vous doutez de la sincérité de mon amour, de sa force, du cruel désespoir dans lequel me plongeraient vos rigueurs? — Ah! prenez garde, car pour vaincre votre incrédulité, vous persuader de ma sincérité, je suis capable de tout entreprendre!

— Mon Dieu! vous commencez à m'effrayer, monsieur, fait Sainte-Rose en souriant, puis posant sa main sur la mienne, contact délicieux! qui fit tressaillir tout mon être, qui me brûla de tout le feu de l'amour, et faillit me faire perdre la raison.

— Écoutez, me dit-elle, et retenez bien... oui, je crois à votre amour, à sa sincérité, car à votre âge le cœur est sans détour et se livre tout entier, mais moi, monsieur Senneval, je ne puis ni ne dois encourager votre flamme, car la délicatesse, la prudence me font un devoir...

— Comment cela? madame, et quelle barbare sévérité?...

— Votre jeunesse d'abord, car vous avez vingt ans; j'en ai vingt-cinq...

— Qu'importe cette légère disproportion lorsqu'on est belle comme vous, aimée comme je vous aime!

— Ensuite, monsieur, le plus grand obstacle à l'accomplissement de vos désirs, est que, depuis cinq ans, j'ai fermé mon cœur à tout tendre sentiment, et fait le serment de ne jamais aimer; serment que j'ai tenu depuis ce temps avec fidélité, et auquel je ne serai point parjure.

— Hélas! madame, qui donc a pu vous inspirer une aussi cruelle résolution, et condamner ainsi au malheur, à la souffrance, tous ceux qui, comme moi, ont le bonheur de vous voir et de vous adorer?

— Ne m'interrogez pas, monsieur Senneval, et laissez une pauvre femme maîtresse de son plus pénible secret, répond Sainte-Rose d'un ton amer et les yeux baignés de larmes.

— O ciel! vous pleurez! Hélas! quel affreux souvenir vient

donc de se réveiller en vous? m'écriai-je attendri, tombant à ses pieds, m'emparant de ses mains et osant y porter mes lèvres.

— Relevez-vous, monsieur, relevez-vous! à un ami peut-être oserais-je ouvrir mon cœur, dévoiler mon âme, raconter mes douleurs; à un amant jamais rien! pour lui *mystère et réserve*!

— Un ami, mais j'en suis un pour vous, et qui donnerait son sang, sa vie, pour mériter votre confiance, votre a...

— Votre amour, alliez-vous dire? Vous voyez bien, monsieur, que vous retombez sans cesse dans la même faute ; sotte que je suis de m'attendrir, d'effleurer pour ainsi dire le drame avec un jeune fou, un enfant qui n'a qu'une idée fixe, celle de dépenser tout d'un coup tout ce que son cœur, son âme, renferment de passion, de générosité, en faveur de la première venue.

— Dites, belle Sainte-Rose, de la plus adorable, de la plus digne des femmes!

— La plus digne, Oscar, comment vous prouver que je mérite cette épithète flatteuse? Imprudent! Me connaissez-vous? Qui vous assure que je suis une femme vertueuse, délicate, incapable d'abuser de votre faiblesse, de cette puissance que mes quelques charmes, dites-vous, exercent sur votre âme, pour causer votre ruine, empoisonner, perdre votre avenir! Ah! croyez-moi! portez à une autre, dont l'âme sera plus disposée à l'amour, cet hommage que vous m'offrez! choisissez cette femme dans votre province; faites-en une épouse vertueuse, chérie et soyez heureux! Dites maintenant, Senneval, qu'après de semblables conseils, je ne suis point votre amie, et touchée, reconnaissante, de l'affection que vous me témoignez, ajoute gaîment Sainte-Rose, en passant subitement d'un ton rempli de douceur et d'émotion à celui d'un aimable enjouement.

— Et c'est en dévoilant dans vos discours tant de vertu, de sagesse et de prudence, que vous espérez me guérir d'un amour qui fait ma joie, mon ivresse? Ah! détrompez-vous, ma douce et belle amie, car pour réussir dans la tâche que vous avez entreprise, fort inutilement je vous assure, il fallait non pas me montrer de nobles sentiments cachés sous la plus magnifique enveloppe, mais bien une âme hideuse; alors ma délicatesse, mes scrupules eussent pu vous donner gain de cause, mais il n'en sera rien, et en dépit de vous-même, je me fais votre esclave, dussé-je toute ma vie souffrir, languir, courber le front devant votre dédain, votre mortelle indifférence!

— C'est cela, monsieur, enflammez-vous davantage, portez la folie à son comble. Prenant tout à fait pitié de votre état, je veux tenter un dernier effort de guérison; je vous dirai enfin que cette femme dont vous vous enthousiasmez est indigne de vous, que, trompée dans ses plus tendres affections, victime de la crédulité de son cœur, de l'insouciance des hommes, elle a promis de se venger sur tous de l'ingratitude, de la perfidie d'un seul, que fidèle à ses projets de vengeance, depuis le jour qu'elle prononça ce serment, elle s'est plue, abusant du pouvoir de ses attraits, à exciter l'amour dans tous les cœurs, afin de mieux les torturer lorsqu'elle en était maîtresse.

Oui, moi! monsieur, j'ai fait cela, plus encore, j'ai... Mais, non! je ne vous en avoue pas davantage, car, faible que je suis, il m'en coûterait, je le sens, de perdre votre estime. Rendez grâce, monsieur Senneval, aux bonnes dispositions que vous avez su m'inspirer, elles me font seules vous exclure de la haine que j'ai vouée à votre sexe et vous accorder grâce et merci.

Je me disposais à répondre à Sainte-Rose, lorsque la porte du salon s'ouvrit, et que parurent deux dames jeunes et d'une mise élégante; l'une, grande, belle, au regard charmant et hardi, l'autre, petite, très-grasse, et d'une beauté douteuse, malgré les plus belles dents du monde et des lèvres vermeilles. Ces deux femmes, folles et joyeuses, entrèrent avec bruit, m'honorèrent d'un salut du plus sans façon, d'un simple hochement de tête, puis vinrent à Sainte-Rose, l'embrassèrent et l'entourèrent de leurs bras.

— Bonjour, Alice, ma chère Alice, comment te trouves-tu des fatigues du bal, mon ange? dit la grande à madame Sainte-Rose, dont, enfin, nous apprenons le nom de demoiselle.

— Bien, Céline, car j'ai dormi jusqu'à midi.

— Et moi je viens de me lever tout à l'heure, et sans mon petit-fils de pair de France, qui, ayant pénétré dans ma chambre à coucher, en dépit de ma femme de chambre, est venu m'éveiller, ma foi, je *pioncerais* encore, fait entendre la petite boulotte d'un organe empâté.

— Permets-moi de te faire observer, ma chère Hortense, que dans tes naïvetés, tu te décoltes un peu trop aisément en présence des étrangers, dit Alice Sainte-Rose à la jeune femme, du ton d'une amère ironie.

— Bah! excuse-la, Alice, tu sais que cette pauvre Adèle n'a

point inventé la poudre, et parlons de ce qui m'amène chez toi, indépendamment du plaisir de te voir.

— Voyons, parle, Céline. Et disant ainsi, Alice jetait sur moi un regard où se peignait l'impatience et l'ennui, ce qui me fit aussitôt augurer que la présence des deux visiteuses ne lui était rien moins qu'agréable.

— Ma chère, je débute demain soir à Chantereine dans le rôle de la *Fille d'honneur*, et je t'apporte une loge pour toi et tes amis, afin que vous m'applaudissiez, car j'aurai une toilette superbe.

— Oh! oui, superbe! son agent de change a joliment été généreux!... Au fait! je ne sais pas comment Cécile s'y prend, mais elle obtient tout ce qu'elle veut de ses amants, dit la grosse boulotte avec ingénuité.

— Mais tois-toi donc! tu ne dis que des bêtises chaque fois que tu ouvres la bouche, s'écrie Céline avec dépit et impatience.

Moi je souriais en dessous en remarquant la confusion, la rougeur empreinte sur les traits de Sainte-Rose.

— Ainsi, tu viendras me voir jouer, n'est-ce pas? Si monsieur voulait me faire le plaisir de t'accompagner!... ajoute Céline en s'adressant à moi.

— Certainement, madame, du moment que madame Sainte-Rose daignera m'accepter pour son cavalier, m'empressai-je de répondre, en interrogeant Alice du regard.

— Peut-être, monsieur, se contenta de me répondre cette femme charmante.

— Dame, si tu ne veux pas emmener monsieur, tu n'as qu'à le dire, Alice, je lui donnerai une place dans la petite loge dont Céline m'a fait hommage pour mon grand banquier et moi.

— Mais alors où se placera le banquier, mademoiselle, si vous m'accordez l'honneur de ce partage? m'informai-je à la grosse Hortense, cela, le sourire sur les lèvres.

— Je lui écrirai que j'ai ma migraine, et qu'il reste chez lui; oh! ça ne pèsera pas une once! j'ai bientôt fait de me débarrasser des gens quand ils me gênent!

— Merci, Hortense, merci, je pense pouvoir offrir une place à M. Senneval, répondit Alice.

— Tiens, monsieur s'appelle Senneval? c'est drôle, comme on se rencontre, j'ai eu un amant, un bon enfant, qui s'appelait Duval; ça rime! s'écria la grosse bête en riant aux éclats.

— Mon Dieu, que tu es dinde, ma pauvre Hortense, s'écria Céline avec humeur.

— Dinde ! pourquoi ça ? Est-ce que *Senneval* et *Duval* ne riment pas ensemble ?

— En effet, aussi vrai que toi *Hortense* et *sotte* sont synonymes, répond Céline avec aigreur.

— Mademoiselle aurait-elle l'intention de se livrer à l'art théâtral et d'en faire son état ? demandai-je à la belle Céline.

— Oui, monsieur, car je raffole du théâtre, où chacun me dit que mon physique et mes dispositions m'indiquent une place distinguée.

— Et c'est à la comédie que vous vous consacrez de préférence ?

— A tous les genres, monsieur, tragédie, drame, opéra, vaudeville !

— Vous serez un précieux sujet, mademoiselle, pour un directeur, ma foi !

— Oui, d'autant plus que je suis adroite dans tout et que j'adore la scène.

— Et puis, que c'est si agréable et commode ce diable de théâtre pour faire valoir ses avantages physiques; on y fait des connaissances hupées ! lâche étourdiment Hortense.

— Voilà encore que tu bêtifies, ma chère, dit Céline.

— C'est drôle ! je ne puis jamais, avec toi, Céline, exprimer ma façon de penser sans que tu y trouves à redire.

— Dame ! tu es de si mauvais ton ! si saugrenue !

Encore une nouvelle visiteuse que vient annoncer la camériste, madame *Adéla de Rosambeau*, grande et superbe femme, au port de reine, aux traits prononcés. Cette dame, couverte de soie, velours et cachemire, fait son entrée dans le salon avec fracas, sourit à Alice de l'air le plus affable, salue les autres dames avec protection, ma personne avec hésitation et en me toisant de la tête aux pieds, elle laisse tomber sa majestueuse personne avec nonchalance sur un riche et soyeux divan.

— Bonjour, ma petite, bonjour; il y a un siècle que je ne t'ai vue, ma bonne Alice, enfin depuis mon départ, l'été dernier, pour Londres, où j'ai brillé, où j'ai été adulée par tout ce qu'il y a de plus noble, de plus distingué en Angleterre...
Je voulais, Alice, ma mignonne, venir te voir à mon retour, il y a trois mois ; mais à peine arrivée à Paris, il m'a fallu chercher un hôtel, monter ma maison, mes équipages, et tout cela m'a tenu

un temps : m'a donné une fatigue !... dont je suis à peine remise.

Et tandis que la dame parlait ainsi avec nonchalance, penchée mollement sur le siége et jouant avec un magnifique lorgnon pendu à son cou et enrichi de diamants, Céline et Hortense, dont les yeux respiraient le dépit de la jalousie, échangeaient entre elles des regards moqueurs, et satiriques.

— Soyez la bien venue, ma chère Adèle, répond Alice avec bonté.

— Dites Adéla, ma chère petite, car c'est ainsi qu'on me nomme maintenant ; j'ai trouvé que cette petite addition désencanaillait parfaitement ce nom vulgaire d'*Adèle*, que mes parents ont eu la maladresse de me donner. Mais parlons peu et parlons bien ; je viens, ma petite, t'inviter au bal que je donne dans mes nouveaux salons, où je réunis les plus jolies femmes de Paris, les hommes les plus *comme il faut*, enfin l'élite de la Chaussée-d'Antin. Mon bal sera magnifique ! éblouissant ! je dépense, pour le rendre digne des gens que je me propose de recevoir, un argent fou !... Ainsi c'est convenu, n'est-ce pas, Alice, vous y viendrez ?...

— Je n'ose vous l'assurer, Adéla, mais je ferai tous mes efforts pour me rendre à votre aimable invitation.

— Très-bien ! Fais en sorte, ma chère, de m'amener quelques cavaliers riches et distingués ; je les recevrai de mon mieux.

Quel est monsieur ? s'informe familièrement et impertinemment cette femme en m'indiquant du doigt à Alice.

— Monsieur est mon locataire, une aimable connaissance, répond gracieusement Sainte-Rose en souriant.

— Plus, madame, un provincial nouvellement débarqué, un avocat en herbe, autrement dit *un étudiant en droit*, ajoutai-je aussitôt.

— Vous vous nommez, monsieur...

— Oscar Senneval, madame.

— Senneval, tout court !...

— Oui, madame, ce dont je m'inquiète fort peu.

— C'est égal ! je vous invite à mon bal, jeune homme, et vous enverrai une lettre.

— Et moi, Adéla, je vous offre une loge pour venir demain, au théâtre Chantereine, me voir jouer *la Fille d'honneur*.

— Quoi, toujours cette manie de théâtre, ma petite ? mais c'est une rage chez vous, et les sifflets ne vous rebutent pas, à ce qu'il paraît...

— Les sifflets ! par exemple ! Jamais je n'ai été sifflée... Si, une fois par un amant rebuté, un être qui était fou de moi, et que je détestais...

— Ah ! oui, je me le rappelle, ce commis qui n'avait pas le sou.

— Tais-toi donc, Hortense ; tu nous fatigues avec tes observations saugrenues.

— Eh bien ! ma chère, je n'irai pas vous voir jouer ; merci de votre offre, car j'étouffe dans ces petits théâtres, ces *cages à poulets*, où s'entassent une foule de gens, dont le contact et l'odeur sont capables de me faire tomber à la renverse. Il me faut, à moi, des salles vastes, l'Opéra, les Italiens : que sais-je ? Puis une société choisie.

— Oui, pas celle de madame votre mère, ci-devant portière rue *Neuve-Saint-Eustache*, et maintenant, grâce à votre générosité, rentière à Belleville, moyennant quinze sous par jour, réplique Céline avec dépit et plus rouge qu'une cerise.

— Silence ! Céline, point d'aigreur, de paroles blessantes, dit aussitôt Alice.

— Bah ! laissez-la dire, ma chère, je m'en moque ! c'est la jalousie qui l'étouffe ; mon hôtel, mes gens, mes chevaux, qui lui donnent le cauchemar, répond Adéla avec fierté et dédain !

— C'est vrai, ça, que vous faites joliment votre tête avec nous, madame *Adéla de Rosambeau*, s'écrie Hortense avec aigreur.

— Et ce n'est pas gentil du tout de vous conduire ainsi avec d'anciennes camarades, que vous traitiez mieux quand vous leur tiriez la ficelle dans la loge de madame Cloquet, votre mère, s'écrie Céline en colère.

— Eh bien ! qu'est-ce que cela prouve ? méchante pécore ! que plus adroite et plus belle que vous, j'ai su plaire, me faire aimer et m'enrichir.

— De grâce ! mesdames, cessez ces discussions déplacées, s'écrie Alice, rouge de honte et n'osant plus lever les yeux sur moi, que ces femmes ennuyaient à l'excès, et qui, par leur langage, leurs aveux immoraux et indiscrets, me donnaient une juste idée de leurs qualités et positions dans le monde.

— Oui ! mais prenez garde que votre ambassadeur ne découvre un jour vos échappées avec certain mauvais sujet de notre connaissance ; car alors, bernic, votre hôtel et votre carrosse ! riposte Céline, malgré la recommandation de la maîtresse du lieu.

2

— C'est bon ! pas de conseils, je n'en reçois de personne, ma chère, dit Adéla en se levant nonchalamment du siége sur lequel elle est étendue, rajustant sa toilette, et se disposant à prendre congé de la société ; ce qu'elle fit presque aussitôt après avoir pressé amicalement la main d'Alice, m'avoir gratifié d'un sourire aimable et protecteur, puis foudroyé Céline et Hortense d'un regard superbement dédaigneux.

Cette Cléopâtre avait à peine quitté le salon, reconduite par Alice, que les deux femmes avec lesquelles on m'avait laissé entamèrent un long chapitre de récriminations contre l'orgueilleuse reine, mais auquel mit aussitôt fin Sainte-Rose, qui, après avoir consulté sa pendule, prévint les deux dames ainsi que moi que l'heure la contraignait avec regret de se séparer de nous, ce dont elle nous demandait mille excuses. Je me hâtai donc de mettre fin à ma longue visite, et prenant congé des trois dames, je fixai sur Alice un regard suppliant et interrogateur, auquel cette beauté parfaite répondit par un aimable sourire et un *à bientôt, monsieur Senneval !*

Une fois dans ma chambre, placé dans mon fauteuil et livré à mes réflexions, je soutins un grand combat entre mon amour et mes scrupules.

— Ah çà, mon cher Oscar, maintenant que te voilà convaincu que cette Sainte-Rose n'est autre qu'une femme galante entretenue, que comptes-tu faire de la passion que cette séduisante *Lorette* t'a inspirée ! Un passe temps ? une amourette ? ou une passion durable ? Interrogeant ma conscience, je m'écriai, le cœur profondément attristé, la tête bourrelée de mille pensées diffuses et contradictoires :

— Oh ! destin, destin ! quels sont tes caprices ? Oh ! corruption, quel est ton ouvrage ? Une femme jeune, belle, digne d'adoration, capable de faire le bonheur d'un être privilégié du ciel, perdue, perdue pour la société ! Honte à celui qui, épris de ses charmes, séduit par son amour et ses caresses, oserait en faire la compagne de sa vie, et donner son nom à celle qui vendit ses caresses, ses faveurs !... Et cependant qu'il serait doux, glorieux, de ramener cette femme à la vertu, et l'entourant de considération, de lui reconquérir l'estime générale !... La tâche serait facile, car ses paroles, ses scrupules, montrent qu'Alice n'a point une âme étrangère à tous sentiments vertueux, mais qu'elle n'est qu'égarée. Eh bien ! à moi cette tâche ! Si, en faveur de mes soins, de ma protection d'honnête homme, elle veut m'aimer, m'aimer uniquement, après m'avoir confessé ses erreurs et ses fautes !

Ceci convenu, m'arrachant à mes pensées, je sortis de chez moi pour n'y rentrer que le soir.

— Qu'est ceci ! m'écriai-je, après avoir jeté les yeux sur mon bureau, et y apercevant deux charmantes statues or et bronze, représentant l'une *le Génie de l'Etude*, et l'autre celui *de la Science*, délicieux travail, d'un goût exquis. Ah ! une lettre à mon adresse placée entre ce beau couple ! Voyons... C'est d'elle ! Elle qui m'écrit !... Oh ! les jolis caractères ; mais qu'il y en a peu, hélas ! Lisons...

« A quel titre, monsieur, le charmant présent dont vous
« m'avez enrichie ce matin ? Est-ce à une amie, à une femme que
« vous jugez digne de votre estime, que vous avez voulu offrir
« un gage, un souvenir ? la chose étant ainsi, me flatte on ne
« peut plus ; et cependant était-il alors besoin d'être aussi magni-
« fique, et le plus simple gage accordé par le cœur ne suffisait-il
« pas ? Oui, un rien, une bagatelle, de la part d'un ami véritable,
« est pour moi chose douce et précieuse, tandis que les dons les
« plus magnifiques de la fortune, venant de la part d'un amant,
« n'ont à mes yeux nul charme, et ne méritent que mon indiffé-
« rence. Peu fixée encore sur l'intention qui vous animait à mon
« égard lorsque la pensée vous vint d'offrir à une femme que vous
« connaissez à peine un aussi beau présent, cette même femme
« pensant qu'il y va de son amour-propre de ne pas être moins ma-
« gnifique et généreuse que vous ne l'avez été à son égard, vous
« offre à son tour, monsieur, ces deux statuettes qu'elle vous prie
« d'accepter comme gage de sa parfaite estime et considération ;
« puis, quitte envers vous d'ostentation et de folie, elle vous pré-
« vient qu'une fleur à ses yeux a mille fois plus de prix et de
« charme que tous les joujoux dorés qu'enfantent les caprices en
« faveur de la fortune. Avis de votre toute dévouée amie.

« ALICE SAINTE-ROSE. »

Femme sublime ! ah ! que mon cœur te jugeait bien, en soupçonnant le tien capable de noblesse, de désintéressement ! Une fleur ! une fleur ! voilà ton vœu, ta seule ambition. Eh bien ! tu en auras, oui, chaque jour, des belles, des fraîches, comme ta *gracieuse personne !* qui te parleront en ma faveur, qui te diront sans cesse : *Je t'aime, je t'adore, Alice, prends pitié de mon martyre*; et cela, grâce à ce spirituel langage inventé par les Orientaux, celui des fleurs, langage muet, langage d'amour, que tu comprendras, ô ma belle, ô ma déité! m'écriai-je, plein d'enthousiasme, après la lecture de cette lettre, lettre que je portai à mes lèvres, et couvris de mille et mille baisers.

Mais ne ferais-je pas bien d'aller aussitôt remercier Alice de son présent; n'est-il pas pour moi un heureux prétexte pour me présenter ce soir chez elle, sans paraître trop importun, assidu, fatigant?

Non! Allons donc!

Alors je prends mon chapeau, je grimpe l'étage qui me sépare d'elle. Je sonne ; la camériste vient ouvrir.

— Madame est-elle visible?

— Je vais m'en informer, monsieur.

Après une minute d'attente la servante revient; mais, hélas! pour me présenter les excuses de sa maîtresse, qui ne peut me recevoir ce soir.

Je me retire le dépit au cœur, le murmure aux lèvres, et rentre chez moi, où triste et déconcerté je me jette sur mon lit.

— Non, elle n'est pas seule! certainement non; car, au-dessus de ma tête, j'entends marcher, je reconnais les pas pesants d'un homme... Encore ce comte mystérieux et maudit qu'elle me préfère, dont les volontés certainement sont des ordres pour elle! Ah! que cet homme est heureux! que je le hais!... Mais non, elle ne l'aime pas, ne peut l'aimer ainsi que ses pareils.

Onze heures et pas de sommeil; et toujours ce bruit de pas au-dessus de ma tête, ce bruit, qui me rappelle sans cesse la présence d'un rival, me fait bondir de rage et de jalousie.

Que ne puis-je ouvrir cette porte, pénétrer chez elle, près d'elle, la surprendre avec ce comte. Pensant cela, je m'étais relevé, et de nouveau j'essayais d'ébranler la fatale porte aux dépens de mes doigts que je mettais en sang.

Le bruit d'une porte s'ouvre, c'est celle d'Alice; sans doute le comte s'en va, et je cours placer mon oreille près de la porte donnant sur l'escalier. On descend; le bruissement d'une robe de soie se fait entendre. Serait-ce Alice qui sortirait à cette heure? Voyons. Je vais ouvrir une fenêtre, m'y placer; une voiture est en bas, un valet en livrée en ouvre la portière, et bientôt la referme sur Alice et sur le comte. Tous deux viennent de prendre place dans ce riche équipage, que deux chevaux fringants emportent au galop.

— A minuit, sortir à minuit, à une heure aussi indue ! et avec un homme encore, ah ! c'est infâme ! Mais où va-t-elle donc comme ça !

Alors agité, presque fou, me promenant à grands pas dans ma chambre, je prends la ferme résolution de renoncer à une passion honteuse, de fuir Alice, de quitter sa demeure, et d'aller vivre loin d'elle à l'extrémité non de la terre, mais du quartier latin. Là m'appelaient des études auxquelles mon extravagant amour m'avait empêché de me livrer.

Trois heures du matin et elle n'est point encore rentrée ! oh ! décidément point de pardon ! plus d'estime ni d'amour après une semblable faute ! une pareille inconduite !

En parlant ainsi, je me promenais toujours et toujours me mettais à la fenêtre, dans l'espoir de voir revenir enfin cette femme, que je jurais d'oublier.

Après une nuit passée sans repos ni sommeil, le jour vint. A huit heures de la matinée, j'entendis le bruit d'un carrosse qui s'arrêtait devant la maison ; c'était une voiture de place dont je vis s'élancer Alice.

J'appliquais malgré moi un œil curieux au trou de ma serrure, et ce regard fut se fixer sur le visage frais, vermeil et calme d'Alice, qui, en ce moment, montait lestement l'escalier.

A dix heures, je reçus une belle lettre d'invitation pour le bal de madame Adéla de Rosambeau, puis le billet d'une loge au théâtre Chantereine, dont la représentation devait avoir lieu dans la soirée, de la part de Céline, et accompagné d'une lettre polie et engageante, le tout apporté par Baptiste, qui vint me surprendre dans mes amères réflexions, et que je congédiai aussitôt sans pitié, malgré le désir qu'il manifestait, par sa lenteur à se retirer, d'entrer en conversation. Irai-je lui faire une visite, ou n'irai-je pas ?... J'irai, oui j'irai, mais sans pensée sérieuse, ni amour au cœur, seulement comme passe-temps, et pour user de quelques licences galantes, envers cette hypocrite Phrinée, dont désormais le ton réservé et dogmatique sera loin de m'en imposer.

Cela décidé, je m'élance, je sonne, et plus heureux que la veille, je suis introduit en présence de la divinité du lieu, en société de sa marchande à la toilette, petite femme grosse, laide, d'une quarantaine d'années, dont les petits yeux rusés et perçants se fixent sur moi avec attention, et me toisent de la tête aux pieds.

— Soyez le bien-venu, mon aimable locataire, asseyez-vous, et sans façon permettez-moi de terminer avec cette chère dame Abraham l'acquisition commencée de quelques gazes et chiffons, me dit Alice, en souriant comme sourient les anges, et m'indiquant un siége près de celui qu'elle occupait.

— Monsieur aurait-il besoin de mon ministère ? je tiens pour homme aussi, fait entendre la fournisseuse en m'adressant une gothique révérence.

— Pas en ce moment, madame, mais plus tard...

— Je suis on ne peut pas mieux assortie, demandez, linge, bijoux, cachemires, soieries, dentelles, tout est là ! dans mes boîtes, que je porte constamment avec moi, chez la pratique, sans vous parler de tout ce que renferme mon magasin, véritable bazar. Si monsieur avait aussi besoin d'objets d'ameublement pour son usage ou pour offrir en présent, je tiens cette branche, à laquelle j'ajoute encore une foule d'autres choses, dont j'entretiendrai monsieur le jour qu'il m'aura permis d'aller lui présenter mes respects et lui offrir mes petits services, termine enfin l'insinuante et bavarde marchande, en me présentant une prise, dans une fort belle boîte en or dont j'admirai le travail du coin de l'œil.

— Terminons, de grâce, madame Abraham, dit enfin Alice, non moins impatientée que moi de la loquacité de cette femme.

— Comme je vous ai dit, ma petite, c'est cinq cent vingt, pas un sou de moins, foi de femme honnête ; et j'y perdrai encore, car cette parure en émeraudes m'a coûté plus que ça !... si monsieur voulait faire emplette de cette belle boîte en or, je la lui céderai au prix coûtant.

— Merci, je n'use pas de tabac, madame.

— Alors c'est une bonbonnière qu'il faut à monsieur, je le vois, et j'en ai une, là dans ce carton, qu'on ne rougirait pas d'offrir en cadeau à une jolie femme... — Vous savez, chère Sainte-Rose, celle qui me vient du marquis de Bellas et dont vous avez tant envie, disait la marchande en fouillant et bouleversant ses cartons, afin de chercher la bonbonnière en question.

— Ne vous donnez pas cette peine, madame Abraham, monsieur ni moi n'avons besoin de bonbonnière, et dites si je dois oui ou non avoir votre parure.

— Vous me mésoffrez trop, cher petit ange de mon cœur, reine de beauté, et j'en fais juge monsieur, qui me paraît homme de sens et de bon goût. Voyez cette parure, ce collier, une pièce admirable! Avouez que tout cela ferait admirablement sur la peau de vrai satin de cette fleur de beauté, dit madame Abraham, en s'adressant à moi, et faisant briller les bijoux à mes yeux.

— Inutiles flatteries, ma chère fournisseuse, car quand bien même je ferais affaire avec vous de cette parure, elle n'aurait pas, pour me servir de vos paroles, l'avantage de rehausser ma peau de satin; je ferais cette emplette pour l'offrir à une amie, dit Alice en souriant.

— Vrai cadeau de roi! alors il ne faut pas marchander; il vous fera honneur.

A propos, continue la marchande en se retournant vers moi, si monsieur avait besoin d'une fort belle paire de chevaux, j'en connais une à vendre à très-bon compte.

— Encore cette fois je refuse votre offre, ma chère dame, ces quadrupèdes me seraient de toute inutilité en ce moment.

— Au moins si monsieur a quelques amis ou fils de famille et gens d'honneur, qui aient besoin, dans un moment de gêne, d'escompter de bon papier, je le prierai de vouloir bien me les adresser, vu qu'à mon chétif négoce je joins aussi un peu de banque.

— Merci de l'avertissement.

— Avouez, monsieur Senneval, que madame Abraham est la femme universelle, seulement il n'y a qu'un petit inconvénient, c'est qu'elle tient ses coquilles à un prix un peu trop élevé, dit Alice.

— Allons, allons! fleur de beauté, ne cherchez pas à faire tort à une pauvre malheureuse si souvent dupe de sa confiance et qui, par un petit bénéfice, essaie tant qu'elle peut de récupérer les pertes ruineuses que lui font essuyer des gens sans honneur ni scrupule... Oh! vous en savez quelque chose, reine d'amour, vous qui souvent entraînée par votre bienfaisance, votre désir d'obliger, avez plus d'une fois versé votre bourse dans les mains d'une prodigue nécessiteuse, qui maîtresse de votre argent feignait ensuite de ne plus vous reconnaître!

— Bien! bien! madame Abraham, parlons de cette parure et terminons, interrompt Alice vivement.

— En conscience, je vous l'ai dit, elle est pour vous, ma toute gracieuse, de cinq cent vingt francs, et j'y perds, j'y perds, foi d'honnête femme !

— Cette parure vous vient de la petite Hortense, je sais même le prix que vous la lui avez achetée, ce qui m'engage avec conscience et en vous laissant encore un beau bénéfice à vous en offrir argent comptant trois cents francs.

— Israël ! que dites-vous là ? trois cents francs, vous voulez donc la ruine d'une pauvre veuve ? Fleur de beauté, au moins, mettez quatre cent.

— Impossible !...

— Trois cent cinquante !

— Je ne puis, dit Alice, ni ne veux.

— Alors vous direz que veuve Cunégonde Abraham vous a fait un présent et s'est réduite sur la paille par excès d'admiration pour vous, chère petite, répond la juive, d'un ton larmoyant en déposant la boîte qui contient la parure, sur les genoux de la jeune femme.

Ce marché conclu et payé, et après force propositions de la part de la fournisseuse, elle finit enfin par plier bagage et nous débarrasser de son importune présence.

Resté seul avec Alice, et les regards fixés sur les siens, je cherchais en silence à surprendre sur ses traits, quelque trace de son inconduite de la nuit dernière, à y rencontrer la pâleur, la fatigue, le vice caché sous le masque de la candeur ou de l'hypocrisie, mais mon désappointement fut grand de ne rencontrer que beauté, fraîcheur, sourire gracieux et candide ; et cependant, comme de coutume, toujours entremêlé d'un peu d'amertume.

— Ne me direz-vous rien ce matin ? monsieur Senneval, et vous contenterez-vous de me fixer ainsi d'un regard scrutateur, comme pour saisir sur mes traits le secret de mon âme ? me dit-elle enfin.

— Prenez-vous-en à vos divins attraits, madame, de cette silencieuse contemplation, de ce qu'ils absorbent toutes mes pensées.

— Je m'attendais à votre visite, monsieur Senneval, interrompit Alice.

— Avec juste raison, madame, n'avais-je pas mille remerciements à vous adresser ?...

— Mieux que cela, monsieur, vous vous êtes offert hier pour être mon cavalier et me conduire au théâtre Chantereine, ne vous avais-je pas ajourné mon consentement par un peut-être ?

— Je venais aussi prendre vos ordres, madame.

— Eh bien ! nous partirons ensemble, ce soir à sept heures.

— Je serai exact.

— J'y compte, mon ami.

— Savez-vous, madame, que je n'osais me présenter ce matin chez vous ?

— Pourquoi ?...

— Ah ! c'est que je craignais d'interrompre votre repos, après une nuit passée dans le plaisir.

— Qui vous a dit, monsieur, que ma nuit s'était passée telle ? dit Alice, dont le regard en ce moment s'anime d'une expression de sévérité.

— Simple supposition, madame, basée sur votre absence de cette nuit, répondis-je avec une expression sarcastique.

— Ah ! monsieur sait, et qui donc l'a si bien instruit ?...

— Mon oreille, mes yeux...

— Quoi ! vous osez vous permettre d'épier mes actions ? Monsieur, de quel droit ?... demande Alice, rouge de dépit et le regard armé d'une expression sévère qui d'abord me déconcerte et me fait baisser les yeux.

— Epier ! non, madame, mais je veillais, et le bruit de vos pas me fit deviner votre sortie à une heure avancée de la nuit.

— Vous avez deviné juste, monsieur Senneval ; oui, je suis hier sortie fort tard, et ce matin la septième heure se faisait entendre lorsque je rentrai au logis... Qu'augurez-vous d'une semblable absence !... dit-elle en me fixant attentivement.

— Rien de mal, madame, seulement j'ai envié le fortuné bonheur du cavalier qui vous accompagnait.

— Oui, en donnant essor aux calomnies de votre inquiète imagination, en osant me soupçonner de... mais non, je veux et dois me taire, car je ne vous reconnais nul droit à ma justification, vous n'êtes point mon amant, et fort peu mon ami, à ce que me prouve cette indiscrète curiosité dont vous vous êtes rendu coupable envers moi.

— Alice, pitié pour moi, qui souffre et combats vainement une passion que je ne puis vaincre, pitié pour moi, à qui vous interdisez l'amour tout en l'inspirant ! Je t'aime, Alice, comme jamais amant n'a aimé maîtresse adorée et chérie, et cet amour me rend inquiet, injuste, soupçonneux... Ah ! daigne te faire connaître, fais, ange du ciel ! que tes paroles me dévoilent ta vie, tes vertus, et je te consacre mon existence entière ; je t'offre mon nom, le partage d'un avenir fortuné, ou si tu repousses ces faveurs comme étant indignes de toi, je me fais ton esclave soumis. Parle, ordonne, je me prosterne, j'obéis.

En parlant ainsi, avec force et enthousiasme, j'étais aux pieds de la beauté, la tête en feu, l'âme électrisée, à la vue des beaux yeux d'Alice fixés sur moi avec douceur, intérêt, et humides de pleurs.

— Relevez-vous, je ne vous en veux plus, mon ami. Mon Dieu ! que cet amour désintéressé, réel que vous m'exprimez, que vos yeux peignent encore mieux, me fait de bien, m'honore et rafraîchit mon âme découragée... Oscar, qu'exigez-vous ? Ma confession, que je soulève le voile qui me cache, que je déroule à vos yeux le long récit de mes malheurs, de mes souffrances, celui de mes fautes et de mes remords rongeurs.

Eh bien ! oui, je ferai ce sacrifice dans votre intérêt seul, monsieur, afin d'étouffer, dans votre jeune cœur, une passion imprudente, fatale, et vous forcer enfin de me mép... de me haïr (reprend-elle en rougissant).

— Vous haïr, moi ; jamais, jamais ! m'écriai-je avec feu en ressaisissant sa main pour la porter à mes lèvres ; parlez, parlez, j'écoute, et mon amour n'en sera que plus vif, ajoutai-je, rempli d'impatience et de désirs.

— Parler, oh ! non, c'est au papier que j'ai confié mes secrets, mes douleurs, mes folies et mon repentir.

C'est en parcourant ces feuilles, Senneval, que vous apprendrez à me plaindre, à ne plus m'aimer, à devenir envers moi avare de vos nobles et tendres supplications, à m'oublier et me fuir, peut-être ? Quelques derniers faits à ajouter encore et je vous remettrai ces mémoires, à une condition cependant : que jusqu'à ce que vous les ayez parcourus, vous cesserez ce langage d'amant pour ne faire entendre que celui d'un ami.

Je m'engageai quoiqu'à regret, et le bienheureux et désiré écrit me fut promis pour le lendemain ; une longue séance encore en tête-à-tête avec Alice, où, fidèle à mon serment, je fis taire mon amour qui, malgré moi cependant, à défaut de langage, se manifestait par mes yeux. Quittant les gazes et rubans que sa main blanche et potelée chiffonnait avec goût, c'est au piano que fut se placer Alice, au piano, où ses doigts effilés, aux ongles roses et diaphanes, parcourant le clavier avec rapidité, firent naître sous leur douce pression des sons harmonieux et ravissants.

Elle chante à ma prière, et sa voix m'enivre, m'électrise et me jette dans la plus douce extase. Une romance! Que d'âme, que de sensibilité! et comme ses beaux yeux en se levant vers le ciel, acquièrent de charme et de puissance! Le sujet de la romance est une jeune fille crédule, qu'un séducteur arrache à sa famille. Ce chant terminé, Alice s'empresse de passer son mouchoir sur ses yeux humides de larmes.

— Vous pleurez, oh! ma belle amie; hélas! les malheurs de la pauvre Lise auraient-ils ranimé dans votre âme quelques douloureux souvenirs? m'écriai-je en me penchant vers Alice, m'emparant de sa main, et osant la presser dans la mienne avec intérêt, amour!

— Peut-être vous comprendrez plus tard, monsieur Senneval; mais pardonnez-moi ce moment de faiblesse, à moi jalouse de vous distraire, qui, avec la prétention de vous faire connaître mes petits talents, s'amuse à faire du drame; mais écoutez ceci et que le sourire remplace aussitôt les pleurs.

Cela dit avec enjouement, Alice me fait entendre une gaie chansonnette.

Cinq heures tintent à la pendule, c'est pour Alice le signal de la toilette. A sept il faut être prêts à se rendre au théâtre : j'allais donc, malgré moi, prendre pour une heure congé de Sainte-Rose, lorsque m'arrêtant par le bras :

— Mon ami, mon frère, voudrait-il me rendre heureuse et contente, en daignant partager mon dîner, me dit-elle en souriant, d'un ton câlin et dangereux pour mon pauvre cœur, qui, à cette proposition, bondit de joie. J'accepte cent fois pour une, car aussitôt à mes yeux se déroulent les mille avantages qui vont résulter en ma faveur de ce nouveau tête-à-tête, du profit que me rapporteront une foule de distractions que j'aurai l'art de provoquer le plus innocemment du monde.

— Dans une heure donc, dit Alice.

— Oui, dans une heure.

Je m'éloignai pour descendre chez moi rafraîchir ma toilette, la rendre digne de figurer convenablement à côté de la plus belle et de la plus gracieuse des femmes.

Décidément j'étais un sot de m'alarmer ainsi, Alice est un ange, jadis déchu peut-être, j'en conviens, mais repentante, et essayant à force de vertu, de bonté, à reconquérir l'estime des honnêtes gens... oh! cette femme est parfaite, et son amour me rendra l'égal des dieux... Parlant ainsi je m'habillais à la hâte, chiffonnais vingt cravates avant d'en mettre une à mon goût. A six heures j'étais prêt, je cours, je suis reçu comme je m'y attendais, avec grâce et doux sourire. Dans le petit salon, se trouve dressée une petite table, deux couverts; on sert le potage.

— Prenez donc garde, monsieur Senneval, c'est ma cuillère dont vous vous servez en ce moment.

— Ah! pardon, madame.

— Allons, c'est mon verre à présent dans lequel vous buvez.

— Laissez, laissez, mon amie, ce verre qui a effleuré vos lèvres, change pour moi ce vin en un nectar délicieux.

— Puisque le mal est fait, répondez, monsieur, quelle est ma pensée? si, selon le dicton, vous l'avez rencontrée au fond du verre.

— Votre pensée, Alice? celle d'un ange miséricordieux qui ne voudra pas laisser languir et mourir celui qui vous aime plus qu'il n'a jamais aimé, et n'aimera jamais.

— S'il en est ainsi, monsieur, je ne pense pas, je déraisonne et ferai en sorte d'avoir plus de bon sens.

— Cruelle!

— Allons, laissez ma main et mangez, monsieur.

— Je ne puis.

— Enfantillage! allons, soyez plus positif et faites honneur à mon dîner, mieux que vous ne vous en êtes acquitté jusqu'alors.

En parlant ainsi, d'une voix gentille et calme, elle me servait les morceaux les plus délicats, et moi je la dévorais des yeux et soupirais.

— Alice! chère Alice! m'écriai-je, emporté par la passion.

— Silence! monsieur, car ce début passionné me produit l'effet d'un préambule de déclaration... Soyez sage et souvenez-vous de votre promesse, ici c'est un frère qui dîne avec sa sœur!

— Soit, mais un frère a le droit d'embrasser sa sœur bien-aimée!

— Pas en dînant, monsieur.

— Alors ne dînons plus, madame, dis-je en me levant.

— Monsieur Senneval, vous êtes un fou, un homme dont il ne faut attendre ni raison, ni sagesse, et moi, moi! plus folle encore qui me prends d'amitié vive pour un enfant, lorsque je cherche un mentor.

— De la folie chez moi, non, madame, mais bien un amour qui règne sur toute les fonctions de mon âme, et pourvu qu'il soit satisfait, il est indifférent que la raison s'en plaigne.

— Fort belle résolution, ma foi ! mais pour me faire approuver ce langage et partager votre déraison, il vous fallait, monsieur, m'apparaître deux ans plus tôt, lorsque folle, joyeuse, insouciante, je me riais de l'opinion publique. Oh ! vous avez beau ouvrir de grands yeux, afin de mieux lire s'il se peut dans mon âme, la chose était ainsi et mon plaisir était ma loi. Vous arrivez, Oscar, lorsque saturée des joies de ce monde... j'ai commencé ma conversion.

— De vengeances ! m'écriai-je avec surprise.

— Oui ! contre votre sexe que je maudis et déteste encore ! Envers qui j'ai abusé de la puissance de mes charmes, de tout ce que la coquetterie a de plus enivrant et de plus dangereux, afin de mieux le désoler ensuite par ma rigueur et mes exigences. Vous lirez mes Mémoires, monsieur, ma confession pleine et entière, vous apprendrez que cette femme dont vous vous dites tant épris, que vous déifiez si généreusement, fut dans sa vie tour à tour un ange, un démon, un être affreux, égoïste, et après avoir lu, nous verrons si vous voudrez encore me dire : je t'aime.

— Toujours, Alice, car c'est en vain que vous cherchez à m'effrayer, et folle de douleur, eussiez-vous poussé le délire jusqu'au vice, ce que je ne puis croire, en vous voyant si sage et réservée. Eh bien ! en faveur du présent, vous seriez encore la joie de ma vie, mes chers amours, la reine de ma destinée.

— Que vous êtes bon et noble, Senneval ; ah ! pourquoi ai-je juré de ne plus aimer jamais !

— Serment téméraire ! chère Alice, dont vous relève celui qui vous donne un cœur.

L'entretien en était à ce point, lorsqu'une maudite pendule fit entendre la demie après sept heures et rompit notre tête-à-tête intime, en amenant la chambrière qui apportait le chapeau et le châle de sa maîtresse.

Or, plus de causerie, mais les apprêts du départ, et notre course pédestre jusqu'au théâtre Chantereine où une loge de première reçoit Alice et moi.

Il faut que l'art de comédien soit terriblement puissant, attractif, pour avoir trouvé, et trouver de nos jours tant de gens qui s'y livrent avec ferveur, c'est une désolante passion qui a gagné toutes les classes de la société, les têtes couronnées, les grands seigneurs, les artistes et les ouvriers. N'est-ce pas une désolation de voir, de nos jours, jusqu'aux femmes de chambre abandonner leur service, les cuisinières leurs fourneaux pour se faire comédiennes; Dieu!

Telles furent les réflexions qui vinrent m'assaillir, après avoir contemplé et entendu un instant les tristes artistes qui en ce moment braillaient et gesticulaient devant le public nombreux dont je faisais partie, en voyant un Orosmane aux mains calleuses, une Zaïre les doigts couverts d'engelures, réciter d'une voix rauque et criarde les beaux vers de Voltaire, exciter par leur gaucherie l'hilarité d'un public moqueur, pour lequel ils dépensaient leur temps et leur argent; cela pour se procurer à eux-mêmes la triste satisfaction de faire rire à leurs dépens.

Mais que m'importent ces bouffons! Ne suis-je pas, moi, le plus content des mortels, seul en ce moment avec la plus belle des belles, enfermé dans une loge étroite, mes genoux pressés contre ceux d'Alice, enfin si près, si près d'elle, que mon cœur sent presque les battements du sien, que mon visage reçoit chaque souffle de son haleine pure et suave; mais encore, jugez de mon bonheur! Ma main peu à peu s'est emparée de la sienne, et elle ne l'a pas retirée; elle l'a laissée dans la mienne. Je risque une douce pression, si elle y répond, je suis vainqueur, au comble de mes vœux.

Hélas! hélas! sa main reste muette, insensible. Je recommence, supplie! elle se dégage et porte cette main chérie sur l'appui de la loge.

Quelqu'un, c'est Céline qui entre follement dans la loge, à qui j'offre ma place, sur le devant, qui la refuse parce qu'elle n'a qu'un instant à nous consacrer, forcée qu'elle est d'aller s'habiller pour jouer *la Fille d'honneur*, après la tragédie, qui en ce moment se traîne et marche obstinément malgré les huées du parterre, et qui se termine au contentement général et au bruit des sifflets.

Une heure d'entr'acte; enfin le rideau se relève pour nous montrer et faire entendre des acteurs qui, s'ils n'étaient guère meilleurs que les précédents, avaient au moins figures humaines, beau langage et maintien; les femmes surtout, jolies à croquer, et d'une élégance parfaite. Paraît Céline, belle et gracieuse, elle dit avec assez de justesse, et serait passable comédienne sans le dévergondage de ses gestes; mais, hélas! que ses bras la gênent et pourquoi s'en est-elle embarrassée?

Une loge d'avant-scène s'ouvre avec fracas, un monsieur, espèce de *lion*, bruyant et barbu, y vient installer sa personne, son importance, et par sa présence fait monter le rouge au visage de notre *Fille d'honneur*, par son sourire protecteur, lui fait perdre la mémoire et rester court.

— C'est le marquis de Mérac, qui n'aime rien au monde que ses chevaux d'abord, ensuite cette chère Céline, dont il corrige, dit-on, les étourderies, avec le même instrument qui excite ses quadrupèdes, me dit Alice en souriant.

— Et elle aime un pareil être? dis-je avec indignation.

— Elle aime sa fortune, et plie devant ses dons.

— Quelle abjection!

Comme je prononçais ces mots, la porte de notre loge s'ouvrit vivement et apparut à mes yeux surpris la belle et sévère figure de ce comte éternel, de cet être mystérieux et fatal à mon repos, à mon amour peut-être!

— Vous ici, mon ami? fit Alice avec surprise, mais sans se troubler.

— Comme vous voyez, je vous cherche partout.

Cela dit, elle se lève vivement et s'éloigne, mais cette fois en me disant: *Attendez!* je reviendrai.

Surpris, et tout entier à mon indignation:

— De quel droit, m'écriai-je, cet homme vient-il impérieusement arracher de mon bras la femme dont je me suis fait le cavalier? Ah! sachons-le, sachons-le; car, dans cette action, il y a trop d'impudence et de sans-gêne.

Cela dit, je m'élance hors de la loge, sur les traces d'Alice et du comte, que j'atteins au moment où ils allaient franchir la porte du théâtre.

Alors me plaçant devant cet homme comme pour lui barrer le passage, et la figure animée d'une expression hautaine et sévère:

— Monsieur, lui dis-je, emporté par l'indignation que me cause votre conduite impolie, je viens vous demander raison de ce sans-gêne impertinent qui me prive pour la seconde fois de la société d'une dame qui a bien voulu m'accepter ce soir pour cavalier.

A ce mot la physionomie du comte s'anime, non de l'expression de la colère, mais d'un sourire indulgent; et comme il ouvrait la bouche pour me répondre:

— Silence ! dit Alice, monsieur le comte, point d'explications, car c'est à moi seule de m'excuser demain près de M. Senneval, solliciter ce soir son indulgence pour nous laisser sortir au plus vite.

— Mille pardons, madame, mais ma dignité d'homme étant profondément blessée, exige que monsieur s'explique à l'instant même avec moi.

— Ce dont je m'empresserais de m'acquitter, monsieur, si le temps me le permettait, si chaque seconde que vous me faites perdre ici n'était un supplice pour mon cœur ; mais demain, monsieur, je serai entièrement à vos ordres.

Parlant ainsi, le comte me présentait sa carte, dont Alice s'empara aussitôt, au moment où j'avançais la main pour la saisir, sa carte, qu'elle froissa et jeta au loin.

— Monsieur le comte, me dit-elle, n'est pour rien dans l'impolitesse dont vous vous plaignez ; moi seule suis coupable ; j'ai demandé à le suivre, à m'éloigner avec lui. C'est donc de moi seule que vous devez attendre des excuses, monsieur ; mais, si vous n'êtes le plus implacable des hommes, le plus impitoyable, vous cesserez aussitôt cette pénible explication, et me laisserez partir sans plus de retard.

— Partez donc, madame, m'écriai-je avec humeur et indifférence.

— A défaut de ma carte, c'est moi-même, monsieur, qui aura l'avantage de me présenter chez vous.

Ces paroles dites, le comte entraîne Alice, qui, en s'éloignant, me jette un regard où se peignaient le reproche et la tristesse.

Étourdi, la rage au cœur, je les vis s'élancer ensemble dans un équipage et partir avec rapidité. Resté seul, immobile, je sentis les forces m'abandonner ; je fus contraint de chercher un appui ; les larmes du dépit et de la honte vinrent mouiller ma paupière.

— Mon Dieu ! elle m'est donc bien chère, cette femme, pour qu'une impolitesse de sa part, sa préférence marquée pour un autre me causent un pareil trouble, un aussi douloureux dépit ? me demandai-je, en me remettant peu à peu, et ressaisissant ma fermeté d'âme.

Sot, m'écriai-je, qui, épris d'une femme galante, espère trouver en elle la perfection, la constance !... Oui, je veux l'oublier, ne plus la voir, l'accabler de tout mon mépris.

Disant ainsi et m'efforçant de secouer la tristesse, la rage et le dépit, qui pesaient sur mon cœur, d'éteindre le feu qui brûlait ma tête, je m'élançai dans la salle, non pour aller de nouveau dans la loge, où seul avec elle j'avais passé de si doux instants, mais pour me placer à l'orchestre, et bon gré, malgré, disposé à une querelle, à me battre, à me faire faire place de force où de bonne volonté, parmi cette foule qui encombrait les banquettes. Mais non, rien ! Des gens dociles, qui me livrent passage, une jeune femme qui, m'ayant vu de loin, me fait des signes, m'appelle, m'offre une place à ses côtés; c'est la niaise Hortense, je la reconnais, et me rends à son invitation; je m'assieds près d'elle, je la remercie, et nous causons à voix basse.

— Qu'avez-vous donc fait d'Alice avec qui vous étiez tout à l'heure ? s'informe Hortense d'un petit air moqueur.

— Elle m'a quitté.

— Ah! oui, j'ai aperçu son comte qui venait la chercher, c'est ce qui fait qu'elle vous a planté là !

— Vous connaissez ce comte ?

— Ah ouiche ! est-ce qu'on connaît quelque chose avec cette sournoise d'Alice, dans le temps, oui, quand elle faisait ses fredaines avec nous, mais depuis qu'elle connaît ce chinois de comte, plus moyen de rien savoir; elle est devenue bégueule et cachotière en diable; toujours bonne fille cependant.

— Ainsi cet homme est son amant ?

— Belle demande ?

— Dame, un ami, un parent...

— Je t'en moque ! oui monsieur, c'est un amant.

— L'infâme ! l'hypocrite !

— Qu'avez-vous donc ? monsieur.

— Rien !

— Et moi je dis que vous êtes vexé, jaloux, furieux contre Alice.

— Non !

— Silence donc le bavard ! fait entendre un de nos voisins, en m'adressant ces mots.

— Allez au diable !

— Silence ! à la porte !

Je me tais à la prière d'Hortense, qui, me voyant disposé à répondre à ce bruit, et craignant une dispute, me conseille de sortir avec elle et d'aller causer au foyer, ce que j'accepte aussitôt.

Au foyer nous sommes seuls, je me place près de ma compagne

que je fixe plus attentivement que je ne l'avais fait jusqu'alors, et que dans sa toilette de bon goût, je trouve fraîche et agaçante.

— Hortense, vous êtes une jolie femme.

— Bah! vous trouvez.

— Je veux vous faire ma cour.

— C'est ça, pour vous venger d'Alice.

— Pour vous aimer.

— Certainement, monsieur Senneval, que votre choix me flatte, mais...

— Mais voilà le spectacle fini, je vous offre mon bras; partons!

Hortense consent, nous sortons, une voiture de place nous jette à sa porte, je me dispose à monter chez elle.

— Que faites-vous donc, monsieur? Savez-vous qu'il est près de minuit, et que ce n'est pas l'heure de monter chez une dame.

— Je suis fatigué, altéré, me refuserez-vous de me reposer et rafraîchir un instant chez vous.

— Pas moyen de vous faire entendre raison, montez donc, mais ne restez pas longtemps.

Un petit appartement situé au second, sur le devant d'une maison de la rue Saint-Lazare, du confortable dans chaque pièce.

Une petite servante niaise et campagnarde allume les bougies du salon

— Voyons, vous avez soif? m'avez-vous dit, asseyez-vous, je vais vous servir moi-même, monsieur l'obstiné.

— Oui, soif, mais de champagne!

— Tiens! j'en ai justement une bouteille ou deux dans cette armoire.

— Eh bien! buvons-les, car j'ai soif, je veux boire et trinquer avec vous.

— C'est cela, pour étourdir l'humeur jalouse que vous a occasionnée ce soir la fugue de votre maîtresse.

— Alice n'est pas ma maîtresse.

Assieds-toi là à mes côtés. Délicieux tête-à-tête! Buvons et causons!

— Dieu! quel bandit vous faites, allez!

— A ta santé! Hortense.

— A la vôtre!

Nous vidons une bouteille, entamons l'autre.

— Après une semblable conduite, ma porte, monsieur, doit vous être fermée pour jamais.

— Alors je ne sors plus d'ici, et m'y installe pour toujours.
— Par exemple !
— Mais vous voulez donc ma ruine ? monstre.
— Non, mais ton amour et du champagne ?
— A condition que vous serez prudent.

Je quitte la salle à manger, j'aperçois la camériste villageoise, la tête appuyée sur le balcon de la fenêtre, et ronflant à cœur joie. Un napoléon pour cette pauvre fille que je place sur ses genoux, et je m'éloigne sans bruit pour courir chez moi, où Baptiste, en rentrant, m'annonce que pour m'attendre il a passé la nuit entière, cela en avançant une main cupide, que je satisfais aussitôt.

— Baptiste, madame Sainte-Rose est-elle rentrée tard hier ?
— A dix heures, monsieur, mais pour ressortir presque aussitôt, suivie de sa femme de chambre, un carton et deux malles.
— Que signifie tout cela ?
— Que madame étant montée en voiture, est partie pour un voyage de quinze jours.
— Partie ! seule ?...
— Non, mais en compagnie d'un certain comte, son ami intime, puis la femme de chambre, dit le portier avec malice.
— Oh ! l'infâme !... et elle ne vous a rien dit pour moi ?
— Non, mais sur votre bureau, vous trouverez une lettre et une petite cassette que madame y a déposées elle-même avant de partir.
— Eh ! bourreau, que ne me le disais-tu tout de suite ! m'écriai-je en m'élançant vers l'escalier pour me précipiter dans mon appartement, où je trouvai, en effet, ladite cassette, sur laquelle était placée une lettre à mon adresse. Encore de l'impatience, mon cœur qui bat, bat avec force, tout cela en chiffonnant le papier que m'adresse cette femme, cette femme que je hais, méprise maintenant, que je ne dois et ne veux plus aimer ni revoir, cette femme enfin que j'adorais encore malgré moi, ce dont j'enrageais et aurais voulu me punir.

— Ah ! voyons sa lettre ; sans doute un tissu de mensonges, d'hypocrisie, les mots *vertu*, *sagesse*, *frère*, *ami*... Ami ! moi l'ami d'une *Lorette !* fi donc !... Ah ! la charmante écriture, lisons :

« Monsieur,

« Une nouvelle récente, un devoir impérieux, me contraignent

« à partir aussitôt, sans même avoir le plaisir ni le temps de vous
« adresser un adieu de vive voix. C'est donc au papier que je con-
« fie ce soin, celui de vous prévenir d'une absence de plusieurs
« jours; mais avant de m'éloigner, Senneval, je remplis ma pro-
« messe, celle que j'ai faite de vous confier mes mémoires, mes
« souvenirs, de vous dévoiler mes erreurs; lisez, monsieur, et
« vous connaîtrez cette femme dont vous ambitionnez si impru-
« demment l'amour ; lisez et vous la trouverez indigne de tant
« d'honneur ! Alors guéri d'une folle passion, peut-être chez vous
« la pitié daignera-t-elle remplacer un amour éteint; peut-être
« daignerez-vous me plaindre, et en faveur de mon repentir, de
« ma franchise, m'accorder un peu de cette amitié de frère, que
« je serais heureuse de vous voir ressentir pour la pauvre Alice. A
« ces mémoires sont liées quelques aventures galantes de ces fem-
« mes dont une faute me rendit l'égale, dont le mépris du monde
« m'a contraint de faire ma société. Passez ces chapitres, Senne-
« val, car leur lecture n'exciterait sans doute en vous que colère
« et dégoût pour mon pauvre sexe, pour moi, qui, étourdie et
« folle, me suis plue à écouter ces récits, à les jeter sur le papier, et à
« en faire un monument de honte pour ces hommes qui se rient
« si facilement de l'honneur, du repos des pauvres filles, et font
« de leur or un écueil où va se briser la vertu indigente. Lisez,
« car ces mémoires sont d'une trinité terrestre, d'une innocente
« jeune fille, déshonorée, perdue, ceux d'une éhontée courtisane,
« au cœur de glace, au sourire tendre, composé d'égoïsme, d'in-
« constance, de perfidie, et pour dernière personne, une femme
« dont la haine s'est brisée, dont le front a rougi, qui demande
« grâce et pitié à ce monde qui la repousse, à ce monde dont le
« mépris la tue. Lisez, monsieur, et après avoir lu, si vous éloi-
« gnant avec dédain de la pauvre Alice, elle ne devait plus vous
« revoir, recevez ses derniers adieux, et priez pour elle, pour elle
« qui a beaucoup péché, pour elle qui a vécu longtemps, hélas !
« dans un abandon, une idolâtrie qui lui font horreur, la remplis-
« sent de remords, maintenant que s'est dissipé le voile qui l'em-
« pêchait de voir l'énormité de ses fautes.

« Adieu, Senneval ; adieu.

« ALICE DE MERVILLE. »

Sainte-Rose n'est donc qu'un nom d'emprunt !

Ah! voyons, voyons ces mémoires, me dis-je avec impatience en cherchant le secret du coffret qui bientôt joua sous mon pouce, et le couvercle levé me fit voir un rouleau de papier dont je m'emparai.

— Ah! n'importe son passé, si sa conduite d'hier... ce comte Lisons, et j'ouvris le rouleau.

MÉMOIRES ET SOUVENIRS

D'ALICE DE MERVILLE.

I

MA FAMILLE, MES PREMIÈRES ANNÉES.

En jetant sur le papier les malheurs de ma vie, en traçant le récit sincère de mes faiblesses, de mes regrets, le bien et le mal que j'ai fait et que j'ai reçu, la variation de ma destinée, je n'ai pas voulu faire un livre; je n'ai pas la prétention de le mettre au jour, mais seulement de réunir les épisodes de ma vie et de les mettre devant mes regards, comme on y met son portrait fait à différentes époques de son existence. Il s'agit d'aventures véridiques et non de contes faits à plaisir; or, dans le grand nombre des aventures que renferme ce cahier, s'il s'en trouve quelques-unes tracées avec un peu trop de chaleur, d'abandon, je ne m'en accuse ni ne m'en justifie; retrancher ces anecdotes ou les modifier, blesserait la vérité et les lois imposées à l'histoire, dont le premier devoir est d'être fidèle.

Je suis la fille d'un vieux et brave colonel de l'Empire, issu d'une noble et ancienne famille, et à qui des blessures fort graves avaient infligé les invalides dès l'âge de cinquante ans.

Forcé de quitter à regret son empereur et son drapeau, le colonel Merville s'était retiré avec son épouse, ma mère, dans une fort belle maison de campagne, située en Bauce, près du village de *Maintenon*.

Il avait pour toute fortune la pension que lui avaient méritée ses loyaux services, et une quarantaine de mille francs, provenant de la dot de ma mère.

Ma mère! bonne et angélique créature, type d'amour maternel, devant le souvenir, la mémoire de qui je me prosterne et baise la terre en tremblant, moi, fille ingrate et coupable! Mais n'anticipons pas.

Mon père avait cinquante-deux ans, lorsque devenu bon provincial, campagnard, ma mère mit au monde, en ma personne, un gros et bel enfant du sexe féminin, qui, à peine né, et selon l'usage, remercia la nature par ses cris douloureux du triste présent de l'existence.

Grande fut la joie de ma mère, qui désirait une fille! fort fut le dépit de mon père, qui voulait un garçon, afin d'en faire son digne successeur dans le métier des armes.

Cette contrariété n'empêcha pas le colonel de Merville de me prendre dans ses bras, de poser sa vieille moustache sur mon petit visage et de me souhaiter une bien-venue; puis en m'élevant vers le ciel :

— Dieu, qui as protégé ma vie dans les batailles, protége mon enfant! s'écria-t-il, et il me rendit aux caresses de ma mère; nous verrons comment, par la suite, cette prière d'un brave homme fut exaucée. Je passe les sept premières années de ma vie pour indiquer en moi une petite fille que chacun disait être jolie comme les amours, mais gâtée, turbulente et volontaire. Un an encore, et survint le premier malheur qui devait frapper mon existence enfantine, c'est-à-dire la mort de mon bon père, qu'emporta en moins de six semaines une cruelle maladie, survenue après un refroidissement, au retour d'une partie de chasse, perte fatale, que je ressentis vivement et pleurai de toutes les larmes de mon cœur, quoique bien jeune encore. Ma mère, dont ce malheur avait altéré la santé, se décida, après deux mois de veuvage, à se défaire de notre maison, trop grande pour elle et moi, et dont la perte de son époux faisait un vaste et triste désert, dont l'aspect réveillait sans cesse en elle de douloureux souvenirs. Privée de la pension de mon père, et ne nous restant plus pour toute fortune que cette propriété, d'une valeur de trente mille francs, et la dot de ma mère, en tout soixante-dix mille francs, madame de Merville plaça cette somme avec sûreté, et son modeste revenu nous permit d'aller habiter et vivre dans une petite maison des champs, située à deux lieues de *Chartres*. Ma mère avait quelques amis dans cette ville, et désirait s'en rapprocher.

Non loin de notre demeure, et par les fenêtres de cette dernière, donnant sur notre petit jardin, s'apercevait un joli château, dont la blanche façade se dessinait sur une masse de verdure; autour de ce château, se développait un parc magnifique, aux arbres centenaires, aux avenues ombreuses, où çà et là des pièces d'eau encaissées dans de verts gazons, alimentées par le murmure des sources, entretenaient une douce fraîcheur dans ce délicieux Éden. Tels étaient les lieux où se dirigeaient nos pas chaque fois que ma mère et moi quittions notre paisible demeure, pour essayer le soir quelques tours de promenade; le parc étant ouvert à quiconque désirait le visiter, et pour nous plus particulièrement, en qualité de voisins et de bourgeois du pays.

Maintenant, qui habitait ce château? Son propriétaire et sa famille, c'est-à-dire trois personnes. M. Ducastel, brave et honnête marchand de soieries, retiré des affaires depuis cinq ans; grand amateur du jeu de billard et de la pêche, deux occupations auxquelles il donnait tout le temps qu'il ne passait pas à table ou à dormir; madame Ducastel, grosse maman, se disant et se croyant sans cesse malade, quoiqu'étant fraîche et dodue; enfin mademoiselle Antonine Ducastel, comptant, ainsi que moi, treize printemps, d'une figure passable et d'un esprit assez étroit.

Déjà plusieurs fois, en nous promenant dans le parc, nous avions eu l'avantage de saluer cette famille, et d'échanger quelques mots polis avec elle.

Une fois entre autres que ma mère et moi étions à broder au bord d'une pièce d'eau, un petit batelet vint justement amener à nos pieds le châtelain et sa famille, de retour d'une pêche au filet; après avoir sauté à terre, ce fut près de nous que, de l'air le plus affable, le sourire sur les lèvres, la mère et la fille vinrent s'asseoir sur le gazon, tandis que le mari, tout entier à ses goujons, et aidé d'un domestique, s'occupait dans le bateau.

— Permettez-moi, madame, de profiter de cette rencontre pour vous faire un reproche, celui de rester inflexible à la prière que nous vous avons souvent adressée de venir nous visiter au château, fait entendre madame Ducastel, en accompagnant ces mots d'une petite toux, qu'elle s'efforce de rendre sèche, et en appuyant ses deux mains sur son énorme poitrine.

— Maman a raison, mademoiselle, c'est mal à vous de ne pas se rendre à notre invitation. Moi qui serais si heureuse de vous avoir pour compagne et amie, dit à son tour Antonine, du ton d'un aimable reproche, et en s'emparant d'une de mes mains.

— Croyez, mesdames, que de la part d'Alice et de la mienne, il y a plus de timidité que d'indifférence, dans la lenteur que nous avons apportée à nous rendre à votre invitation.

— Eh bien ! il en sera autrement, car si vous refusez de venir à nous, c'est nous qui irons à vous ; attendez-vous donc demain à recevoir notre visite, mesdames, reprend madame Ducastel.

— Vous serez toujours les bien-venues dans notre modeste réduit, répond ma mère avec douceur.

— J'y compte ! car nous savons à qui nous avons affaire, à la veuve et à la fille d'un brave et noble colonel, gens honnêtes et distingués, dont l'amitié, la société nous flatteront infiniment.

Ma mère s'inclina modestement à ce débordement de flatteries.

— Alice, au château, nous ferons de la musique ensemble.

— Je n'ai pas l'avantage d'être musicienne, mademoiselle.

— D'abord, pas de *mademoiselle*, s'il vous plaît, mais bien Antonine ! Oui, Antonine, votre amie, si vous le permettez ! Antonine, qui veut vous démontrer les premiers principes, vous faire musicienne comme elle.

— Vingt-deux livres un quart de poisson, bien pesé, ma femme ! En voilà une pêche miraculeuse, s'écria de son bateau M. Ducastel.

— Je me moque bien de votre pêche, monsieur, où je me suis mouillé les pieds, ce qui m'occasionnera ce soir une toux affreuse.

— Bah ! bah ! ça ne sera rien, ma toute belle, répond le mari avec indifférence, tout occupé d'exposer ses filets aux derniers rayons du soleil.

La soirée devenant fraîche, c'est au château qu'on nous engage de venir l'achever ; nous y sommes, ma mère et moi, conduites et reçues avec distinction, aménité. Antonine nous donne sur le piano un échantillon de son talent, et fait preuve d'excellente musicienne, en éveillant chez moi le vif désir de me livrer à cet art.

Le lendemain, nous reçûmes, comme il avait été dit, la visite de la famille Ducastel, à qui nous fîmes les honneurs de notre modeste habitation d'une façon si gracieuse, qu'elle consentit à passer avec nous la journée entière, à s'asseoir au couvert de la veuve, qui, en femme du monde, la traita d'une manière très-satisfaisante.

Trois jours après, M. Ducastel nous fit la même politesse, en nous invitant à un grand dîner, qu'il donnait aux notables et aux autorités d'un gros bourg voisin, gens d'une importance aussi outrée qu'ennuyeuse.

Il s'y trouvait un maire, gros personnage dînant bien, très-bien; payant son écot en protestations amicales, bouffonneries et autres platitudes, visant au préfectorat depuis vingt ans, et à cette fin, plat complaisant du préfet trônant, tyran sournois de ses administrés dont il se disait le protecteur dévoué lorsqu'il mangeait leur dîner; puis les flattait au jour des élections, et les tracassait et mécontentait après. Un adjoint, ne le cédant en rien, pour l'ampleur et le gargantualisme, à M. son maire; comme ce dernier, enfin, intempérant, sournois, oublieux des politesses qu'il a reçues, s'encanaillant volontiers la porte close, si son gosier ou son ventre devaient en retirer profit; exemple : Une nuit, à la onzième heure, et faisant en l'absence du maire une ronde de police dans le bourg, M. l'adjoint passant devant un café, aperçoit de la lumière à travers les fentes des volets, entend de joyeux refrain dans l'intérieur : — Qu'est cela? un limonadier en contravention, donnant à boire à une heure indue, des ivrognes faisant du bruit et s'adonnant à l'intempérance : à moi donc, dans l'intérêt des dormeurs, de la tranquillité publique, de faire cesser de semblables abus. Et cela dit, notre adjoint se fait ouvrir la porte au nom de la loi, entre dans le café, promène un regard sévère et magistral sur les trois maçons qu'il y trouve attablés, et en train de chanter et boire.

— Que faites-vous ici à cette heure, mes drôles?

— Dame, m'sieur l'adjoint, nous buvons une dernière petite goutte à votre santé.

— On ne boit plus passé onze heures, c'est immoral, sortez et allez vous coucher!

— Ah! m'sieur l'adjoint, un petit instant encore, seulement le temps de vider c'te bouteille.

— Pas une minute! allons, décampez!

— Pas avant de vous avoir offert un petit verre, m'sieur l'adjoint.

— Qu'est-ce à dire, drôle, pour qui me prends-tu? moi la seconde autorité de...

— Pour un brave homme, notre second père, qui ne refusera pas de trinquer un petit brin avec de bons enfants.

— Eh bien! un petit verre seulement pour ne pas vous refuser et partons ensuite, répond l'adjoint, en radoucissant figure et langage.

Vient le petit verre, puis un second, un troisième, puis encore, encore... si bien que, le lendemain à la pointe du jour, les délinquants reportaient à son logis, et déposaient dans les bras de sa servante, M. l'adjoint, ivre-mort.

Passons; non loin de ces deux autorités premières, se trouvait placé M. le juge de paix. Figurez-vous un maigre et haut peuplier, surmonté d'un visage jaune et ridé; au langage brusque et commun, véritable squelette, ayant pour linceul un habit noir râpé dont chaque manche se terminait par une longue main osseuse et sèche. Ce magistrat presque octogénaire, au regard fauve et sournois, dont les arrêts *ab hoc* et *ab hac* ruinaient contre toute justice une foule de malheureux plaideurs, était, disait-on, le très-humble et soumis esclave de madame son épouse, la plus acariâtre et cupide des femmes, d'une avarice sordide, à laquelle on attribuait l'excessive maigreur de son docte époux. On prétend qu'elle lui imposait l'ordre de n'accorder ni raison ni justice au plaideur oublieux, qui la veille du jugement n'aurait pas accroché au garde manger magistral, jambon, volaille ou gibier !

Aussi le bourg entier criait-il haro sur ce juge prévaricateur; mais le moyen d'obtenir d'un ministre la destitution d'un homme riche d'abord, et dont les deux fils, haut placés dans le barreau de Paris, étaient en sus conseillers de la grande ville ?

Maintenant, M. le greffier de la justice de paix, placé près du vieux et sec magistrat, son chef. Il ne ressemblait pas mal, par sa corpulence, sa tête énorme et rubiconde, à l'éléphant de la Bastille assis à côté de l'obélisque de Luxor.

M. le greffier avait l'avantage de posséder pour femme le type de la laideur et de la prétention : elle était jalouse à l'instar d'un OTHELLO, elle se plaignait à tous que son gros et indigne époux, négligeant ses devoirs, donnait au café la préférence, et la dame ne se plaignait pas à tort, car la passion excessive de celui-ci pour les liquides, avait engagé notre homme à établir son greffe près du comptoir de la limonadière, de l'établissement de laquelle il était devenu le plus gros et ferme pilier.

Encore une notabilité à dépeindre en la personne du percepteur des contributions, petit homme portant lunettes, laid à faire peur, et faisant vendre sournoisement, sans terme ni pitié, le lit des malheureux contribuables qui ne se hâtaient pas assez de lui porter le prix du pain arraché à leurs enfants; ce qui faisait que ce tigre câlin et cruel était le Benjamin chéri de M. le receveur général du département, qui le citait comme exemple à tous ses employés.

Il y avait encore à table, et placé près de moi, le notaire du bourg, type d'avarice et d'ambition; ancien saute-ruisseau parvenu et ennemi intime de M. le maire, auquel il se plaisait à faire continuellement de mauvaises plaisanteries, telle que le contrarier dans ses votes, propositions, plans d'avenir et de fortune à réparer; car, disait-on encore, M. le maire en courant aux honneurs, sans pouvoir les attraper, avait sur leur route semé son patrimoine.

Il y avait aussi les deux huissiers du bourg faisant pendant à ma bonne mère.

Après de tels portraits, c'est là, dira-t-on, une sotte et triste société, alors je répondrai que nous étions trente à table, qu'en excluant les sept ou huit personnages que je viens de citer, une douzaine d'autres avec, de vaniteux et ignorants fermiers, beaux fils de province, originaux empesés; le reste était un composé d'hommes spirituels, aimables, dont la gaieté, les bons mots animaient la société, qui sans eux, et à la discrétion des notables, véritables mâchoires mangeantes et buvantes, eût été frappée de somnolence.

Rieuse et folle par caractère, sans cesse vivant dans la société exclusive de ma bonne mère, femme fort triste, et que le temps n'avait pas consolée du chagrin que lui avait occasionné la mort de mon père, forcée d'étouffer, en présence de ses larmes et de ses souffrances morales et physiques, tout ce qu'il y avait de joie, de coquetterie dans mon cœur; n'ayant pas même une amie, une compagne de mon âge à qui je pusse ouvrir mon âme, je rendis grâce au ciel de l'heureuse rencontre des Ducastel, de l'amitié confiante et bonne que m'offrait et me témoignait Antonine; de ce que cette famille, en nous attirant chez elle, en nous associant à ses joies, ses plaisirs, daignait rompre la triste monotonie de notre existence, monotonie qu'étaient incapables de distraire les quelques amies que ma mère avait à Chartres, gens d'âge, sédentaires et ennuyeux au superlatif, chez lesquels elle me traînait maussade et rétive, deux fois la semaine, pour y être témoin muet et passif d'une éternelle partie de cartes ou de loto.

II

PREMIÈRES AMOURS.

A dix sept ans, j'étais une grande demoiselle; bonne à mettre en ménage, à la raison près. Je m'inquiétais déjà si celui que je consentirais à prendre pour époux et maître serait beau, aimable et riche.

Dans l'espace des quatre années qui viennent de s'écouler, ma petite personne, disait-on, n'avait fait que croître et embellir; aussi chacun vantait ma figure, mes grâces, ma taille fine et légère : et comme une jolie fille inspire toujours l'indulgence, on louangeait encore ma coquetterie, mes goûts frivoles, et on encourageait ma passion pour le monde et ses plaisirs.

Notre liaison avec les Ducastel n'avait fait aussi que s'affermir. Devenus de vieilles connaissances, des intimes incapables de se passer les uns des autres, ma mère et moi, à la prière de ces excellents amis, avions abandonné notre demeure pour venir planter nos pénates au château et vivre tous en famille !...

Antonine, la bonne Antonine, loin de gagner en attraits, n'avait fait, au contraire, qu'enlaidir en grandissant; mais, par une sage compensation, si dame Nature m'avait prodigué des charmes aux dépens de la raison, en en privant ma compagne, elle lui avait perfectionné par cœur toutes les vertus, les qualités les plus rares. Grâce à la persévérance, à l'amitié infatigable de cette excellente Antonine, et un peu à mon désir de briller dans le monde par quelques talents, en moins de quatre ans, j'étais devenue une assez bonne pianiste et dessinateur passable.

Aussi, Antonine et moi, donnions-nous d'assez jolis concerts, auxquels plusieurs musiciens amateurs du pays joignaient leurs talents.

Le château, à l'aide de deux jeunes filles, était devenu le rendez-vous des plaisirs et de la haute société du canton; enfin c'était à qui se ferait admettre dans nos concerts, nos bals, nos fêtes nautiques; ces dernières de l'invention et composition de M. Ducastel, être aquatique s'il en fût.

En ce temps-là existait à Chartres une vieille fille dévote, qui jouissait d'un assez beau revenu qu'elle employait d'abord à doter les églises, et à soutenir son sien neveu, orphelin dès l'enfance, et fixé à Paris en qualité d'avocat.

Cette demoiselle, nommée Beauprés, venait souvent au château partager nos plaisirs mondains, attirée, disait-elle, par sa passion pour la musique et le désir d'entendre nos morceaux d'opéras, qu'Antonine et moi lui faisions passer pour être de la musique sacrée. Cependant un motif plus sérieux, et que je devinai la première, amenait par-dessus tout la vieille demoiselle près de la famille Ducastel, et ce motif n'était autre que le désir de faire faire un mariage avantageux à son neveu, en la personne d'Antonine dont elle convoitait la main pour le jeune homme.

Me ravir mon amie, ma compagne, et par son absence, sa privation, détruire ma joie, mon bonheur, et faire envoler nos plaisirs; non pas! Mademoiselle Beauprés, telle n'est pas ma volonté, et je suis trop égoïste, trop amie de mes plaisirs pour en faire même un sacrifice au bonheur de l'amitié.

Et, pensant ainsi, je pensais selon mon cœur; honte!

C'était un soir du mois de juin, et l'avant-veille de la Saint-Pierre, patron de M. Ducastel, que, selon l'usage, on se disposait à fêter grandement; aussi se faisait-il d'immenses préparatifs au château pour la fête du surlendemain. Antonine et moi, que la partie des arts concernait, nous disposions tout pour le concert et le bal qui devaient avoir lieu.

Ma mère et madame Ducastel s'occupaient du repas, des comestibles, et M. Ducastel, du feu d'artifice, des lampions, de la joûte sur l'eau.

Enfin cela devait être superbe, car toute la contrée devait assister à cette fête. Ce soir donc, nous entendîmes sonner assez tard à la grille du château, ensuite le bruit d'une voiture qui vint s'arrêter auprès du péristyle.

Un moment d'une impatiente attente, puis parut au salon où nous étions assemblés en famille, mademoiselle Beauprés, accompagnée d'un jeune homme de vingt-quatre ans, d'un physique fort agréable, d'une tournure charmante et distinguée, qu'elle nous présenta en qualité de neveu, jeune avocat du barreau de Paris, qu'Antonine et moi admirions avec surprise, timidité. M. Ducastel et sa femme les accueillirent avec déférence et cordialité.

La réception terminée, chacun reprit la place qu'il avait quittée, et la conversation s'engagea; M. Ducastel s'informa près du jeune homme s'il était amateur de la pêche, et le prévint que sa grande pièce d'eau grouillait de poissons.

Madame Ducastel demanda si l'éternelle *pâte de Regnault* était toujours à Paris, l'antidote des rhumes et des catarrhes, vertu qu'elle n'avait pas en Beauce, du moins sur elle, qui en mangeait depuis deux ans, sans que son estomac en fût soulagé; mademoiselle Beauprés s'informa à son tour de monseigneur l'archevêque de Paris.

Quant à Antonine et moi, nous ne demandions pas mieux que de placer notre mot, mais nous nous taisions par décence, nous attendions que le bel avocat daignât nous adresser la parole, ce qui tarda peu, car fatigué de questions oiseuses, nous le vîmes avec joie et du coin de l'œil, quitter sa chaise, faire quelques tours dans le salon et se rapprocher de nous, le sourire sur les lèvres.

Nous étions en ce moment placées devant le piano, et mon bras nonchalamment passé derrière Antonine. J'effleurais du doigt le clavier de l'instrument, d'où s'échappaient des accords sans suite. Et s'adressant à nous :

— Vous faites, mesdemoiselles, appel à ma passion dominante. C'est me dire : Tu es en présence de deux artistes, que de faire vibrer à mes oreilles ces sons si mélodieux, nous dit notre jeune homme en nous saluant avec grâce et distinction; il avait deviné juste et ma ruse avait réussi.

— Et de fameuses musiciennes encore ! Et si vous voulez en juger vous-même, vous n'aurez qu'à le dire, ces petites ne seront pas fâchées de vous donner un échantillon de leur savoir-faire, s'écrie M. Ducastel en ricanant.

— Mademoiselle, serait-ce un effet de votre complaisance?...

— Certainement, monsieur...

Et sans penser à Antonine, même à la consulter, sans lui donner la préférence en qualité de fille de la maison, j'osai me mettre aussitôt au piano, étourdie, ravie d'une occasion qui allait me faire briller, me mériter quelques fades compliments d'usage.

— Petite Alice, jouez-nous ce morceau religieux que j'aime tant et que vous appelez l'ouverture de *la Muette de Portici*, me crie de loin mademoiselle Beauprés.

Cette ingénuité appela le sourire sur les lèvres du jeune homme.

J'exécute, et à mes yeux, qui du cahier remontent à la dérobée sur la glace du piano, apparaît enivré le beau regard du jeune homme fixé sur moi avec admiration, ce qui fit bondir mon cœur de joie, d'orgueil, d'espérance peut-être. J'ai fini, et mon jeune auditeur, ravi, enchanté, m'accable de louanges flatteuses, et sa voix en me parlant semble émue et tremblante. Je me lève, Antonine prend la place et prélude d'abord en attendant le choix du morceau qu'il lui plaira de faire exécuter. Le jeune homme va se placer près d'elle, par pure politesse sans doute, car ses yeux restent constamment fixés sur moi. Antonine joue, il l'écoute, mais c'est toujours moi qu'il regarde; oh ! bonheur, oh ! vanité.

— J'espère, Gustave, que je t'ai ménagé une agréable surprise en t'amenant ici; deux jolies filles et du talent par-dessus les yeux.

— Ah ! c'est Gustave qu'il s'appelle, j'aime assez ce nom, murmurai-je.

— Aussi, ma bonne tante, ma reconnaissance égale-t-elle l'admiration que j'éprouve.

— Il s'explique bien. Vraiment c'est un cavalier accompli, heureuse Antonine, pensai-je !

M. Gustave adressa aussi à mon amie des remerciements flatteurs, puis après un tour dans le salon, quelques mots jetés à chacun, il vient s'asseoir entre Antonine et moi, et entame ainsi l'entretien.

— Permettez-moi, mademoiselle, de vous faire part de mon

admiration, en rencontrant en province, des charmes, des talents, que je croyais inséparables de la Capitale.

— Il n'y a donc que Paris, monsieur, qui ait le privilége des arts, je ne le pense pas, c'est assez qu'il en soit le berceau, répondis-je aussitôt.

— J'espère, monsieur Gustave, que vous nous resterez quelques jours, et prendrez votre part de la fête qui se prépare ici? dit madame Ducastel, interrompant notre à parte.

— Mon neveu restera tant qu'il vous plaira de le garder, dit mademoiselle Beauprés, interrompant aussi l'entretien qu'elle tenait à voix basse avec M. Ducastel.

— De grâce, ma chère tante, que votre amitié, que votre envie de me retenir longtemps en ces lieux se gardent bien de venir corroborer le désir que j'aurais d'y demeurer ma vie entière, car là-bas, dans ce Paris bruyant, de nombreuses et importantes affaires réclament ma présence.

— Ainsi, monsieur, notre pays vous plaît?... interrogea M. Ducastel.

— Comment en serait-il autrement lorsque l'on y voit des choses admirables? Et répondant ainsi, je surpris le regard de Gustave se fixant de nouveau sur moi avec la plus douce expression.

Un long entretien entre nous et le jeune homme qu'on nous abandonne à discrétion, dans lequel je rassemblai, je crois, toute la gaîté de ma vie pour paraître aimable. J'y fis jouer tous les ressorts de ma coquetterie pour paraître séduisante, pour mériter seule l'attention et les hommages du jeune avocat. Pendant ce temps, modeste et indulgente, cette chère Antonine se contentait du rôle secondaire où je la laissais, souriait à mes saillies et vantait mon mérite.

A minuit on se sépara. Mademoiselle Beauprés, après avoir reçu pour elle et son neveu une invitation à dîner au château pour le lendemain, de la part du châtelain et de la châtelaine, Antonine et moi sortîmes pour aller nous enfermer dans la chambre que nous occupions ensemble.

— Eh bien! Alice, que dis-tu de ce jeune Parisien? me dit Antonine, tout en mettant ses papillotes.

— Qu'il est assez joli garçon et de bon ton.

— N'est-ce pas qu'il est charmant? Apprends donc, ma chère, que l'intention de sa tante est de demander ma main pour lui à mes parents.

— En vérité ! fis-je avec une feinte indifférence.
— Oui, Alice ; avoue que j'aurais eu lui un bien beau mari...
— Beau, c'est possible, mais un peu fat et amoureux de sa petite personne.
— Tu crois ?...
— J'en suis certaine, prends garde, Antonine, ces hommes-là rendent rarement une femme heureuse, m'a-t-on dit.
— Après cela, tu penses, Alice, que je ne donnerai mon consentement à ce mariage qu'après avoir longtemps étudié le caractère du jeune homme.
— Oui, sans pour cela être mieux instruite ; les hommes, ma chère, savent si bien cacher leurs défauts.
— Mon Dieu, Alice, qui donc t'a appris à les connaître et à les craindre ?
— Le bon sens, quelques exemples cités dans le monde et en ma présence.
— Ah !... bien ! tu mets aussi des papillottes ce soir, contre ton habitude ?
— Afin de donner un peu de soutien à mes cheveux.
— Ou peut-être pour te faire plus jolie, s'il est possible, et plaire à notre avocat, répond Antonine, en souriant.
— Folle ! j'y pense bien ! D'ailleurs, ne t'est-il pas réservé ?
— Peut-être ! car je suis si laide et tu es si belle, Alice ! soupire Antonine.
— Je suis si pauvre et tu es si riche, mon ange.
— L'amour l'emporte souvent sur l'ambition, l'intérêt.
— Pas dans ce siècle, Antonine, où le positif est tout ; ensuite, ma douce amie, crois bien que je suis incapable de songer à un homme qui t'est destiné.
— J'en suis certaine, Alice, mais si ce même homme renonçant à moi, s'adressait à toi...
— Je le repousserais, ma chère.
— Ah ! tant mieux, car je serai jalouse, Alice, ce serait mal, très-mal, mais au-dessus de ma volonté.
— Dors en paix, enfant, que le Dieu de l'hyménée t'envoie ses plus doux rêves ! dis-je en éteignant la bougie.

Et toutes deux nous nous livrâmes en silence à nos pensées diverses. Le lendemain, plus matinale qu'Antonine, je la laissai dormir paisiblement.

Comme je marchais vers le parc pour y faire ma promenade

quotidienne, le pas d'un cheval qui entrait dans la cour du château, me fit tourner la tête et reconnaître avec surprise, avec une joie secrète, M. Gustave Bréval, dans le cavalier qui me saluait avec aisance.

Je m'arrête, car seule levée au château, c'est à moi d'en faire les honneurs, de recevoir ce visiteur qui, descendu de cheval, vient à moi en souriant de l'air le plus aimable.

— Soyez le bien-venu, monsieur, en cette demeure où chacun repose encore, étant loin de s'attendre, aussi matin, à votre bonne visite.

— Je passais devant la grille, mademoiselle, et, vous ayant aperçue, je me suis empressé de venir vous présenter mes civilités respectueuses.

— Merci de votre politesse, monsieur, mais veuillez me permettre d'aller prévenir les maîtres de la maison de votre présence chez eux, dis-je en faisant un pas comme pour m'éloigner; ce que voyant, M. Gustave Bréval me retint en s'emparant de ma main et la pressant dans la sienne.

— Restez, restez, de grâce, me dit-il, mademoiselle, ne dérangez personne pour moi, en votre charmante compagnie j'accepterais un siècle d'attente. Je rougis et baissai les yeux à ce compliment flatteur, puis me laissant diriger vers le parc, où toujours maître de ma main, le jeune homme m'entraînait doucement :

— Savez-vous, mademoiselle, que j'étais loin de m'attendre à rencontrer dans ce pays la plus belle créature qu'ait formée le ciel, me fait-il entendre en m'admirant.

— J'ignore, monsieur, à qui s'adresse ce compliment, répondis-je en souriant.

— Vous l'ignorez, mademoiselle, jusqu'alors on ne vous a donc pas dit que vous êtes tout ce qu'il y a de plus parfait et admirable au monde?

— Non, monsieur, jamais une telle flatterie n'est venue encore frapper à mon oreille.

— Eh bien! alors, moi que vos charmes, hier, éblouirent, remplirent d'admiration, je vous l'apprends, mademoiselle. Oui, vous êtes belle, noble et gracieuse au-delà de tout. Oui, mille fois heureux le mortel dont vous serez l'amie, la compagne, celui dont l'éloquence saura attendrir en sa faveur un cœur dont l'univers doit ambitionner la possession !

— Par pitié, monsieur, cessez ce langage dont je suis indigne, dis-je avec une feinte modestie, car alors, au contraire, mon cœur bondissait dans ma poitrine, d'orgueil et de plaisir.

— Votre nom, mademoiselle ?

— Alice de Merville, monsieur.

— Et votre famille ?...

— Ma mère seule m'en tient lieu ; ma mère, veuve d'un brave militaire, ravi trop tôt à notre amour, à mon respect.

— Vous habitez ce pays, m'a dit ma tante ?

— Oui, monsieur, ce pays où nous fixe notre modique fortune, ce château où nous accueille l'amitié.

Comme M. Bréval allait donner suite à cet interrogatoire, la voix d'Antonine, qui accourait vers nous, se fit entendre. Elle nous rejoignit au détour d'une avenue, et l'expression d'une pénible surprise se peignit dans ses yeux, en m'apercevant en société de M. Bréval.

— Vous ici à cette heure, monsieur ?

— Oui, Antonine, monsieur passait ce matin devant le château, et m'ayant aperçue, il est venu me saluer.

— Mais ma famille ignore la présence de monsieur chez elle...

— C'est moi, mademoiselle, qui n'ai pas voulu qu'on troublât le sommeil de personne ; j'ai retenu mademoiselle Alice dans cette intention.

La bonne fille, satisfaite, se mit à sourire, puis à marcher avec nous. Nous fîmes une longue promenade au parc, durant laquelle notre jeune avocat nous entretint de Paris, des joies et plaisirs de ce paradis terrestre, répondant avec patience à toutes nos questions, nos pourquoi, nos comment, en fixant souvent sur moi, à la dérobée, des regards doux et tendres, et faisant preuve de politesse et de galanterie envers Antonine. J'étais donc la mieux partagée, aussi étais-je glorieuse.

De retour au château, on essaya de retenir à déjeuner le jeune homme, qui s'en excusa en prenant pour prétexte l'impatience de sa tante, à qui il avait promis, disait-il, un prompt retour, et il nous quitta pour ne revenir que le soir. Une simple rose naturelle dans mes cheveux, une robe de mousseline blanche, un ruban autour de ma taille, telle fut ma toilette de ce jour, celle avec laquelle je revis M. Gustave Bréval au dîner, simple parure qui me réussit à ravir. Elle était bien différente de celle dont s'était affublée ma pauvre Antonine ; dans l'espérance de se rendre jolie,

4

ou pour mieux dire moins laide, elle n'était parvenue, faute de goût, qu'à se rendre ridicule.

Dans la soirée, différentes personnes étant venues nous visiter et apporter des vœux et des bouquets à Pierre Ducastel, que nous avions embrassé au dessert, on improvisa un petit bal, qui, fort animé, dura jusqu'à près de minuit. En dansant avec moi, Bréval fut aimable, galant, me pressa la main avec tendresse; enfin il acheva de faire ma conquête, tandis qu'avec Antonine il ne fut que poli, mais d'une politesse exquise, que la chère fille, tout ignorante et gauche, osa prendre pour de la passion.

Le lendemain, qui était le grand jour, dès l'aurore des boîtes d'artifice, invention Ducastel, lancées dans les airs, donnèrent en éclatant avec fracas, le signal de la fête et des plaisirs.

A midi commença la venue des conviés arrivant de toutes directions, le sourire sur les lèvres, parés, pomponnés, affamés, chargés de compliments et de fleurs. D'abord un grand et splendide déjeuner, auquel je fis peu d'honneur, contrariée que j'étais, furieuse contre cette dévote de Beauprés, qui s'était emparée de son neveu, et avait eu la sottise de le placer à table entre elle et Antonine, supplice indigne dont un triste regard du jeune homme s'était plaint à mon cœur. Et moi, moi, pauvre fille, quel était mon partage?

Deux bipèdes insignifiants placés à ma droite, à ma gauche; l'un d'une quarantaine d'années, dont le visage ne ressemblait pas mal à un ballon par sa grosseur et sa rondeur, au ventre prédominant, aux allures gastronomiques et viveuses, enfin M. le greffier de justice de paix, l'homme-café, mangeant fort, buvant de même, et ne m'adressant la parole que pour s'informer du nom de chaque mets, du contenu de chaque bouteille; l'autre, M. Menu, petit diminutif de l'espèce humaine et masculine, au front étroit, aux yeux percés en vrille, d'une couleur douteuse et qu'il tenait sans cesse à demi fermés.

Ce petit être, paré, parfumé, était en sus remuant, moucheur et tapageur, grand faiseur de compliments dont il m'assommait sans relâche, qu'il accompagnait sans cesse d'un chevrottement en guise d'éclat de rire, comme voulant dire : *Est-ce bien, est-ce aimable et galant?*

Ce petit personnage avait l'avantage d'être neveu de M. le percepteur de la commune, et habitant Paris, où dix-huit cents francs de rente lui permettaient de vivoter passablement.

Encore un regard que Bréval m'adresse, qui me dit combien il souffre et s'impatiente loin de moi.

Pauvre jeune homme ! comme cette Antonine fait la coquette, l'aimable, que de prétentions et... de laideur ! vraiment je crois la détester en ce moment, et cependant elle est si bonne !

Enfin on se lève de table, Dieu merci ! On s'élance dans le parc, où tous les jeux ont été réunis. On se dirige vers la grande pièce d'eau pour assister à la joûte. Déception ? C'est Antonine qui s'est emparée du bras de Gustave. Humiliation ! c'est ce Lilliputien qui vient m'offrir son bras, et presque de force s'emparer du mien. Enfin !!! M. Ducastel, organisateur de la joûte, suait sang et eau à commander la demi-douzaine de paysans habillés de blanc, parés de ceintures rouges et bleues, qui en qualité de joûteurs, s'installent sur chaque batelet ; ils les faisaient glisser avec rapidité sur la surface de l'eau. M. Ducastel, en qualité de grand ordonnateur, montait lui-même un de ces batelets où il figurait comme rameur ; ce qui fut cause qu'au premier coup de lance le cher homme restant debout pour donner des ordres, perdit l'équilibre et fut jeté à l'eau. Retiré presque aussitôt, le pauvre châtelain mouillé, grelottant, fut porté au château, où l'on s'empressa de le déshabiller, réchauffer et vêtir à sec ; et ce changement opéré, riant de l'aventure, le bon M. Ducastel, tenant par-dessus tout à sa joûte, revint donner ses ordres pour qu'elle fut reprise et continuée ; ce qui s'exécuta à sa grande satisfaction et sans autre accident.

Moi-même, qu'étais-je devenue durant ces jeux ? Je m'étais débarrassée de l'étreinte de M. Menu, fort occupé en ce moment à regarder les coups de lance ; cela pour aller rejoindre Antonine, qui, encore au bras de Bréval, continuait son rôle d'aimable séductrice. Mon approche imprima sur ses traits une légère teinte de dépit.

— Comment, mademoiselle, vous nous avez abandonnés ? me dit aussitôt le jeune homme, dont le visage, à ma vue, s'était animé de l'expression du bonheur.

— Ne me dois-je pas à la société entière, monsieur, répondis-je, et, sans nulle pitié pour le petit air boudeur et contrarié d'Antonine, je demeurai ferme au poste, riante et causeuse jusqu'à la venue de madame Ducastel, de ma mère et de mademoiselle Beauprés, qui toutes trois se joignirent à nous pour partager de nouveaux plaisirs.

La journée s'écoula sans qu'il me fût possible, malgré mon désir coquet, de me rencontrer un instant seule avec Bréval, mais en revanche en traversant une avenue du parc, j'eus le souverain déplaisir de me heurter dans le petit et frétillant Menu, qui me cherchait et m'arrêta au passage.

— Enfin, vous voilà donc, mademoiselle! dit-il en me saisissant la main et me fixant d'un air conquérant et décidé.

— Oui, monsieur, qu'y a-t-il pour votre service?

— Cinq minutes d'audience, belle sylphide.

— Parlez, monsieur, mais hâtez-vous, car je suis en mission de la part de madame Ducastel qui attend mon retour.

Je mentais.

— Je serai bref, mademoiselle Alice : Il y aura un an bientôt, que venant voir mon cher oncle en ce pays, en dépit des regrets de cent beautés que mon absence désespérait à Paris, j'eus l'ineffable bonheur de vous voir et de vous entendre.

— Je sais cela, monsieur, après...

— Ce que vous ne savez pas, mademoiselle, c'est que votre beauté a fait sur mon cœur un effet effrayant, et que depuis ce temps je vous adore et languis loin de vous...

— Ah bah !

— Parole d'honneur !

— Oui-dà !

— Je me suis dit : Menu, tu as un physique très-recommandable, tu jouis de pas mal d'esprit et de quatre mille francs de rente; tu as aussi l'espoir d'hériter un jour de la fortune de ton oncle le percepteur : tu fais donc, mon ami, un parti aussi agréable qu'avantageux, alors pourquoi ne déposerais-tu pas tout cela aux pieds de la beauté qui a troublé ton repos? Et à cette pensée, je suis accouru à Chartres, où je suis arrivé juste pour assister aux féeries de ce lieu enchanteur, vous voir, vous dire que je vous adore, vous offrir mon nom et ma fortune.

— Beaucoup d'honneur, monsieur Menu, que vous me faites-là, mais vous ignorez sans doute que je suis sans dot, ni autre fortune que le modique revenu qui fait exister ma bonne mère?

— Je sais tout cela, mademoiselle, et je persiste dans mes intentions.

— Mais il existe ici, monsieur, une jeune personne, ayant nom Antonine, qui possède toutes les vertus, tous les talents possibles, qui un jour sera riche, fort riche ! que ne lui donnez-vous la préférence; elle la mérite sur moi à tous égards!

— Parce que je vous adore, je vous idolâtre et vous préfère. Répondez, séduisante Alice, que puis-je espérer?

— Pas grand'chose, monsieur, car j'aime ce titre de fille que vous voulez m'enlever, ensuite ne vous connaissant qu'à peine, que puis-je répondre à une déclaration aussi brusque?

— Eh bien! réfléchissez, belle Alice, et surtout songez que je meurs d'amour et d'impatience.

— Ne mourez pas quand même, monsieur, croyez-moi, car il existe d'autres femmes dignes en tout de l'honneur que vous daignez vouloir me faire. Et cela dit je m'échappe, laissant le petit soupirant, la main sur son cœur, la bouche entr'ouverte et toute prête à me faire entendre une nouvelle fadeur.

Vient cette soirée si vivement désirée par moi, puis les illuminations, les apprêts du feu d'artifice qu'on devait tirer avant le bal. Arrive M. Ducastel, le grand artificier, en manches de chemise, le visage noir de poudre, les mains idem; il s'ouvre passage dans la foule assemblée et en attente sur la terrasse du château, et s'approchant de M. Menu :

— Mon cher ami, faites-moi donc l'amitié de venir m'aider à tirer mon feu, dit-il au petit homme.

— Ce serait avec satisfaction, cher amphitryon, mais le bruit et la flamme me causent une horreur insurmontable.

— Quoi! monsieur Menu, vous refusez de rendre ce léger service à notre bon ami? c'est mal, bien mal de votre part! dis-je au petit bonhomme placé près de moi, lequel restait sourd à la prière que le châtelain venait de lui adresser.

— Belle Alice, pardonnez-moi et ne vous en prenez qu'à mon organisation frêle, délicate qui...

— S'effraie du bruit, interrompis-je du ton d'une amère ironie.

Puis reprenant alors :

— Monsieur Menu, allez aider notre bon artificier, hâtez-vous, si mieux vous n'aimez que je conçoive de vous la plus triste opinion.

Et le petit homme, excité par l'amour-propre, quitte enfin la place qu'il s'était réservée près de ma mère et de moi, pour suivre M. Ducastel sur la pelouse où était dressé l'artifice.

— Ah çà, mon cher Menu, de la prudence, du sang-froid, n'allumez que les pièces que je vous indiquerai.

— Suffit, cher amphitryon.

— Commençons par les fusées... Feu! mon ami.

Menu obéit, mais en fermant les yeux et se tenant le plus loin

4.

possible de l'artifice, ce qui fut cause qu'au lieu d'allumer une fusée, notre niais mit le feu au bouquet, lequel en s'élevant enflammé dans l'air, incendia par ses étincelles toutes les autres pièces d'artifice, et produisit un volcan épouvantable dont les éclats vinrent tomber jusque sur les spectateurs effrayés, en brûlant habits, robes; enfin en jetant le plus grand désordre dans la société.

Le brasier éteint, c'est à la lueur des lampions, qu'on s'empresse de chercher l'artificier et son aide maladroit. On retrouve M. Ducastel sain et sauf, mais pâle de colère et pleurant son artifice.

Menu, les cheveux, les sourcils et la main brûlés, Menu, pour échapper à l'action du feu qui dévorait son pantalon de toile blanche, n'avait rien mieux trouvé que de se jeter dans l'eau jusqu'au cou. Entre autres victimes de cet accident, il y avait encore mademoiselle Beauprés dont une baguette était venue enfoncer le chapeau et griller la blonde perruque; l'adjoint du maire dont une pluie de feu avait fait de l'habit une véritable écumoire, tant il était criblé de brûlures; madame Ducastel dont une étincelle était venue brûler et rougir le nez, roussir la collerette; puis d'autres encore qui se plaignaient et riaient tout à la fois.

Deux heures après cette aventure et le désordre réparé, le bal était dans tout son éclat, et Menu lui-même, fourré dans un autre pantalon, un autre habit d'où sortait une tête laide et pelée, des mains rouges et enflées, papillonnait autour de moi.

A minuit, j'avais déjà dansé trois fois avec lui. Contraint en présence de tant de monde, d'Antonine surtout qui ne cessait d'avoir les yeux fixés sur lui, il ne m'en avait pas moins débité mille jolis riens gracieux, que j'écoutais avec bonheur, dont je m'enivrais avec délice; en ce moment il cause avec madame Ducastel, c'est dans un coin du salon entouré d'Antonine, de ma tante, de ma mère.

Oh! les bavards! Comme cette Antonine fait la gentille, la minaudière, je la hais presque en cet instant!...

Bon, voilà cet imbécile de Menu, ce roitelet, qui vient m'inviter pour la valse; il choisit bien son temps, ma foi, et cependant comment la refuser; du reste il s'en acquitte assez bien.

— C'est moi, votre esclave, votre humble admirateur qui viens réclamer de votre aérienne personne un tour de valse.

— Volontiers, monsieur Menu. Et nous valsâmes; et comme j'excellais dans cet exercice, que j'étais, disait-on, gracieuse, admirable, légère comme une Taglioni, je m'appliquais encore, faisais merveille ; et cela parce qu'il était là me regardant : ses yeux m'annonçaient qu'il enviait le bonheur de celui dont le bras pressait en cet instant ma taille.

La chaleur était suffoquante ; c'est au jardin que j'allais après la valse, chercher un air pur et frais ; à peine entrée j'aperçus Bréval accourir à moi.

— Imprudente ! qui ayant chaud, étant en moiteur vient s'exposer au courant d'un air vif ; rentrez, mademoiselle, rentrez, je serais tant affligé de vous voir du mal : cela disant il m'avait pris la main, un de ses bras entourait ma taille, enfin il me pressait sur son sein, et je n'osais résister, car je me sentais heureuse.

— Merci, monsieur, de tant d'intérêt, mais je ne cours nul danger, la soirée est brûlante.

— Alice, pourquoi êtes-vous si belle, est-ce une divinité qui vous a faite à son image ? Oh ! l'adorable figure, la séduisante taille. Alice ! Alice ! je vous adore ! et cela dit avec passion, ses lèvres hardies vinrent vivement se poser sur les miennes, sans qu'il me fût possible de réprimer cette caresse ; au même moment se fit entendre mon nom qu'Antonine prononçait, ce qui le fit s'éloigner aussitôt : et moi, pauvre fille, je restai là sans force, électrisée, succombant sous l'émotion dont le baiser de Bréval venait de remplir mon âme, et ce fût encore cet ennuyeux et malencontreux Menu, qui sans cesse à la recherche de ma personne, vint ; en tombant comme un papillon de nuit, m'arracher à mes sensations.

— Qu'avez-vous donc, ma sultane ! la pâleur, ce me semble, couvre votre céleste visage.

— Rien, monsieur, seulement la chaleur de cette salle de bal...

— Ah ! oui, la chaleur, la valse ; il faut boire du punch, mademoiselle, faire comme moi, ça ranime, ça donne des forces, de l'esprit même, mais pour ce qui concerne ce dernier point, Dieu merci ! vous n'avez point besoin d'auxiliaire.

— Prêtez-moi votre bras, monsieur.

— Mon bras ! pour nous promener ? oh ! bonheur, le voilà, mademoiselle, promenons-nous jusqu'au jour si vous le désirez.

— Non, rentrons au salon.

— Déjà !

— Oui, l'air est humide, et comme nous rentrions, Gustave Bréval vint au devant de nous effrontément m'inviter à danser.

— Fâché, monsieur, mais je tiens mademoiselle, que j'ai invitée.

— Cela suffit, monsieur Menu; à la prochaine donc, mademoiselle.

Menu venait de faire un mensonge, car il ne m'avait nullement engagée : cependant je lui en sus gré, car cela punissait l'audacieux Bréval, qui, à mon refus, fût inviter un laideron, la fille du greffier avec qui il vint au quadrille, se placer devant nous et me faire vis-à-vis. Oh! non, non! il a beau faire, je ne le regarderai pas, je veux le punir de son audace, lui prouver qu'on ne me manque pas impunément. Ainsi je pensais; mais ne voilà-t-il pas qu'en dansant il me presse la main, murmure qu'il m'adore, et que si je ne consens pas à l'aimer, il mourra de douleur, et moi, folle! attendrie, touchée, je réponds par une douce pression à celle que me fait ressentir sa main qui caressait la mienne.

— Vous me parlez, monsieur Menu?

— Depuis longtemps, mademoiselle, sans que vous me fassiez l'honneur de me répondre.

— Ah! pardon, j'avais l'esprit occupé.

— C'est ce dont je me suis aperçu.

— Vous disiez, monsieur Menu?...

— Que vous pensez peut-être comme moi, mademoiselle.

— C'est possible, monsieur Menu, que pensez-vous?...

— Que M. Bréval a tout l'air d'un fat, très-amoureux de sa personne.

— Eh bien! nous ne pensons pas de même, monsieur Menu.

— Belle Alice, appelez-moi Achille, c'est mon nom de baptême, je le préfère.

— Oui, monsieur Menu.

Le galop! Et des bras de mon exigu danseur, je passe dans ceux de Bréval, dont la bouche, en galopant, effleure sans cesse mon front, dont les bras me pressent, dont le cœur répond aux vifs battements du mien; nuit de bonheur, pourquoi devais-tu sitôt finir, pourquoi le soleil, en venant dorer l'horizon, donna-t-il le signal de la retraite et du repos!...

La cinquième heure du matin sonnait à l'horloge du château, lorsque Antonine et moi regagnâmes notre chambre. Rompues de fatigue, et en nous déshabillant à la hâte, je demandai à ma compagne le récit de ses succès de la nuit.

— Mes succès, Alice, ah! mes succès, je n'en ai point envié d'autre que celui de plaire à M. Gustave.

— Et ton désir, Antonine, a-t-il été couronné?

— J'ignore encore, Alice, cependant il a été avec moi d'une politesse, d'une prévenance qui me font croire que je ne lui suis pas indifférente... Mais toi, mon amie, tu ne me parles pas de tes triomphes, de tes conquêtes.

— Que dire, si ce n'est que tous nos messieurs ont été envers moi d'une galanterie outrée, fatigante!

— Oui, surtout le neveu du percepteur, ce petit M. Menu, qui t'a fait une cour assidue, qui, dit-on, a le projet de demander ta main à ta mère.

— Tu penses, Antonine? eh bien! sur M. Bréval courrait le même bruit à ton égard.

— Vraiment on dit qu'il m'aime? Oh! répète, répète, Alice, car ces mots me font un bien extrême, dit Antonine avec vivacité, et les yeux brillants de bonheur.

— Mais toi-même, amie, tu l'aimes donc avec force?

— N'en dis rien, Alice; je l'adore, j'en suis folle, ma chère!

Et cet aveu naïf de la pauvre fille fit bondir mon cœur de crainte et de jalousie.

Le lendemain, encore fête au château, mais en petit comité intime, dans lequel avait eu l'art de se faufiler M. Achille Menu.

Ce jour-là, il y avait promenade en calèche pour les dames, autour de laquelle caracolaient les messieurs, et surtout Bréval, monté sur un excellent cheval; il s'était fait notre écuyer cavalcadour; puis le petit Menu, huché sur la longue, maigre et haute jument de monsieur son oncle, pacifique quadrupède, allant un petit trot et en dépit de tout, ne voulant pas en démordre, par conséquent, vu cette infirmité, restant sans cesse en arrière des autres chevaux à la distance de deux cents pas, au grand déplaisir de son cavalier, du pauvre Achille, qui hautement m'avait ce jour nommée son Iphigénie, promis aide, protection, et ne pouvait parvenir à m'atteindre.

C'était un pèlerinage à la chapelle de je ne sais plus quelle sainte, située au milieu d'une longue et large forêt où se rendait notre caravane. Bréval, inspectant les plaisirs, allait et venait sur son rapide coursier, faisant preuve d'excellent cavalier, ramassant les traîneurs et semant la gaîté dans les rangs.

Voilà la forêt, la chapelle. Les dames descendent de voiture, les hommes de cheval ; mademoiselle Beauprés, en qualité de dévote, va se prosterner sur la pierre de la chapelle où elle entre en oraison. Antonine suit cet exemple pieux, non sans dessein peut-être, et moi, après une courte prière, je me joins à madame Ducastel et à ma mère, occupées en ce moment à faire dresser un couvert sur l'herbe et à vider les coffres de la voiture, et de tout ce qu'on y avait empilé pour un déjeuner champêtre.

Mais où donc est M. Menu? Lui et son Bucéphale manquent à l'appel? s'informe madame Ducastel.

M. Bréval, par pitié, offrait d'aller à la recherche du traînard, et se disposait à partir, lorsque nous aperçûmes le petit homme, rouge comme une cerise, qui débouchait d'une avenue en traînant son coursier par la bride. Il avait pris fantaisie à ce capricieux animal de rebrousser chemin pour regagner l'écurie, en dépit de son cavalier; ce qui avait contraint ce dernier à mettre pied à terre, et à traîner celui qui devait le porter. Les *oremus* terminés et tout le monde réuni, M. Ducastel donne le signal du déjeuner, signal qui n'est autre que le bruit des bouchons s'échappant de ses flacons champenois. On s'étend sur l'herbe autour du couvert, et pour quelques instants, l'appétit provoqué par l'air du matin et une longue promenade, impose silence à tout le monde; cette fois Bréval est placé entre Antonine et moi; et grâce à sa serviette et à la mienne qui n'en font qu'une, son genou presse le mien, et dans ce langage muet me fait comprendre amour pour la vie.

Je mange peu tant mon cœur est occupé ; Antonine mange trop pour une fille qui se dit atteinte du mal d'amour, ce dont la félicite Gustave; car il prétend qu'un bon appétit trahit l'heureuse quiétude de l'âme.

Parmi les insignifiants de la bande joyeuse, se trouve M. le greffier de la justice de paix, gros viveur et faiseur de calembours à assommer les gens. Au retour il nous offre d'aller chez lui passer la soirée, et faire une partie de trictrac, assurant la société qu'il n'a pas de *dés faux*. M. Ducastel accepte au nom de tous à notre grand déplaisir, prie le cher greffier de se verser forces rasades de champagne, sans oublier Achille Menu, dont la cervelle commence à déménager et qui devient bavard à l'excès. Mais, hélas! le ciel, jusqu'alors d'une pureté sans pareille, se rembrunit aussitôt, et le tonnerre gronde.

— Ça ne sera rien, mesdames, ne vous effrayez pas, l'orage

passe sur nous pour aller éclater au loin; oh! je m'y connais, dit Menu.

Et sur cette assurance nous prenons nos aises, riant du vent et de la tempête, qui autour de nous tord les arbres et brise les branches.

— N'ayez pas peur, ce n'est qu'une bourrasque, reprend Achille.

Et ces paroles à peine dites, un déluge d'eau tombe sur nous. Que faire, que devenir, comment se soustraire à cette inondation, n'ayant qu'une calèche découverte? En se mettant sous les arbres les plus épais : et chacun court chercher un abri. Mais la chapelle!... Il y tient deux personnes au plus, et ma mère, madame Ducastel, mademoiselle Beauprés et Antonine y sont entassées. Quant à moi, c'est sous un chêne centenaire que je vais chercher un refuge ; c'est sous ce chêne que me suit Bréval, il me couvre de son habit, de sa personne, en me pressant dans ses bras; et profitant du feuillage qui nous dérobe à tous regards indiscrets, pour me couvrir de brûlants baisers, il me dit :

— Alice, je ne peux vivre sans toi, sois mon amie, ma joie, mon bonheur.

— Par pitié, monsieur, cessez ce langage... Ah! quelle est donc l'opinion que vous inspire ma personne?

— Alice, je t'adore, je te voue mes adorations éternelles.

— Antonine, monsieur, doit, dit-on, devenir votre femme?

— Tel est le vœu de ma tante, celui que je flatte, non parce qu'il me plaît, et doit s'accomplir, mais parce qu'il me fixe en ce pays au château que vous habitez, et que là je vous vois, vous admire, vous entends.

— Si vous m'aimez, monsieur, si vos intentions sont pures, pourquoi ne pas parler à ma mère?

— Tel est mon dessein ; il serait trop long de vous expliquer les obstacles qui jusqu'à présent retiennent cette démarche ; mais ce soir, Alice, ce soir, si au parc et sans témoin vous vouliez m'entendre...

— Seule avec vous la nuit?... Non, monsieur, n'espérez pas.

— Comment donc alors vous faire comprendre, lorsqu'on nous observe sans cesse, Alice. Ah! vous ne repousserez pas la prière d'un amant qui brûle pour vous d'amour, et meurt si vous ne daignez l'entendre.

— Eh bien! demain matin à cinq heures, au parc, dans l'avenue des tilleuls.

— Demain! pourquoi pas ce soir? Je suis si impatient!

— Et audacieux d'exiger autant, ajoutez, monsieur. Non! rien ce soir; demain, demain!

Le tonnerre vient couvrir ma voix par un bondissement épouvantable, et me remplir d'effroi ; je cherche un refuge sur le sein de Bréval, qui reste calme et insouciant contre la fureur des éléments, la voix du ciel; mais passionné, brûlant pour la créature, il profite de mon trouble, de ma faiblesse, pour m'arracher les mots *je t'aime*, et obtenir de moi, de mes lèvres un baiser.

La pluie cesse, l'orage fuit, le soleil reparaît et par ses rayons transforme en rubis, perles et diamants, chaque gouttelette d'eau suspendue aux feuillages. Alors les voix se font entendre, on s'appelle, on se réunit, tout le monde est trempé jusqu'à l'épiderme, les mamans bougonnent, les jeunes gens rient; madame Ducastel assure qu'elle vient de gagner une fièvre putride; ma mère se décide pour un rhume, et la tante Beauprés un degré de plus pour son catarrhe.

On ramasse les ustensiles, les bribes du déjeuner, puis on s'entasse dans la calèche que la pluie a transformée en baignoire; Menu jure de faire la route à plat ventre plutôt que de remonter la maudite jument de son oncle; et Bréval, toujours obligeant, offre de troquer de coursier avec lui, promettant de dompter la paresse de ladite cavale et d'en faire une fringante monture. Menu accepte la proposition, et l'on se met en route. Bréval n'a rien promis de trop ; excitée par l'éperon, domptée par une main habile et ferme, la jument d'abord rétive, baisse la tête, flaire au vent, puis part et revient comme un trait.

En vérité, ce petit Achille n'est jamais content, le voilà qui se plaint que son cheval va trop vite et l'emporte malgré lui, qu'au lieu d'être maintenant à deux cents pas derrière nous, il est sans cesse un quart de lieue en avant ; qu'avait-il gagné au troc?

Chacun ayant hâte de rentrer chez soi, afin de changer de vêtement, l'on remercia le greffier de sa soirée qu'on remit au lendemain; et nous séparant d'une partie de la société, nous rentrâmes au château, où nous accompagnèrent seulement Bréval, sa tante et M. Menu. Le reste de la journée s'écoula assez gaîment, les parents s'étant retirés chez eux, Bréval et Menu nous firent société au salon; l'un, homme aimable, spirituel; l'autre, d'une niaiserie originale.

Le soir, puis l'heure du repos où nous invitait la fatigue d'une nuit passée au bal, et comme je me disposais à me retirer avec Antonine, ma mère me fit prévenir de monter chez elle, où elle avait à m'entretenir un instant. J'obéis, et madame de Merville m'indiquant une chaise près du lit, où souffrante elle s'était couchée :

— Écoute-moi, mon enfant, car j'ai à t'apprendre une grande nouvelle, me dit-elle en souriant.

— J'écoute, bonne mère, parlez.

— Alice, un honnête homme m'a demandé aujourd'hui ta main...

— En vérité?... m'écriai-je remplie de trouble, d'espérance et de crainte.

— Oui, mon enfant, M. Achille Menu te fait cet honneur.

— Achille Menu, fi donc !

— Pourquoi ce mépris, ma fille; ignores-tu, enfant, que nous sommes sans fortune ni famille; ne réfléchis-tu pas que, souffrante et faible, la mort me menace de te laisser un jour, prochain peut-être, sans soutien ni conseil ?

— Ah! vivez, bonne mère, vivez éternellement; mais ne me contraignez pas à devenir la femme d'un homme que je ne pourrais aimer ; oui, laissez-moi près de vous; ne vous privez pas de votre fille, de l'enfant qui veut veiller sur vos souffrances, et par ses soins s'efforcer de les adoucir, m'écriai-je en larmes et me penchant sur ma mère, en lui prodiguant mes caresses.

— Allons, ne t'afflige pas ainsi, petite, je t'aime trop pour te contraindre à une union qui te répugne; et cependant, Alice, si tu savais combien mon âme est inquiète sur ton avenir, si tu savais combien, avant ma mort, il me serait doux et précieux de te voir un protecteur dans un époux, un protecteur contre les dangers de ce monde, contre la séduction qu'éveille ta beauté. Alice, que la raison vienne à ton aide et t'éclaire en ce jour; accepte l'homme qui veut bien faire de toi une honnête femme.

— Non, ma mère, il est trop laid !

— Eh! qu'importe la laideur chez un homme, si l'âme est noble et généreuse? Tu envies la beauté chez un époux? Pauvre fille ! alors ce sont les tourments de la jalousie, l'indifférence, l'abandon que tu te réserves, que tu rencontreras chez cet être affolé de sa personne; crois-moi, Alice, renonce à ce funeste caprice, et ne t'attachant qu'aux qualités morales, fais un heureux choix.

— Ma mère, je reconnais l'excellence de vos sages conseils,

mais l'aversion que m'inspire ce M. Menu est chez moi insurmontable.

— Cependant, il est aimable, d'une grande douceur, et de plus héritier de son oncle le percepteur; il jouira un jour d'une belle aisance.

— N'importe, ma mère, fût-il millionnaire, je ne pourrais l'aimer.

— Alors n'en parlons plus, Alice, termina ma mère en soupirant.

Quelques mots encore sur un autre sujet insignifiant, et je me retirai après avoir embrassé cette excellente amie à plusieurs reprises.

En rentrant dans notre chambre commune, ma surprise fut grande d'y apercevoir Antonine encore debout et qui y attendait mon retour; Antonine le sourire sur les lèvres, le plaisir dans les yeux, vient à moi avec un transport de joie, et me prenant par la main :

— Arrive donc, me dit-elle, chère Alice, que je te fasse part de mon bonheur et que tu le partages.

— Là! quoi donc? Antonine; parle vite, que je me réjouisse avec toi.

— Apprends, Alice, que Bréval a ce soir demandé ma main à mes parents.

— Ciel, lui-même? m'écriai-je, en appuyant la main sur mon cœur afin de l'empêcher de s'échapper de mon sein, tant il bondissait avec force à cette affreuse et inattendue nouvelle.

— Non pas positivement lui, mais bien sa tante pour lui, répond Antonine en sautillant d'aise.

— Et la réponse de ta famille?...

— A été un consentement soudain.

— Marie-toi, Antonine! soupirai-je tristement.

— Cette nouvelle de mon bonheur, loin de te plaire, semble au contraire t'affliger, Alice?

— La pensée de te perdre, de nous séparer l'une de l'autre, me cause en effet... un violent chagrin.

— Bonne Alice! combien ton amitié me rend heureuse et fière! Oh! sois sans crainte, Bréval ne voudra pas nous séparer, me donner une semblable affliction en échange de mon amour; aussi est-il convenu que mon mari, renonçant à Paris, viendra se fixer près de mon père, de ma mère, de toi, Alice, qui seras notre unique amie... Mais tu ne m'écoutes pas, tu pleures et détournes la vue. Mon Dieu! est-ce possible que ce mariage t'afflige à ce point, que tu sois si jalouse en amitié!

— J'ai tort, Antonine, excuse ma faiblesse, et laisse à mon cœur le temps de se familiariser avec la pensée qui l'effraye si fort.

Antonine elle-même, les yeux mouillés de larmes, bien différentes et plus honorables que les miennes, se trompant sur ma douleur, vint m'entourer de ses bras et me prodiguer ses bonnes et franches caresses.

Quelques instants encore et nous nous mîmes au lit, où en silence je donnai cours à mes amères pensées.

Oui, demain, je vais le voir demain à ce rendez-vous; il faudra qu'il s'explique, qu'il se prononce sur celle qu'il préfère, d'Antonine ou de moi, et si chez lui l'amour doit céder le pas à un vil intérêt.

III

SÉDUCTION, PERTE ET DOULEUR.

Après une nuit d'agitation et sans sommeil, j'entends la pendule qui sonne la quatrième heure du matin. Je jette un regard sur Antonine ; elle dort profondément. Qu'elle est heureuse ! Je me glisse en bas du lit, m'habille sans bruit, et quitte la chambre à pas de loup, puis le château.

J'arrive au parc qu'inonde une fraîche et abondante rosée, le soleil en dore les arbres et les fleurs, l'oiseau matinal y chante et y voltige ; voilà la grande allée des tilleuls où je m'enfonce rêveuse et solitaire.

Une demi-heure d'attente, et mon cœur bat avec violence à la vue de Gustave accourant vers moi.

— Oh ! merci, merci de cette exactitude, ma belle et adorable Alice, s'écrie-t-il en m'abordant, m'entourant la taille, me donnant un baiser, et m'entraînant plus avant dans le parc, enfin loin de tous regards importuns.

— Assez, assez, monsieur, n'allons pas si loin, et hâtez-vous de m'apprendre ce qui vous a fait désirer aussi ardemment cet entretien secret, dis-je, d'un ton froid et sérieux.

— Mon amour, Alice, le besoin de vous l'exprimer, de vous convaincre de sa force, de sa sincérité!...

— Et celui de m'apprendre sans doute votre prochain mariage avec mademoiselle Ducastel, la riche Antonine, dont hier vous fîtes demander la main par votre tante!

— Alors, je vois qu'avant tout, ma bien-aimée, il est important de m'expliquer sur ce prétendu mariage, idée fixe de ma chère tante, la mienne peut-être, mais avant de vous connaître et adorer...

— Oui, monsieur, la chose est très-importante en effet; parlez donc...

— Alice, je suis avocat, et débutant dans la carrière, sans un grand nom qui me tienne lieu de talent, de réputation; je n'ai encore eu à défendre que l'honneur, la vie des malheureux : causes honorables auxquelles je voudrais vouer ma vie entière, si la fortune en naissant avait été mon partage. Mais, hélas! je suis pauvre encore, et les bienfaits de ma tante, sa fortune modique, mais suffisante, ont été et sont ma seule ressource...

— Ce qui fait, monsieur, qu'en ce jour vous désirez et demandez pour femme la fille de M. Ducastel; alors que me voulez-vous donc, qu'exigez-vous de moi? de moi que vous dites aimer, et à qui vous désirez faire partager vos sentiments; me rendre malheureuse par l'abandon?

— Injustice, erreur de votre part! Alice, car, pour vous, pour vous mériter et vous obtenir, je refuse l'union que ma tante me propose; non pas ouvertement, car alors il me faudrait aussitôt quitter ces lieux, d'où me ferait chasser mon implacable parente. Oui, quitter ces lieux avant d'être certain de votre amour, de vous avoir plu. Alice, c'est dans l'attente de ce bonheur et pour le conquérir que, muet et impassible témoin, je laisse agir ma tante. Mais dis un mot, femme adorable, accorde à un amant un gage de ton amour, et tu me verras briser aussitôt cette union qui t'effraie et que mon cœur repousse.

— Et convaincu de ma tendresse pour vous, que je partage vos sentiments, c'est moi alors que vous prenez pour épouse?

— Alice, oses-tu en douter?...

— Mais hier, Gustave, pendant l'orage, n'avez-vous point arraché cet aveu à ma faiblesse?

— Oui, et mon cœur, tout mon être, en le recevant, ont tressailli de bonheur et d'ivresse.

— Qu'exigez-vous donc de plus pour vous convaincre, Bréval?

— Qu'un peu de temps, beaucoup de preuves de cet amour viennent à l'appui d'un bonheur si suprême, que je crois encore un songe, une hallucination.

— Mais le temps de cette épreuve, tel court qu'il soit, le laisserez-vous s'écouler sans désabuser une famille trompée sur vos desseins?

— Hélas! oui, sous peine d'être chassé de ce château. Mais à toi, mon Alice, à tes tendres paroles, à tes douces caresses le soin de m'arracher à cette fausse et coupable situation, à toi la liberté d'être mon amante, mon épouse, de venir partager ma modeste existence, et par ta divine possession encourager mes travaux et fixer la fortune près de nous... Alice, lève sur moi ces regards si beaux encore une fois, que ta bouche admirable me répète, je *t'aime*.

— Oui, je vous aime, Bréval, mais au nom du ciel, respectez votre amie, celle que vous voulez parer du titre de votre épouse, et par une coupable conduite, gardez-vous de l'en rendre indigne... Gustave, que ma faiblesse, mes aveux soient la preuve de la sincérité de mes sentiments, n'exigez plus de ces dangereuses entrevues, et hâtez notre union en renonçant hautement à celle de mademoiselle Ducastel. Bréval, par pitié, rassurez mon âme craintive et alarmée.

Cédant à la voix de la raison, peut-être aux larmes qui brillaient dans mes yeux, Gustave apaise ses transports, n'échange plus avec moi que de douces et modestes caresses, et comme au loin nous avions aperçu le jardinier traversant l'avenue pour se rendre au lieu où l'appelait son travail, je suppliais Bréval de s'éloigner et de quitter le château avant que sa présence ne soit découverte. Ce qu'il fit, non sans peine, et après m'avoir suppliée de lui accorder un second rendez-vous pour le lendemain matin; je le lui refusai opiniâtrement, et cela parut l'affecter; mais, hélas je me méfiais de ma faiblesse, je redoutais ces dangereux transports.

Huit jours s'écoulèrent sans apporter de changement à notre mutuelle position, huit jours durant lesquels Bréval vint continuellement au château. Pendant ce temps j'eus avec lui quelques instants d'entretien à la dérobée, mais non loin du monde; et toujours je combattais son désir, sa prière de m'entretenir seule dans le parc. Le voyant fort peu empressé près d'Antonine, et celle-ci faisant tous les frais de conquête et d'amabilité, mes craintes, ma jalousie s'étaient affaiblies, et mon amour augmentait pour Bréval.

M. Achille Menu, à qui ma mère avait fait connaître mon refus, persuadé qu'il s'était déclaré trop tôt, et qu'il m'amènerait tôt ou tard à ses désirs, s'était bien gardé de perdre espoir et de quitter la place, où il s'était au contraire enraciné avec plus de ténacité que jamais, et de fait, M. et madame Ducastel étaient deux auxiliaires puissants contre ma résistance.

Le neuvième jour, grand changement. Bréval ne parut pas au château ; mais un envoyé de sa part vint nous prévenir que sa tante étant indisposée, il se voyait contraint par le devoir et le cœur de lui prodiguer ses soins par sa présence ; action noble et délicate qui me disposa encore mieux en sa faveur et corrobora la confiance que je plaçais en ses sentiments.

Le même jour et sur le soir, Antonine, qui avait été grimaude une partie de la journée, ce que j'attribuais à l'absence de Bréval, tomba aussi malade et fut forcée de prendre le lit, qu'elle garda le lendemain et les jours suivants ; une fièvre maligne s'étant déclarée chez elle. Plusieurs jours encore, et mademoiselle Beauprés était plus dangereusement malade, à l'encontre d'Antonine, qui marchait grand train vers la convalescence.

Après avoir passé plusieurs nuits auprès d'Antonine, l'on m'avait fait quitter sa chambre pour en occuper une autre pendant l'espace de temps que devait encore durer sa maladie ; elle était située près de celle où couchait ma mère. Un soir, après avoir quitté Antonine, et fatiguée d'une longue veillée, je montais chez moi, pour me livrer au sommeil qui en ce moment affaissait puissamment ma paupière ; puis, je me promettais dans mon recueillement de penser longtemps à Bréval, que j'avais vu la veille, et qui m'avait pris un baiser en cachette, en me jetant quelques mots d'espérance et de bonheur.

J'étais au lit, et depuis longtemps je dormais profondément, lorsqu'une main, en se posant sur mon visage, m'éveilla en sursaut et me fit pousser un cri perçant.

— C'est moi, Alice ! ton amant, ton époux, me dit une voix que je reconnus pour celle de Bréval.

— Vous ici, monsieur, à cette heure ! Et de quel droit ! Ah ! fuyez, éloignez-vous.

— Fuir, quand tu es là, ma belle amie, et qu'avec toi je puis longtemps m'entretenir, converser, ah! ne l'espère pas!

— Mon Dieu! Comment êtes-vous entré, monsieur?

— Par la porte, dont hier j'ai pris la clef.

— Mais c'est affreux! Bréval, et vous n'abuserez point de ma position en restant ici malgré moi?

— Alice, pardonne à mon amour.

Ah! que de pleurs! de regrets, lorsqu'il m'eut quitté au petit jour, lorsque, seule et livrée à mes regards, je pus apprécier toute l'énormité de ma faute, l'horreur d'une position qui me livrait aux caprices, à la merci d'un séducteur que j'adorais cependant et qui sut bientôt se faire pardonner et renouveler ma faute; C'est ici, je pense, l'instant de faire connaître une lettre que cet amant si tendre écrivit à l'un de ses amis de Paris, lettre affreuse, qui ne fut remise dans mes mains que trop longtemps après, hélas!

« Sèche tes pleurs, mon cher Alban! calme cette vive inquié-
« tude qui s'éleva dans ton âme corrompue et mondaine, le jour
« où moi, ton ami, ton néophyte dans l'art des plaisirs et de la
« séduction, t'annonçais son départ, son exil d'un mois pour une
« province lointaine, enfin sa visite à sa tante la dévote, provi-
« dence du ciel, banquière donnée par la nature au neveu le
« plus mauvais sujet, le plus hypocrite et dissipateur, ton élève
« enfin! Oui, sèche tes pleurs, en apprenant, ami, que dans
« cette campagne où je craignais de ne rencontrer que l'ennui, de
« grandes demoiselles bien raides, guindées, répondant par oui et
« par non; enfin des Agnès d'une bêtise achevée, j'ai trouvé la
« perle merveilleuse, le diamant des filles passées, présentes et
« futures. Apprends que cette petite divinité de dix-sept prin-
« temps est faite à ravir, que tous ses gestes sont pleins de grâ-
« ces et de noblesse, que ses traits charmants peuvent prétendre
« à une entière régularité, que l'incarnat de la rose colore ses
« lèvres divines, que sa bouche est une des plus célestes que la
« nature ait jamais moulée : qu'en dis-tu?... Ajoute à cela de
« l'esprit, un grand désir d'émancipation, beaucoup de crédulité
« et une passion sérieuse, violente au cœur pour ton très-humble
« serviteur. C'est chez des amis de ma tante, chez d'excellents
« boutiquiers devenus seigneurs châtelains d'un joli château,
« grâce à leurs écus, que j'ai fait la trouvaille de ce petit chef-
« d'œuvre, demoiselle de compagnie, espèce d'amie intime d'un

« petit laideron de femme ayant nom Antonine Ducastel, que
« mon honorée tante veut me donner pour mienne, escortée
« d'une belle dot, et d'espérances plus belles encore; sais-tu,
« cher Alban, ce qu'a été de suite ma décision après avoir vu
« et pesé les choses? Tu devines? Eh bien! oui, j'ai arrêté que la
« belle et séduisante Alice de Merville serait ma maîtresse, et que
« j'accepterais la dot en prenant le laideron par-dessus le mar-
« ché, condition détestable, toute semblable enfin à celles que
« nous impose souvent certain vil usurier, escompteur de notre
« signature, de notre avenir, en nous forçant d'accepter avec
« quelques écus, et comme valeur réelle, un de ces magots de
« la Chine, en bronze ou porcelaine. Mais, hélas! que l'homme
« est faible! croirais-tu, Alban, qu'après avoir séduit Alice,
« je me suis surpris amoureux pour de bon, et senti pour la
« future un excès d'aversion insurmontable; au point que, ren-
« versant tous mes plans, la mort prochaine et inévitable de ma
« chère tante venant en aide, je me propose maintenant sérieuse-
« ment, oh! mais très-sérieusement! d'enlever ma gracieuse maî-
« tresse, de l'emporter à Paris et de laisser là mademoiselle Du-
« castel et le *conjungo*. Bon! tu jettes les hauts cris! Oui! je t'en-
« tends les jeter d'ici, gronder, dire que je suis un fou, que je
« dois m'en tenir à mon premier dessein, enfin épouser la dot, les
« espérances, le château, et tout transporter à Paris avec la jolie
« maîtresse, afin d'y exploiter tout ensemble et mener joyeuse
« vie. Je ne dis pas non, cher Alban! et cette chose serait un
« coup de maître; mais jamais ma belle Alice, ma perle d'Orient,
« ne consentirait à me laisser épouser autre qu'elle, qu'elle à qui,
« je te l'avouerai, traîtreusement j'ai fait promesse mensongère
« de mariage, et qui compte niaisement sur ma parole. Or, je ne
« me sens pas encore la force de me brouiller avec une femme
« dont je suis en ce moment amoureux fou, mais fou à en perdre
« la tête, dont la possession est un trésor; et cela pour devenir le
« mari d'une petite laide dont il faudra m'embarrasser à tou-
« jours, lorsque mon amour pour les joies de ce monde et mes
« scélérats de créanciers m'auront dévoré mon patrimoine. Enfin,
« ami, laissons encore aux quelques jours qui me restent à passer
« en ces lieux le soin de fixer mon indécision, de mûrir mes pro-
« jets, et espères! Oui, mon cher Alban! la vieille dévote est en
« danger de mort, et se décide enfin, à ce que m'assurait encore
« ce matin l'Esculape provincial, à me laisser ses dix mille livres

« de rente, après lesquelles elle me fait inhumainement attendre
« et soupirer depuis des siècles, fortune dont une masse de lettres
« de change souscrites par moi au profit d'un Arabe, d'un Juif
« implacable et maître en ce jour de ma précieuse liberté, m'ont
« procuré la jouissance anticipée ; mais calme tes regrets, mauvais
« sujet ; car ma probité n'ira pas jusqu'à me démunir de mon der-
« nier ducat en faveur de ce fils d'Israël ; et quelques billets de
« banque mis en réserve nous permettront encore des jours de
« plaisir et de bonheur, seul moyen de montrer et faire briller
« avec éclat la suave et délicieuse Alice, dont les charmes infinis
« ne manqueront pas de mettre en émoi tous les sens, à défaut
« de cœur, de nos dandys et lions du monde élégant.

« Une prière, mon cher Alban ! celle de garder le silence sur
« mes nouvelles amours, près des maîtresses qui attendent mon
« retour à Paris, envers ces femmes que mon absence désespère
« et dont je suis décidé à placer les portraits parmi les fossiles et
« les antiques du cabinet des curiosités ; c'est te dire que je
« réserve à ma délicieuse provinciale tout ce que mon être blasé
« et saturé des joies d'amour conserve encore de désirs, de
« force, etc. A bientôt des nouvelles, celles qui t'annonceront en
« ton compagnon de folies et d'orgies l'héritier barbouillé de
« noir de feu mademoiselle Arabelle Beauprés. A toi,

« GUSTAVE BRÉVAL. ».

Ainsi j'étais indignement trompée, j'étais le jouet, et m'étais faite la maîtresse d'un libertin, d'un débauché, et le ciel ne permit pas que cette lettre où le monstre montrait à nu son âme hideuse tombât en ma possession, et devint pour moi la branche de salut qui m'eût arrêtée au bord du gouffre où ma funeste crédulité, une passion indigne devaient m'entraîner ; non, il ne le permit pas ; et, pauvre femme, livrée à la honte, au malheur, l'inexpérience me lança dans l'abîme. Plusieurs jours encore, et Antonine entièrement rétablie, réclama sa compagne de chambre.

La maladie de mademoiselle Beauprés ayant fait d'affreux progrès dans cet espace de temps, l'avait placée aux portes du tombeau, et à chaque instant du jour nous nous attendions à recevoir la nouvelle de sa mort ; c'est ce qu'un soir vint nous annoncer son neveu, avec tous les symptômes du plus profond désespoir. L'hypocrite Bréval, à la suite de cet événement nous négligea quelque temps ; sa présence, en qualité d'héritier, était indispensable à Chartres, où il s'empressait de recueillir la succession de la défunte, succession qui rendit la famille Ducastel encore plus désireuse du mariage d'Antonine avec Bréval, et Antonine plus affolée de son prétendu. Et moi, que faisais-je durant tout cela ? Je me rendais, chaque après-dîner au fond du parc, dont une brèche à la muraille donnait à Bréval une issue secrète. Là, oubliant son prétendu chagrin pour ne s'occuper que de son amie, disait-il, il se plaignait de ma condescendance aux caprices d'Antonine, et me grondait d'avoir abandonné sans résistance le sanctuaire de nos amours. Et moi, je lui indiquais le moyen d'être heureux encore sans crainte, sans obstacle ni remords, en lui conseillant ou le suppliant de désabuser au plus tôt les parents d'Antonine, de demander ma main à ma mère, d'être mon époux, et de me rendre l'honneur et le repos.

— Bientôt, ma belle, me répondait-il ; aussitôt que j'aurai réalisé l'héritage de ma pauvre tante, alors rien ne m'arrêtant plus en ce pays, je romprai avec les Ducastel, je parlerai à ta mère, lui avouerai nos amours, et sensible à nos désirs, elle comblera mes vœux en me nommant ton époux.

Deux mois s'écoulèrent, durant lesquels je fus la plus inquiète, la plus malheureuse des femmes; Gustave n'avait point rompu avec les Ducastel, et chaque jour il était venu au château, où il avait reçu le plus cordial accueil, souri aux agaceries d'Antonine, et payé ses sottes avances de quelques familiarités galantes, ce qui avait aussitôt rempli mon cœur de jalousie, de craintes et d'affreux soupçons. Hélas ! n'avais-je pas le funeste droit de m'alarmer, même d'une politesse, d'un rien de sa part envers une autre femme, moi ! moi ! misérable fille, chez qui se déclaraient tous les symptômes de la maternité, moi, à qui l'inconstance de Bréval ne devait laisser qu'une seule et unique ressource contre la honte, la malédiction de ma mère; celle de chercher la mort dans les plus profondes eaux du parc.

Ce jour funeste où une caresse de sa part, à Antonine, glaça et dévora mon cœur tout à la fois, j'attendis le soir avec une horrible impatience, et l'instant venu, je courus au lieu du rendez-vous, où il me fallut attendre le perfide un siècle ! un siècle entier ! enfin je l'aperçus de loin venir à moi, me souriant, confiant au vent les baisers qu'il me donnait d'avance. J'étais hors de moi, tremblante et le visage en feu.

— Quoi donc, ma belle, te fâche si fort? il est à peine l'heure de notre rendez-vous, et m'y voilà.

— Gustave, seriez-vous le plus perfide et le plus infâme des hommes? répondez, dis-je avec force, et fixant sur lui un regard hardi et scrutateur.

— Pourquoi cette question, Alice, et d'où naît ce doute injurieux? dit Bréval.

— Vous me le demandez! Aujourd'hui même, en ma présence, vous avez donné à Antonine le droit de se croire aimée de vous. Ne deviez-vous pas, au contraire, la dissuader, vous ouvrir à ma mère, et lui demander ma main.

— Cette caresse, enfant, qui t'alarme si fort, ma bouche distraite en la donnant pensait te l'adresser; ensuite est-il défendu de payer l'amitié de quelques faveurs?

— Mais vous êtes fou, monsieur! De l'amitié! de l'amitié pour une femme dont vous allez refuser la main, à laquelle vous allez faire injure; allons donc, vous mentez, Bréval! Bréval, le doute affreux qui s'est emparé de mon âme, me tue, me dévore; et à tout prix vous devez le faire cesser; je veux, j'exige donc que, dès demain, vous ne reparaissiez plus dans cette maison, et qu'une lettre tracée par votre main apprenne à M. Ducastel que vous renoncez à devenir l'époux de sa fille. Je veux enfin que vous me demandiez aussitôt à ma mère.

— J'obéirai, ma souveraine, mais dans quelques jours seulement, les conseils de M. Ducastel m'étant indispensables en ce moment, pour m'aider à lever quelques difficultés qui s'opposent à l'entière liquidation de la succession de ma tante.

— Encore un prétexte, un retard! Mais, Bréval, vous oubliez donc que dans mon sein je porte le dénonciateur de ma faute? que je vais être mère? que je ne puis attendre? m'écriai-je avec désespoir.

— Enceinte! folie, terreur enfantée par ton imagination. Non, non, calme ces craintes, ma douce amie; et quand même, le sacrement n'est-il pas là pour légitimer et purifier les faiblesses de l'amour?

— Mais ma mère! ma mère! monsieur, me maudirait, mon déshonneur la tuerait infailliblement! Bréval, par pitié, hâte-toi, oh! mon bien-aimé, de rendre la vie, le repos à celle qui par amour pour toi, a oublié ses devoirs, sa mère; tout enfin. Bréval, fais que je ne sois pas maudite, chassée, méprisée : rends moi l'honneur, et ma vie entière sera consacrée à te chérir, à t'obéir en esclave fidèle et soumise. Et disant ainsi, j'étais à ses pieds, en larmes et suppliante. Il me relève, me presse sur son sein, en souriant, et de l'accent le plus tendre, le plus persuasif, m'accuse de déraison, me gronde, se plaint de mes soupçons jaloux, de mes craintes puériles ; il me fait de nouveaux serments et fixé à quinze jours sa rupture avec la famille Ducastel, et la demande de ma main. Moi, pauvre fille aimante et crédule, j'ouvris de nouveau mon cœur à l'espérance et pardonnai !

En rentrant au château, je retrouvai dans le salon nombreuse société, rangée autour des tables à jeu ; les parties allaient leur train. Durant mon absence, M. Achille Menu était arrivé ; il nous avait quittés depuis deux mois pour retourner à Paris, fatigué de mon indifférence et du peu de succès qu'il obtenait dans mes bonnes grâces. Cependant l'absence n'avait fait qu'augmenter sa passion malheureuse ; entraîné par cette même passion, il revenait tenter un second essai sur mon cœur. Je reçus assez cordialement le petit homme, dont je devinais et redoutais les nouvelles poursuites et les assiduités. Je m'inquiétai aussitôt de ma mère, que je n'apercevais pas et qu'on me dit souffrante et retirée chez elle, après m'avoir fait mander et chercher sans qu'il eût été possible de me trouver, ce qui surprenait fort madame Ducastel, qui d'un ton assez sec et peu coutumier à mon égard, m'interrogea hautement sur ce qui m'attirait si souvent et si longuement dans le parc, dont jadis je ne fréquentais que les abords.

Un violent mal de tête, le besoin de respirer le grand air, fut la seule réponse que je balbutiai en rougissant un peu, et je m'esquivai pour courir près de ma mère, et surtout afin d'éviter d'autres questions qui auraient augmenté mon embarras.

En entrant dans sa chambre, je trouvai madame de Merville couchée et endormie, j'allais me retirer sans bruit, lorsqu'ouvrant les yeux et m'apercevant, elle me fit signe d'approcher et de m'asseoir à son chevet ; j'obéis.

— Alice, d'où viens-tu, et pourquoi ce goût subit pour les promenades solitaires qui fait que depuis quelque temps tu abandonnes souvent et longtemps ta mère, ta mère qui souffre et qui a besoin de toi ?

Interdite de nouveau, je restai un instant sans répondre, afin de chercher un mensonge, et n'en trouvant point d'autre que celui qui déjà m'avait servi près de madame Ducastel, je le fis encore.

— Alice, ma fille bien-aimée, de grâce! reste avec moi, toujours près de moi, mon enfant, car il ne me reste, je le sens là (en appuyant sa main sur son pauvre cœur malade), que peu de temps à te voir, me dit ma mère avec douceur, en fixant sur moi un tendre regard.

— Ah! que faites-vous entendre, ma mère? Cet horrible pronostic, Dieu merci, ne s'accomplira pas de longtemps, dis-je en prenant les mains de ma mère, les baisant et les mouillant de mes larmes.

— Ne pleure pas, mon enfant, mais écoute, et sois prudente et sage... Alice, malgré tous les efforts de nos amis pour ranimer ma confiance et mon courage, je sens que le mal qui me dévore me laisse peu de temps à vivre, car la franchise brutale d'un médecin m'a indiqué le terme prochain de mon existence et je mourrais sans regret, heureuse d'aller rejoindre au ciel ton pauvre père, si ta jeunesse, l'isolement dans lequel te laisserait ma mort ne remplissaient mon âme de crainte et de douleur... J'ai donc voulu tenter encore un dernier effort sur ta volonté, en te communiquant, ce soir, la nouvelle demande que M. Menu m'a faite de ta main, tantôt en arrivant ici, où, m'a-t-il dit, l'amitié qu'il ressent pour toi l'a ramené en poste.

— Assez, assez! ma mère. Non, je ne veux point de cet homme, je le hais, le déteste, et je serais la plus malheureuse des femmes en devenant la sienne. Ma mère! ma bonne mère, ne me contraignez pas à une union qui ferait mon désespoir!

— Alice, au nom du ciel! mon enfant, sois plus raisonnable, songe que c'est un honnête homme qui t'honore de son choix, un protecteur, un ami aimant et dévoué que je t'offre en sa personne...

— Moi, sa femme, sa femme! mais ça ne se peut pas! C'est impossible! impossible! m'écriai-je, avec désespoir et en cachant ma tête dans le sein de cette excellente mère.

— Non, cette union ne serait pas impossible, comme tu le dis, si, plus prudente, et réfléchissant à tous les dangers, les tentatives de séductions auxquelles t'expose ta beauté, si tu essayais, ma chère fille, de vaincre une injuste répugnance, si tu te donnais la peine de distinguer, de saisir à travers l'enveloppe peu flatteuse de M. Menu, toutes les bonnes qualités de son âme.

— Je les connais, les estime, ma mère; mais n'exigez pas davantage; plutôt mourir!

— Et moi, reprend madame de Merville avec sévérité, moi qui

veux ton bonheur en dépit de ta déraison, qui ai compté sur ta soumission et donné quelque espoir à ce jeune homme, je désire que tu l'écoutes, que tu apprennes à le connaître et que tu sois sa femme d'ici à un mois.

— Hélas! vous ne parlez pas sérieusement, ma mère; n'est-ce pas? Vous aimez trop votre chère Alice pour vouloir la sacrifier, la contraindre à se tuer plutôt que d'épouser un homme qu'elle ne peut et ne pourra jamais aimer, non, jamais!

— Alice, chère Alice! mais je vais moi-même mourir dans quelques jours : veux-tu donc, imprudente, lorsque je ne serai plus là pour te protéger, devenir la victime, la proie d'un séducteur et te perdre sans retour?

— Non, oh! non, vous ne mourrez pas; le ciel est trop bon pour vouloir vous ravir à l'amour de votre enfant : vous vivrez, ma mère, vous me protégerez longtemps, et je ne serai point la femme de M. Menu.

En parlant ainsi, je couvris ma mère de caresses, j'entourai son cou de mes bras, et la pressai sur mon sein.

— Mon Dieu! que tu me rends heureuse et malheureuse tout à la fois, vilaine enfant! disait alors ma mère, en me rendant caresse pour caresse. Alice, Alice! reprit-elle, ta folle résistance et certains regards surpris me comblent d'effroi; un doute affreux, depuis quelque temps agite péniblement mon cœur!

— Un doute, ma mère! quel est-il?

— Que ton cœur ne t'appartient plus, que tu aimes M. Bréval, le prétendu d'Antonine... Réponds, réponds, Alice! aurais-je dit l'affreuse vérité? Tu rougis et baisses aussi les yeux?

Je n'osai d'abord répondre, et je pleurais à chaudes larmes.

— Pour Dieu! Alice, réponds, réponds donc!...

— Oui, ma mère, je l'aime...

— Malheureuse! mais cet amour est pour toi sans espoir; car cet homme ne t'aime pas, et il en aime une autre dont il va devenir l'époux...

— Si, ma mère, il m'aime, il me l'a juré, et Antonine, qu'il déteste, ne sera jamais sa femme.

— Hélas! qu'entends-je?... M. Bréval connaît le sentiment qu'il t'a inspiré; mais tu le lui as donc avoué? insensée.

— Oui, ma mère; et me payant du plus tendre retour, il doit vous demander ma main.

— Et tu penses que je serai ingrate autant que toi, que je trahirai la reconnaissance, au point de ravir à la fille de mes amis, de mes bienfaiteurs, l'époux qu'elle a choisi? Jamais!... Alice, jusqu'alors mon âme envers toi repoussait toute contrainte; mais aujourd'hui je t'ordonne de te disposer à quitter dès demain avec moi ce château, où tu as trahi la reconnaissance et l'hospitalité; bien plus à devenir l'épouse de M. Menu.

— Jamais! plutôt mourir! m'écriai-je avec désespoir et fermeté.

— Et moi, j'entends, je veux que cela soit, afin de te sauver de la honte et de la séduction.

— Non, ma mère, non! car je ne puis être désormais que l'épouse de Bréval, jamais celle d'un autre!...

— Tu obéiras, Alice, ou je te maudirai : choisis!...

— Me maudire! vous, vous! ah! ça serait affreux, ma mère! Mais, hélas! vous n'avez donc pas compris quand je vous ai dit que je ne pouvais plus être la femme que d'un seul homme, celle de Bréval! m'écriai-je avec force.

— Que veux-tu dire, malheureuse? parle, parle vite, je t'en conjure! s'écrie ma mère, hors d'elle et agitée par un affreux tremblement, et me fixant d'un regard rempli d'inquiétude, de doute et d'effroi.

— Hélas! dans mon désespoir, je m'étais trop imprudemment avancée; et ne sachant comment reculer, terrifiée par le regard de ma mère, quasi folle, éperdue, je tombai à genoux au chevet du lit; puis sanglotant, levant des mains suppliantes, j'avouai ma faute, j'avouai que j'allais être mère!

— Malédiction! s'exclama ma mère en essayant d'avancer la main sur la tête qu'elle voulait maudire, mais, perdant aussitôt connaissance, elle retomba lourdement sur l'oreiller.

Je poussai un cri d'effroi, me relevai précipitamment, me penchai sur ma mère que je vis pâle, inanimée comme la mort, insensible à mes baisers, à mes prières, aux abondantes larmes dont j'arrosai ses traits chéris.

— Mon Dieu! tuez-moi, si j'ai tué ma mère! mon Dieu! pitié pour elle, punition pour moi!

Et parlant ainsi, je sentais une sueur froide parcourir tout mon corps, ma tête se perdait, mes yeux s'éteignaient, puis je tombai sans connaissance sur le sein de ma mère. Trois heures après cette terrible scène, je revins et entr'ouvrant ma paupière, je me vis étendue sur un lit, à moitié déshabillée, entourée d'Antonine, de sa mère, de deux femmes de chambre, plus d'un médecin qui tenait mon bras et comptait les faibles pulsations de mon pouls.

— Elle revient, elle respire, quel bonheur ! s'écrie Antonine.

— Ces mots attirent mon regard sur chaque visage : j'aperçois des larmes abondantes, dont l'aspect réveille mes souvenirs, mon effroi.

— Ma mère ! m'écriai-je alors d'une voix faible et suppliante.

— Elle repose, me répond d'une voix émue madame Ducastel.

En effet, elle reposait, mais du repos éternel ! L'aveu du déshonneur de sa coupable fille l'avait tuée subitement ; car, atteinte d'un anévrisme, la violence de l'émotion avait en elle brisé l'artère de la conservation duquel dépendait une existence si chère et menacée chaque jour. Elle était morte en maudissant son enfant, son enfant, hélas ! et moi, trouvée sur elle, ramassée sur elle sans connaissance ni mouvement, j'avais été emportée loin des restes précieux de ma mère. Ce ne fut que le lendemain matin, après une nuit de douleur et de larmes, que madame Ducastel, pâle, triste et les yeux mouillés par les pleurs, vint à mon lit, me pressa dans ses bras en soupirant, et me fit connaître toute l'étendue de mon malheur, enfin la mort de ma pauvre mère !

— Ne te désole pas ainsi, chère enfant, le ciel, en te privant d'une mère, t'en rend une autre en moi ; oui, tu vas être ma fille, la sœur d'Antonine, aimée et chérie comme elle... Alice, calme cette douleur affreuse, regarde, écoute ta seconde mère, celle que tu ne quitteras plus, qui t'aimera comme elle aime Antonine.

Ainsi disait cette bonne âme, en me caressant, en baisant mon visage, en essuyant mes larmes ; bientôt à elle se joignit Antonine, pour mêler ses pleurs aux miennes, pour gémir avec moi, hélas ! Si bonne et consolante, elle ne savait pas qu'en sus de la perte d'une mère, je pleurais encore un crime, qu'assassin de cette même mère, mon front se courbait sous le poids d'une funeste malédiction.

Depuis un mois, l'humide et froide tombe s'était fermée sur les dépouilles de ma mère, déposées dans le cimetière de Chartres, et depuis ce temps, chaque matin, j'allais seule m'agenouiller et gémir sur la pierre de cette tombe, demander grâce et pitié, la révocation de la terrible malédiction qui pesait sur ma tête, et protection pour l'être infortuné qui croissait dans mon sein. Un jour, sortant du cimetière et regagnant le château, seule, triste, les larmes aux yeux, car du fond de sa tombe, il me semblait avoir entendu la voix de ma mère me crier, malédiction ! malédiction ! Un homme sur la route, Bréval, enfin, que je n'avais pas revu depuis la perte douloureuse que je pleurais de toutes les larmes de mon cœur, Bréval donc, débouchant d'un bouquet de bois, s'avance vers moi, s'empare de ma main, et du ton le plus plaintif, le plus tendre, me fait entendre ces douces paroles.

— Alice, pourquoi me fuir? Repousser le père de ton enfant, celui qui t'adore, ne peut vivre sans toi ; il veut pour la vie se faire ton protecteur, ton époux !

— Hélas! combien il vous reste à faire, en effet, monsieur, pour calmer ma conscience et mes remords. Vous, Bréval, auteur de tous mes chagrins, cause terrible de la mort de la meilleure des mères; vous, sans qui je serais pure, encore heureuse : oh! oui, encore heureuse, car je ne serais point orpheline, et mon front ne se courberait pas aujourd'hui sous le poids de la honte, de la malédiction.

— Une malédiction! folle! est-ce qu'une mère maudit son enfant?...

— Oui, car telle a été la dernière action de la mienne.

— Erreur! Alice, mais admettons ce fait, enfanté par ton imagination, par la terreur qui dut s'emparer de toi, à l'aspect de l'horrible agonie d'un être qui t'était cher et précieux ; que te reprochait ta mère, de quelle faute voulait-elle te punir? De m'avoir aimé, d'avoir cédé à mes transports brûlants avant qu'un prêtre n'ait par son pieux ministère autorisé notre union, légitimé notre faiblesse. J'approuve ses vertueux scrupules, mais ces scrupules, un peu plus tard, se fussent évanouis à l'aspect de l'heureuse union que je veux cimenter et pour laquelle je viens implorer ta volonté... Alors, Alice, ta mère, apaisée, joyeuse, fera du ciel descendre sur ta tête le pardon et la bénédiction.

— Mon Dieu! dites-vous vrai, Gustave, et consentez-vous, sans détour, à rendre le repos, l'honneur, à une pauvre créature bien malheureuse!!

— Alice, peux-tu douter de ma franchise?

— Hélas! la défiance n'est-elle pas le lot du malheureux.

Chasse toute crainte qui pour moi serait une offense, et te fiant à mon amour, à mon honneur, consens à reprendre ces doux et secrets entretiens dont la douleur, un vain scrupule de ta part, ont privé ton amant... Ah! ne me refuses pas, Alice, car c'est ton époux, le père de l'enfant que tu portes dans ton sein, gage charmant et précieux de nos mutuelles amours, qui exige de toi, confiance et soumission.

— N'espérez pas, Bréval... Non! plus de caresses, de tête-à-tête, avant que l'hymen ne m'ait fait votre femme.

— Mais alors, cruelle! comment travailler à cette union désirée, si tu refuses de m'entendre? Ah! crois-moi, Alice, chasse de grâce ces vains scrupules, et loin de nuire à notre amour par trop de retenue et d'éloignement, voyons-nous, entendons-nous chaque jour en silence; et d'un commun accord, hâtons ce jour qui doit nous unir à jamais.

— Mais Antonine, monsieur; ses parents, que penseront-ils de moi, lorsque vous refuserez leur alliance, lorsqu'ils apprendront que c'est moi, moi! leur fille adoptive, l'orpheline qu'ils aiment et caressent, qui les prive en vous d'un époux, d'un gendre? Ils me mépriseront, me chasseront de chez eux avec ignominie! Auront-ils tort? Non! car je suis et serai une infâme à leur yeux; ah! monsieur, pourquoi, par votre funeste amour, avoir fait de moi la plus méprisable des femmes! m'écriai-je, en larmes.

— Alice, calme cet excès de douleurs, cesse, ma douce amie, de te traiter avec tant de sévérité; réfléchis qu'il te faut un époux, un père à ton enfant, et que toute autre considération doit se taire quand le devoir et l'honneur commandent ; or, qu'importent les Ducastel, lorsqu'un mari sera là pour te protéger contre leur colère.

— Mais l'amitié, la reconnaissance, monsieur...

— L'amitié, toute sainte qu'elle soit, a des bornes, et ne peut exiger le sacrifice de l'honneur, ni celui des plus chères affections; quant à la reconnaissance, Alice, celle que les maîtres de ce château ont droit d'attendre de toi est nulle ; eux, au contraire, doivent remercier la veuve et la fille du colonel de Merville de ce qu'elles ont bien voulu consentir à se faire les dames de compagnie de marchands enrichis.

— Ah! monsieur, dites des amies, des sœurs! m'écriai-je aussitôt.

— Soit! mais qui apportèrent avec elles chez ces amies, l'indépendance que leur assurait une fortune suffisante pour leurs besoins.

— Oubliez-vous, Bréval, que M. Ducastel vient d'être nommé mon tuteur, et qu'à ce titre je lui dois respect et soumission?

— Je sais qu'il peut me ravir ta main, mais non me ravir ton cœur.

— Oh ! ciel, si usant de son droit, et mécontent de votre rupture avec sa fille, il allait s'opposer à notre union ?

— Sois sans inquiétude, ma toute belle, car alors, en dépit de sa volonté, je saurais assurer notre bonheur ; mais à une condition, celle, que ma douce Alice daignera encore m'entendre sans témoin, afin d'aviser ensemble à notre prochaine union.

— Bréval, s'il le faut absolument, si notre mariage dépend de ces entrevues, j'y consens, hélas ! Mais, pour Dieu, faites connaître tout de suite votre refus à la main d'Antonine, et vos prétentions, vos droits à la mienne ; car plus nous tarderons à désabuser cette honnête famille, plus nos torts envers elle seront grands.

C'est ce dont je compte m'acquitter sous trois jours... Alors tu consens, mon Alice, à m'attendre ce soir même au parc, sous les grands chênes ?

— Puisqu'il le faut, Gustave, je m'y rendrai ; mais à une condition.

— Laquelle, ma tendre amie ?

— Que nous allons, à l'instant même, retourner au cimetière, et que là, sur la tombe de ma mère, vous prononcerez le serment solennel de devenir mon époux, mon ami, mon protecteur.

— Pas aujourd'hui, Alice, car nous sommes déjà loin de ce champ de repos ; mais demain matin, je t'y attendrai.

— Alors pas d'entrevue ce soir, Bréval.

— Tu le veux donc absolument ?

Nous retournâmes alors sur nos pas regagnâmes le cimetière, où agenouillés tous deux sur la pierre tumulaire qui couvrait les précieux restes de ma mère, Bréval étendit la main et fit entendre le serment de ne jamais avoir d'autre épouse que moi, de m'aimer jusqu'à son dernier jour et de reconnaître l'enfant que renfermait mon sein.

— Oh ! ma mère, tu l'entends, pardonne donc à ta fille, et daignes la bénir du haut du ciel où tes vertus t'ont placée, dis-je à mon tour, prosternée sur la tombe.

Ma prière achevée, Bréval me releva, et tous deux nous nous remîmes en marche, moi, moins malheureuse et lui encore plus tendre et persuasif. Lorsque nous fûmes en vue du château nous nous séparâmes en nous disant : A ce soir.

En rentrant, je trouvai les Ducastel assemblés au salon, ainsi que le petit Achille Menu, mon infatigable adorateur. La conversation qui avait lieu cessa aussitôt à mon entrée, qui fut, comme d'habitude, saluée par un sourire bienveillant, par un baiser amical.

— Viens donc, chère enfant, à notre secours, et explique-toi franchement en présence de M. Menu, qui nous accuse de mal plaider sa cause auprès de toi, et se désespère de tes rigueurs, dit madame Ducastel.

— Monsieur a tort de se plaindre du zèle de ses amis, et ne doit en conscience accuser que mon cœur qui, rebelle à ses désirs, ne lui offre qu'une part de bonne et franche amitié.

— Mais c'est déjà bien joli, d'autant plus que de l'amitié à l'amour entre homme et femme il n'y a, dit-on, qu'un pas à franchir, dit gaîment Antonine.

— Et c'est de la lenteur que mademoiselle Alice met à franchir ce pas que je me plains avec douleur... Ah! si elle savait quel bon mari je ferais, combien elle serait heureuse étant ma femme, je suis persuadé qu'elle ne prolongerait pas ainsi mon martyre, dit Menu d'un accent doux et persuasif, qui, s'adressant à mon cœur, me fit presque pardonner l'entêtement du petit homme à me poursuivre de son ennuyeux hommage.

— Non, petite Alice, il n'y a pas justice à refuser un aussi bon enfant pour mari, et je souhaite, cher ange, que tu sois plus raisonnable, que tu nous mettes à même, par un bon consentement, de célébrer deux unions à la fois, la tienne et celle de notre Antonine avec Bréval, que nous attendons aujourd'hui pour régler et arrêter définitivement les articles du contrat et le jour des noces, ajouta M. Ducastel.

Ces dernières paroles, en éveillant mes craintes, firent sur mon cœur l'effet d'un coup de poignard; mais, me rappelant le serment de la tombe, serment saint et sacré, le calme aussitôt rentra dans mon âme, et je plaignis réellement l'erreur de cette excellente famille.

— Eh bien! mademoiselle, vous ne répondez rien? serez-vous donc toujours inhumaine? dit Menu.

— Oh! réponds, Alice, ne consentiras-tu pas à te marier en même temps que moi, ta sœur, ton Antonine?

Et toi aussi, Antonine, tu veux me tourmenter? Ah! grâce, grâce, amie! m'écriai-je fondant en larmes.

— Allons, laissons-la tranquille, cette bonne petite! nous la faisons pleurer, et c'est mal, très-mal. Va, sois sans inquiétude, ma douce Alice, nous t'aimons trop pour contraindre jamais ta volonté : libre à toi de rester fille, de remplacer près de mon mari et moi l'enfant dont le mariage va nous priver incessamment, dit à son tour madame Ducastel en venant me presser sur son sein, étancher mes larmes.

— Ah ! c'est comme ça que vous me tournez casaque, chère dame ? merci de l'obligeance ! s'écrie Menu.

— Ma foi, monsieur Achille, prenez-le comme vous voudrez ; mais, pour vos beaux yeux, je ne me sens pas la force de chagriner le second enfant dont le ciel vient de me rendre mère.

Et, pleine de reconnaissance, je baisais les mains de cette bonne femme.

— C'est justice, il ne faut pas contraindre la volonté de cette petite ; or, mon petit Menu, prenant votre parti gaîment, venez oublier l'amour et ses rigueurs dans une superbe pêche à l'épervier, que je me propose de faire ce matin dans mon grand canal.

— Merci, je n'aime pas le poisson, je hais la pêche, le genre humain ; je veux mourir, voilà tout ; oui, mourir d'amour, de regret de n'avoir pu inspirer un peu de pitié, d'intérêt à la plus cruelle, comme à la plus belle des femmes.

Cela dit avec humeur, Menu, en soupirant, nous quitta brusquement pour aller s'enfoncer dans le parc ; et peu après Antonine et moi nous restâmes seules au salon.

— Comme il t'aime ! ce M. Menu ; vraiment, Alice, c'est grand dommage qu'il soit si laid, car je suis certaine qu'il fera un excellent mari, me dit Antonine, après quelques instants passés dans le silence, et enfoncées l'une et l'autre dans nos réflexions.

— Qu'importe le physique chez un homme, lorsque les bonnes qualités de l'âme en rachètent la laideur.

— Cependant le refus que tu fais de la main de M. Menu dément cette belle philosophie.

— Non, Antonine, car il ne suffit pas d'être bon, aimable, beau, même, pour être aimé d'amour, sentiment qui s'inspire, mais ne se commande pas.

— Oh ! c'est égal, si ce pauvre Menu à ses bonnes qualités joignait le noble et gracieux physique de M. Bréval, ton cœur serait moins inhumain, avoue-le...

— Je ne sais, répondis-je avec trouble.

— Tu n'es pas franche, Alice, mais moi, je te dirai avec sincérité que la beauté exerce un grand empire sur ma raison ; qu'avant même d'avoir eu le temps d'apprécier les qualités de l'âme de M. Bréval, j'aimais en ce dernier un cavalier accompli.

— Cet enthousiasme est dangereux, Antonine, et peut causer de grands chagrins.

— J'en conviens ; mais, avec Gustave, j'entrevois le plus doux avenir!

— A en juger sans doute par les tendres discours qu'il te fait entendre? interrogeai-je avec inquiétude.

— Pas positivement, hélas! car j'ai au contraire à me plaindre de la froideur de M. Bréval, de son silence près de moi, et si ce n'était la demande de ma main que feu sa tante nous a faite pour lui, je serais encore à savoir ce qu'il veut de moi.

— En vérité! m'écriai-je en me levant avec joie et souriant à tout le bonheur que cet aveu naïf de la pauvre fille faisait descendre dans mon âme ; puis reprenant :

— Ceci, ma chère Antonine, n'annonce pas un amant bien tendrement épris ; prends garde, ma douce amie, l'intérêt souvent tient lieu d'amour aux hommes, m'a-t-on dit.

— Alice, pour Dieu! n'effraye pas mon âme ; laisse-moi en paix, sans crainte, me livrer à tout le charme que me promet une union avec celui que j'aime, et dont la perte serait pour mon cœur une blessure inguérissable, mortelle.

— O ciel! ne parle pas ainsi ; pauvre amie, tais-toi, tais-toi, dis-je vivement et hors de moi en posant ma main sur la bouche d'Antonine.

— Que crains-tu, Alice, pourquoi m'imposer silence, lorsque je t'ouvre mon cœur en amie et en sœur?

— Ah! c'est que les hommes, m'a-t-on dit, sont inconstants, bizarres, et que bien folles nous sommes, lorsque nous basons imprudemment notre avenir, notre bonheur sur la foi de leurs serments.

— Quelle mauvaise opinion tu as d'eux, Alice ; en vérité on croirait, à t'entendre, que tu es une victime de leurs caprices.

— Moi! oh! non, mais je les crains par instinct.

— C'est sans doute là la cause du refus que tu fais de ce cher Menu?

— Peut-être!

— N'importe! tous les discours ne peuvent m'effrayer, car je sens que Bréval m'est si cher, que je consentirais à être malheureuse avec lui toute la vie plutôt que de le refuser pour époux.

— Antonine, chère Antonine! quelle erreur est la tienne, et combien je crains que tu n'en sois la dupe.

— Oh! mais tu es implacable envers ce pauvre Gustave, ceci est peu généreux de ta part.

— C'est que, vois-tu, mon amie, j'ai deviné chez cet homme plus d'intérêt que d'amour à ton égard.

— Ah! c'est mal, bien mal à toi, Alice, de chercher à me désillusionner ainsi. Oui, il y a cruauté de ta part, s'écrie Antonine, le visage animé et en essuyant les larmes qui mouillaient sa paupière.

— Enfant! qui m'accuse, qui se plaint de moi, lorsque mon amitié s'inquiète pour elle.

— Eh! bien, oui, j'ai tort de me fâcher, pardonne-moi Alice, et calme tes craintes, car je serai bien heureuse avec Gustave; ainsi m'assure mon cœur; ce cœur, qui dit-on ne trompe jamais.

— Pardonne, Antonine, mais je ne puis que te blâmer encore, d'avoir confiance intime en un aussi perfide conseiller.

— Allons, je vois qu'il n'y a rien de consolant à espérer de toi aujourd'hui, fit Antonine en souriant.

Je passe sous silence le reste de cet entretien pour en raconter un autre qui se tenait en ce moment à l'étage supérieur, entre M. et madame Ducastel, en compagnie du perfide Bréval.

— Ainsi donc, la semaine prochaine la signature du contrat, et dans quinze jours la noce? Mon cher Gustave.

— Oui, beau-père, car j'ai hâte d'être l'époux de l'aimable Antonine.

— Pour me l'arracher, m'en priver aussitôt et l'emmener dans votre Paris. Hélas! triste condition que celle d'être mère! soupire madame Ducastel; puis, reprenant: Mon cher Gustave, je vous en prie, rendez ma fille heureuse, bien heureuse! Songez qu'elle est notre unique enfant, et amenez-la souvent embrasser sa famille.

— Telles sont mes intentions, madame. Aimer, honorer son épouse, ne sont-ce point là les devoirs d'un honnête homme? dit Bréval avec hypocrisie.

— D'un honnête homme, oui, et vous l'êtes, Gustave; aussi est-ce cette conviction qui m'a fait vous choisir pour gendre, et doubler la dot que je destinais à Antonine, à la porter enfin à cinquante mille écus: je ne les regrette pas, persuadé comme je suis, que cette somme est prudemment placée entre vos mains, dit M. Ducastel, en frappant amicalement sur l'épaule de Bréval.

— Mon cher Gustave, soyez fidèle à votre femme, et en cela, prenez l'exemple sur mon mari, à qui je n'ai pas eu le plus petit reproche d'inconstance à adresser, durant nos trente années d'union.

— Les vertus, les aimables qualités de votre fille, madame, vous sont un sûr garant de ma constance éternelle.

— Bien répondu! vous êtes un charmant garçon, Bréval, et un jour la totalité de notre fortune vous récompensera de votre excellente conduite envers Antonine et nous...

— Ah! dites donc, Gustave, vous qui avez un peu d'empire sur Alice, à ce que j'ai cru m'apercevoir, essayez donc de décider cette chère enfant à épouser M. Achille Menu, dit madame Ducastel.

— Très-volontiers, je conseillerai mademoiselle de Merville, mais je n'ose vous prédire la réussite, car cette jolie fille me semble avoir, en faveur du petit monsieur, passablement d'aversion.

— Elle a tort, grand tort, en ce que Menu est un fort bon garçon, et que son goût prononcé pour la pêche, passion très-innocente, annonce qu'il sera comme moi, le meilleur des maris, reprit M. Ducastel.

Tel était le texte de cet entretien, qui se prolongea jusqu'à l'heure du dîner, auquel fût prendre part Antonine, après qu'elle m'eût quittée et laissée seule au salon, ignorante de tout ce qui se tramait contre mon bonheur et mon repos. Ce jour là, Bréval et Menu dînèrent au château : inutile de dire que peut-être dans une intention vaine et désespérante pour moi, on eut soin de placer le dernier de ces deux convives à mes côtés, avec recommandation d'être aimable et galant envers ma petite personne, ce que ne manqua pas de faire M. Menu, mais d'un air sentimental, et en faisant rouler ses petits yeux dans leur orbite, avec l'espoir de les rendre tendres et expressifs; puis, en poussant d'énormes soupirs chaque fois que ses regards rencontraient les miens, que son coude, ses mains effleuraient mon bras.

— Hélas! peine inutile, car les pensées, l'attention de celle à qui ce pauvre garçon s'efforçait de faire comprendre sa flamme et son martyre, étaient en ce moment fort occupées à épier ailleurs avec égoïsme et jalousie, les attentions galantes de Bréval, envers Antonine et madame Ducastel, entre lesquelles il se trouvait placé. Je voyais la douce joie empreinte en ce moment sur les traits de ce perfide, j'essayais de surprendre les mots que de temps à autre

6

il adressait à voix basse à chacune des deux dames, et tout cela, sans paraître se souvenir que j'étais là, moi, son amie, sa victime, la mère de son enfant, placée en face de lui, inquiète et souffrante. O Dieu! que la douleur muette, concentrée est déchirante, et combien une plainte qu'on étouffe devient plus aiguë encore! Enfin, cet éternel repas terminé, nous passâmes sur la terrasse, où l'on nous sert le café; et alors Gustave vint répandre sur mon cœur un baume consolateur, en prenant place près de moi, me sourire, me dire tout bas: je n'aime que toi, mon Alice! et ces mots suffirent pour me rendre oublieuse du passé, et lui répondre par un doux regard. Pauvre fille! un peu d'amabilité de sa part, et j'étais heureuse, indulgente aussitôt! Après le café, on fit une promenade au parc; Bréval donnait le bras à madame Ducastel, à ses côtés, marchait lentement Antonine, souriant sans cesse aux mille riens que débitait le jeune homme, et moi, moi pour qui souvent il retournait la tête, je cheminais tristement au bras de l'éternel Menu, dont je n'avais pu éviter l'offre, et qui m'entrenait de sa ridicule passion, dans les termes les plus ennuyeux et les plus fades.

— Ici, dans deux heures, viens, murmura Bréval à mon oreille.

Bréval, débarrassé de madame Ducastel qu'il venait de déposer sur un épais gazon, et me voyant seule aussi, m'indiquait pour rendez-vous le lieu où nous nous trouvions en ce moment, charmante pelouse parsemée de bouquets d'arbres et peu éloignée du château. A peine Gustave m'avait-il fait entendre ces paroles qu'il était déjà loin, et me retournant encore pour le voir, j'aperçus avec surprise et terreur, Antonine auprès de moi, mais cachée par un petit buisson, derrière lequel l'avait attirée la nécessité de rattacher sa jarretière. Hélas! si le malheur voulait qu'elle eût entendu Gustave...

Mais non, il n'en est rien, je pense, car ses traits sont calmes, la voilà qui me sourit et vient à moi.

— Alice, que te disait tout-à-l'heure M. Bréval? me demande-t-elle avec une folle insouciance et tout en rattachant ses cheveux échappés de son peigne.

— Ce qu'il me disait!... Antonine?

— Oui, tout bas...

— Que la soirée était belle, l'air tiède et embaumé.

— Ah! fit la jeune fille à ce mensonge, que malgré moi vint

dévoiler une vive rougeur que par bonheur Antonine ne remarqua pas, ou du moins telle fut ma pensée du moment.

De retour au château, on fit de la musique, on chanta quelques romances pour passer le temps. Bientôt Bréval et Menu prirent congé de nous en nous disant à demain; et moi au préféré, à ce soir, cela, parlant tout bas, et partant du cœur.

La dixième heure du soir avait sonné, mais au lieu d'aller nous enfermer toutes deux dans notre chambre commune, Antonine, contre son habitude, m'avait laissée seule au salon pour monter près de son père et de sa mère, en m'engageant à ne point l'attendre et à aller me livrer au repos sans elle, si tel était mon bon plaisir.

L'instant du rendez-vous indiqué par Bréval, était passé depuis longtemps. Ça, grâce à Antonine qui, comme un fait exprès, avait dans cette soirée, mis la musique en train et retenu Bréval et Menu; et cependant malgré la nuit, l'heure avancée, mon cœur me disait que mon amant m'attendait et se désolait de mon absence. Mais comment aussi tard oser me rendre dans le parc? Antonine pouvait descendre, me demander, et ne me trouvant nulle part, s'inquiéter, me faire chercher... Ah! n'importe, ne fut-ce qu'un instant; je dois me rendre près de Bréval, afin de le gronder de l'indifférence qu'il a témoignée à mon égard durant le dîner, puis d'avoir été tant aimable avec Antonine, pensai-je en quittant le piano devant lequel j'étais placée; et courant écouter à chaque porte si le bruit d'une voix, d'un pas, ne trahissait pas l'approche d'un importun, et, n'entendant rien, me voyant seule, bien seule, la famille Ducastel retirée dans ses appartements et en conférence avec Antonine, les domestiques rassemblés dans les cuisines, à l'abri enfin de tous regards, je m'échappai, et légère comme une gazelle, gagnant le parc, j'atteignis la pelouse, où, toute essoufflée, respirant à peine, je tombai dans les bras de Bréval. Mon cœur avait deviné juste, car il était là depuis longtemps à m'attendre, à se désespérer, me dit-il, de mon absence, de mon inexactitude.

— Un mot, un seul, Bréval, et je rentre, car Antonine m'attend peut-être en ce moment, et je ne saurais comment excuser mon absence à cette heure.

— Quoi! si pressée, lorsque j'ai tant à te dire, répond Bréval en m'entourant de ses bras, en cherchant ma bouche de ses lèvres.

— Gustave, arrêtez ces transports, songez à ma mère, et respectez désormais sa coupable fille.

— Quoi! tu veux te dérober à mes caresses, Alice, aux caresses de ton époux, au père de ton enfant?

— Oui, plus rien pour l'amant et tout pour mon époux; à vous Bréval de hâter ce moment fortuné, pour la malheureuse que vous avez séduite.

— Je te l'ai dit ce matin, Alice, je l'ai juré sur la tombe de ta mère, tu seras ma femme, mon épouse chérie; mais attends, attends encore quelques jours.

— Des retards, toujours des retards, lorsque je meurs d'inquiétude et d'impatience, lorsque bientôt ma grossesse trahira mon crime. Bréval, pitié! pitié! ou j'expire de honte et de douleur.

— Enfant, pourquoi t'alarmer ainsi?

— Pourquoi, Gustave, parce qu'il y a dans ce château deux malheureuses filles, et que vous trompez l'une d'elles avec indignité, parce que, Antonine ou moi sera la victime de votre fausseté, et que je tremble que ce soit la fille séduite et pauvre que vous abandonniez lâchement!

— A bon droit je m'afflige; faudra-t-il, Alice, que nos entrevues soient consacrées sans cesse à repousser tes reproches et essuyer tes larmes? Hélas! n'ajouteras-tu jamais foi à la sincérité de mes promesses?

— Et moi, Bréval! n'en verrai-je jamais l'effectif?

— Si fait, dans peu; ca me donc tes craintes chimériques, et sans regrets, ma douce amie, daigne écouter ton amant, répondre à ses transports.

— Mais, Antonine et ses parents, vous ne les avez pas encore désabusés, et cela est lâche, infâme!

— Jusqu'à ce jour, de fortes raisons, s'y sont opposées, mais que t'importe la durée de cette comédie; si je t'aime, Alice, autant que je déteste cette fille, qui en conscience, est peu faite pour t'inspirer de la jalousie, à toi, si belle, si accomplie.

Comme Bréval venait de prononcer ces dernières paroles, un cri déchirant se fit entendre près de nous, ainsi qu'un bruit dans le feuillage du buisson près duquel nous nous tenions debout et dans les bras l'un de l'autre.

— Antonine, ma chère fille! ah! les monstres, ils l'ont tuée, fit aussitôt entendre une voix, qu'avec terreur je reconnus pour être celle de madame Ducastel.

— Tout est dit, dévoilé : demain matin, une lettre de moi, demain soir, notre fuite pour Paris, où je te nommerai mon épouse; sois sans crainte, ferme, et le bonheur va commencer pour nous, me dit vivement Bréval, en me pressant la main, me baisant au front; puis il disparut dans l'obscurité en me laissant seule, terrifiée et tremblante.

— Antonine, reviens à toi, ma mignonne, ma chérie! mon Dieu, comme elle est pâle, froide, va-t-elle donc mourir, et personne ne viendra à notre secours! s'écriait la pauvre mère, et moi dans l'impossibilité de faire un pas, plus morte que vive, je n'osais ni ne pouvais la secourir; sentant peu à peu mes jambes fléchir, je tombai à mon tour, privée de tout sentiment. Une heure après cette scène, je repris mes sens. J'ouvris les paupières et me trouvai dans ma chambre, sur mon lit, et entourée de deux servantes, aux secours desquelles j'étais redevable de ma résurrection. Antonine, m'écriai-je aussitôt d'une voix faible.

— Chez sa mère, et entourée de sa famille, mais bien souffrante et désolée, me répondit une femme de chambre; puis, dit-elle, maintenant que vous voilà remise, permettez que nous en portions la nouvelle à nos maîtres, et que nous allions les aider dans les soins qu'exige l'état de leur pauvre demoiselle.

Et sans attendre ma réponse, les deux femmes s'éloignèrent, me laissant seule, livrée à mes souvenirs, mes regrets et mes larmes amères.

Seule pour la vie, peut-être ; méprisée, chassée bientôt de cet asile hospitalier.

— Hélas! que vais-je devenir? Oh! ma mère! ma mère, grâce pour ton Alice, et du haut du ciel, daigne jeter un regard de commisération sur sa douleur, son repentir, son abandon! Secours, ma mère, aide-moi, bénis-moi! soupirai-je, en versant un torrent de larmes, les mains jointes, et agenouillée sur mon lit, où me clouait la faiblesse. Après quelques instants, ma prière fut interrompue, ma porte s'ouvrit, et madame Ducastel, armée d'un regard sévère, entra, et vint s'asseoir à mon chevet.

— Alice, me dit-elle, en dégageant mon visage des mains où je l'avais caché à son apparition.

Je tournai vers elle mon regard humide et suppliant.

— Tu pleures, malheureuse. Oh! tu as raison, car tu es bien coupable.

— Pitié, madame, m'écriai-je avec désespoir.

6.

— Oui, pitié! car tu es orpheline, seule sur la terre, et il y aurait infamie à t'accabler en ce moment, et cependant tu n'as pas craint de désoler ma fille, de lui ravir celui qu'elle aime et dont elle pleure la perte de toutes les larmes de son cœur... Alice, Antonine avait entendu ce soir Bréval t'assigner un rendez-vous. Elle et moi nous nous y sommes rendues, nous avons tout entendu, et connaissons maintenant ta faute, ta funeste position.

— Vous savez tout? madame, que je fus séduite, que je vais être mère, que j'aime mon séducteur, qui, envieux de réparer son crime, de me rendre l'honneur, refuse en ce jour Antonine pour devenir mon époux.

— Tel est son devoir désormais, mademoiselle, et ce à quoi mon mari, votre tuteur et moi devons souscrire, en qualité d'amis de feu votre bonne et vertueuse mère, et cela même aux dépens du bonheur de notre propre enfant; nous verrons donc M. Bréval à ce sujet, et, s'il n'est pas le plus odieux des hommes, nous espérons qu'il souscrira aussitôt à une union devenue nécessaire, indispensable...

— Il y consentira, madame, car tel est son vœu le plus cher, m'écriai-je avec force.

— En attendant, reprit madame Ducastel, toujours de ce ton froid et dogmatique qu'elle n'avait cessé d'avoir jusqu'alors, en attendant les résultats de nos démarches, vous voudrez bien, Alice, demeurer dans cette chambre et ne pas en sortir sans notre consentement.

— Je souscris d'avance, madame, à toutes vos volontés, heureuse si ma soumission, en vous exprimant mon repentir, peut me valoir un jour le retour de votre estime... Mais Antonine, madame, ne me pardonnera-t-elle pas? Dois-je perdre toute espérance de la revoir jamais, de lui demander grâce et oubli à genoux?

— Ma fille ne peut être désormais l'amie ni la compagne de celle qui, oubliant l'honneur et la vertu, va être mère sans être épouse.

— Ah! madame, ne m'accablez pas; faites, hélas! que vos reproches ne me fassent pas succomber sous le poids de la honte, dis-je d'un accent douloureux et suppliant.

— Oui, oui, j'ai tort; j'avais promis plus de générosité, et la tendresse maternelle, le souvenir des larmes que j'ai vu, ce soir, répandre à ma fille me rendent cruelle... Alice, qu'Antonine survive à sa douleur, et je te pardonne. Épouse de Bréval, tu reconquéreras notre vive amitié, Allons, ne pleure pas ainsi, pauvre fille ! Espère et prie Dieu que ton séducteur soit un honnête homme.

Cela dit, cette excellente femme se leva ; mais, n'osant m'embrasser, elle me pressa seulement la main et se retira en tournant vers moi un regard de douce pitié, qui répondit au mien humble et suppliant.

En rentrant dans son appartement, madame Ducastel retrouva Antonine plongée dans une douleur muette et profonde; seule avec son père, qui, penché sur elle, s'efforçait de la consoler, en lui démontrant qu'un homme capable de mener deux intrigues de la sorte, dans une maison respectable, de séduire une jeune fille et de convoiter l'autre en mariage, ne pouvait être qu'un mauvais sujet, un mari détestable ; mais Antonine aimait, et toutes ces sages raisons venaient échouer contre son amour. Le lendemain, à la sixième heure du matin, ayant confié leur fille aux soins d'une servante dévouée, M. et madame Ducastel montèrent en voiture et se firent conduire à Chartres, au domicile de Bréval.

Les époux surprirent le séducteur au lit, et encore plongé dans un doux sommeil. Bréval, averti par son valet d'une visite qu'il eût volontiers esquivée s'il l'avait prévue aussi matinale, se leva fort contrarié et donna audience aux visiteurs.

— C'est nous.

— Je le vois, madame, et m'en félicite.

— Nous venons, monsieur, vous...

— Silence, Monsieur Ducastel, laissez-moi parler à ce jeune homme.

— Parlez donc, moumoute, répond l'époux à l'injonction de sa femme.

— Je devine, monsieur et madame, que l'aventure d'hier me mérite votre présence ; que, désireux d'explications, vous venez en chercher près de moi. Je vous remercie sincèrement de vouloir bien vous-même aller au devant de ma justification.

— Il n'y a rien, monsieur, qui soit capable de justifier votre indigne conduite, s'écria madame Ducastel avec colère.

— Quoi ! pas même ma longue résistance aux avances et agaceries de cette petite Alice.

— Fi donc! n'allez-vous pas tenter de nous faire accroire que cette jeune fille vous a pris de force? N'ai-je pas entendu hier, monsieur, les reproches qu'elle vous adressait, sa prière de réparer son honneur par un mariage que vous lui avez promis.

— Or, il faut tenir ce qu'on a promis...

— Silence, monsieur, laissez répondre Bréval.

— Oui, ma moutte, laissons-le répondre...

Je ne me rappelle nullement avoir fait une promesse de ce genre, madame; mademoiselle de Merville ne peut m'en accuser.

— Et moi, je dis que vous la lui avez faite, afin de mieux l'entraîner dans sa perte... Monsieur Bréval, il ne s'agit pas ici de mentir, ni de chercher de coupables excuses, mais bien d'agir en homme de cœur et de probité. Vous avez séduit Alice, vous l'avez rendue mère, vous devez réparer cette faute en devenant son époux.

— Son époux, fit Bréval avec surprise, et souriant dédaigneusement!

— Oui, monsieur, son époux. Mademoiselle de Merville, héritière de sa mère, possède une dot de près de quatre-vingts mille francs, et si vous ne la trouvez pas assez ronde, mon mari et moi consentons à l'élever de nos propres deniers jusqu'à cent mille francs; j'espère que le chiffre est beau, surtout accompagné d'une jeune fille de bonne famille, et jolie comme les amours.

— Cent mille francs, c'est gentil, et...

— Taisez-vous donc, monsieur Ducastel, laissez répondre monsieur.

— Oui, ma moutte.

— Ainsi, madame, tenant compte d'une erreur de jeunesse, d'une faute que chaque homme commet dans cette vie, et souvent malgré lui, vous exigez, que m'unissant à mademoiselle de Merville, je renonce au plus doux espoir, à celui dont je m'étais flatté; enfin à être bientôt votre gendre respectueux, dit Bréval d'un ton hypocrite.

— Horreur! pouvez-vous parler ainsi? monsieur, vous notre gendre! mais alors, que deviendrait donc notre seconde fille, celle que vous avez rendue mère? s'écrie la dame avec indignation.

— Oui, que deviendrait-elle? reprit M. Ducastel.

Et à cette interrogation, Bréval, embarrassé, gardait un coupable silence. Vous ne répondez pas, jeune homme, sans doute votre délicatesse ne trouve point assez pesante la dot que vous offre votre victime? Cent mille francs, dit en appuyant M. Ducastel.

— L'intérêt, croyez-le bien, n'influa jamais sur ma volonté, mais entraîné malgré moi vers une alliance avec vous...

— Oh! n'y comptez plus, car il y aurait infamie de notre part alors, et Dieu merci, nous sommes d'honnêtes gens. Bien plus, sachez-le, monsieur Bréval, loin de vous accepter désormais pour gendre, en vous offrant à la place d'Antonine la main d'Alice, nous ne faisons que céder à une nécessité cruelle, en ce que vous connaissant maintenant, nous vous trouvons indigne d'une telle faveur, et nous plaignons la malheureuse à qui l'honneur vous impose pour époux.

— Vous me traitez avec sévérité, madame.

— Répondez, répondez, monsieur, serez-vous le mari d'Alice? reprend vivement la dame.

— Tel est mon devoir, madame, et cependant avant de vous faire une réponse décisive, je vous demanderai vingt-quatre heures.

— Coupable et singulier retard! Enfin nous acceptons, monsieur, puisqu'il faut que ce soit ainsi.

— Soit! vingt-quatre heures et cent mille francs de dot, fit entendre M. Ducastel.

Quelques mots encore et les deux époux prirent froidement congé de Gustave, pour s'en retourner chez eux, dans l'intention de me faire mystère de cet entretien jusqu'à ce qu'ils aient obtenu la réponse de Bréval, qu'en gens honnêtes et confiants il comptaient recevoir le lendemain.

IV

UN RIVAL OBLIGEANT.

A peine les Ducastel eurent-ils quitté Bréval, que ce dernier, les traits empreints d'une expression moqueuse, se livra quelques instants à ses réflexions; puis, quittant ensuite et vivement le siége sur lequel il était assis :

— Oui, c'est cela même, et ce sera du dernier comique, s'écriat-il en riant aux éclats.

Sa toilette faite, le jeune homme s'élance hors du logis, dirige ses pas vers la demeure de M. Achille Menu, fixé en ce moment à la ville, et qu'il trouve dans une chambre d'auberge, en train de fermer ses malles et dans l'intention de regagner la capitale.

Le petit homme était loin d'attendre la visite d'un homme dont l'esprit, le physique, l'élégance, accordaient sur lui une suprématie de fait et de droit; le petit homme donc, qui jusqu'alors avait détesté dans Bréval un sujet de comparaison fort dangereux pour sa petite personne, accueillit d'abord notre élégant avec surprise et contrainte, en fixant sur lui un regard de gêne et de curiosité.

— Oui, c'est moi, mon cher monsieur Menu, moi-même qui, apprenant votre départ prochain, viens vous faire un adieu, me plaindre en même temps de votre froideur à l'égard d'un homme qui serait enchanté d'être de vos amis, dit Bréval, l'air dégagé, souriant, et présentant à Menu une main amicale que le petit Achille hésita d'abord à prendre, et qu'il pressa ensuite avec cordialité.

Il est des esprits petits qui, guidés par une basse jalousie, crient et tempêtent contre ceux qu'ils sentent supérieurs à eux; de là vient leur haine injuste, et qu'ils disent implacable; mais qu'un de ces êtres supérieurs daigne descendre jusqu'au pygmée, lui sourire, le flatter à tort ou à raison, le pygmée s'enflera d'orgueil, puis désarmé, ravi, il deviendra humble et plat, se dévouera d'âme et de corps à celui contre lequel il clabaudait, qu'il voulait abaisser, et qu'alors il élèvera outre raison. Tel fut l'effet, ou plutôt la métamorphose, que produisirent sur Menu les avances et les politesses de Bréval, ce qui fit que le petit homme s'empressa d'offrir gaîment un siége au visiteur, et de plus de partager avec lui un excellent déjeuner.

— Très-volontiers, mon cher ami, d'autant mieux qu'en festoyant le pâté chartrain et sablant le xérès ou le champagne, nous causerons ensemble d'une affaire qui vous concerne et m'amène près de vous, dans vos seuls intérêts.

— En vérité! à table donc, et jasons, mon cher de Bréval.

— Non de, mais Bréval tout court.

— Tiens, je vous croyais noble de toutes manières, mon excellent ami.

— Je n'ai point cet avantage, la faute en est au hasard, qui, au lieu de me faire sortir de quelque haut marquis ou baron, m'a fait tout uniment le fils d'un bon commerçant.

— Eh! ce n'est déjà pas tant à dédaigner aujourd'hui que l'industrie est recherchée, soignée, titrée, décorée.

— Mon père n'a pas joui de tous ces avantages; le cher homme est mort obscur et roturier malgré tout son mérite.

— Apparemment que messieurs du pouvoir l'avaient jugé incorruptible.

— Comme vous dites, mon cher Menu, incorruptible, répondit Bréval. A table et attaquons le pâté de Chartres.

Tandis qu'Achille s'empressait de lui verser à boire,

— Ah çà, vous voilà, grâce à votre prochain mariage, retenu encore longtemps dans ce pays?

— Oui, un mois ou deux.

— Scélérat, quelle superbe affaire vous allez faire là, une dot immense! trois cents mille francs et des espérances colossales, dit Menu, la bouche pleine, et en levant vers le ciel un regard d'envieux.

— Franchement, mon cher, avec mes quelques bonnes qualités, un état honorable, lucratif, et les douze mille francs de rente que ma tante Beauprés m'a laissés, la dot de mademoiselle Ducastel était le moins que je pouvais prétendre.

— Hélas! oui, vos avantages sont immenses, incontestables; pourquoi le ciel, en vous comblant ainsi, m'a-t-il autant disgracié? Un peu de vos avantages, mon cher Bréval, et je ne m'apprêterais pas aujourd'hui à retourner à Paris, le cœur triste et ulcéré.

— En effet, je connais le motif de vos chagrins, une beauté rebelle à vos désirs, et qui repousse l'offre de votre main.

— C'est ça même, mon bon ami, l'inhumaine et trop adorable Alice de Merville, dont les rigueurs causeront ma mort, dit Menu avec tristesse, et laissant choir sa fourchette.

— Dites au contraire: dont la beauté, la possession feront le charme de votre vie.

— Comment l'entendez-vous, mon bon?

— Que votre bonheur dépend de votre hardiesse.

— Expliquez-vous plus clairement, de grâce, s'écria Menu, déjà joyeux, et d'un ton où perçait l'impatience.

— C'est-à-dire qu'il vous faut combler les désirs de la belle Alice, en l'enlevant, en la ravissant à la tyrannie des Ducastel.

— Fort bien, mais cela ne me donnera pas son cœur, ma seul et unique ambition.

— Cette action vous vaudra sa reconnaissance, et sa main en récompense.

— Mais elle est donc malheureuse, tyrannisée.

— Ecoutez-moi, ça et vite, au point que le droit de se choisi un époux est interdit à la jeune personne, et cela, parce que, noble dame Ducastel lui réserve un sien neveu pour mari.

— En vérité, fit le crédule Menu.

— Comme je vous le dis, de là le refus, c'est d'Alice que j

tiens ces détails; cependant votre persévérance, vos soins pour lui plaire ont fait impression sur son cœur.

— Mon cher ami, vous vous moquez sans pitié d'un malheureux, le ton railleur avec lequel vous le jouez, le tourmente d'une manière affreuse : pitié de grâce !

— Menu, mademoiselle de Merville, après le refus obstiné du neveu de la châtelaine, a été, hier, expulsée de la famille et confinée dans une des chambres du château, où, seule et enfermée, elle pleure et se désole. Voulez-vous être le brave chevalier chargé de ravir la beauté captive et malheureuse au tyran qui l'opprime ? Allons, faites préparer une chaise de poste, qui, ce soir, à minuit, se tiendra sous les murs du parc, et je me charge de vous amener votre belle maîtresse, que vous enlèverez et conduirez à Paris.

— Et vous pensez qu'elle consentira à cette fuite ?

— Sans doute; et alors elle deviendra la femme de son heureux ravisseur, car on ne pourra désormais lui refuser sa possession, afin de réparer l'honneur de la demoiselle, que cet événement aura fort compromis.

— Le coup est diablement hardi, et cependant je me sens le courage de l'entreprendre, si véritablement, et comme vous le dites, Alice consent à se rendre ce soir au lieu indiqué.

— Avec la chaise de poste ? s'informe Bréval.

— Avec la chaise de poste qui malheureusement n'emportera que moi vers la capitale, car je ne puis croire qu'une femme, qui m'a tant dédaigné, consente *in abrupto* à se laisser enlever par l'amant repoussé.

— En vérité, mon cher Achille, vous avez une opinion désolante de votre mérite, et je vois que vous ne serez bien convaincu de la tendresse de la belle, que lorsque, assis à ses côtés et vous repaissant de la vue de ses charmes, vous rendrez grâce à l'amitié de votre bonheur.

— Franchement, Bréval, il ne faut pas moins pour me convaincre...

— Alors donc ce soir, à minuit, la chaise de poste à la petite porte du parc.

— Je me risque, j'y serai, s'écrie Menu avec ivresse en se frottant les mains; cependant une condition, mon cher.

— Parlez, mon ami, parlez !

— Que vous n'abuserez pas de votre fortunée position, que vous respecterez Alice, et ne chercherez point à obtenir par la

7

force ou la ruse des faveurs qu'une femme n'accorde qu'à un époux. Telle est la première condition que vous impose ma délicatesse.

— Accepté, voyons la seconde.

— Qu'à votre arrivée à Paris, et par respect pour les mœurs, vous conduirez aussitôt notre jeune fille chez une de mes parentes, madame de Saint-Romain, femme de vertus austères qui accueillera Alice sur une lettre que je vous remettrai; et là, à ma recommandation, il vous sera permis de voir la jeune fille, de lui faire votre cour, et d'attendre le consentement de M. Ducastel, son tuteur, lequel consentement vous parviendra bientôt, surtout après l'esclandre que ne manquera pas de faire en ce pays la disparition de votre maîtresse.

— Accordé! Cependant il serait plus flatteur pour moi de cacher ce trésor dans ma propre demeure.

— Ne vous en avisez pas; et les lois donc! Il faut, au contraire, qu'on ignore qu'il y ait eu enlèvement, qu'on soit persuadé que la jeune fille a quitté le pays seule, et de sa propre volonté.

— Fort bien, mais lorsque j'écrirai au tuteur pour lui demander la main de cette femme chérie?...

— Alors vous marquerez que le hasard vous ayant fait rencontrer Alice à Paris, dans une maison honnête, votre flamme s'est allumée de nouveau, que prenant l'enfant sous votre protection, afin de la soustraire à tout danger, vous avez résolu d'en faire votre épouse légitime.

— Bravo! Vous êtes, mon cher Bréval, un homme d'excellent conseil, un ami précieux!... C'est égal, je doute qu'elle consente à se laisser enlever par moi, dit Menu, passant subitement de l'enthousiasme au découragement.

— A ce soir le plaisir de vous en convaincre; or, préparez tout pour votre départ, et sur le minuit faites conduire la chaise de poste à la petite porte du parc.

— Convenu, et que l'amour couronne mon audace! fit Menu en toquant son verre plein de champagne contre celui du perfide Bréval.

Les deux jeunes gens se séparèrent peu de temps après pour vaquer aux dispositions de l'enlèvement. Gustave pour courir chez lui, écrire quelques lignes, et rêver au moyen de me les faire parvenir en cachette.

La journée était à la moitié de son cours, seule, affligée et le cœur dévoré par l'inquiétude, j'attendais depuis le matin la visite de madame Ducastel, enfin quelques nouvelles du dehors et par dessus tout le résultat de l'entretien de mon tuteur avec Bréval; si cet entretien avait eu lieu; et personne ne venait m'instruire, calmer ma vive impatience, ou m'apporter quelques consolations. Oui, j'étais seule, sans personne qui s'intéressât à la pauvre orpheline, devenue, dans ce château, la *Paria* maudite que chacun évitait et méprisait. Assise près d'une fenêtre ouverte qui donnait sur le parc, j'étais absorbée dans mes amères réflexions, lorsqu'une pierre enveloppée d'un papier vint tomber à mes pieds; surprise, presque effrayée, je cours à la croisée et aperçois Bréval à quelque distance, qui, derrière un buisson de roses sauvages, m'envoyait des baisers, indiquant son cœur sur lequel il plaçait sa main, et en réponse, moi, je lui montrais mes larmes, et l'appelais à mon secours; quelques instants encore, puis il disparut dans une avenue, après m'avoir fait signe de ramasser et de lire les lignes qu'il venait de me jeter, ce que je m'empressai de faire aussitôt.

« Ce soir, à la douzième heure, me marquait-il, rends-toi, mon
« Alice, près de la petite porte du parc; j'y serai : c'est ton amant,
« ton époux, à qui un tuteur inhumain voudrait ravir ta posses-
« sion divine, qui te conjure à genoux! Viens, Alice, car ce ma-
« tin j'ai vu les Ducastel chez moi, où il a fallu tout le courage
« que m'inspire ton amour, pour résister aux prières, aux offres
« brillantes qu'ils m'ont adressées, et cela pour que je t'oublie,
« que je devienne l'époux de leur fille, dont la douleur, me di-
« saient-ils, est affreuse, et qui ne survivra pas à la rupture d'une
« union avec moi, moi qu'elle aime, à qui ses parents consentent
« à donner avec sa main leur fortune entière. Mais je t'adore,
« Alice, je ne veux vivre que pour toi, pour être ton époux for-
« tuné et embellir ta vie par toutes les félicités humaines; et je
« repousse Antonine. Oui, ma tendre amie, c'est pour aviser avec
« toi au moyen de te soustraire à une injuste tyrannie, d'être en-
« semble, et bientôt les plus heureux époux, que je brûle de t'en-
« tretenir! Alice, ta tendresse m'est un sûr garant de ton exacti-
« tude au rendez-vous que je t'indique. A ce soir donc, mon âme,
« ma vie, ma joie!

« Ton amant. »

— Oh! j'irai, j'irai! m'écriai-je hors de moi et indignée de la perfidie des Ducastel ; confiante que j'étais dans les paroles du plus indigne des hommes ! Et j'attendais l'instant marqué pour le rendez-vous avec une impatience brûlante, en blâmant Bréval de l'avoir assigné à une heure trop éloignée. Encore le reste de cette journée écoulée pour moi dans la solitude, sans avoir aperçu d'autre visage que celui de la camériste chargée de m'apporter une nourriture inutile, que mon cœur, d'où débordaient le chagrin et l'amertume, repoussait avec dégoût. Enfin se fit entendre à l'horloge du château l'heure tant désirée. Je fuis en silence et sans lumière de ma prison, après avoir entendu fermer les grandes portes du château. C'est par un petit escalier et la croisée d'une salle basse que je m'échappe et pénètre dans le parc ; mes regards se tournent encore vers les fenêtres, et n'aperçoivent de lumière que dans la chambre d'Antonine, que la servante m'avait dit être malade et veillée par sa mère. D'un pas rapide je m'élance et atteins la petite porte du parc, où je tombe, palpitante et tremblante, dans les bras de Gustave.

— Oui, chère Alice ! ils connaissent notre amour, ils savent que dans ton sein existe le gage chéri de notre vive tendresse, et les infâmes, afin de donner un époux à leur fille, osent me conseiller de t'abandonner, de ne plus t'aimer ni te revoir ! me dit aussitôt Bréval.

— Mon Dieu ! mais c'est affreux ! et cependant la mère d'Antonine m'avait promis protection près de toi, Gustave, de toi qui, de son aveu, ne peux plus être l'époux de sa fille.

— Mais de cette fille, m'a-t-elle dit, l'existence est menacée, si je ne deviens son époux.

— O ciel !... Et qu'as-tu répondu, Gustave, à cette pénible menace ?

— Qu'Alice seule serait ma femme, que l'honneur et l'amour m'en faisaient un doux devoir. C'est alors que, fatiguée de me prier en vain, et à bout de ses brillantes promesses, madame Ducastel, autorisée par le plus faible des époux, a fait l'affreux serment de te ravir à ma tendresse, de t'éloigner dès demain de ce château, de ce pays.

— Hélas ! mais alors c'est ma mort qu'ils veulent ; car, loin de toi, la douleur et la honte me tueront ! m'écriai-je avec angoisse et en appuyant sur l'épaule de Bréval ma tête brûlante, mon visage baigné de larmes.

— Alice ! veux-tu devenir ma femme ?

— O mon Dieu! il le demande, lorsque tout m'en fait un devoir! dis-je en sanglotant.

— Eh bien! prouve-le moi par un acte énergique.

— Parle, Bréval, parle! je suis prête.

— Alice, un ami dévoué à qui j'ai confié nos amours et nos peines, un ami qui jadis éprouva pour tes charmes infinis les mêmes transports que moi, Menu enfin, sensible à nos peines, consent à te conduire à l'instant même à Paris, à te confier, aussitôt arrivée dans cette ville, à une de mes parentes, femme respectable, qui te comblera de soins, d'égards, chez qui tu resteras, où j'irai te rejoindre dans cinq jours, muni du consentement que j'aurai arraché à ton tuteur, afin de devenir ton époux.

— Une fuite, Bréval! y penses-tu? Hélas! que dirait-on d'une faute semblable?...

— Point de réflexions, Alice; ta position justifie tout. Fuyons, crois-moi; et par ce coup hardi, forçons les Ducastel à réparer ton honneur en te faisant ma femme.

— Je n'oserai, Bréval, et la pensée seule de cette coupable action me fait frémir d'épouvante.

— Alors, cruelle, renonce donc pour toujours à devenir mon épouse et prépare-toi à être traînée demain, par l'ordre de ton tuteur, dans une de ces maisons de repentir où des religieuses geôlières insensibles aux larmes, impitoyables envers les faiblesses humaines, s'appliqueront à te torturer et te raviront ton enfant avant même que son premier cri n'ait fait vibrer ton cœur de bonheur et d'amour maternel.

— Me ravir mon enfant, ah! mais c'est impossible! elles ne pourraient être barbares à ce point, ces femmes qui disent aimer et servir Dieu...

— Elles le feront, Alice, par ordre de ton tuteur, parce que tel est l'usage cruel dans l'odieux asile qu'on va t'infliger pour prison.

— Bréval je n'hésite plus, partons! oh! partons! je t'en conjure : sauve mon enfant; le tien! Bréval. Hâtons-nous, je meurs de frayeur, disais-je d'un ton suppliant et les bras autour du cou du suborneur dont, hélas! j'invoquais l'odieuse protection!

— Viens donc, mon Alice, et qu'un ami fidèle te protége loin de moi.

— Bréval, pourquoi ne pas partir avec moi? qui mieux que

toi peut me protéger, calmer par sa présence mon âme inquiète et tremblante?

— Pourquoi? parce que ne me voyant plus après ta fuite, ils m'accuseraient d'un rapt, feraient agir les lois, rompraient toutes mes espérances. Mais partie sans moi, Alice, ils n'oseront m'accuser...

— Mais Menu sera soupçonné, puni peut-être, répliquai-je.

— Le secret protégera cet ami obligeant, mieux encore, le dédain que tu lui témoignes sans cesse, éloignera tout soupçon à son égard.

— Non, non ! je n'ose partir, Bréval, je crains tant de ne plus te revoir ; car si tu ne revenais pas à moi, je mourrais, ami.

— Ingrate ! qui doutes de l'excès de mon amour, qui m'accuses d'infamie !

— Ah ! pardon, je suis si malheureuse, que malgré moi, le doute, la crainte, agitent mon âme.

— Alice, sauve mon enfant, je t'en supplie, sauve sa mère, prends un peu de fermeté et conserve-moi deux êtres si chers.

— Partons ! oh ! partons ! Et disant ainsi, avec désespoir je me laissai entraîner vers la petite porte qui, ouverte, nous livra passage, et me laissa voir une chaise de poste qui attendait.

— A moi, ami ! cria Bréval.

A cet appel, Menu descend de la voiture et vient l'aider à m'y transporter, mais privée de connaissance; car la violence que je m'imposais alors pour accomplir une semblable action venait de me plonger dans un profond évanouissement : mon séducteur en profita pour donner aussitôt le signal du départ ; et le postillon animant les chevaux, la voiture nous emporta avec rapidité.

Le jour qui succéda à cette nuit témoin de mon enlèvement madame Ducastel voyant Antonine plus calme se rendit à la chambre que j'occupais dans l'intention de m'apporter quelques consolations, et de s'excuser près de moi de l'abandon d'une journée consacrée à veiller au chevet de sa fille, que le transport causé par une fièvre ardente, avait violemment agitée, le jour et la nuit entière ; mais grande fut la surprise de la dame en ne me trouvant pas dans la chambre. La première pensée qui lui vint fut que j'avais forcé les arrêts qu'elle m'avait imposés, et tourné mes pas vers le parc. Elle y envoya un valet à ma recherche, n'osant s'éloigner du château où elle attendait, d'un moment à l'autre, la visite de Bréval, ou la réponse promise par ce dernier, concernant la réparation de mon honneur; réparation qu'elle était allée, ainsi que son époux, réclamer la veille; réponse que Bréval avait remise au lendemain. Le valet après avoir parcouru le parc en tous sens, revint apprendre à ses maîtres, le peu de succès de ses recherches, quoiqu'il eut cherché partout et longtemps. A cette fâcheuse nouvelle, grand émoi au château, seconde recherche ordonnée à toute la domesticité qui se mit en campagne accompagnée de M. Ducastel. Nouvelle exploration de la propriété et de ses environs; peine inutile; on ne me trouve pas. Madame Ducastel se désole, tremble qu'il ne me soit arrivé un malheur, que le chagrin ne m'ait porté à quelque funeste extrémité; alors la bonne dame s'accuse de trop de sévérité à mon égard, pleure, gémit, gronde son époux qui ne lui a pas fait entendre en ma faveur le langage de l'indulgence et de la pitié.

Le temps se passe, je ne reparais pas; serais-je allée rejoindre mon séducteur? et cette réflexion venue, M. Ducastel saute en voiture, roule vers Chartres, où en arrivant et tombant comme une bombe chez Bréval, il trouve ce dernier seul, calme, en train de lire, étendu nonchalamment sur un canapé.

— Ma pupille! Monsieur, ma pupille! qu'en avez-vous fait? s'écrie le bonhomme rouge comme cerise et avec l'accent de la colère.

— Votre pupille! n'est-elle pas chez vous?... répond Bréval, avec surprise et sang-froid?

— Non, monsieur! elle est disparue pour venir sans doute vous rejoindre, vous, son suborneur... rendez-moi ma pupille! je la veux! elle est notre seconde fille, notre enfant; et malgré sa faute, nous l'aimons et voulons son bonheur.

— Hélas! monsieur, vous m'affligez en m'apprenant un malheur que j'étais loin de prévoir. Quoi! mademoiselle de Merville n'est plus chez vous! l'infortunée qu'est-elle devenue?

— C'est ce que je viens vous demander, monsieur, où l'avez-vous cachée, cette malheureuse fille?

— J'ai pu commettre une faute, une faute dont l'amour seul m'a rendu coupable et que je brûle de réparer en acceptant votre pupille pour épouse; mais gardez-vous de me charger de ce nouveau crime; j'en suis innocent; non, monsieur, je n'ai pas enlevé mademoiselle de Merville, elle n'est pas ici, recevez-en ma parole d'honneur.

— Mais alors où est-elle? où est-elle? Ah! nous ne nous consolerions jamais s'il lui était arrivé malheur.

— Monsieur, veuillez me permettre de joindre mes démarches à celles que vous allez entreprendre pour retrouver une femme qui m'est chère, et dont la possession est désormais mon plus vif désir.

— Oui, jeune homme, venez la chercher avec nous, nous aider... Ah! la chère petite, où est-elle? où est-elle?

Bréval, jouant le désespoir, l'inquiétude, l'homme empressé, suit M. Ducastel. Ils montent en voiture et galoppent vers le château, où en arrivant ils voyent la consternation empreinte sur tous les visages.

— Elle n'est point retrouvée? s'écrie madame Ducastel, du plus loin qu'elle aperçoit son époux et Bréval.

— Monsieur ne l'a pas vue, il m'en a donné sa parole d'honneur, répond l'époux.

Et les recherches recommencent de plus belle.

Bréval, continuant son rôle, commande, guide, encourage.

— Noyée, peut-être! fait entendre un valet, et cette réflexion venant jeter l'effroi dans tous les cœurs, l'on donne aussitôt l'ordre de fouiller l'étang du parc; quatre jours se passent, la désolation est à son comble, M. Ducastel ne pêche plus, son épouse pleure; Antonine, elle-même, un peu moins malade, oublieuse de mes torts envers elle, et non moins inquiète de mon sort, que ses chers parents, mêle ses larmes à celles de sa mère.

Qu'étais-je devenue? étais-je vivante encore, et en quel lieu étais-je allée me cacher? Pourquoi cette fuite lorsqu'on m'avait fait entrevoir un pardon, l'oubli de mes torts et même la possibilité d'une union avec mon séducteur; telles étaient les réflexions de chacun. Ma disparition ayant été déclarée aux autorités, les limiers de la police furent mis en campagne, et l'on promit une forte récompense à celui qui me ramènerait, ou indiquerait le lieu où je m'étais retirée. Madame Ducastel accordant peu de confiance en la justification de Bréval, avait fait épier les démarches du jeune homme et fait fouiller la maison qu'il habitait à Chartres, maison provenant de la succession de la tante, et cela par le jardinier de ladite propriété, vieil ivrogne qu'elle avait eu peu de peine à gagner, en le faisant boire, et lui donnant encore après pour boire; mais rien jusqu'alors n'avait accusé ni trahi Bréval, qui cependant, malgré l'offre faite par lui de réparer ses torts en m'épousant, n'en avait pas moins été évincé du château à sa grande confusion, ce qui dérangeait entièrement les projets du perfide, dont les coupables et ambitieuses intentions n'étaient rien moins que d'essayer à se justifier près d'Antonine, d'exploiter le penchant qu'elle avait pour lui, de la séduire et de mettre la famille dans la position de ne pouvoir plus lui refuser la main de cette jeune fille. Mais l'homme propose et Dieu dispose, ce qui fit qu'Antonine, elle-même, malgré son amour pour Bréval, et le regret de sa perte, exigea de ses parents l'éloignement du séducteur d'Alice, de celui qui sous les dehors d'une profonde tristesse, d'une amitié consolatrice, essayait de reconquérir les bonnes grâces d'une famille qu'il avait plongée dans la désolation.

Quinze jours après, Bréval ayant perdu tout espoir de tromper de nouveau les Ducastel et d'épouser leur fille, voyant que nul soupçon ne planait sur lui concernant ma disparition, après avoir chargé un notaire de la vente des biens qu'il possédait dans le pays, dit adieu à la Bauce et roula vers Paris.

V

UNE LORETTE PASSÉE DE MODE.

Je restai près de trois heures sans donner le moindre signe de vie, et durant ce temps la chaise de poste qui m'emportait sur la route de Paris à côté et dans les bras d'Achille Menu, roulait avec rapidité, franchissant l'espace. Rien ne pouvait égaler ni dépeindre l'embarras du petit homme en ces cruels instants, n'ayant aucun sel à me faire respirer, ne sachant comment s'y prendre pour rappeler mes sens, n'osant faire arrêter ni demander des secours dans la crainte qu'on ne soit à notre poursuite, qu'on ne nous reconnaisse et qu'on ne lui ravisse sa conquête; il portait l'amour jusqu'à l'égoïsme, au point de laisser mourir plutôt que de la perdre, la femme qu'il disait aimer; enfin le ciel eut pitié de moi, et me venant en aide me rendit peu à peu la connaissance, la respiration, en débarrassant ma poitrine de l'horrible poids qui l'opprimait. Ressaisissant la vie j'essayais d'ouvrir les paupières et cachais mon visage dans mes mains, que j'inondais aussitôt de larmes abondantes.

— Calmez cette frayeur injuste, ma toute adorable Alice! et reconnaissez votre passionné adorateur, Achille Menu! me dit le petit homme d'une voix douce et caressante.

A midi je vis Paris pour la première fois, Paris que j'avais si souvent rêvé! je le trouvai cent fois au-dessus de l'idée que je m'en étais faite, et son aspect vint faire pour un instant diversion à mes vifs chagrins.

— Mon Dieu! où me conduisez-vous, monsieur, dans ce dédale, ce monde, ce bruit? m'imformai-je à mon compagnon qui venait de s'éveiller.

— Rue Neuve-Saint-Georges, ma délicieuse! chez une parente de l'ami Bréval, où j'aurai le précieux avantage, ma tourterelle, d'aller vous faire ma cour.

— Comment appelle-t-on ceci?

— Les Champs-Élysées, ma reine! par là-bas les Tuileries, jardin royal : ces deux endroits sont, avec les boulevards, les galeries du beau monde; et c'est dans ces lieux, ma divine, que chacun, en vous voyant passer, admirera votre beauté, vos grâces légères!

Arrivée sur la place Louis XV : — Oh! que tout cela est beau! m'écriai-je de nouveau, à l'aspect de tous les palais qui l'entourent.

— Patience, ma bien-aimée! vous en verrez bien d'autres; et c'est moi qui m'institue votre heureux cicerone, orgueilleux de vous conduire partout où les arts, les plaisirs, seront dignes de votre présence.

— Surtout en semblable toilette, n'est-ce pas? dis-je presque souriant et indiquant à Menu ma tête nue et échevelée, et le peignoir en toile rose qui me couvrait et composait en ce moment toute ma garde-robe.

— Patience encore, mon ange du ciel! et l'or, la soie, les dentelles, couvriront à l'envi vos précieux attraits.

— Oh! que de belles promesses! s'il en est ainsi, je serai, ma foi, une femme bien heureuse et l'épouse la plus fortunée!

— Et votre époux, adorable Alice! l'égal des dieux, le plus glorieux des hommes, répond Menu en s'emparant de ma main qu'il presse avec ivresse, et dont les yeux lancent des éclairs de bonheur. Je ne pouvais encore en ce moment comprendre toute la joie qu'il m'exprimait.

Tandis que nous causions ainsi, la voiture, qui n'avait cessé de rouler, s'arrêta tout à coup rue Saint-Georges, devant la porte d'une maison d'assez chétive apparence. Un instant après, j'étais introduite, ainsi que Menu, par une petite servante d'une quinzaine d'années, dans le salon d'un petit appartement situé au troisième étage. Deux maigres rideaux d'une étoffe d'un rouge passé décoraient son unique et étroite fenêtre, et quelques fauteuils en velours jaune y tenaient compagnie à un grand lit de repos en vieux damas à fleurs, fond cramoisi; le tout couvert d'une épaisse couche de poussière, avait pu être de mode sous le règne de Louis XV. La cheminée était ornée d'une belle pendule, flanquée de vases, de flacons et de tasses en porcelaine, vieux Sèvres, privées de leurs anses. Ce fut dans ce lieu que la servante nous laissa seuls, le temps d'aller prévenir sa maîtresse de notre présence : et mes yeux se promenèrent encore avec surprise sur tout ce qui nous entourait.

— Où sommes-nous donc ici, monsieur, m'informai-je à Menu, dont les regards, non moins étonnés que les miens, faisaient office d'huissier-priseur.

— Chère idole, chez une vertueuse parente de Bréval, madame Saint-Romain, à laquelle et sur la recommandation de notre ami commun, je viens confier votre vertu et votre beauté.

— Tout semble triste et malheureux en ces lieux, ajoutai-je avec une expression de douleur.

— En effet, ça me paraît assez mesquin, rococo ; mais patience, ma gracieuse, car votre impatient amant ne demande pour vous sortir d'ici que le temps justement nécessaire pour vous dresser un temple et vous conduire à l'autel. Oui, une union prompte et fortunée, tel est mon plus ardent désir et celui de votre trop heureux amant, s'écrie Menu avec enthousiasme, en s'emparant de ma main, que surprise, effrayée, je retirai vivement.

En ce moment la porte s'ouvrit pour donner entrée à une femme longue et sèche, d'une quarantaine d'années, au regard perçant, au teint jaune et maigre, vêtue sans goût quoique visant à la coquetterie, cette femme nous salue d'abord froidement en nous fixant d'un regard scrutateur, puis s'informe d'une voix glapissante du sujet qui nous amène chez elle.

— De la part de Bréval, madame, dit Menu en présentant la lettre de recommandation.

— Bah ! de ce cher mauvais sujet, que veut-il, que me demande-t-il ?

J'ai appris avec bien du plaisir que sa vieille bête de tante était enfin partie pour l'autre monde; ce n'est pas ma foi dommage que la bonne femme se soit lassée de faire attendre ses quatre sous à ce pauvre Gustave... Mais voyons ce qu'il m'écrit.

Cela débité d'un ton léger, insouciant, madame de Saint-Romain ouvrit la lettre qu'elle parcourut longuement des yeux et en s'interrompant souvent, afin de donner un libre cours à l'hilarité que lui inspirait le contenu secret de la longue épître.

— Belle amie, c'est donc vous qui êtes cette gracieuse Alice que m'envoie Bréval, et qu'il confie à mes soins? me dit la dame en venant tomber près de moi sur le lit de repos, et me fixant avec un aimable regard.

— Oui, madame.

— Et moi, je suis l'ami Achille Menu, dont il est sans doute grandement question dans cette lettre.

— Oui, Bréval me parle de vous, mon petit.

— Mon petit! murmure aussitôt Menu, en faisant une grimace dédaigneuse.

— Oui, petit : Bréval vous dénonce à moi comme un bon enfant, un drôle de corps, enfin.

Mon Dieu! que vous êtes belle! chère amie.

— Madame! fis-je avec modestie à ces louanges qui m'embarrassaient, me contrariaient même.

— Ah çà! chère et grande dame, l'ami Bréval vous apprend sans doute dans sa lettre quelles sont mes qualités, espérances et intentions?...

— Il ne me dit rien de cela, mon petit.

— Voilà qui est étrange et me surprend à bon droit. Alors vous saurez, grande dame...

— C'est bon, plus tard; un autre jour vous nous direz cela; mais, pour le présent, cette chère amie a besoin de repos et non de vous entendre : retirez-vous donc, petit!

N'est-ce pas, minette, que vous feriez bien un petit dodo, après une nuit passée en voyage?

— Non, madame, je n'ai pas sommeil.

— C'est égal, vous devez avoir besoin d'être seule, au moins. Oh! soyez tranquille, petit, j'aurai grand soin de cet ange, je veux le mettre dans du coton.

— Parlez, adorable Alice! dois-je rester ou me retirer? me dit Menu, ne tenant aucun compte des ordres ou avis de la dame.

— Vous devez, monsieur, vous-même avoir besoin de repos : partez donc, et revenez, s'il vous plaît, me voir tantôt, répondis-je à Menu, que je n'osai retenir, et dont la présence cependant me rassurait contre cette Saint-Romain, dont le langage, les allures, me semblaient des plus étranges.

Menu gagne encore du temps qu'il passe à me regarder tendrement, à soupirer; puis, poussé par la dame, il se décide enfin à se retirer, en promettant de revenir le soir.

— Dieu merci! j'ai cru que cet ostrogoth, que Bréval me dénonce comme étant amoureux de vous, ne s'en irait jamais, s'écrie la Saint-Romain en venant reprendre sa place après avoir reconduit Menu et fermé la porte sur lui.

— Madame, ce jeune homme est un ami obligeant dont la présence, je vous jure, ne m'est nullement à charge, dis-je à cette femme, blessée que j'étais de la façon plus que sans gêne avec laquelle elle venait de traiter le pauvre jeune homme.

— Fort bien; mais Bréval, dans sa lettre, m'engage à évincer ce petit original, et à vous soustraire aussitôt à ses regards, en vous priant, ma chère, d'accéder de bonne grâce à cette sage précaution; cela en faveur de certaine position dont il est utile de faire mystère jusqu'à nouvel ordre.

— Hélas! il a osé vous instruire, sans plus d'égards pour moi? Mais au moins, madame, vous dit-il que son plus grand désir est de réparer mon honneur en devenant mon époux? m'écriai-je en larmes et interrompant l'aveu très-désolant que s'apprêtait à me faire la Saint-Romain.

— Vous épouser!... certainement, pas de doute, chère petite, réplique la dame en donnant à ses traits l'expression d'un sourire satanique dont je ne sus pas saisir le sens infernal.

— Ah çà! petite, il ne s'agit pas de pleurnicher ainsi et de gâter par le chagrin notre joli visage, mais bien de faire un peu de toilette et de prendre notre volée vers les plaisirs, grâce à la bourse rondelette que vient de me remettre ce petit chinois de Menu, afin de parer à votre dépense quotidienne : secours tombé des nues, ma chère; car, ce jour, j'étais, comme on dit, greffée sur le Martin sec, grâce à ce dépensier de Dodore, charmant mauvais sujet que j'adore, mon prétendu, enfin.

— Ah! vous allez vous marier, madame? que vous êtes heureuse! dis-je avec envie et candeur.

— Oui! avec Dodore, homme superbe, que j'aurai l'avantage de vous présenter, ma chère ; je l'attends d'un moment à l'autre, et il sera ce soir notre cavalier au restaurant et au concert.

— Je ne puis sortir, madame, n'ayant d'autres effets que ceux que je porte sur moi en ce moment.

— Votre robe, minette, est encore très-fraîche ; il ne vous manque donc, pour compléter la toilette qu'un chapeau et un châle que je vais courir vous acheter.

— Merci, merci, madame ; car la situation de mon âme ne me permet pas de me livrer aux plaisirs ; je préfère rester ici.

— Du tout, Bréval, au nom de l'amitié, me recommande de vous distraire ; et j'obéirai d'autant plus que nous sommes en fonds, répond gaiement la Saint-Romain en faisant sauter dans sa main la bourse qu'elle venait de recevoir de Menu : puis, ajoute-t-elle, bête de raison que tout cela. Vous ne connaissez pas Paris, essayez-en et le chagrin décampera au plus vite ; or attendez-moi un instant, je reviens tout de suite. Malgré mes refus, ma prière, la Saint-Romain se disposait à sortir, et couvrant sa tête d'un chapeau rose fané, ses épaules d'un châle boiteux fond rouge, taché de graisse, elle s'apprêtait à partir lorsque la sonnette de la porte se mit à tinter fortement.

— C'est Dodore, je reconnais sa manière de sonner. Je vais lui ouvrir, car ma femme de chambre champenoise, est filée causer en bas. Cela dit, la dame quitte le salon dont elle referme la porte sur elle.

— Te voilà ? Dodore.

— Oui, répond Dodore.

— Ne fais pas de farces, et lis cette lettre de Bréval avant d'entrer au salon, elle va te mettre au courant de tout en te faisant connaître la petite qui est là-dedans.

— Suffit ! ma délirante... Bigre ! que j'ai soif et faim, plus le sou, les toiles se touchent au gousset.

— Console-toi et regarde.

— Peste ! une bourse, de l'or ! où avez-vous déniché ce potose ? dit Dodore en allongeant la main pour saisir, et ne saisissant rien, car la Saint-Romain s'empresse de soustraire la bourse à sa cupidité.

— Lis et je t'apprendrai ensuite.

Dodore s'empresse de parcourir la lettre, et lecture faite.

— Une jolie fille enlevée, dont il veut ici exploiter l'amour, les attraits, la crédulité, pas si bête ! Ah ! ce Bréval est un heureux coquin... Charmante! voilà une affaire qui nous vaudra du *quibus*, et qui arrive fort à propos pour nous requinquer un peu de la raffale complète où nous sommes plongés pour le quart d'heure.

— D'autant mieux, mon Dodore, que Bréval ayant hérité de sa tante, est en fonds, et que sa générosité nous fera tâter de l'héritage, si nous servons ses plaisirs avec adresse.

— Et on les servira, répond Dodore, pirouettant et faisant claquer ses doigts.

— Tu vois qu'il me recommande de soustraire sa belle, au plus vite, aux regards et recherches du petit olibrius qui l'a amenée ici tout à l'heure. Or, Dodore, le sieur Menu nous ayant, en partant, menacé de sa visite pour ce soir, hâte-toi d'aller louer à l'instant même un petit appartement meublé, pour la jeune fille et moi, et là nous attendrons l'arrivée de Bréval.

— Suffit!

— Ensuite, dispose-toi à nous mener tantôt au restaurant et de là au concert Musard.

— Accepté! ma dulcifiante, maintenant permets que j'aille saluer la petite.

— Volontiers, mais surtout, Dodore, garde-toi de l'effaroucher par tes bêtises, tes extravagances; contiens-toi, enfin sois gentil.

Dodore promit tout et fut introduit dans le salon. Qu'on se figure un grand gaillard à l'air hardi, dont une épaisse barbe noire encadre le visage; porteur d'une cravatte rouge, en laine, négligemment tortillée autour du cou, et dont les pans cachent avec soin une chemise de nature douteuse; d'un habit vert dont le râpé des coutures trahit les longs services, et qui, boutonné jusqu'au menton, fait en même temps office de gilet; d'un pantalon en toile grise, froncé autour de la taille, et de bottes dont les semelles feuilletées devaient, en route, boire longuement à chaque flaque d'eau : à tout cela ajoutons le parfum détestable d'un fumeur, et voilà l'homme, qui en se dandinant d'une façon commune vient sans façon se placer à mes côtés.

— Salut, jolie femme.

Cela disant, M. Théodore ou Dodore, ainsi que l'appelait sa tendre amante, de porter négligemment le bout de ses doigts au chapeau crasseux et défoncé qui semblait cloué sur sa tête. Loin de répondre au salut, je me reculai brusquement de cet homme dont les manières, la mise me remplissaient d'étonnement et de crainte

— C'est Dodore, ma petite, mon futur; bon enfant par dessus tout; qui vient prendre nos ordres pour la partie convenue.

— Encore une fois, madame, je souhaite ne pas sortir et rester seule le reste de la journée.

— Comme il vous plaira, mon ange; mais au moins, soumise aux désirs de votre amant, vous voudrez bien nous permettre de vous conduire à l'appartement qu'il me charge de vous donner pour demeure en attendant son retour, répond la Saint-Romain d'un ton piqué.

— Si telle est la volonté de M. Bréval, madame, je suis prête à vous suivre, mais hâtons-nous, dis-je en me levant, désireuse d'échapper aux regards effrontés de l'amant de cette vilaine femme.

— Un instant! Fichtre! fait Dodore, voilà qui est un peu vexant, moi qui me réjouissais d'avance de promener et montrer à tous les regards, la plus jolie femme qu'on ait vue de Paris à Rome.

— Vous êtes trop honnête, monsieur, et vous excuserez un refus que m'impose ma position.

— Suffit! liberté, liberté, libertas, ma belle; d'autant plus que ça ne nous empêchera nullement, Cocotte et moi, de nous repasser en tête-à-tête un petit dîner soigné, que couronnera une fiole ou deux, ou trois, du grand mousseux, répond Dodore.

— Allons, Dodore, viens avec moi t'occuper de ce que l'ami Bréval nous commande... Quant à vous, petite chérie, attendez-moi un instant, car je ne tarderai pas à revenir.

— Salut, jolie femme! au revoir et sans rancune.

Cela dit, Dodore fait une pirouette, gagne la porte, suivi de la Saint-Romain, et tous deux s'éloignent après m'avoir enfermée à deux tours de clef.

— A quels singuliers gens Bréval m'a-t-il confiée? mon Dieu! m'écriai-je, restée seule et en me jetant sur un siége. Hélas! aurais-je déjà à me repentir d'une coupable imprudence! Que vais-je devenir? quel sort m'est-il réservé? Puis me recueillant, je pensai à ma mère, lui demandai pardon, et la priai que du haut du ciel elle daignât veiller et protéger sa malheureuse fille.

La fatigue, le silence vinrent ensuite engourdir mes sens et me plonger doucement dans un profond sommeil, ma mère m'apparut en songe, mais triste, désolée et fixant sur moi un regard rempli de douleur et de pitié; elle déposa un baiser sur mon front qui fit tressaillir tout mon être, et descendre une vive joie dans mon cœur.

— Ma mère, ma bonne mère! m'écriai-je les bras tendus et suppliante! vous venez, n'est-ce pas, révoquer l'odieuse malédiction dont vous avez accablé votre enfant?

Et elle allait répondre à ma prière, lorsqu'une main mortelle, en se plaçant sur mon épaule, fit cesser l'illusion en m'arrachant au sommeil.

— Petit ange, j'arrive à temps pour vous délivrer d'un affreux cauchemar, rêviez-vous donc que vous tombiez dans un puits, ou du haut d'une montagne? s'informe la Saint-Romain en riant; car c'était elle, qui de retour et parée d'un chapeau neuf, d'une écharpe de soie, venait de m'éveiller.

— Oh! c'est vous!

— Mais tout juste, et qui viens vous chercher, ma petite. Mettez donc ce chapeau que je viens d'acheter pour vous, et filons.

En parlant ainsi, la Saint-Romain sortait de son carton un chapeau de paille orné de rubans et d'un assez bon goût, dont elle s'empressa de couvrir ma tête, puis ensuite mes épaules d'une écharpe légère et jolie.

Quelques instants suffirent pour compléter ma toilette le plus gracieusement possible, et nous gagnâmes des rues à travers lesquelles la Saint-Romain m'entraînait, curieuse et étonnée, d'un pas rapide. Nous atteignîmes le boulevard des Italiens, et là s'augmenta ma surprise, mon admiration, à l'aspect des magnifiques maisons, de la richesse des magasins qui s'offrirent à ma vue, en présence de ce monde fashionable qui allait, venait, se pressait autour de moi. La Saint-Romain, la tête haute, le regard hardi et dédaigneux, me faisait circuler, parmi cette foule, et saluait d'un sourire, d'un signe de tête divers hommes élégants qui tous s'arrêtaient, me fixaient et m'adressaient un compliment flatteur sur ma beauté.

— Hem! petite, j'espère que vous faites fureur! Il n'y a pas, mon ange, un seul homme parmi tous ceux que vous voyez qui ne convoite vos charmes et ne soit capable de se ruiner pour vous. Si vous vouliez vous en donner la peine... Oh! vous en feriez tourner plus d'un, ça c'est sûr! me dit la Saint-Romain.

— Tourner! qu'entendez-vous par là? madame, dis-je ingénument, et vraiment innocente dans ce langage.

— C'est-à-dire exciter leur générosité par un peu de rigorisme, de coquetterie...

— Cessez, madame, car je ne comprends rien à tout ce langage, dis-je en interrompant cette femme.

— En vérité! pauvre innocente! je vous stylerai, mon ange, soyez tranquille.

Un homme nous aborde en ce moment, le cigare à la bouche. Je reconnais aussitôt Dodore; mais Dodore entièrement métamorphosé, grâce à la bourse de Menu; il est coiffé d'un chapeau neuf, revêtu d'un habit neuf, chaussé à neuf : enfin mis assez convenablement.

— Salut, jolies femmes, je vous attendais avec impatience, chères poulettes, nous dit l'amant de ma compagne, en se dandinant à l'instar d'un fashionnable, et nous lâchant par le visage d'épaisses bouffées de fumée.

— L'appartement est-il prêt? s'informe la dame.

— Tout prêt et drôlement chouette. Cinq petites pièces meublées d'une façon mirobolante, une pendule dans chaque, pas cher, six cents francs par mois, et le tout situé rue Saint-Lazare.

— Tu es un homme charmant, mon Dodore.

— Puisque monsieur a eu la complaisance de me choisir une demeure, veuillez m'y conduire aussitôt, je vous prie, dis-je à la Saint-Romain.

— Certainement, ma minette, mais après avoir dîné; vous ne souffririez pas, bel ange, que, pour vous obliger, je me rendisse malade.

— Non, madame, mais hâtez-vous, de grâce, répondis-je fort contrariée de ce retard, et honteuse de la société de ces gens ridicules, au ton bruyant et commun, auquel j'attribuais le désagrément d'être remarquée de chaque passant, et le point de mire de tous les regards. Hélas! confiante dans les paroles de Bréval, moi qui à mon arrivée espérais trouver dans la grande ville, repos et protection, près d'une dame de mœurs respectables, d'une femme prudente; rencontrer une amie, un Mentor dans le sein de qui j'aurais déposé mes secrets, mes chagrins, puisé la force nécessaire pour résister au vice, à la corruption; combien n'éprouvais-je pas de déception en ce moment, en me voyant à la merci de deux intrigants, dont le langage, les actions, dévoilaient les mœurs faciles et corrompues. Je m'étonnais à bon droit qu'un homme tel que Bréval, distingué, spirituel et jouissant d'un titre, d'une position honorable dans le monde, fut l'ami d'un Théodore, d'une Saint-Romain; qu'il osât confier à des gens semblables et si peu dignes d'estime la jeune fille dont il voulait faire son épouse, et dont la vertu devait lui être chère. Ma confiance alors s'ébranla, la crainte d'être le jouet, la dupe d'un homme indélicat s'éleva dans mon âme, et poigna douloureusement mon cœur.

Il me fallut céder bon gré mal gré, et suivre ces gens chez un des plus brillants restaurateurs du boulevard, et m'attabler avec eux dans un cabinet particulier. Dodore commanda et fit servir un excellent dîner dont je fus seulement spectatrice, étant incapable d'en prendre ma part, tant mon âme était triste et inquiète; ce qui n'empêchait pas mes deux compagnons de festoyer les nombreux mets qui se succédaient sur la table, et dont ils facilitaient la digestion par de fréquentes libations.

Rassasiée et la tête échauffée, la Saint-Romain, oubliant toute retenue, se penche sur son amant pour mendier une caresse, je me levai spontanément dans l'intention de me soustraire à ces scènes, lorsque la Saint-Romain me saisissant par la robe me contraint à me rasseoir.

— Où allez-vous donc ainsi?

— Laissez-moi, laissez-moi, madame, m'écriai-je rouge jusqu'aux oreilles, et faisant un effort pour débarrasser ma robe.

— A toi la faute, Dodore.

— Le vin, la bonne chère et voilà! répond Dodore.

— Madame, encore une fois, veuillez me conduire à ma demeure, j'ai besoin de repos, d'être seule, dis-je avec fermeté.

— C'est bien, on va vous y conduire, mademoiselle, pas tant d'embarras, s'il vous plaît, car enfin en consentant à vous recevoir, à veiller à votre sécurité et bien-être, cela à la recommandation de l'ami Bréval, ce n'est absolument qu'une complaisance de ma part, me répond la Saint-Romain d'une voix aigre :

— Je ne prétends pas vous être importune, madame, mais la seule chose que je réclame de votre complaisance, c'est de me conduire à l'asile qui m'est réservé, et de m'y laisser libre de me livrer à mes pensées.

— Au fait! Dodore et moi sommes deux fous, deux imprudents; pardonnez-nous nos sottises.

— Je ne vous en veux plus, madame.

— Oh! vous êtes une bonne fille, petite; aussi, allons-nous nous empresser de vous satisfaire, toi Dodore commence par laisser là ton cigarre, dont la fumée indispose cette petite, et levons le siége.

— Décamper! plus souvent.

> A boire je passerais ma vie!
> Toujours joyeux, toujours content!

entonne Dodore à voix haute, penché sur le dos de sa chaise, et la main armée d'un verre.

— Voyons, tu n'es pas sage; viens avec nous.

— Du tout! décampe qui veut, moi je reste... Garçon! du Champagne, et leste!

— Partons, partons au nom du ciel, dis-je affligée à la Saint-Romain, qui voyant les dispositions de son amant, consent à quitter l'ivrogne et à s'éloigner avec moi.

— Hélas! espérez-vous trouver l'amour et le bonheur dans une union avec cet homme, dis-je à la dame, à peine seule avec elle sur les boulevards.

— Un bonheur de reine, du moment que je ne contredirai jamais Dodore.

— Même sur son intempérance?

— Moins encore que sur toute autre chose, au risque de le fâcher tout rouge et de m'attirer certaines corrections.

— Infamie! quoi il oserait...

— Me battre.

— Et vous consentiriez à devenir l'épouse de ce brutal?

— Oh! son épouse, dame, oui, il le faut bien lorsqu'on a eu le malheur d'être faible, ajoute la Saint-Romain en s'efforçant de paraître émue et résignée.

— Oh! oui, je comprends; ainsi que moi il vous reste une faute à réparer et l'honneur commande quand même.

— Juste, sans cela plus souvent que je voudrais pour mari d'un homme semblable. Oh! la belle soirée, et qu'il fait doux et frais, vraiment ce serait un meurtre que de rentrer sitôt, poursuit la dame, le nez au vent, et humant l'air avec délice.

— Oh! rentrons, rentrons, je vous prie, la fatigue m'accable, dis-je d'un ton suppliant.

— Volontiers, mais avant, entrons pour quelques minutes à l'Opéra où une personne m'attend et à laquelle il me faut absolument parler ce soir... Consentez-vous?

Et moi, sotte et crédule, me fiant sur la promesse d'une prompte sortie, je donnai mon consentement, ce qui fit qu'en moins de cinq minutes je me trouvai assise aux galeries du grand théâtre. Oh! ivresse, avec quelle force tu t'emparas de toute mon âme à l'aspect de ce monde élégant, de ces femmes brillantes et parées, à la vue de ce grandiose jusqu'alors ignoré de moi. On donnait ce soir *la Muette de Portici*, et à peine étions-nous placées, à peine mes yeux avides et surpris avaient-ils eu le temps de parcourir l'étendue de l'immense salle, que l'orchestre fit entendre l'ouverture. Oh! quel charme infini parcourut alors tout mon être, avec quels délices ces sons enchanteurs captivaient mon attention! Immobile, attentive, ravie, j'étais au ciel en ce moment, et j'y trouvai l'oubli de mes chagrins, de mes fautes, de mes fatigues. Dès-lors esclave soumise aux caprices de la Saint-Romain, j'approuvai aussitôt son désir de rester et d'entendre la sublime musique, les voix délicieuses! Ah! que tout est beau et séduisant ici, m'écriai-je dans le ravissement, et la Saint-Romain souriant avec malice en m'entendant exclamer ainsi, inattentive et distraite, promenait sur la foule ses regards curieux.

Le premier acte se termine, le rideau baisse, je porte les yeux autour de moi; une foule de jeunes gens m'entourent, hommes élégants, d'une tournure, d'un ton parfait; leurs regards rencontrent les miens, leur sourient et les font aussitôt baisser.

— Oh! la belle créature, l'angélique beauté! taille divine, tout enfin pour plaire et charmer!

Ainsi bourdonnaient autour de moi des bouches louangeuses; et moi intimidée, le visage envahi par l'incarnat, je le cachais dans mes mains.

— Vous ici, ma chère, dit un jeune dandy, en entrant dans la galerie, et s'adressant à la Saint-Romain qui, l'ayant aperçu, lui avait fait signe de venir à elle.

— Moi-même, mon cher Alban, en société avec cette belle demoiselle.

Une de vos parentes, ma chère? interroge le jeune homme d'un ton familier.

— Du tout, vous n'y êtes pas, mon gros, mademoiselle est une fille de bonne famille, que ses parents ont confiée à ma prudence, à mes soins, répond la Saint-Romain d'un ton capable et sérieux.

— Allons donc, farceuse! murmure le jeune homme en riant aux éclats, et sans autre préambule faisant reculer la dame, il se disposait à s'asseoir entre elle et moi.

— Pardon, monsieur, mais votre intention ne peut être de me

séparer de madame, avec qui je suis, dis-je en me rapprochant de mon indigne compagne, et m'opposant à l'intention du jeune homme qui, apercevant mes traits, fit un mouvement de surprise.

C'est à moi, mademoiselle, de vous faire mille excuses, répond Alban d'un accent doux et poli, et sans cesser de fixer sur moi un regard où se peignait l'admiration.

Je le saluai et me retournai vers la scène, laissant cet homme s'arranger comme bon lui semblerait et s'emparer d'une place vacante derrière la Saint-Romain avec qui et à voix basse, il entama aussitôt un entretien auquel je ne prêtai nulle attention; mon imagination étant entièrement captivée par le charme de la musique qui en ce moment vibrait délicieusement à mes oreilles.

— Est-ce possible, en vérité, j'étais loin de m'attendre à une aussi heureuse rencontre, répond Alban à quelques mots de la Saint-Romain, dits durant un entre-acte et en me fixant d'un air aimable et surpris. Quoi! mademoiselle, reprend-il, en se penchant vers moi, vous êtes de la connaissance de mon cher Bréval, vous êtes cette femme admirable dont les lettres de mon ami n'ont cessé de me faire un éloge flatteur et mérité?

— Interdite et mécontente de l'indiscrétion de la Saint-Romain, je balbutiai à peine, retournée vers mon interlocuteur, un faible oui, qui, tout inintelligible qu'il fut, encouragea le jeune homme à m'adresser les paroles suivantes, mais à mon oreille et après être parvenu, en gagnant peu-à-peu du terrain, par se placer derrière moi :

— Je sais tout, mademoiselle, car Bréval n'a pas de secret pour son meilleur ami; oui je sais combien vous lui êtes précieuse et chère, et que son prochain retour doit être entre vous et lui le signal d'une union fortunée.

Ces paroles dites avec âme et vérité, ces paroles qui renfermaient l'expression de mes plus doux vœux, désarmèrent ma sévérité, calmèrent mes craintes, et méritèrent à celui qui venait de les prononcer mon attention et ma confiance, car je me retournai doucement vers lui et le remerciai, par un sourire, du langage qu'il avait tenu. Cet homme était blond, ses traits passables sans être beaux; son sourire qu'il s'efforçait de rendre agréable exprimait une amère ironie, une moue suprêmement dédaigneuse; il était grand, vêtu à la dernière mode et avec une recherche exquise. Encouragé de plus en plus, il m'entretint longuement de

Bréval, dont il enviait, disait-il, le bonheur incomparable d'être aimé d'une aussi jolie femme que moi, puis me demanda mon estime, ma confiance, l'honneur de venir me saluer et tenir compagnie pendant l'absence de Bréval, à qui il en voulait, disait-il, de ce qu'il ne lui avait point annoncé mon arrivée, mon séjour à Paris.

Le spectacle terminé, nous sortons; Alban m'offre son bras; je n'ose l'accepter, il brusque l'indécision en s'emparant du mien, et laissant l'autre à la Saint-Romain, qui marche en fredonnant, et écorchant d'une voix chevrotante quelques passages de l'opéra que nous venons d'entendre.

— Où allons-nous?

— A l'appartement de la rue Saint-Lazare.

Mais voilà que la Saint-Romain a oublié de se le faire enseigner par Dodore; elle ne peut pas espérer le retrouver, et d'ailleurs, à cette heure, il doit être hors de toute raison. Encore un sujet d'inquiétude et de chagrin pour moi; car il me fallait retourner chez cette femme dont l'éternelle compagnie, le mauvais ton me fatiguaient à l'excès. Comme il me fallait un gîte, je cédai à la nécessité, et nous nous acheminions vers la rue Saint-Georges, lorsqu'Alban s'avisa de nous offrir de prendre des glaces chez Tortoni, offre que je repoussai vivement, mais que ma gourmande compagne accepta avec transport, malgré mon refus. Il me fallut donc céder de nouveau, retourner sur mes pas, et m'établir dans le salon du glacier renommé, tout en maudissant l'isolement où m'avait placé une faute qui me mettait à la merci des caprices d'une folle aventurière. En vain Alban me pressa-t-il d'accepter quelques rafraîchissements, je refusai obstinément, et en silence le laissai me dépeindre Paris, me vanter les plaisirs et la beauté de cette ville incomparable. « Ici, disait-il, toutes les joies de la terre sont réservées aux femmes qui, comme vous, réunissent à des charmes sans nombre, l'esprit, la grâce et le talent. »

Hélas! oui, je dois l'avouer ici à ma honte, cette coquetterie que mon chagrin avait engourdie depuis quelque temps, se réveilla un instant en moi, après que j'eus entendu Alban élever si haut mes attraits, et m'assurer sur tous les cœurs, en tous lieux, un triomphe flatteur. Oui, ma bouche osa sourire à ses louanges, et mes yeux s'assurer de leur sincérité en épiant les regards d'amour, de tendre convoitise que sur moi fixaient encore en ce lieu une foule de jeunes gens assemblés dans le même salon. Après avoir englouti à elle seule deux glaces, autant de sorbets et une corbeille de macarons, la Saint-Romain consentit enfin à se remettre en route pour se diriger vers sa demeure, où nous accompagna Alban, qui nous quitta à la porte, après m'avoir demandé une permission que je n'osais lui refuser en qualité d'ami intime et de confident de Bréval, celle de venir me faire sa visite le lendemain, de me protéger contre les extravagances de la Saint-Romain, envers laquelle il me conseilla tout bas de me mettre en garde.

Nous sommes au logis; la Saint-Romain me cède son lit, envoie sa servante coucher chez une voisine, et va coucher dans le salon sur le canapé. Je suis seule enfin, je respire! La chambre où je suis est petite, malpropre; un misérable lit, une table, deux chaises à moitié dépaillées composent tout le mobilier.

Qu'importe! la fatigue qui appesantit ma paupière semble me permettre un doux sommeil dans lequel j'oublierai un instant mes chagrins et mes remords. Il y avait deux heures au plus que je dormais profondément, lorsque je me sentis éveiller par le bruit de la porte qui se fermait. Effrayée, je pousse un cri affreux et me jette violemment vers la ruelle du lit en m'écriant :

— Qui êtes-vous? que me voulez-vous?

— Silence, cocotte, et soyez, ma charmante, docile aux volontés de votre seigneur et maître, répond une voix épaisse, embarrassée, et que je reconnus aussitôt pour celle de Dodore.

— Monsieur, vous vous trompez, retirez-vous.

— Cette bêtise! comme si j'avais perdu la boule au point de ne pas reconnaître ton domicile. Et la clef, et la clef, qui est entrée tout d'un coup dans la serrure.

— Retirez-vous donc, monsieur, madame Saint-Romain est couchée dans la pièce voisine.

— Ah! vous êtes la petite. Alors c'est différent, je reste!

Mes cris éveillent enfin la Saint-Romain et la font accourir une lumière à la main; elle la dépose vivement sur une table pour tomber à coups de poings sur son Dodore qu'elle envoie rouler dans la chambre. Mais cet homme, se relevant aussitôt, se jette à son tour sur la malheureuse femme qu'il maltraite avec inhumanité; mais celle-ci se défend vigoureusement, rend horion pour horion, en joignant aux coups les plus viles injures. A la vue de cet affreux combat, je m'étais élancée hors du lit enveloppée à la hâte dans un châle, afin de voler au secours de la Saint-Romain, à qui j'évitais quelques coups à mes dépens, en essayant de retenir le bras du misérable qui, détourné de son but, retombait sur moi avec force. Les jurons de Théodore, les cris de la Saint-Romain, les miens attirent enfin les voisins, puis le portier de la maison; on frappe vigoureusement à la porte, je cours ouvrir à ceux-ci qui se précipitent dans la chambre, afin de soustraire la malheureuse femme à la rage de ce furieux.

Dodore, saisi par deux vigoureux gaillards, est aussitôt enlevé, et, sur ma prière, emporté à travers la montée, puis jeté dans la rue à moitié nu et le visage ensanglanté, grâce aux griffes de sa chère cocotte.

— Ah çà, canaille, ce n'est donc pas assez que vous deviez trois termes et demi, il faut encore que vous mettiez chaque nuit la maison sans dessus dessous avec votre affreux bacanale, vos batteries continuelles, s'écrie le vieux portier d'un air rebarbatif, la tête haute et les bras croisés, cela en présence des voisins.

— Portier, ne m'échauffe pas les oreilles avec tes réflexions, et commence par filer, mon bon homme, répond la Saint-Romain, d'un ton ferme, la figure meurtrie et en train de rattacher ses cheveux.

— Je disais bien, quand je disais à M. Chopart mon propriétaire : Monsieur, ne louez pas à ces gens-là, ça ne me fait pas l'effet d'être grand-chose.

— Tu as dit cela, vieux coquin?...

— Qu'est-ce à dire, vieux coquin? répond le concierge furieux.

— Ah! vieux drôle; tiens, voilà pour tes peines.

Et cela disant, la Saint-Romain applique un soufflet sur la joue du portier.

— Madame, vous m'avez manqué!

— Du tout, car tu l'as reçu, mon vieux.

— Madame, je porterai demain mes plaintes au commissaire.

— Porte, mon vieux.

— Je vous ferai chasser de cette maison.

— Tu n'auras pas cette peine, car je la quitte demain de ma propre volonté.

— En payant?

— Sans payer.

— C'est ce que nous verrons.

Encore force injures, puis locataire et portier allaient se prendre aux cheveux, lorsque l'intervention des témoins mit fin à ce honteux scandale. Ayant mis tout le monde à la porte, la Saint-Romain vint me rejoindre au salon, où elle me trouva pleurant et le visage caché dans les deux mains.

— Qu'est-ce donc, nous avons du chagrin?

— Ah! madame, quelle horrible scène? que d'humiliations vous m'avez fait éprouver.

— Bah! Qu'est-ce que cela? une niaiserie.

— O ciel! vous pardonnez aussi légèrement une semblable conduite, une brutalité des plus infâmes? m'écriai-je avec dégoût.

— Oui, et ce n'est pas la première fois encore. Ensuite il faut être juste, je lui ai restitué avec usure les taloches qu'il m'a repassées.

— Mais un homme qui frappe une femme est un lâche, un être brutal et sans principes, dis-je avec force et indignation.

— J'en conviens, mais l'amour excuse tout, et j'idolâtre mon Dodore, que vous verrez demain, soumis, caressant, me demander son pardon.

— Fi! exclamai-je avec dégoût.

— Ma petite ne faites donc pas tant la susceptible, avec votre Bréval qui ne vaut pas mieux qu'un autre.

— Silence! madame, et cessez d'outrager M. Bréval, en osant l'assimiler au plus indigne des hommes.

— Bon! bon! nous verrons s'il sera toujours de miel avec vous, ce beau Godelureau, termine la Saint-Romain, remuant la tête, et souriant d'un sourire sarcastique en s'étendant sur le canapé, où elle tarda peu à s'endormir. Quant à moi, trop douloureusement affectée pour ressaisir le sommeil, la nuit s'acheva dans les larmes et sur un fauteuil.

VI

RETOUR, PLAISIR, DÉCEPTION.

Le jour qui suivit cette nuit orageuse, je fus conduite de grand matin, par la Saint-Romain, à l'appartement qui m'était destiné. Je pris donc domicile dans trois petites pièces assez mesquinement meublées, ayant vue sur la rue Saint-Lazare, vis-à-vis celle de Clichy. C'était dans ce réduit qu'il me fallait attendre l'arrivée de Bréval, en société de la Saint-Romain. Cette femme m'était devenue odieuse, et je ne supportais plus sa présence qu'avec peine. En abandonnant sa demeure, j'avais fermement déclaré que je défendais à son amant de reparaître jamais devant moi, si mieux elle et lui ne préféraient me voir partir et retourner aux lieux que j'avais follement quittés. En vain la Saint-Romain s'était-elle efforcée de me ramener à des sentiments plus favorables envers Théodore : j'étais restée inflexible, décidée à ne plus le revoir; et cette décision me valut l'abandon de cette femme qui, faisant office de pourvoyeuse, ne revint me visiter chaque jour que pour m'apporter maigre et insuffisante nourriture, puis se retirer presque aussitôt.

Depuis plusieurs jours je vivais dans cette solitude, face à face avec mes chagrins, ne pouvant comprendre ce qui retenait Gustave éloigné de moi aussi longtemps, désirant son retour avec ardeur, et pleurant, soupirant sans cesse. Bien des causes, hélas! contribuaient à entretenir cette vive affliction, à torturer mon âme : d'abord la crainte redoutable de m'être abusée sur le compte de Bréval; que cet amant ne fût pas ce que je pensais, c'est-à-dire un homme loyal, délicat, sincère. Qui avait fait naître en moi ces funestes pensées, ces doutes cruels? L'abandon dans lequel Bréval me laissait, le choix de la femme à laquelle il m'avait adressée, confiée; vile créature, se pavanant hautement de posséder son estime et sa confiance; ensuite le silence de cet amant, qui durant huit jours de séparation ne m'avait encore fait parvenir aucune nouvelle, nulle consolation. Le souvenir de mon tuteur et de sa famille était encore pour mon cœur chose pénible et désolante. Hélas! que devaient-ils penser de moi, de ma disparition? Maudissaient-ils mon inconduite, ou pleuraient-ils ma mort? Ces pensées firent naître en moi l'idée d'écrire à M. Ducastel, à son épouse, à Antonine, d'implorer d'eux grâce et pitié; et je renonçai de suite à ce dessein en me souvenant des paroles de Bréval, paroles qui faussement accusaient les meilleures gens du monde; la probité la plus pure, de perfidie à mon égard.

Un jour, le douzième de ma solitude, et sur le soir, je m'étais mise un instant à la fenêtre, où pour me distraire j'épiais ce qui se passait dans la rue, lorsqu'un homme qui depuis plusieurs instants se promenait et paraissait s'informer de porte en porte, lève la tête, m'aperçoit et se précipite dans la maison. C'était Alban. Je l'avais reconnu, et me hâtai de lui ouvrir au premier coup qu'il frappa sur ma porte.

— Enfin, je vous trouve, belle Alice, en dépit de l'infâme Saint-Romain, de son ivrogne d'amant, lesquels sourds à mes prières, s'obstinaient à me cacher votre demeure.

— Soyez le bien-venu, monsieur; vous m'apportez sans doute de la part de M. Bréval quelques nouvelles heureuses, dis-je en offrant un siége au jeune visiteur.

— Des nouvelles, aucune, mon adorable; mais des consolations, des conseils d'ami, et beaucoup d'admiration pour vos divins attraits, répond Alban d'un ton aisé, en approchant la chaise sur laquelle il venait de s'asseoir tout près de la mienne, ce qui commença à m'effrayer. Ainsi donc, voilà votre asile? Quel taudis! En vérité, je ne comprends rien à la conduite de Bréval, et le blâme fort d'avoir placé sous la garde d'une Saint-Romain, d'une femme de mœurs dépravées, l'ange adorable dont il se dit amoureux, comme aussi de reléguer un semblable trésor dans les mansardes d'un hôtel garni, lorsqu'un palais serait seul digne de le posséder.

— Vous me flattez, monsieur. Ainsi, non moins privilégié que moi, M. Bréval ne vous a point écrit?

— Pas un mot. Oh! je le reconnais-là : oublieux, inconstant...

— Inconstant, ô ciel! m'écriai-je avec effroi.

— Il ne peut l'être envers vous, belle Alice, et vos charmes infinis vous sont un sûr garant de la fidélité de celui que vous daignez aimer et rendre l'égal des dieux par votre amour... Car moi, moi, Alice, si tant de bonheur, d'ivresse, m'était échu en partage; si, comme Bréval, j'étais votre heureux amant, pourrais-je vivre un seul instant éloigné de vous! Eh non! toujours à vos pieds, toujours soumis et fidèle, ce seraient les joies, les richesses de la terre que je vous prodiguerais. Alice! souvenez-vous de ces paroles échappées à mon cœur; et si jamais Bréval, indigne de votre amour, méritait votre abandon, pensez alors à moi, à celui qui mettrait sa gloire à vous aimer, à vous servir, dit Alban avec passion, et en pressant tendrement mes mains dont il s'était emparé.

— Merci! monsieur! des sentiments bienveillants que vous daignez me témoigner; mais celui à qui j'ai livré mon cœur, ma vie, ne trahira jamais, je l'espère, celle qui a tout fait, tout perdu pour lui.

— Vous l'aimez donc bien, ce Bréval? répond Alban avec dépit.

— Plus que moi-même!

— Alice, cette réponse me désespère, me tue! Ah! c'est qu'il m'a été impossible, en vous voyant, de me défendre contre l'amour violent que votre vue inspire. C'est que je vous adore! Alice.

— Monsieur! m'écriai-je effrayée par le regard passionné que cet homme fixait sur moi en ce moment, et essayant à m'éloigner.

— Non! non! ne cherchez pas à me fuir; mais écoutez-moi, reprit-il, en entourant fortement ma taille de son bras; puis reprenant sur le même ton : Bréval, dit-il, n'a point de secret pour moi; c'est vous dire que je sais tout, qu'il vous a promis son nom.

— Monsieur ! au nom du ciel ! soupirais-je pleine de confusion, en cachant mon visage dans mes deux mains.

— Voulez-vous que Bréval, fidèle à sa parole, devienne votre époux ?

— Pouvez-vous en douter ? Monsieur, mais je meurs s'il me trompe !

— Eh bien ! accordez donc un peu de cette tendresse que j'envie, à celui dont l'empire dispose de la volonté de votre amant ; à celui qui, d'un mot, peut en faire le plus inconstant, le plus ingrat des hommes.

— Ah ! c'est infâme ! ce que vous exigez et dites-là, monsieur ! m'écriai-je hors de moi.

— Allons ! point d'enfantillage, ma charmante ; devenez moins susceptible, plus positive, et loin de comprendre l'amour comme une chaîne fatigante, indivisible ; faites de ses plaisirs votre loi suprême, une faveur précieuse ; alors, pour vous les hommages, l'adoration, la richesse, une vie de plaisir et de coquetterie.

— O ciel ! est-ce bien l'homme qui se dit l'ami de Bréval, qui me parle ainsi ? Laissez-moi, monsieur, et allez ailleurs porter cette morale facile et corrompue ! quant à moi, pauvre fille, j'aime celui qui m'a séduite ; je lui ai voué mon cœur, ma possession pour la vie, et ma plus douce espérance est celle d'être un jour son épouse.

— Alors, pour que ce vœu se réalise, accorde donc, Alice, un peu de cet amour que tu réserves pour Bréval, à celui qui peut briser toutes tes espérances d'un mot. Ah ! crois-moi, faite pour le bonheur des hommes, ne sois pas égoïste de ton amour, comprends la vie et ses joies ; ainsi que nos jolies mondaines, aime sans adoration, parle sans exagération, et agis sans précaution.

Cela disant, Alban, le regard enflammé essayait de m'attirer sur ses genoux.

— De grâce ! m'écriai-je alors, si vous n'êtes, monsieur, le plus infâme des hommes, respectez mes larmes, ma faiblesse, ma cruelle position.

— Phrases charmantes, ma toute adorable. Non ! rien de plus séduisant, selon moi, comme la beauté suppliante et aux abois.

— Misérable ! cessez ces outrages, ou cette fenêtre va devenir le chemin de mon tombeau ! dis-je avec désespoir, en courant me pencher hors de la croisée, après m'être débarrassée, par un effort surnaturel, de l'étreinte d'Alban.

— Holà! point d'extravagances, ma Lucrèce. Diable! votre corps est de forme trop délicate pour le briser sur une pierre meurtrière. Je cède, ma divine, et puisqu'il le faut, je remets au temps le soin de vous rendre moins inhumaine, répond Alban, en faisant un mouvement pour venir à moi.

— N'approchez pas, monsieur, où je me tue! dis-je en me penchant encore plus.

— Adieu donc! cruelle! et surtout pas un mot de tout ceci à Bréval, telle est la condition que je vous impose dans vos intérêts les plus chers. Non! pas un mot, termine Alban, en appuyant fortement sur cette recommandation, prononcée d'un ton menaçant, et l'ironie sur les lèvres.

Il se retire à pas lents, je cours vérouiller la porte et reviens tomber anéantie, mourante sur un siége!

— Oh! Dieu, que d'insultes! d'ignominies de toutes parts! est-ce donc là le sort commun réservé à la pauvre fille qui a failli à l'honneur! plus de considération, de respect pour elle! chacun se croit le droit de l'offenser, de rire de ses larmes, de taxer sa vertu, ses combats, d'hypocrisie!...

Oh! mais c'est atroce, c'est à en mourir de honte et de regrets! m'écriai-je avec désespoir.

Tombée dans de longues et douloureuses réflexions, je récapitulais en soupirant tous les maux que m'avaient déjà attiré ma faiblesse et mon amour pour Bréval. Puis je me demandais, si cet homme, aux promesses de qui je m'étais fiée avec joie et soumission, saurait les payer d'assez d'amour et de probité; si, après avoir donné sur moi le droit d'insulte à un Menu, un Théodore, un Alban, il saurait en homme d'honneur, me relever à leurs yeux, me rendre enfin, par une union légitime, l'estime de moi-même et de la société. Et pour me rendre compte des chances que j'avais à courir et fixer ma perplexité, je m'efforçais alors de rappeler à ma pensée tous les serments d'amour prononcés par sa bouche, afin de rassurer mon âme craintive, tremblante, et m'amener à ses désirs.

Faible fille que j'étais! examen fait, le cœur donna raison à l'amant, me le rendit plus cher, et plus désireuse encore du retour de celui qui, présent, devait être mon défenseur et mon guide dans le monde.

Trois jours s'étaient encore écoulés, et les deux derniers s'étaient passés pour moi sans manger, car la Saint-Romain n'était pas venue, selon sa coutume, m'apporter ma nourriture. J'étais donc exténuée par le besoin, sans force et couchée sur mon lit, lorsque je fus arrachée à cette immobilité par des coups violents frappés sur ma porte. A ce bruit, je me mets sur mon séant, j'écoute... Est-ce la Saint-Romain qui m'apporte la vie, ou plutôt l'indigne Alban? Ah! n'ouvrons pas, si c'est ce dernier; et je laissai retomber ma tête sur l'oreiller. Le bruit recommence, je me jetai en bas du lit, me traînai vers la porte. Alors des voix se font entendre au dehors, et dans celle qui propose d'enfoncer la porte, je reconnais avec bonheur, une joie folle, délirante, celle de Gustave Bréval. J'ouvre, et je tombe évanouie dans les bras de mon amant. Après être restée longtemps sans connaissance, je reviens à moi, et mes yeux en s'ouvrant me trouvent sur le sein de Bréval, qui avec amour me couvrait des plus tendres caresses. J'aperçois aussi la Saint-Romain qui, insouciante et rieuse, une tasse à la main, attendait mon retour à la vie pour me présenter un bouillon.

— Mille dieux! si je l'avais trouvée morte, vieille folle, vous eussiez eu à vous repentir cruellement, s'écrie Bréval avec colère.

— Encore une fois, est-ce ma faute si ce démon de Dodore, ce farceur incarné, s'est avisé de dépenser en vingt-quatre heures les trois cents francs en or que renfermait la bourse. Ensuite pourquoi m'envoyez-vous, Bréval, une fille pour ainsi dire toute nue, et qu'il m'a fallu habiller de la tête aux pieds. Mais, tenez, la voilà revenue saine et entière; vous voyez qu'on ne meurt pas pour ne point manger. Voyons, une cuillerée de ce bouillon, vrai consommé; avec cela, un verre de bordeaux, et ça ira ensuite comme sur des roulettes.

Je repoussai les offres de cette femme pour me livrer tout entière au bonheur que m'inspirait le retour de mon amant; car je ne souffrais plus, j'étais toute à la joie, à l'espérance d'un prochain et heureux avenir. Bréval me témoignait le plus vif transport, me pressait tendrement dans ses bras, puis m'engageait à essayer d'un peu de nourriture que j'acceptai de ses mains.

— Ah çà! petite, ne m'en voulez pas, cher ange, du jeûne involontaire que je vous ai fait endurer; car, moi qui vous parle, ce n'est qu'aux dépens de mon chapeau neuf que j'ai soupé ce soir, mon chapeau qu'en soupirant il m'a fallu lâcher à une gueuse de revendeuse pour une pièce de quarante sous, grâce à l'inconduite, au sans gêne de mon Dodore. Oh! c'est bien la vingtième fois au moins qu'il me met à cette extrémité.

— Je ne vous en veux pas, madame; je suis heureuse et oublie tout, repondis-je assez froidement. Je brûlais du désir d'être seule avec Bréval, et il me fallut attendre une heure encore avant que la Saint-Romain, très-empressée de se justifier auprès de mon amant, m'accordât cette satisfaction. Un coup de sifflet violent et aigu, parti de la rue, et qu'elle reconnut pour être un appel de la part de son Dodore, la décida seul à nous quitter à notre commune satisfaction. Ce fut alors que, libre d'agir et de parler, j'adressai à Bréval une foule de reproches sur l'indifférence que son silence m'avait marqué, sur son imprudence de m'avoir confiée à une femme telle que la Saint-Romain; et après des excuses que mon cœur accepta sans difficulté, je demandai à Gustave des nouvelles de la famille Ducastel, et ce que chacun pensait de ma fuite.

— Ta fuite, mon ange, a d'abord produit une surprise générale, enfanté mille propos et conjectures; puis l'oubli est aussitôt venu effacer tout cela...

— Hélas! on ne m'a pas plaint, nul regret n'est entré dans le cœur de ceux qui se disaient mes amis!... Oh! je le conçois, on ne peut regretter celle qui a failli à l'honneur, soupirai-je tristement.

— Mieux que cela, ma chérie, celle dont la présence gênait les desseins; aussi à peine ta personne éloignée, cette famille s'est empressée de mettre en avant tous les moyens de séduction afin de me ramener à elle, d'arracher mon consentement à une union avec cette petite Antonine... Oh! rien n'a été épargné : minauderie de la jeune fille, soins empressés et flatteries de la mère, offres brillantes de la part du père, et je suis resté immuable, froid en présence de tout cela, car mon Alice m'attendait.

— Oh! merci, merci, mon Gustave!... oui, je t'attendais avec impatience, et le cœur rempli de crainte, de tristesse... Maintenant, Bréval, hâte-toi, mon idole, de me combler de joie, de félicité, en me nommant ta femme bien-aimée; hâte-toi de me rendre l'estime de moi-même, de donner un père à mon enfant.

— Patience, mon ange, et sois heureuse maintenant. Abandonne ces tristes lieux; viens chez ton amant, ton époux, où t'attendent le luxe, les plaisirs; viens, que je te présente belle de tes charmes, parée de brillants atours, à ce monde qui envie mon bonheur.

— Ce monde, Gustave, je ne souhaite de le connaître qu'ornée du nom de ton épouse, afin de l'envisager sans rougir.

Et reprenant à bon droit ses perfides séductions :

— Oh! sois sans inquiétude : il t'accueillera avec transport, te respectera, mon Alice.

— Gustave, fille et mère, je désire demeurer éloignée ; ton épouse, et notre enfant dans mes bras, je veux avec orgueil me montrer à l'univers entier.

— Sois libre de ta volonté, Alice ; mais au moins, en refusant d'habiter le même toit que moi, accepte au moins un asile plus digne de tes charmes, de mon épouse future.

— Fais donc ainsi ; car ta volonté, c'est ma loi.

Ce fut dans un délicieux appartement meublé avec luxe, bon goût, et situé rue de Provence, Chaussée-d'Antin, où Bréval installa le même soir sa reine et maîtresse, où il passa la nuit près de moi, pour ne me quitter que le lendemain, sous le prétexte sincère d'aller prévenir les fournisseurs qui, au plus tôt, devaient monter ma garde-robe, me fournir toutes les choses nécessaires à la toilette et parure d'une femme.

En effet, deux heures après son départ, lingères, couturières, marchands de toutes sortes encombraient mon salon, et m'offraient à l'envi les produits de leur art et de leurs magasins. Je voulais être simple, modeste, et Bréval, présent, contrariant mon choix, me fit coquette et luxueuse.

Le même jour, une femme de chambre, jeune et avenante, nommée Marie, entrait à mon service. Le surlendemain, grâce à l'activité des fournisseurs, activité, adresse qu'on ne rencontre qu'à Paris, je possédais une élégante toilette, et pouvais me montrer ainsi. Bréval ne manqua pas de venir me prendre et dans une belle calèche attelée de deux fringants coursiers, équipage dont il avait fait emplette, il me fit parcourir la ville, et m'en montra les beautés ; puis le soir, me conduisit à l'Opéra-Comique. Durant un mois ce ne fut pour moi qu'une suite de promenades, fêtes et plaisirs ; Bréval ne me quittait pas, et j'aurais été la femme la plus heureuse du monde si mon amant, questionné et pressé par moi, concernant notre mariage, n'avait reculé sans cesse, sous divers prétextes, l'accomplissement de ce devoir sacré. Cependant j'espérais toujours, et ma grossesse avançait.

Quoique Bréval occupât, rue de la Paix, un vaste et bel appartement, que, par un délicat scrupule, j'avais refusé de partager et d'occuper avec lui avant qu'il ne fût mon mari, Bréval sourd à mes prières, insensible à mon désir de rester ignorée, m'amenait souvent de ses amis à dîner chez moi, et dans le nombre l'indigne Alban dont il semblait être l'inséparable; Alban, type de l'hypocrisie, cachant sous les dehors de la politesse la plus moqueuse et l'apparence de dévouement, une ardente convoitise pour ma personne. Un long laps de temps s'écoule encore dans les plaisirs, entourée d'une foule galante de jeunes gens empressés à me plaire, s'enviant un de mes regards, un de mes sourires, et faisant tout pour mériter ce qu'ils appelaient une précieuse faveur; et Bréval, ce que je ne pouvais comprendre, restant froid en présence de tant d'efforts pour me plaire, et adressés par ses amis à la maîtresse de son cœur, à sa future épouse.

— C'est ainsi qu'il faut être dans la société, me disait-il, et je serais ridicule, ma chère Alice, si en amant égoïste j'osais prendre ombrage de l'admiration qu'inspirent tes charmes sans nombre, si te confinant loin du monde, je gardais pour moi seul la vue de tant d'attraits. Comprends le cœur humain, ma belle, et connais tout son orgueil; nous autres hommes, vois-tu, nous n'attachons un grand prix à la beauté d'une maîtresse que pour nous en faire honneur et gloire; car alors, l'envie des autres, cette convoitise qu'ils portent à la femme qui nous appartient augmente notre amour pour elle et notre félicité. Ainsi me disait Bréval lorsque je me plaignais de son insouciance en présence des hommages de cette foule galante.

— Eh quoi! répondais-je à ce faux raisonnement, ne redoutes-tu rien, ami, de la faiblesse d'une femme, de sa coquetterie? qu'étourdie, fascinée par les tendres propos d'un aimable et bel adorateur, la tête chez elle ne fasse faillir le cœur!

— Non, je ne crains rien, mon adorable, parce que je connais ton âme, que ton amour sincère, dévoué, me rassure contre toutes perfidies, ensuite que c'est une sotte chose que la jalousie, qui fait souvent qu'une maîtresse s'attache à celui dont son amant est assez maladroit de s'inquiéter.

— Oh! n'importe, Bréval, la femme aime la jalousie chez celui dont elle serait jalouse, ainsi le veut l'amour.

J'avais beau faire, je ne pouvais convaincre Gustave, qui n'en continuait pas moins de me laisser en butte à toutes les attaques de la plus vive séduction, et cependant dans le nombre de mes adorateurs, il y en avait de nobles, beaux et riches, qui aux serments d'un amour constant, éternel, m'offraient encore, pour plus de séduction, les dons brillants de la fortune, mais amie fidèle, épouse en espérance, je restais muette et inflexible.

Un soir, Bréval, que je n'avais pas vu de la journée, se présenta chez moi en toilette de bal, m'annonçant qu'il venait me prendre pour me conduire à une brillante soirée que donnait, ce jour, une dame noble et distinguée, dont il désirait que je fisse la connaissance, et ayant nom pompeux de La Beauchalière, femme aimable, spirituelle, et tenant maison sur un grand pied; ma réponse fut un refus, c'est que le terme de ma grossesse avançait, que les efforts que j'avais faits jusqu'alors pour la dérober à tous les regards me rendaient souffrante et maussade; car fille coupable, mère imprudente et barbare, afin de cacher ma honte, c'était sous un corset meurtrier que j'étouffais dans mon sein le pauvre enfant que la nature et l'amour y avaient placé. Vains refus, inutiles prières de me laisser seule chez moi et en repos, Bréval insistait, il fallut céder et me mettre à ma toilette.

— Taille de sylphide! tournure admirable! en vérité, Alice, bien fin qui sous ce corsage de guêpe, devinerait une femme enceinte, me disait Gustave, souriant et m'admirant. Et moi je payais ces louanges de mille souffrances internes; insensée!

Nous partîmes, et notre voiture, après une course rapide, nous déposa à la demeure de madame de La Beauchalière, située rue Richelieu, dans un somptueux hôtel. Des salons resplendissants de soie, d'or, de lumières; une foule élégante; des femmes jeunes, belles, éblouissantes de parures. La maîtresse de la maison, femme d'une quarantaine d'années, tête nue, corps puissant, sourire affable, vient au-devant de nous, nous accueille avec enthousiasme et se récrie sur ma beauté devant laquelle, à ma grande confusion, elle reste longtemps en admiration; elle s'empare de moi, fait ouvrir la foule et me conduit en triomphe à une place d'honneur; moi confuse, le regard baissé, et fort contrariée de me voir séparée de Bréval. Un petit homme fort laid, sautillant, grimaçant et clignotant, vient me saluer, me complimenter, et dans cette virgule habillée de noir, madame de La Beauchalière me présente son époux. J'observe : quelle singulière maison, comme les hommes y semblent être à l'aise, et dispensés de cette étiquette de bon ton, de galanterie, qui fait le charme de ces sortes de réunions; comme les femmes elles-mêmes y sont rieuses, bruyantes et libres; où sont donc ces jeunes filles modestes, timides, gracieuses qui d'ordinaire font l'ornement et le charme d'un bal! je ne les vois pas, et à leurs places, mes regards ne rencontrent que des femmes faites, hardies, belles encore, quoiqu'aux traits fatigués, fardés de rouge et de blanc, des femmes qui changeant de rôles, agacent et courtisent les hommes qui, insouciants de leurs hommages, usent envers elles d'une familiarité inconvenante. Un orchestre assez passable s'efforce en vain par ses quadrilles d'animer la joie et les pieds des danseuses. Les femmes sont ici négligées, et tout l'enthousiasme des hommes se porte sur le jeu, qui dans un salon voisin va un train d'enfer. Mais où donc est Bréval? d'où vient qu'il me laisse seule ainsi, livrée à l'ennui, car personne ne me fait société, et les femmes jalouses de ma présence semblent m'éviter encore plus; pas un homme ne m'invite à danser? Bréval joue en ce moment et ne pense pas à moi. O surprise! j'aperçois entrer la Saint-Romain, en superbe toilette, plus laide et plus ridicule que de coutume; elle vient à moi avec force démonstrations amicales.

— Vous ici, mais c'est charmant! vous vous formez, ma chère, eh bien! que dites-vous de la maison de La Beauchalière? en voilà une montée, tenue sur un bon de pied, j'espère! C'est comme ça, ma petite, que je voudrais en établir une, ce qui fait que je cherche un bailleur de fonds; vingt mille francs seulement à emprunter, puis Dodore et moi ferions fortune en deux ans.

— Je ne vous comprends pas, madame, et pour quoi prenez-vous la maison de madame de La Beauchalière?

— Pour ce qu'elle est, parbleu! une maison de réunion, Frascati pour le jeu, où l'étranger cossu et nouvellement débarqué, peut en une soirée doubler ou perdre sa fortune, et se choisir une maîtresse parmi celles de ces dames qui ont le cœur vacant; tenez, faute de cavaliers, elles dansent entr'elles en ce moment.

— Que dites-vous? quoi, madame de La Beauchalière n'est pas une riche dame, qui a convié ses amis à cette soirée sans autre intérêt que celui de leur plaisir!...

— Et non, petite sotte, La Beauchalière, bonne enfant, s'il en fût, n'est autre que la fille d'un vieux savetier, portier pour le quart d'heure; elle a eu la chance magnifique d'avoir pour amant un aimable banquier, généreux comme l'or, lequel avant de se ruiner et de filer en Belgique, lui a fait présent d'une centaine de mille francs, dont la grosse bête s'est fait aussitôt manger les trois quarts par un ex-garde du corps, un Dodore numéro deux; elle a, avec le reste, monté cette maison de jeu, où elle gagne un argent fou, grâce au dessous du flambeau et aux femmes qu'elle y rassemble.

— Mais ce commerce est odieux; et c'est dans une semblable maison que m'a amené monsieur Bréval? dis-je avec indignation.

— Odieux! excusez! Une entreprise superbe qui vous enrichit en vous amusant... Au surplus, ma petite, ne faites donc pas tant la susceptible, ça devient ridicule de la part d'une femme entretenue...

— Quelle horreur! oser m'insulter ainsi?

— Allons, ne nous fâchons pas pour une vérité, car enfin qui êtes-vous! la maîtresse de Bréval, d'un roué fini; une jolie petite provinciale qui s'est fait enlever afin de venir à Paris, avec un amant... pas bête, pas bête du tout.

— Je suis, madame, la future épouse de M. de Bréval, cessez donc vos indignes calomnies, dis-je avec dignité, le cœur gonflé d'humiliation et les larmes aux yeux.

— Lui, vous épouser, ça serait drôle! je voudrais voir ça... Allons bon, voilà que vous pleurez maintenant, et devant toutes ces lorettes, qui jalouses de votre joli minois, vont ricaner à vos dépens... pas de chagrin, Minette; que Bréval vous épouse ou non, qu'importe! n'avez-vous pas pour ressource une beauté mirobolante, qui fera danser à sa volonté les coffres forts de nos gros financiers! Oh! si j'avais seulement la moitié de vos charmes, quelle noce, mon Dieu, quelle noce je ferais!

— Je veux un époux, madame, et non devenir la maîtresse salariée de qui que ce soit, répondis-je en essuyant les larmes qui, malgré moi, inondaient mes paupières.

— Bien, très-bien! sentiment superbe; en attendant petite, si un jour la débine vous forçait d'avoir recours à un protecteur, venez me trouver, je vous choisirai cela de bonne main, riche, généreux et crédule.

Et comme la Saint-Romain terminait ces mots, La Bauchalière nous aborda d'un air souriant et mignard.

— Eh bien! on ne danse donc pas, ma chérie, et l'on reste là sage comme une image, tandis que votre tendre ami fait sa petite partie et gagne un mont d'or, me dit la dame en me prenant la main, que je n'osais retirer malgré l'envie que j'en éprouvais.

— Dis donc, Rosalie, cette minette ainsi que moi, prendrait volontiers une glace, j'en suis sûre, dit la Saint-Romain à la dame, qui à ces paroles, fronce le sourcil, tourne le dos à la gourmande sans daigner lui répondre, et m'entraîne avec elle à travers la danse, vers un petit boudoir où, à ma grande surprise, j'aperçois, assis sur un divan, tenant un journal à la main, un homme de trente-cinq à quarante ans, aux traits beaux et nobles, vêtu avec élégance et décoré de plusieurs ordres étrangers. A notre entrée, cet inconnu se lève et nous salue en souriant, puis après avoir fixé son regard sur moi, reste immobile d'admiration et de surprise.

— Mon cher prince, permettez, et remerciez-moi de vous présenter la plus jolie fille de France, dit la Bauchalière en s'effaçant pour mieux me laisser voir.

— En effet, la vue de mademoiselle me plonge dans le ravissement; rien de plus beau, de plus admirable, en vérité, ne s'est offert jusqu'alors à mes regards, répond galamment le prince en venant à moi, et me prenant la main que je n'osais retirer.

C'est le divan qu'il m'offre pour siége, près duquel il se place, mais sur un fauteuil. Interdite, surprise, je ne pus lui répondre; mais combien redoubla mon embarras, lorsqu'appelée par son époux, La Bauchalière, forcée de nous quitter, me laissa seule avec cet homme dans le boudoir dont elle tira les portes sur elle; et après m'avoir priée de lui tenir un instant compagnie elle promit un prompt retour.

— J'étais loin de m'attendre, mademoiselle, en me rendant en ce lieu à la prière de madame La Bauchalière, d'y rencontrer tant de grâces et de beauté, me dit le prince avec un accent étranger, et se penchant vers moi avec aisance.

— Et moi, monsieur, en y venant pour la première et dernière fois, d'y rencontrer une personne de votre rang, dis-je les yeux baissés.

— De grâce, adorable personne, daignez lever sur moi ce regard timide, et me combler d'ivresse et d'amour, en me permettant d'en admirer la douceur et l'éclat, reprend le prince en me prenant la main, que je retire cette fois aussitôt.

— Monsieur, grâce à une indiscrète personne, je viens d'apprendre ce qu'est cette maison ; veuillez, monsieur, ne point me confondre avec les femmes qui la fréquentent, et me permettre, en vous quittant, d'aller rejoindre la personne qui m'y a amenée étourdiment.

— Me quitter déjà ; oh ! vous n'aurez pas cette cruauté ! croyez, mademoiselle, à tout mon respect, et veuillez écouter quelques instants le mortel sur qui vos charmes ont produit le plus puissant effet... Je suis garçon, libre, riche et généreux ; je vous trouve admirable, belle, modèle de perfection, et à vos pieds je dépose en ce moment, et pour toujours, mon cœur et ma fortune ; à vous mon amour, mes palais, si vous dites un mot.

— Assez, assez, monsieur, je ne vois que trop que vous vous méprenez cruellement en m'offensant ainsi, répondis-je en me levant vivement.

— Eh quoi ! de la rigueur, de la cruauté ! dit le prince, me retenant et fixant sur moi un regard où se peignait la surprise.

— Je vous excuse, monsieur, car le lieu où nous nous rencontrons pour la première fois, légitime votre erreur et les honteuses propositions que vous venez de me faire entendre... Sachez donc, monsieur, que je suis...

— Dispensez-vous, mademoiselle, de toute explication ; je suis parfaitement instruit de tout ce qui vous concerne.

— Vous savez tout, monsieur, et me sachant à un autre, sur le point de lui appartenir, vous avez osé...

— Vous parler d'amour, et vouloir persévérer dans ce langage, car je vous adore, Alice, depuis le jour où vous apparûtes à mes yeux ; je vous trouvai belle au-dessus de tout. Dès cet instant, je fis serment de vous connaître, de vous ravir à l'amour d'un rival, et de vous faire ma reine et maîtresse, s'écrie le prince avec enthousiasme et en déposant un brûlant baiser sur ma main.

— N'espérez rien, monsieur, car bientôt un époux chéri me défendra contre vos entreprises.

— J'espère ! Alice, j'espère ! et l'avenir couronnera mon amour du plus doux triomphe !

— Jamais ! jamais ! m'écriai-je en fuyant pour regagner le salon, où en rentrant, je rencontrai aussitôt Bréval au bras de qui, étourdie et tremblante, je passai vivement le mien.

— Qu'as-tu donc, Alice ? s'informe Bréval, dans les yeux de qui je remarquai de suite le trouble et le mécontentement.

— Fuyons ces lieux, Gustave, partons, je le veux, m'écriai-je avec force.

— Soit! partons! répond Bréval avec brusquerie; et je l'entraînai.

De retour chez moi, les larmes inondent ma paupière, et mes sanglots arrachent Bréval à la méditation profonde où il restait plongé; à peine tombé sur un siége, il lève la tête, me fixe avec surprise, et s'informe de ma douleur, de sa cause. Peu maîtresse de l'agitation à laquelle j'étais en proie, je reproche à mon amant sa lenteur à former nos liens, je lui expose avec fermeté les insultes que m'ont valu son abandon dans la soirée; sa coupable imprudence en me conduisant dans une maison de jeu, et, emportée par la colère, j'ose le taxer de lâcheté et d'indélicatesse. Loin de s'emporter, Bréval sourit, me traite de folle, de visionnaire, et me blâme d'avoir indisposé le prince contre moi par une sauvagerie ridicule, une fuite brusque et inconvenante.

— Eussiez-vous donc préféré, monsieur, que je répondisse favorablement aux honteuses propositions de cet homme? interrompis-je avec indignation.

— Non pas, mais le comte de Kersalof, boyard russe, très-puissant, méritait plus de ménagement de votre part.

— Bréval, vous m'effrayez et me faites pitié; est-ce bien à celle que vous dites aimer, dont vous allez faire votre épouse, que vous adressez de semblables reproches?

— C'est à la sotte qui, étrangère à la société, à ses licences et à ses mœurs, s'effarouche d'un rien, dont la pruderie provinciale frise le ridicule et heurte tous les usages, s'écrie Bréval, avec dépit, en se levant brusquement et parcourant la chambre à grands pas.

— De la colère, du dépit contre moi; mais vous n'y pensez pas, Bréval.

— Non, je ne t'en veux pas, Alice; mais aussi, pourquoi avoir mécontenté le prince?

— Hélas! que fallait-il donc faire pour satisfaire cet homme et te rester fidèle?

— L'écouter, sourire à ses paroles, ne rien promettre ni accorder; mais lui laisser un peu d'espoir.

— Horreur! non, non, loin de ma pensée cet indigne manége.

— Et cependant, la protection de cet homme m'est indispensable, s'écrie Bréval en frappant du pied.

— Sa protection! à quoi bon? N'êtes-vous pas indépendant? Votre fortune...

— Oui, oui, ma fortune, c'est juste; mais elle ne me suffit pas, et un haut emploi que je sollicite en ce moment me rend nécessaire la faveur du comte Kersalof, favori de l'empereur de Russie et tout puissant auprès de nos ministres.

— Bréval! Bréval! seriez-vous donc assez infâme pour payer de l'honneur de votre amie, de votre femme, une faveur dont il vous faudrait rougir.

— Dieu m'en garde! Alice; mais daigne m'écouter de sang-froid, avec patience. L'homme puissant, vois-tu, ma chère, reprit Bréval en me mettant sur ses genoux, l'homme puissant est un être égoïste, insensible, qui se piquera d'honneur en obligeant plus haut placé que lui; mais d'accomplir un bienfait, une promesse, de prévenir l'extrême besoin, de rendre le cœur content à celui que le sort a placé au-dessous de son rang, sa vertu ne s'étend pas jusque-là. Enfin, comme dit sagement La Bruyère : « il coûte si peu aux grands à ne donner que des paroles, leur condition les dispense si fort de tenir les belles promesses qu'ils vous ont faites, que c'est modestie à eux de ne pas promettre encore plus largement. » Or, ma chérie, il n'y a donc qu'un sentiment, un seul capable de dominer les grands, d'en faire des hommes dévoués et de parole; ce sentiment est celui de l'amour; de l'amour aux pieds duquel ils déposent leur orgueil, leur insolence, et qui les fait agir selon son caprice.

Une recette générale se trouve vacante en ce moment, je peux l'obtenir si la protection de ce Russe me vient en aide; et pourvu de ce poste éminent, j'épouse mon Alice, je lui assure une position brillante et digne d'elle...

— A quoi bon tant de richesses, Gustave? ta modeste fortune ne peut-elle nous suffire?

— Ma fortune! hélas! pauvre enfant, d'avides créanciers ne m'en ont-ils pas déjà ravi la moitié en échange de ma liberté qu'ils menaçaient chaque jour, et le peu qui nous reste peut-il suffire à nos besoins?

— Mais ton état, celui d'avocat, le plus noble de tous...

— Chimère; je ne le fus jamais que de nom, et pour flatter l'amour-propre de ma défunte tante; mais qu'importe ces déceptions, ma chère, si un lucratif et honorable emploi vient aujourd'hui remplacer chez nous état et fortune.

Ainsi donc, Alice, éloignant une gênante pruderie, appelant à ton secours finesse et coquetterie ; à toi, ma belle, de flatter la passion du comte, de t'emparer de son esprit, de me valoir sa protection, et de faire de cet homme le marchepied de notre fortune. Voilà ce que j'attends et exige de toi ; c'est ce qui m'a fait ce soir te conduire chez La Beauchalière, où je savais rencontrer le prince, prévenu de ta présence et attiré par tes charmes.

— O ciel ! quel manége odieux, indélicat ! et qu'il a droit de me surprendre, de m'affliger de votre part, Gustave ! Non, ne comptez point sur moi ; jamais je ne me sentirai la force de remplir la mission déshonorante que vous voulez m'imposer.

— Tu obéiras, Alice, car à ce prix je mets notre union.

— Bréval ! Bréval ! seriez-vous capable d'une telle infamie ! m'écriai-je remplie d'effroi et de surprise, en fixant sur l'indigne un regard suppliant.

— Oui, obtiens pour moi de la magnificence du prince russe, la place que j'ambitionne, et tu deviens mon épouse, ton enfant mon enfant.

— Mais, infâme ! l'honneur, la nature, la pitié te commandent ce devoir...

— La nécessité me fait une loi de ce que je t'impose ; obéis donc ou tu me perds !

— Malheur ! malheur ! m'écriai-je en fondant en larmes.

— Folle ! qui s'afflige d'une chimère ; qu'a donc de si terrible de s'en laisser conter par un homme galant, d'accorder quelques privautés qui encouragent sa flamme sans la satisfaire ? Enfantillage !

— Bréval, si tu n'étais un trompeur, si ton amour était pur, sincère comme le mien, oserais-tu, infâme ! déshonorer ainsi ton amie, en lui imposant le rôle d'une déhontée courtisane.

— Je t'aime, te dis-je, et c'est pour toi, pour te rendre heureuse et brillante que je veux la richesse ; n'hésite donc plus, Alice, et obéis à ton amant, à ton époux, au père de ton enfant.

Je ne répondis plus ; je pleurai.

VII

TRAFIC D'AMOUR.

— Ah! c'est toi, mon cher Pilade ; quelle nouvelle ? s'informait Bréval à Alban, quinze jours après les derniers événements que je viens de raconter, en voyant un matin entrer chez lui ce fidèle confident.

— Qu'à la dernière soirée, tu as, à force d'amabilité, emporté d'assaut le sensible cœur de la jeune et riche demoiselle Duvivier, et son père, ex-marchand de bois, est tout décidé à te donner sa fille avec trois cent mille francs de dot, si tu réussis à te faire adjuger la recette-générale que tu postules.

— Je l'aurai, je l'emporterai, mon cher Alban, car Alice est enfin consentante; oui, j'ai vaincu ses scrupules; elle m'a promis d'être aimable près de notre Boyard, d'intéresser cet homme à ma cause, de m'en faire un chaud protecteur.

— Avoue que ce n'est pas sans peine que tu es parvenu à amener à ce point cette bégueule sauvage.

— Ne m'en parle pas; il m'a fallu quinze jours de prières, de caresses, de menaces, me fâcher tout rouge enfin et menacer d'un éternel abandon. Oh! ceci a produit un effet magnifique, un déluge de larmes, et fait de la chère petite un agneau soumis et rampant. Vrai! son désespoir m'a fendu le cœur, car je l'aime, Alban, parole! j'y suis attaché en diable, et si l'ambition, la nécessité, me contraignent à prendre pour femme la grande demoiselle Duvivier, je fais serment de conserver longtemps encore Alice pour maîtresse.

— C'est-à-dire jusqu'au jour où elle apprendra que tu es le mari d'une autre et qu'elle est ta dupe, répond Alban en souriant.

— Plus loin encore, te dis-je, en ce que l'attachement que cette femme me porte est inébranlable, qu'elle m'adore trop pour ne point pardonner.

— Heureux séducteur! fait avec insouciance Alban, en se promenant dans la chambre et tirant d'un cigaro de paille de Lima un cigare qu'il allume; puis, jetant ses regards sur une table où gisaient quelques papiers timbrés : Qu'est-ce que cela? s'informe-t-il.

— Œuvres d'huissiers, mon cher; sommations, assignations, jugements, commandements, le diable enfin; ce sont mes créanciers, gens impitoyables, qui, instruits de la mort de ma tante, s'empressent de me dépouiller de son héritage.

— Le jeu venant en aide, ajoute Alban.

— Oui, le jeu; encore quelques soirées comme celle que nous donna il y a quinze jours la grosse La Beauchalière, et je suis réduit aux expédients : trente mille francs de perte, mon cher; un jeu d'enfer! une chance exécrable! Et pour comble de guignon, des recors hideux qui, le lendemain au sortir de la demeure de ma maîtresse, me prennent au collet et ne me rendent la liberté qu'en échange de quinze mille francs qu'il m'a fallu leur compter à l'instant. Maintenant qu'on vienne me parler d'un mariage d'inclination, d'honneur, de réparation, lorsque des deux cent mille francs que m'a laissés ma tante, dettes de jeu et autres payées, il me reste quoi? Deux mille francs de rentes tout au plus!

— Pitié! ne paye pas alors, sot!

— Très-volontiers, mais il existe de par le monde, une masse de lettres de change, pour le paiement desquelles huissiers et recors me traquent de toutes parts. Mais patience, la recette générale, la dot Duvivier, et à moi la fortune, le bonheur!

— Oui, la recette générale; mais que de gens te disputent ce poste éminent.

— Bah! hier encore j'ai vu le ministre; ma conduite, mon zèle pour sa cause, lors des dernières élections, m'ont mérité sa confiance et son estime, il me protége, mon cher, et sans le Château, qui de son côté a ses créatures à pourvoir, déjà je serais monsieur le receveur, mais vienne en aide au ministre et à moi, la robuste protection de mon boyard, et j'emporte d'assaut le poste, dont le papa Duvivier, richard de premier ordre, fournira l'immense cautionnement.

— Courir tout à la fois une dot et une place de cette importance, l'entreprise est hardie! réplique Alban.

— Ose et tu réussiras, telle est ma devise, mon cher, répond Bréval avec aplomb.

— A combien s'élève la commission de La Bauchalière, pour t'avoir fait faire la connaissance de M. Duvivier, et de la dot que ce dernier se propose de donner à sa fille.

— Trente mille francs; et la fine pourvoyeuse m'a fait signer l'engagement de les lui compter le lendemain de mon union avec mademoiselle Duvivier.

— Beau denier!... un mot encore; que te proposes-tu en faveur de l'enfant dont Alice va te rendre père?

— Le laisser à sa mère et pourvoir aux besoins de tous deux, jusqu'à la majorité d'Alice, époque à laquelle la jolie fille se fera rendre compte, par son très-honoré tuteur Ducastel, le dépositaire de son patrimoine.

— Superbes dispositions! Que le ciel ou l'enfer te protégent et te fassent réussir dans tes fortunés projets.

— Et de ton côté, accepte le déjeuner que je t'offre, ce matin, au café Anglais, répond Bréval.

— Volontiers, si un flacon de xérès doit le couronner.

— Deux s'il le faut, à la santé de la recette générale.

— Et de la dot de mademoiselle Duvivier.

— Soit!

Et tous deux se mettent en route; puis comme ils traversent le boulevard, Bréval se sentant arrêter par derrière, se retourne et reconnaît M. Achille Menu, dans le petit homme pendu en ce moment au pan de son habit.

— Eh! c'est le cher Menu, fait Bréval en souriant.

— Lui-même, et qui plus est, enchanté de vous rencontrer enfin, après trois mois de recherches.

— En vérité, vous ne connaissiez donc pas ma demeure?

— Du tout, sans cela je n'aurais pas manqué d'aller vous adresser mes vifs reproches concernant votre indigne conduite à mon égard, répond Menu d'un ton fâché.

— Cher ami, je ne sais ce que vous voulez dire, car c'était des compliments, au contraire, que j'attendais de votre part... Eh bien! comment vont les amours avec la belle Alice?

— Les amours! ah! çà, ne vous moquez donc pas ainsi, après vous être joué de moi d'une façon infâme.

— Nous parlons beaucoup pour ne rien dire, mon cher Menu; entendons-nous donc, qu'avez-vous à me reprocher?

— Ce que j'ai à vous reprocher, perfide! de m'avoir fait enlever une femme pour votre propre compte, de l'avoir fait aussitôt soustraire à mes regards, à mon amour.

— Eh bien! du tout, vous n'y êtes pas, mon bonhomme, car c'est la cruelle Alice qui nous a joués tous les deux, en feignant pour vous un amour monstrueux et me faisant vous supplier de l'enlever, tout cela, afin de se soustraire à l'autorité de son tuteur, et venir faire la coquette à Paris, où en ce moment, m'a-t-on dit, elle est la maîtresse adorée d'un prince russe.

— Est-ce bien vrai ce que vous me dites-là?

— En vérité, en vérité, demandez plutôt à monsieur, homme croyable, véridique et de plus pair de France, ce qui vous répond de sa moralité, dit Bréval en indiquant Alban, que Menu salue aussitôt avec respect et considération.

— L'ami Bréval, monsieur, vous dit l'exacte vérité, moi-même j'ai rencontré encore ce matin mademoiselle de Merville, au bois de Boulogne, assise à côté de son amant, dans une riche calèche.

— La perfide! s'être ainsi jouée de moi, de ma crédulité.... ah! çà mais, et madame Saint-Romain, votre parente, cette femme respectable, disiez-vous, à qui vous m'engageâtes de confier Alice, savez-vous que cette farceuse me tint porte close et m'empêcha de revoir ma maîtresse.

— Je sais; telle a été la volonté d'Alice, qui lui a dit ne pouvoir vous souffrir, ni vouloir vous revoir, après certaines privautés dont vous vous êtes rendu coupable envers elle.

— C'est atroce, infâme, de la part d'une femme pour laquelle je me suis exposé, que j'adorais, aux pieds de qui j'aurais déposé de si bonne foi mon cœur et mes six mille francs de rente.

— Allons, oubliez une ingrate, indigne de votre amour, mon cher Menu, et venez avec nous noyer vos regrets dans les flots d'un champagne bienfaisant.

— Du champagne, ça me va, j'accepte...

— Connaissez-vous la demeure de notre fugitive? demandait Menu tout en marchant.

— Pas positivement, mais je pense qu'elle occupe du côté Saint-James, près Neuilly, une villa dont lui a fait présent son nouvel amant; à votre tour, donnez-moi donc des nouvelles de la famille Ducastel, mon cher.

— Je me garderai fort de la revoir, je n'aurais qu'à me trahir, et révéler en moi l'auteur du rapt de sa pupille; mais mon cher oncle, le receveur, me marque dans une lettre que j'ai reçue ce matin même, que les Ducastel sont toujours inconsolables de la perte d'Alice, sur qui ils ne cessent d'ordonner des recherches même à Paris, où ils se doutent qu'elle peut être, si elle existe encore.

Comme Menu terminait ces mots, ils atteignirent le café Anglais, où tous trois furent prendre place autour d'une table...

Que faisais-je, ce jour-là et durant cet entretien, moi, pauvre femme trahie, livrée d'avance au malheur, à l'abandon? Je ressentais et luttais contre les atroces douleurs de l'enfantement, je donnais le jour à un fils, que sept mois seulement j'avais porté dans mon sein, et qui, victime des imprudences, des chagrins que sa mère avait endurés, venait au monde faible et chétif.

Bréval, que j'envoyai chercher aussitôt, et qu'on ne trouva pas chez lui, n'apprit qu'il était père que le lendemain, en venant chez moi; combien j'avais hâte de le voir accourir à ma délivrance et embrasser son fils; je maudissais son absence, son long retour. Il vint enfin! et du plus loin que je pus l'apercevoir, de mon lit, je lui tendis son fils; Bréval s'approcha, mais lentement contre mon désir, mon attente; à moi d'abord, il donna un froid sourire; à son enfant un regard dédaigneux, et sa voix fit entendre ces mots:

— Qu'il est laid!

— Infâme! m'écriai-je indignée, hors de moi, en ramenant mon fils sur mon sein, et le couvrant de baisers pour son père et pour moi.

Laid, mon enfant! laid! oh! non, il était beau au contraire, doublement beau, à mes yeux de mère, et le premier salut de son père fut une insulte. Cher enfant! et c'était un père qui parlait ainsi! Ah! c'est que cet homme était un monstre, c'est que chez lui il n'y avait ni entrailles, ni cœur. Surprise à sept mois, je ne m'étais pas précautionnée d'une nourrice, et je suppliai Bréval de permettre que mon sein allaitât mon enfant; sa réponse fut un dur et positif refus auquel, faible femme, il fallut me soumettre avec regrets et larmes. Le lendemain, une paysanne du village de Suresne emportait mon enfant, et ma seule consolation.

Trois semaines se passent.

Je suis debout, je puis sortir, et Bréval, impatient de mon rétablissement, m'annonce que pour le fêter il me mène ce jour à la campagne, et m'ordonne de me préparer.

— C'est à Dieu, c'est à mon fils, que je dois ma première sortie, ma première visite, dis-je à mon amant.

Réclamations inutiles; il faut le suivre, obéir, il le veut, et nous montons en voiture, non dans celle de Bréval, il s'est, dit-il, trouvé dans la nécessité de s'en défaire, mais dans celle d'un ami à qui il l'a empruntée.

— Où allons-nous ainsi, Gustave? m'informai-je en chemin.

— A Enghien, ma chère, où nous attend le comte de Kersalof, dans le délicieux châlet dont il vient de faire acquisition sur les bords du lac.

— Chez cet homme, mon Dieu! et c'est vous, Bréval, qui m'y conduisez? Honte! fis-je entendre en me voilant les yeux avec les mains.

— Allons, faudra-t-il encore combattre vos scrupules enfantins, ma chère? et ne m'avez-vous pas fait la promesse d'être docile à mes vœux, de me servir et seconder de votre mieux auprès de ce haut personnage, de la protection duquel dépend ma nomination, et à l'invitation de qui nous nous rendons en ce moment? Tiens, Alice, lis cette lettre qu'hier le comte m'adressa, où il nous engage à venir prendre part à la fête qu'il donne aujourd'hui à sa maison des champs, fête somptueuse à laquelle assisteront un ministre et d'autres puissants personnages... Alice, tu ne réponds pas, de grâce! sois raisonnable, pense, amie, que de mon succès dépend notre union, notre fortune, notre avenir; que de toi, de ta gracieuse personne, je ne réclame pour le Russe qu'un peu d'amabilité, quelques demi-faveurs, un peu de coquetteries qui encouragent la flamme que tes beaux yeux ont allumée dans son cœur. Ah! c'est que l'échelle des femmes, vois-tu, mon Alice, a élevé plus d'un homme au faîte du pouvoir et de la fortune, que cette échelle est le plus court, le plus sûr chemin... Comprends encore, ma toute belle, que, de ta gracieuse personne, de ton adresse, je n'exige nulle complaisance qui puisse blesser l'amour et la fidélité qui nous animent l'un pour l'autre. Mais c'est assez t'en dire, car en femme d'esprit et de tact, tu dois comprendre et sentir ce que j'attends de toi, à quel point il te sera permis de flatter le prince, celui où tu devras contenir ses transports... Réponds, réponds donc, Alice, s'écrie Bréval contrarié du silence que je gardais; cela d'un accent qu'il s'efforce de rendre doux, mais où percent l'impatience et la mauvaise humeur.

— Vous serez satisfait, monsieur, car je me soumets, puisque vous l'exigez; Dieu veuille que ma lâche complaisance ne soit pas un jour un sujet d'affliction et de regrets pour moi.

Nous arrivons à Saint-Denis, Bréval m'offre de me faire voir l'église gothique et ses tombeaux presque vides des races royales de France; je ne réponds rien, tant je suis absorbée par mes tristes pensées; et Gustave, prenant mon silence, un mouvement de tête peut-être, pour un acquiescement, fait arrêter la voiture devant le portail de la cathédrale. Un monument immense, que le gouvernement fait restaurer, embellir de dorures, de peintures magnifiques. Une demi-heure de route encore et nous arrivons à Enghien; Enghien, avec son lac délicieux, que des légions de cygnes blancs, de charmantes nacelles sillonnent en tous sens, entouré d'une masse de verdure à travers laquelle perce la pointe de cent jolis châlets, demeures des riches habitants de ce pays enchanteur. On y trouve des bains élégants; ses eaux sulfureuses, bienfaisantes, dit-on, ont la vertu d'amener chaque année à leur source l'élite de la meilleure société de Paris.

Notre calèche tourne à droite, se jette dans la longue avenue qui entoure le lac, atteint la grille d'une délicieuse maison dans la cour et en face le péristyle de laquelle elle va nous déposer. A notre approche, un cri joyeux et bruyant s'est échappé d'une des fenêtres de cette demeure; mes yeux se sont levés et ont aussitôt reconnu le prince, dans un des personnages qui, des croisées, guettaient notre arrivée. Le temps seulement de pénétrer dans le vestibule, et le comte descendu promptement, vient à nous d'un air généreux, empressé, m'offrir sa main, et me conduit dans un vaste et somptueux salon, rempli d'une nombreuse société d'hommes de tout âge, à la mise, aux manières élégantes; de femmes jeunes, brillantes de charmes et de toilettes. Le parfum du bon ton, les manières qui distinguent ce monde, et l'accueil gracieux qu'ils nous font, rassurent mon âme tremblante et inquiète; car ce n'était pas là la société que je pensais rencontrer chez celui que mes regards avaient aperçu pour la première fois dans une maison de jeu et de courtisanes.

Ce fut sans crainte, presque sans regret, qu'entourée de dames aimables, et aux petits soins près de moi, je vis Bréval s'éloigner, passer au jardin, en compagnie du prince et de plusieurs autres personnages. Ainsi placée, timide et silencieuse, j'écoutais parler ceux qui m'entouraient et tous s'accordaient à faire l'éloge le plus flatteur du caractère et de la personne de l'amphytrion russe.

— Le cher prince, disait un homme à la figure noble et vénérable, le cher prince est, je vous assure, messieurs, un homme de grand mérite, d'un grand cœur, d'un esprit délicat et doué de rares qualités; il possède, par-dessus tout, celle de dépenser noblement son immense revenu, dans lequel les malheureux trouvent une large part.

— S'il est Russe de naissance, on le dit Français de cœur et d'esprit.

— Pourquoi alors ne se fixe-t-il pas parmi nous? interroge un jeune dandy.

— L'estime, la faveur de son souverain, dont il est l'ami; l'empêchent d'accomplir ce projet, qu'il médite depuis longtemps.

Et l'entretien fut interrompu par l'arrivée du maître, qui engagea la société à profiter d'un temps doux et couvert pour faire quelques tours de promenade dans les jardins, en attendant l'heure du dîner. A ma grande confusion, il vint m'offrir sa main, puis son bras, que j'acceptai, tout en cherchant Bréval des yeux; je ne l'aperçus pas.

Des avenues ombreuses, des massifs d'arbres et de fleurs, de vertes pelouses, et partout des surprises, des ponts, des grottes, des kiosques, des jeux de toute espèce auxquels se livrait la société dispersée dans ce délicieux séjour.

Le comte me fit les honneurs de sa maison avec une galanterie exquise, une décence parfaite, et, entièrement rassurée, je devins confiante et causeuse avec lui. Où donc était Bréval, durant ma promenade avec le prince? Aux abords de la demeure; il guettait, avec impatience, l'arrivée du ministre qui devait honorer cette fête de sa présence, et dont Gustave et le comte étaient seuls prévenus. Nous nous dirigeâmes vers une longue et déserte avenue de tilleuls; là, loin de tous regards indiscrets, le seigneur russe me fixa avec amour, passion même, et sa main osa presser la mienne.

— Monsieur! fis-je alors avec crainte, en essayant de dégager ma main.

— Ah! calmez-vous, belle Alice! et laissez-moi, sans crainte, vous exprimer tout ce que votre vue m'inspire d'ivresse; laissez-moi vous dire combien est heureux celui qui, maître de votre cœur, peut sans vous offenser, vous répéter mille fois le jour : Alice! je t'aime! et pour moi tu es la vie! le bonheur! le ciel enfin.

— Il en est un, monsieur, auquel il est permis de me faire entendre l'expression de son amour, mais celui-là doit être dans peu mon époux.

— Oui! je le connais, l'heureux Bréval, qui, le premier, a su faire battre votre cœur et l'animer d'amour; ah! le fortuné mortel, et que son sort est digne d'envie.

Mille tendres propos encore, tous pleins de passion, auxquels je feignais de prêter une oreille attentive; j'y souriais même avec indulgence, mais en pensant à Bréval, à ses projets, à ses recommandations, et nous atteignîmes au bout de l'avenue, une pelouse, où grand monde était assemblé.

L'arrivée d'un nouveau personnage que vint annoncer un valet, obligea le prince à me quitter, et à me confier à une dame, en la priant de vouloir bien le remplacer près de moi. Un instant après, et du bosquet où j'étais allée m'asseoir et causer avec ma nouvelle compagne, j'aperçus au loin et se promenant à pas lents, Bréval et le comte, en grande conversation, avec un personnage vêtu de noir, que son air protecteur, la considération dont semblaient l'entourer Gustave et le comte, m'indiquèrent pour être le ministre attendu.

Bientôt le son d'une cloche, qui annonçait le dîner, rassembla tous les conviés dans l'immense salle à manger où était dressé, avec un luxe asiatique, un couvert qui annonçait la magnificence et la richesse du maître de la maison. C'était près du comte que ma place avait été marquée; un peu plus loin et sur le même rang, Bréval s'assit à côté du ministre. Inutile de dépeindre ce magnifique repas, où les produits de toutes les parties du monde avaient été rassemblés pour flatter et exciter la sensualité et l'appétit; mets rares, exquis, servis et exhalant leur fumet au milieu des fleurs, le vermeil, les cristaux précieux et brillants qui surchargeaient cette table somptueuse.

Pas de plus gai, de plus aimable amphytrion que le comte; chez lui, nulle étiquette, nulle contrainte, mais une aimable liberté, une douce aisance dont chacun profita pour égayer le repas par d'heureuses et spirituelles saillies. Le ministre même, personnage que jusqu'alors mon imagination s'était représenté comme un être froid, imposant, sévère, fut homme aimable, spirituel, bout-en-train, riant, causant familièrement avec Bréval, et faisant assaut d'esprit avec lui. Le prince, dont l'attention, les petits soins infinis pour ma personne excitaient la jalousie des autres femmes, ne cessait de murmurer à mon oreille une foule de jolis riens aimables, spirituels et galants; et moi, femme et vaniteuse, oublieuse en ce moment de mes chagrins, je me sentais presque heureuse et fière.

Après le dîner, l'on se rassembla au salon où plusieurs artistes dramatiques venus de Paris, firent preuve de talent, en charmant la société par des vers récités d'une manière admirable, et des scènes comiques.

Bréval vient de parler bas à l'oreille du prince, et ce dernier se dirigeant vers moi, m'aborde, m'offre la main en m'invitant à venir prendre place au piano. Confuse, peu sûre de moi, j'hésite, mais pressée de nouveau, je me rends à l'invitation, car Bréval, quoiqu'éloigné de moi, me commande du regard; j'exécute un des plus brillants morceaux de Hertz, et un murmure flatteur m'accompagne. Le morceau terminé, chacun me félicite, et le prince enthousiasmé me retient captive au piano, me supplie de lui faire entendre ma voix, je me rends, je chante, et fais merveille. Le comte est ravi, des éloges flatteurs s'échappent de ses lèvres, tandis que ses regards fixés sur moi, expriment l'amour et la passion.

Mille lumières remplacent au jardin l'éclat du jour; j'y cherche Bréval qui semble m'éviter, et que j'ai vu disparaître dans une forêt d'orangers, de myrthes, de lauriers roses placés symétriquement sous les fenêtres du salon. Le prince que j'avais laissé en grande conversation avec plusieurs dames dans un petit salon consacré au jeu, se présente subitement à mes regards surpris, me prend doucement la main, et en souriant avec malice et douceur, place mon bras sous le sien.

— Causons un peu ensemble en bons amis, ma belle primadona, ma délicieuse syrène, me dit-il.

— Causons, monsieur le comte, répondis-je en m'efforçant de sourire et de prendre mon parti.

— Alice, est-il donc bien vrai que je ne doive rien espérer de votre pitié, et faudra-t-il que l'homme le plus épris de vos charmes, celui qui sacrifierait tout au bonheur de vous plaire, renonce pour toujours à cette douce espérance ?

— Vous connaissez ma vie, ma position, monsieur le comte, alors dites si je puis, sans être la plus frivole, la plus insouciante des femmes, changer d'amour en ce jour.

— Peut-être si ce Bréval, le plus heureux des hommes et le moins digne, j'ose ajouter, de votre précieuse possession, venait un jour à trahir la foi qu'il vous a jurée.

— Oh ! alors vous avez raison, monsieur, si chose pareille était possible, je ne répondrais de rien, m'écriai-je indignée à l'idée seule que renfermait cette supposition.

— Écoutez, Alice, écoutez, pourquoi si belle, digne d'un trône enfin, avoir confié votre avenir à un homme ambitieux ; capable de fouler aux pieds les promesses, les sentiments les plus saints, s'ils devenaient un obstacle à ses projets de grandeurs et de fortune.

— Assez, assez, monsieur le comte, car l'homme que vous abaissez en ce moment est celui que j'aime, qui va devenir mon époux...

— Ajoutez encore le père de votre enfant, dit le prince en m'interrompant.

— Eh bien ! oui, le père de mon enfant, qu'espérez-vous encore, monsieur ?

— Tout.

— Rien, monsieur.

— Tout, vous dis-je, Alice, car il me faut votre amour ; et en retour d'une si douce faveur, moi je vous livre mon cœur, ma vie, ma fortune !

— Et moi, monsieur le comte, je vous réponds avec franchise, que quand bien même Bréval oublierait les serments qu'il m'a faits, quand bien même il abandonnerait, pour s'unir à une autre, la mère et son enfant, je ne serais pas pour cela votre maîtresse ; car le désespoir, la honte me tueraient aussitôt.

A peine avais-je prononcé ces derniers mots avec l'énergie du désespoir, que je me rappelai les recommandations de Bréval, et sentis combien je venais de sortir du rôle qu'il m'avait imposé, rôle odieux dont je n'avais pu saisir l'esprit ; quant au prince, un vif mouvement d'impatience fut sa réponse, et plusieurs personnes, en s'avançant vers nous, rompirent, à ma grande satisfaction, un entretien qui me peinait et fatiguait tout à la fois. Irritée, malade, je m'efforçai de retrouver Bréval que je rejoignis, non sans peine, dans le salon de jeu. Il me fallut attendre qu'il terminât une partie d'échec qu'il faisait en ce moment avec le ministre, nous passâmes ensuite dans une pièce isolée, où je lui signifiai, d'un ton ferme, que je voulais m'éloigner, quitter ces lieux ; je lui reprochai avec amertume sa lâche et perfide conduite, et qu'en outre je refusais de me prêter plus longtemps à la honteuse complaisance qu'il exigeait de moi.

— Au diable les femmes qui ne comprennent rien, au diable les prudes et les bégueules ! s'écria Bréval en frappant du pied avec colère et dépit ; puis me tournant le dos, il se dirigea d'un pas rapide vers le jardin, me laissant seule dans la pièce ; et là, pendant une heure que dura son absence, je donnai un libre cours à mes larmes.

Il revint enfin, la figure rayonnante de joie ; il me sourit, m'appela enfant, m'accusa de méconnaître son cœur, sécha mes larmes par un baiser et m'entraîna vers notre voiture, qui nous transporta rapidement à Paris.

Seuls tous deux chez moi, et après les marques du plus tendre amour, mille caresses qui, en me consolant, me ramenèrent la confiance, Bréval me tenant sur ses genoux et me pressant sur son cœur, m'annonça qu'une mission à la cour de Sardaigne, de laquelle daignait le charger le ministre, le contraignait de partir dès le lendemain même, et de se séparer de moi pour quelques jours. Cette nouvelle inattendue me glaça d'effroi, d'épouvante, me désillusionna de nouveau, et à l'instant même je dis à Bréval qu'il ne partirait pas seul, que je le suivrais même au bout du monde.

— Et ton enfant, folle, veux-tu donc t'en séparer ? Mon voyage sera rapide, fatigant ; la mission que je vais remplir demande activité, liberté ; une femme enfin serait pour moi en cette circonstance un sujet de gêne, d'embarras ; reste, je l'exige, Alice, et au retour, union, fortune, honneur : voilà notre avenir.

— Je ne te crois plus, Bréval, dis-je d'un ton ferme.

— Allons ! encore des reproches, des larmes ; mais c'est insupportable ! s'écrie Bréval en me repoussant de dessus lui et se mettant à marcher rapidement dans la chambre. D'ailleurs, reprend-il en se tournant vers moi, crois ou ne crois pas, je n'en partirai pas moins sans toi ; non, je ne serai point assez faible pour sacrifier la brillante position que m'offre la faveur d'un ministre aux niais caprices d'une jeune folle, à un amour ridicule, fatigant... Alice, je suis ruiné, d'anciennes dettes, le jeu même, je te l'avouerai, ont anéanti l'héritage que me laissa ma tante ; je ne possède plus rien, et en me privant de cette modique fortune, la chance fatale qui me poursuit ne m'a pas enlevé mes habitudes, mes goûts de luxe, d'aisance, le besoin du bien-être, et lorsque la faveur des puissants de la terre vient à mon secours, lorsqu'un ministre m'ouvre la route de la fortune, les honneurs, voudrais-tu m'y arrêter ? Non, non ! à moi de briser tous les obstacles et de m'y élancer... Mais calme ce désespoir, car c'est pour la partager avec toi, que je veux la richesse ; c'est pour te faire brillante, heureuse et enviée de toutes les femmes, ajoute Bréval en revenant vers moi, et me pressant de nouveau dans ses bras.

— Bréval, Bréval ! que m'importe la fortune, c'est ton épouse que je veux être ; je demande que tu exécutes la promesse que tu me fis, trompeur ! lorsque tu abusas de ma crédulité pour me ravir l'honneur, le repos, l'estime de moi-même.

— Patience, courage donc, amie, et bientôt tous tes vœux seront comblés.

Et le perfide, pendant encore un long entretien, et à force d'assurance, de caresses, finit par me convaincre et me consoler de nouveau. Quand on aime, on est si faible ! Le matin venu, après avoir essuyé mes larmes et recommandé patience, fidélité, courage, il me quitta en promettant de m'écrire chaque jour et de revenir dans un mois.

VIII

SURESNES, VISITE IMPORTUNE, UN BAL DE NOCES.

Il était parti depuis quinze jours, et je pleurais son absence. J'avais quitté Paris pour aller me fixer à Suresne, près de mon fils, dont la présence soulageait ma douleur. Bréval me tint parole, car je reçus une lettre de lui datée de Chambéry, lettre aimable, consolante, où il me donnait, à ma grande joie, le nom d'épouse bien-aimée.

La gêne que Bréval m'avait annoncée dans ses finances m'avait engagée à congédier mes femmes de chambre; seule, j'occupais donc à Suresne un petit appartement garni que j'avais loué dans une maison située sur les bords de la Seine, un peu plus loin que le village, et dans le voisinage de l'habitation de la nourrice de mon fils, chez qui je passais mes journées entières, heureuse de pouvoir aider, seconder cette femme dans les soins qu'exigeait le jeune âge de mon enfant bien-aimé.

Un mois se passe sans que Bréval ne m'ait écrit de nouveau. Je m'alarme tout en espérant un retour prochain, seule cause sans doute de ce silence. Un matin, comme je m'apprêtais à quitter ma demeure pour me rendre chez la nourrice, ma porte s'ouvre, et, à ma grande surprise, le prince Kersalof se présente à mes regards.

— Vous, chez moi ! monsieur...

— Est-il donc défendu de visiter ses amis? belle Alice.

Et cela dit d'un ton aimable et souriant, le prince s'avance vers moi, me prend la main et la baise avant que, confuse, embarrassée, j'aie pensé à m'opposer à cette action.

— Je suis seule, monsieur, et dans l'absence de M. Bréval...

— Il ne peut vous être défendu de recevoir vos connaissances; ce serait trop de tyrannie de la part de ce cher Bréval.

Le comte s'assied et du geste m'engage à l'imiter en m'indiquant un siége près de lui. Je cède enfin.

— En dépit de vos rigueurs, c'est encore de mon amour dont je viens vous entretenir, ma charmante; de cet amour que vos rares attraits m'ont inspiré, qui domine mon être, dont l'ascendant, la force irrésistible me font braver votre défense et vos mépris.

— Je ne vous méprise pas, monsieur le comte, je vous plains, voilà tout, si cette passion que vous ne cessez de me dépeindre est réelle; car je vous l'ai dit, je ne puis y répondre, ni la partager.

— Toujours à cause de celle que vous ressentez en faveur de Bréval?

— Toujours, monsieur le comte... Mais qui vous a donc indiqué ma demeure en ce pays? Je pensais que Bréval seul en était instruit, m'informai-je d'abord, curieuse de savoir, et espérant donner un autre tour à la conversation.

— Madame de la Beauchalière.

— Quoi, cette femme connaît ; elle a osé?...

— M'instruire et guider mes pas vers vous...

— Mais qui donc la lui a fait connaître? dis-je avec indignation.

— Je l'ignore, et n'aurai qu'à la remercier du bonheur que me procure en ce moment son indiscrétion.

— Monsieur le comte, vous êtes un homme aimable et généreux, digne en tout de rencontrer un cœur, une amie qui comprenne votre rare mérite, tout ce qu'a d'honorable, de précieux votre amour et son hommage; mais croyez-moi, cessez d'abaisser votre dignité, de compromettre votre rang en vous adressant à une femme indigne de tant de sacrifices, qui ne veut, ni ne doit les payer de retour... A une autre, monsieur, ces sentiments honorables, à une autre plus digne que moi et plus capable de les apprécier, d'y répondre, de vous rendre amour pour amour.

— Ah! ne parlez pas ainsi, Alice, car cette délicatesse, cette honnêteté vous distinguent, et augmentent encore plus ma passion. Alice, Alice! ah! si tu voulais, femme adorable! Ce ne serait point un amant vulgaire que tu posséderais en moi, mais un ami, un protecteur de toute la vie, qui mettrait son honneur, sa gloire à t'adorer, à te respecter, à t'entourer de considération, de fortune. Oui, Alice, si mon rang, la volonté de mon souverain, de mon maître n'étaient un obstacle à mes désirs, à mes volontés, ce sont les titres d'épouse, de comtesse, que je déposerais à tes pieds en échange de ta divine personne.

— Mon cœur n'est plus à moi, je ne puis en disposer, soupirai-je.

— Alice, une parole donnée m'empêche d'en dire davantage, mais bientôt je reviendrai près de vous, et alors je pourrai espérer.

— Je ne vous comprends pas, monsieur le comte, dis-je pleine d'inquiétude.

— Je ne peux vous instruire, ne m'interrogez pas.

— Je devine, monsieur, vous fondez votre espoir sur l'inconstance de Bréval; mais désabusez-vous, car il m'aime, me l'a juré, écrit même, et son prochain retour doit être le signal de notre union fortunée.

Le prince laissa ces dernières paroles sans réponse et se contenta de sourire avec amertume, puis revint peu de temps après sur le chapitre de sa flamme en se plaignant de ma cruauté et termina en m'offrant pour demeure pendant l'absence de Bréval, son charmant chalet d'Enghien, où, disait-il, je serais reine et maîtresse, où il ne me visiterait qu'après en avoir reçu la permission de ma bouche. Je remerciai le comte de cette offre généreuse, et fatigué sans doute de ma rigueur, il se décida à prendre congé de moi, en ajournant à un mois sa seconde visite.

— Eh bien, mon prince, quoi de nouveau? s'informait un instant après cet entretien, une belle et élégante dame qui, aux abords du pont de Neuilly, attendait le retour du comte, lequel monté dans la voiture, venait de prendre place à ses côtés.

— Elle résiste sans cesse, ma chère de la Beauchalière; non rien ne peut ébranler sa constance, elle adore ce Bréval.

— Patience! elle en sera bientôt lasse, répondit la dame.

— Mais en attendant je meurs d'amour et de désirs, ma chère confidente.

— Dame! la faute à vous, mon prince, qui par un faux scrupule, répugnez à brusquer l'indécision, et avez laissé échapper la plus belle occasion d'en finir avec cette petite prude; celle enfin, de vous assurer sa personne, ses faveurs, en la gardant à Enghien lorsqu'elle vint à votre fête.

— Elle n'aurait jamais consenti à passer la nuit chez moi, répliqua le comte.

— Ne vous avais-je pas conseillé un narcotique infaillible, qui mêlé avec quelque boisson offerte dans la soirée, aurait livré la jeune fille à vos désirs, sans force ni défense.

— Ce moyen était infâme, et répugnait à ma délicatesse; de plus, la présence de ce Bréval, le doute où j'étais encore que cet homme consentît à me céder sa belle maîtresse.

— En échange de votre protection, nul doute, mon prince; car alors il vous l'aurait abandonnée en toute propriété, après vous l'avoir amenée et livrée.

— Ce Bréval est un lâche.

— D'accord, mais sa complaisance envers vous lui vaut une belle place et le riche mariage qu'il va contracter; or, à quelque chose lâcheté est bonne comme vous voyez.

— N'importe, je crains d'en être pour mes peines et mes soupirs avec cette Alice, dont la sévérité me désespère.

— Et moi je vous réponds d'un succès complet aussitôt que libre de parler, vous aurez appris à cette fille que son amant aimé l'a plantée là, pour devenir l'époux d'une autre, et que ce voyage en Sardaigne n'est qu'un prétexte pour se débarrasser d'elle, et pouvoir se marier sans contrainte à Versailles, avec la fille unique du riche Duvivier.

— Oui, je sais que le dépit chez une femme, nous vaut quelquefois ses faveurs.

— Toujours, parce qu'elle veut se venger à tout prix et que chez elle comme chez les dieux, la vengeance est le bonheur suprême.

— Pourquoi donc alors, avoir exigé qu'envers Alice je garde aujourd'hui le silence sur l'abandon que Bréval fait de sa personne? Peut-être en parlant aurais-je tout de suite recueilli le doux fruit de mon indiscrétion.

— Pourquoi? Parce que Bréval n'est point encore marié; que

la fille à cette nouvelle se mettrait aussitôt en campagne à la recherche du perfide, dont elle s'efforcerait de détruire les projets ambitieux... Patience, mon prince, et vous fiant à mon adresse, au désir qui m'anime de gagner loyalement la récompense que me vaudra votre triomphe, je m'engage après avoir réduit la petite à toute extrémité, à l'envoyer dans vos bras résignée et soumise.

— Je m'en rapporte à votre génie diabolique, à cet art de corruption que vous possédez, ma chère, au suprême degré, et ma générosité envers vous égalera le bonheur que vous m'aurez fait goûter avec la belle Alice.

— Payez d'avance, mon prince, si tel est votre bon plaisir, car la petite prude est à vous, dit en riant la Beauchalière, en allongeant une main avide.

— Non pas, car ce serait alors détruire votre zèle pour mes intérêts.

— A votre aise, monsieur le comte, mais au moins rendez hommage à mon commencement d'exécution; car à moi l'honneur de vous avoir mis en rapport direct avec la beauté dont une rencontre à l'Opéra vous rendit fou d'amour, et de vous avoir ménagé, chez moi, un doux tête-à-tête avec elle; à moi l'honneur de vous débarrasser aujourd'hui d'un rival aimé, en vous procurant l'occasion d'en faire un homme en place, un complaisant ministériel, une machine à tous votes; et à moi encore, l'invention de le marier à une riche héritière afin de lui faire oublier sa belle et de vous assurer la possession pleine et entière de cette dernière.

Ainsi causait le comte avec la Beauchalière, après m'avoir quittée, et moi ignorante de ces lâches complots, cet homme parti, j'étais restée pensive et rêveuse sur un siége, interrogeant mon cœur et lui faisant avouer enfin, que s'il n'était plein de l'image de Bréval, peut-être n'hésiterait-il pas à s'ouvrir au tendre langage de l'homme généreux qui venait à l'instant de jeter en lui le trouble et l'émotion. Enfin m'arrachant à ces bizarres réflexions, je me disposais à quitter mon logis pour me rendre près de mon fils et l'embrasser pour son père et pour moi, lorsqu'un coup frappé à ma porte me fit ouvrir et reconnaître avec surprise et effroi dans les deux visiteurs qui se présentaient à moi en me souriant, la Saint-Romain et son Dodore!!!

— Vous! m'écriai-je, en reculant d'un pas.

— Oui, minette, Dodore et moi ayant appris que vous habitiez la campagne, venons, en amateur des champs, passer la journée avec vous, répond la dame, qui, tout en parlant, pénètre dans la chambre et se jette sur un fauteuil.

— Salut! et voilà! et comme nous ne prétendons être à charge à qui que ce soit, en avant les vivres, dit à son tour Dodore, en plaçant sur une table un pâté et un melon.

Interdite par tant d'aplomb, je n'osais et ne savais quoi répondre à ces gens, qui, sans titres à mon amitié, à mon estime, dont les antécédents avaient été à mon égard injustes et cruels, venaient s'installer chez moi et me troubler dans ma douleur et ma solitude.

— Dieu! que c'est loin, surtout lorsque comme nous, on vient de Paris ici à pattes, ma chère! dit la Saint-Romain en s'étalant sur le siége et s'éventant avec son mouchoir.

— Ah çà, il y a-t-il ici moyen de se rafraîchir d'un petit gorgeron de vin du crû, vinaigre réputé suret de Suresne? s'informe Dodore, en allant et venant, et mettant habit bas sans plus de façon.

— Vous m'excuserez, monsieur et madame, mais seule et...

— Ah! bigre, la belle vue, s'écrie Dodore en m'interrompant et se penchant hors de la fenêtre qui donnait sur la Seine.

— Oui c'est fort gentil par ici, je connais cela.

— Je vous disais, monsieur et madame, que je...

— Ah çà, ne perdons pas de temps, pensons à déjeûner, car il est tard, puis après la promenade!

— Leste! reprend Dodore en développant le pâté.

— A propos, comment va le mioche?

— J'allais m'en informer, madame, lors de votre arrivée, en me rendant près de lui, pour la journée entière, selon mon habitude.

— Ce cher trésor! nous irons l'embrasser après déjeuner, n'est-ce pas?

— Un moutard, j'adore cela moi; mangeons, hein?

— Est-il aussi joli que sa petite maman? Ressemble-t-il à Bréval?...

— Mangeons, hein, nous bavarderons après en nous promenant... Où sont les fourchettes, les couteaux et autres commestibles, le vin surtout, le vin, j'étrangle la soif.

Étourdie par leur babil, ne sachant comment me débarrasser

d'eux, et jugeant la chose impossible, je me résignai, me prêtai machinalement à leurs exigences, en dressant moi-même le couvert et donnant ordre à la paysanne qui chaque matin venait faire mon ménage, d'ajouter quelques mets, pris chez le restaurateur, aux provisions apportées par ces visiteurs importuns.

— Ah çà, petite, vous ne m'en voulez plus de ce qui s'est passé dans le temps, n'est-ce pas?

— Je n'ai aucun droit de vous en vouloir, madame.

— Si ma petite, concernant le jeûne forcé que je vous fis endurer, mais c'était la faute de ce bête de Dodore qui ayant rencontré des amis, s'était avisé de mettre la bourse à sec pour les régaler.

— Il y a-t-il un bon billard dans cet endroit, que j'essaie un peu à brosser les naturels du pays? s'informe Dodore en allumant une pipe qu'il venait de bourrer de tabac, espérant, en fumant, attendre le traiteur avec moins d'impatience.

— Petite, donnez-nous donc des nouvelles de ce cher Bréval, que je n'ai pas revu depuis cette nuit de bal, chez la Beauchalière.

— M. Bréval voyage en ce moment, madame.

— Ah! où donc? pourquoi! qu'est-ce qu'il est allé faire?

— En Sardaigne, remplir une mission que lui a confiée un ministre.

— A-t-il une chance ce bonhomme-là : moi on ne me confierait rien, enfoncé! dit Dodore en lâchant une forte bouffée de fumée.

— Eh bien! tant mieux, s'il remonte ses petites affaires, il en a besoin ce garçon, après les pertes énormes qu'il a faites dernièrement au jeu, chez cette juive de la Beauchalière, vrai coupe-gorge où un honnête homme est toujours plumé quoiqu'il fasse, car enfin, je suis bonne fille, moi, et je n'en veux pas du tout à ce pauvre Bréval, quoiqu'il ait fait un peu le fier avec Dodore et moi, et payé d'ingratitude notre amicale réception et nos bons soins à votre égard, ma petite, lors de votre arrivée à Paris... A propos, j'oubliais de vous dire que j'ai rencontré hier ce petit olibrius de Menu, votre compagnon de route... Oh! m'a-t-il tiré des carottes de toutes couleurs, pour que je lui donne votre adresse. Mais pas si bête, car il viendrait roucouler près de vous, vous embêter... Je ne sais ce qu'il m'a rabâché, mais il prétend que vous demeurez à Saint-James ou dans les environs, que vous êtes la maîtresse d'un prince russe, qui vous entretient superbement, et moi, je lui ai laissé croire tout ça, en ce qu'il vaut mieux qu'on nous croie callée que dans la débine...

— Hélas! madame, mais vous avez eu tort de ne point le désabuser, de me laisser passer plus longtemps à ses yeux pour une fille, une misérable qui vend ses caresses, m'écriai-je avec douleur et dépit.

— Ma foi! j'ai cru bien faire, ne vous sachant pas si susceptible.

— Ah! c'est que je tiens à l'estime de cet homme, à celle du monde entier, entendez-vous?

— Oui, je conçois, mais avec de semblables sentiments et pour qu'on y croie, il ne fallait pas vous faire la maîtresse d'un Bréval, d'un farceur fini.

— En effet, hélas! il ne fallait point être faible, être trompée indignement... Maintenant je sais qu'il me faut courber la tête, et en silence essuyer l'injure et l'outrage... Oh! ma mère, pitié!

— Voilà le fricoteur, à table! s'écrie Dodore, qui de la fenêtre guettait depuis un instant la venue du garçon traiteur.

Après avoir payé le traiteur et repoussé seulement le tiroir du meuble qui renfermait ma petite fortune montant à quatre cents francs, reste des six cents que Bréval m'avait laissés en partant avec promesse de me faire tenir une somme pareille avant peu, promesse qui ne devait point se réaliser.

— Allons du courage! soupirai-je en me mettant à table entre mes deux personnages.

— Buvons! s'écrie Dodore en faisant sauter le bouchon d'une bouteille du revers de la main.

— Loulou, fais attention que tu es chez une dame, et à ne pas te griser, observe la Saint-Romain.

— Pas de danger, une pointe seulement en faveur de ce nectar vanté des poètes et consacré par le ciel... A notre santé.

Inutile de dépeindre ce repas, où les deux amants mangèrent comme quatre; Dodore à lui seul y vida six bouteilles.

— Maintenant, en course et vive les champs, s'écrie Dodore en jetant sa serviette roulée à travers la chambre, après s'être à la suite du déjeuner gorgé de café et de liqueurs.

— C'est ça, allons nous rouler sur l'herbe, faire des farces, ajoute la Saint-Romain en se levant et sautillant d'une façon enfantine.

10.

— Et moi, permettez que je me rende près de mon fils, que je n'ai point embrassé d'aujourd'hui.

— Tiens, absolument comme Andromaque, dit Dodore.

— A propos, nous oublions ce cher amour, oui, allons l'embrasser, dit la dame.

— Allez, allez, mes amours; durant ce temps et en attendant le dîner, je vais courir fumer une pipe à l'estaminet voisin et tâcher d'enfoncer avec mes effets de queue, quelques ganaches du canton.

— Du tout! tu vas venir avec nous; la bienséance exige que tu salues le fils de la maison où tu as été reçu et traité avec égards et luxe.

— Alors courons au moutard et dépêchons, car la bille me réclame, et la main me démange, je brûle de toquer la carambole, et voilà! Tu tu, ta ta, ti ti...

Et Dodore se mit à chanter d'une voix grêle, en sautillant autour de la table, et d'une façon comique, ce qui suit :

> Petit bien qui ne doive rien,
> Petit jardin, petite table,
> Petit minois qui m'aime bien,
> Sont pour moi chose délectable;
> J'aime à trouver quand il fait froid,
> Grand feu dans un petit endroit.
> Les délicats font grande chère,
> Quand on leur sert dans un repas,
> Du grand vin dans un petit verre.
> Des grands mets dans des petits plats.

Malgré le dépit que m'inspirait la présence de ces importuns, cet impromptu m'arracha un léger sourire, dont l'aperçu ne fit qu'augmenter le sans-gêne des deux amants. Forcée de passer dans une autre pièce afin d'y prendre divers effets que j'avais confectionnés pour mon enfant, la Saint-Romain m'y suivit sans façon, et là, en train d'admirer quelques gravures appendues à la muraille, me retint quelque temps, en sorte qu'à notre retour dans la salle à manger, nous ne retrouvâmes plus Dodore.

— Le billard lui tourne tellement la tête qu'il ne s'est pas donné le temps de nous attendre... partons toujours, ma petite, il saura bien nous retrouver, dit la dame.

Fort peu soucieuse de la société de M. Dodore, je ne me fis pas répéter deux fois l'invitation, et nous nous mîmes en marche.

— Vous reluquez ma toilette, n'est-ce pas? petite, me dit brusquement la Saint-Romain tout en marchant.

— Non, madame, mais j'allais vous prévenir que le cordon de votre soulier est dénoué.

— Dites de ma savatte, ma petite, car rien de plus débiné que ma chaussure, elle ressemble au reste de la toilette... Encore ce gueux de Dodore, qui est incorrigible; il a fait dernièrement une rafle de mes vêtements somptueux, cela, dans un besoin d'argent, afin d'aller déjeuner avec des amis et faire une poule à l'estaminet... Tout y a passé, ma chère, jusqu'au chapeau neuf que vous m'avez donné, vous savez, celui que je m'étais acheté avec la bourse que le petit Menu avait remise entre mes mains.

— N'est-il donc rien de sacré pour cet homme, qu'il dépouille ainsi sa compagne pour se livrer à la dissipation? dis-je avec dégoût.

— Ne m'en parlez pas, c'est une horreur d'homme; heureusement qu'il est à la veille d'obtenir une place superbe, celle de chef de la claque du théâtre de la porte Saint-Martin.

— Je ne connais pas ce genre d'emploi, madame.

— Je m'en doute bien! C'est une place aussi douce que récréative et qui mettra du beurre dans nos épinards... Ah! si Dodore était sage, qu'il voulût amasser quelque argent, il y aurait plan alors de nous établir, de monter une petite maison à l'instar de celle de La Beauchalière, où l'on ferait ses petites affaires doucettement.

— Comment, madame, une maison de jeu... m'écriai-je avec indignation.

— Qu'est-ce que cela fait, je ne suis pas susceptible ni bégueule, moi; ensuite petite, il n'y a qu'un seul moyen à présent de s'enrichir promptement, c'est de spéculer sur les passions, et ça va! ça va tout seul. Mais vous, Minette, eh bien! ma chérie, vous pataugez et perdez votre temps avec votre fureur d'amour, vos soupirs et votre constance; depuis huit mois que vous êtes à Paris, avec votre physique, je me serais fait déjà donner voiture, hôtel, etc! Ah! vous n'avez pas le fil.

— Une seule observation, madame, à vos étranges discours.

— Parlez, petite.

— Vous qui blâmez mon amour, ma fidélité envers Bréval, et me conseillez l'inconstance, comment se fait-il que vous demeuriez attachée à un homme qui chaque jour vous abreuve de mauvais traitements ?

— Enfant, c'est que le temps de plaire est passé pour moi, et que, vieux cheval, il me faut rester attelée au mauvais fiacre. Ah! sans cela quelles noces, mon Dieu, quelles noces! Croyez-moi, Alice, vous vous rouillerez, ma chère, mais dites un mot, laissez là votre Bréval, qui ne fait guère l'effet de se conduire envers vous beaucoup mieux que Dodore avec moi.

— Assez, madame vous me faites rougir.

— Ah! que vous êtes donc faible et façonnière, ma petite ; ne faites donc pas tant la mijaurée, car beaucoup d'autres qui vous vaent en sont venues là et s'en trouvent bien.

— Et moi, madame, je m'en trouverais fort mal, car je ne sais aimer qu'avec mon cœur.

— Je conçois.

Nous atteignîmes la demeure de la nourrice de mon fils, femme d'un vigneron du pays, gens à grandes démonstrations de tendresse envers leur nourrisson, en ma présence; mais intéressés, cupides même comme le sont tous ceux de leur condition.

— Oh! le chérubin d'enfant! regardez-moi, monsieur, et faisez a risette à nini... Dieu! est-il fait... allons, faisez donc la toute petite risette, bel amour, lui disait la Saint-Romain, après avoir pris mon enfant dans son berceau et le faisant sauter sur ses genoux, en l'accablant de caresses.

— Queue jour que nous sommes donc, au jour d'aujourd'hui ? demanda sans préambules le père nourricier, tout occupé à relier des cerceaux.

— Pardine le 27, répond la nourrice.

— Tiens : je ne nous croyions qu'au 23, ous qu'échouons le mois du petiot, répond le vigneron.

Devinant à quoi tendait cette information de date, j'avoue avoir oublié que le mois était échu, et promets, en m'excusant de ce retard, d'en apporter l'argent le lendemain même.

La journée s'avance et la Saint-Romain s'inquiète de l'absence de Dodore, parle de retourner chez moi où peut-être l'attend son amant ; mais peu soucieuse de recevoir de nouveau ces gens, je manifeste la volonté de ne pas quitter mon fils, ce que voyant, la Saint-Romain engage la nourrice à lui faire une omelette qu'elle dévore. Elle me quitte ensuite afin, dit-elle, d'aller à la recherche de Dodore, dans tous les cafés et estaminets du village.

Heureuse d'être débarrassée de cette femme, je consacre le reste de la journée à mon petit enfant, et ne rentre chez moi que fort tard. La nuit se passe, et le lendemain quelle est ma surprise, mon embarras, lorsque prête à partir, et voulant me munir de l'argent nécessaire pour acquitter le mois de la nourrice, je ne trouve plus, dans le tiroir où je l'avais placé, le sac qui renfermait ma petite fortune; je remue, je dérange tout chez moi, peine inutile, l'argent ne se retrouve pas. Un soupçon accusateur vient frapper mon esprit... Oui, ce Théodore seul a pu me voler, profiter de l'absence que j'avais faite la veille, en passant dans ma chambre à coucher, pour m'enlever mon unique ressource, le prix des soins donnés à mon enfant. Et je pensais vrai, car cet homme était effectivement mon voleur; car il était allé, en nous quittant, consommer en orgie le fruit de son larcin.

Que faire! que devenir! sans amis, sans secours, à qui m'adresser? ô douleur! Mais à Paris, chez moi, j'ai des bijoux, des objets de toilette; il me faut les vendre et de leurs produits payer la nourrice, soutenir mon existence, vivre enfin pour mon pauvre enfant.

Je pars, j'arrive à Paris, je me présente chez moi, j'ouvre, je fouille dans tous les meubles, rien, plus rien, ils sont vides. Quoi! encore volée! la tête perdue j'appelle le concierge, je lui réclame mon bien, et cet homme me répond qu'une personne munie d'une autorisation de la main de mon mari, M. Bréval, est venue enlever il y avait peu de jours une foule d'effets à mon usage, soi-disant pour me les faire passer à la campagne.

— Cette autorisation, monsieur, cette autorisation? m'écriai-je, au désespoir.

— La voici, madame, me répond le concierge en me présentant un papier.

Plus de doute, c'était en effet la main de Bréval qui avait tracé ces mots; Bréval qui autorisait Alban à me dépouiller en mon absence, à me ravir tout ce que je tenais de sa générosité. N'ayant plus pour toutes ressources que les meubles qui garnissaient l'appartement, je parle de les vendre aussitôt, mais le concierge m'apprend qu'ils sont la garantie de deux termes de loyer qui sont échus, et que leur valeur s'élève à peine à cette somme. Ce dernier coup achève de me désespérer; presque folle, je fuis à travers les rues, le front brûlant, les jambes flageolantes, demandant au ciel secours et protection contre l'abandon et la misère. Un souvenir me vient après la prière, celui des riches boucles ornées de diamants qui pendent à mes oreilles ; je les détache, j'entre chez un bijoutier à qui j'offre de les vendre. Examen fait, cet homme m'offre deux cents francs, j'accepte, je suis riche, mon enfant aura le nécessaire. De retour à Suresne, je paie la nourrice, j'écris en Sardaigne à Bréval, et longuement je lui dépeins mes doutes affreux sur sa constance, son honneur ; je lui dis mon embarras ; je l'appelle à grand cris. La lettre part.

Après un mois d'attente, pas de réponse ! et durant cet espace de temps écoulé dans les larmes, la crainte, je n'ai vécu que de pain et d'eau, conservant pour mon fils le peu d'argent que je possédais. Un jour, à la nuit tombante, j'étais chez moi triste et souffrante, plongée dans mes amères réflexions, songeant à Bréval, à son indifférence envers son fils et moi, redoutant un éternel abandon et avisant au moyen de pourvoir à mon avenir, à celui de mon enfant, en utilisant mes talents en musique. On frappe à ma porte, c'est une lettre que me monte la femme de mon logeur ; je brise le cachet, curieuse de savoir le contenu de cette missive, dont l'écriture m'était inconnue. Voici ce qu'elle renfermait :

« Bréval est de retour depuis plusieurs jours ; mais ébloui par
« les honneurs et la fortune, il oublie son amie et se dispose même
« à quitter Paris demain ou après au plus tard, sans avoir prévenu
« ni embrassé Alice, toujours aimante et faible pour cet indigne
« amant, pour ce père sans entrailles. Si vous voulez encore une
« fois le voir et l'entendre, hâtez-vous de monter dans la voiture
« qui attend vos ordres à cinquante pas de votre demeure ; elle
« vous conduira à l'hôtel du riche Duvivier, situé rue de Varennes,
« et là vous trouverez Bréval. Hâtez-vous, et surtout éloignez
« toutes pensées de trahison à votre égard de la part de l'amie
« qui a tracé et vous adresse ces lignes. »

Bréval à Paris ! et il n'est pas venu près de moi embrasser son fils ! oh ! l'infâme ! le monstre ! Oui, je veux, je dois le revoir, lui reprocher son infamie, ou plutôt l'implorer pour son enfant... Mon Dieu, que faire, que devenir ?... Puis-je me fier à cette lettre, tenter la démarche qu'elle me conseille ? mais n'est-ce pas une nouvelle trahison dont on veut me rendre victime ?... Je me penche hors de la fenêtre, j'aperçois la voiture ; un cocher d'un âge mûr est chargé de la conduire. Je m'élance de chez moi, le cocher me devine de loin et m'ouvre la portière.

— Monsieur, vous êtes un honnête homme?... dis-je au cocher qui, en me fixant avec surprise, répond affirmativement à ma demande.

— Alors, vous ne consentiriez pas à conduire une pauvre femme bien malheureuse dans une coupable embûche?

— Non, pour tout au monde.

— Eh bien! dites qui vous envoie près de moi.

— Une dame que je ne connais pas, mais qui m'a payé pour être à vos ordres et vous conduire dans Paris à un hôtel indiqué.

— Je me confie à vous, monsieur, car de mon repos, de ma vie dépend la démarche que cette lettre me conseille d'entreprendre; mais, au nom du ciel, et sur ce qui vous est le plus cher et sacré, soyez mon protecteur, entrez avec moi dans la demeure où vous êtes chargé de me mener, et défendez une pauvre fille contre toutes violences, si l'appel qu'on me fait en ces lieux inconnus n'était qu'une ruse infâme pour m'attirer dans un piége dangereux.

— Je vous le promets et m'y engage sur la tête de Jeanne, ma fille aînée, à qui je serais désolé qu'il arrivât malheur... Soyez donc sans inquiétude, mademoiselle, je vous défendrai contre tout, au risque de perdre le salaire qui m'est promis, car votre honneur m'est aussi précieux que celui de Jeanne.

Rassurée par les paroles de ce brave homme, je montai en voiture et me laissai emporter. Après une heure de route, et à la nuit close, la voiture s'arrêta rue de Varennes, à la porte d'un superbe hôtel. Une brillante illumination, les sons d'un nombreux orchestre, un grand mouvement, une foule de riches équipages encombrant la cour, tout enfin annonçait, dans cette somptueuse demeure, une fête des plus magnifiques.

Mon cocher s'informe à l'un de ses confrères du sujet de cette réjouissance.

— C'est pour la célébration de l'union de mademoiselle Duvivier, que son père vient de marier ce jour même, lui est-il répondu.

Je m'élance hors de la voiture, je m'adresse au suisse de l'hôtel, lui demande M. Bréval. Cet homme me toise de la tête aux pieds; grimace à la vue de mon négligé, et inspection faite me répond : que monsier Préval, il être dans le salon, mais que moi ne bas bouvoir y être conduite, en ce que ché n'havre bas de la toilette.

— Il faut que je le voie absolument, faites-lui dire que mademoiselle de Merville désire lui parler, dis-je avec émotion.

— Lui être en ce moment brès de son betit femme.

— Mon Dieu! Expliquez-vous.

— Que monsier Préval y hâvre marié lui aujourd'hui, à mondimoiselle Chosphine Duvivier, et y être à la noce en ce moment.

A cette horrible nouvelle, mon sang ne fait qu'un bond, mon corps est saisi d'un soudain tremblement, mais ressaisissant le reste des forces prêtes à m'échapper, je m'élance à travers la cour, je franchis un vaste vestibule, folle et les yeux hagards, je pénètre dans un brillant salon, et au milieu de la foule, qui, surprise, effrayée, s'ouvre et me fait un passage. J'appelle à haute voix Bréval que j'aperçois enfin au loin, assis près de sa nouvelle épouse; je cours le saisir par le bras, le terrifier par ma présence et lui jeter à haute voix à la face, les noms de perfide, d'infâme, de suborneur.

— Cette femme est folle; je ne la connais pas; faites-la sortir! s'écrie Bréval, qui s'est levé furieux.

Mais la foule nous entoure, se presse autour de nous, et personne n'obéit au traître; c'est alors qu'exaspérée, je publie hautement la conduite du misérable, que je le dénonce comme étant mon séducteur, le père de mon enfant, celui qui m'abandonne après m'avoir ravi honneur, repos, famille. A cette accusation, un murmure réprobateur s'élève de toute part, la mariée s'évanouit, et un homme gros et court, le visage sévère, s'adresse ainsi à Bréval:

— Monsieur mon gendre, cette fille dit-elle vrai? répondez, répondez!

— Puisque vous l'exigez, j'avoue que cette femme fut dans un temps ma maîtresse, ma concubine, mais depuis longtemps j'ai répudié en elle, avec mépris, la maîtresse du Russe Kersaloff.

— Mensonge, infamie! m'écriai-je hors de moi.

— Chassez cette fille, je l'ordonne! reprend Bréval avec fureur, en s'adressant à des valets accourus au bruit. Et ces hommes se disposaient à obéir, lorsque réprimant avec fierté le mouvement qu'ils faisaient pour me saisir:

— Malheur à toi, Bréval, infâme, malheur à toi! et en fixant sur le monstre un regard de haine et de mépris, je m'élance, romps le cercle compact qui m'entoure, et me retire d'un pas rapide. Je quitte le salon, je traverse la cour, et me précipite dans la rue, où la tête perdue je me jette au hasard dans l'obscurité, pour aller tomber sans connaissance sur le bord d'un fossé du boulevard des Invalides, où mon front en portant sur une pierre aiguë, reçoit une profonde blessure.

VI.

OU FRAPPE LA MISÈRE, LA VERTU SUCCOMBE.

Ce fut après deux mois passés dans une longue agonie, et en proie aux plus effrayants transports que je me réveillai enfin, plus calme, moins souffrante, dans le lit d'un hôpital, où après ma chute sur le boulevard, m'avaient transportée de braves ouvriers, qui à la pointe du jour, se rendant à leurs travaux, m'avaient trouvée baignée dans mon sang et ne donnant plus signe de vie. C'est alors que le mal vaincu par l'art, ayant permis à ma mémoire de renaître, de rappeler mes souvenirs, mon enfant fut le premier qui frappa ma pensée ; et mes regards, curieux, inquiets, se promenèrent de suite avec effroi sur ces longues files de lits où reposaient tant de souffrances et de malheur.

— Où suis-je? m'informai-je d'une voix faible.

— A l'hospice Cochin, mon enfant, où l'on vous apporta bien malade, il y a neuf semaines aujourd'hui, me répond une sainte et jeune religieuse qui, au chevet de mon lit, guettait l'heure de ma résurrection.

— Neuf semaines, mon Dieu ! est-ce possible ? Et mon enfant, mon pauvre enfant !... Ah ! laissez-moi me lever, partir, courir l'embrasser...

— Non, non, ma chère sœur, impossible de vous laisser aller dans un tel état de faiblesse, il faut encore rester ici quinze jours au moins, afin d'achever votre guérison et reprendre des forces... Mais parlez : qui êtes-vous, ma sœur, afin qu'on rassure votre famille, votre mari sur votre position, qu'on les instruise de votre présence dans cet hospice ?

— Je n'ai plus de famille, plus d'époux, madame, rien qui s'intéresse à moi sur cette terre, où mon enfant est mon unique bonheur... Ah ! ne me retenez pas, cédez à l'impatience d'une mère qui tremble sur le sort de son fils qu'elle n'a point revu ni embrassé depuis longtemps.

— Loin de nous, ma chère sœur, la pensée de vous retenir ici par la force, car d'autres malheureux attendent avec impatience la couche que vous y occupez ; mais la nature s'oppose seule à vos tendres desseins, ne vous ayant pas encore rendu entièrement la santé... Patience donc, ma sœur, et Dieu aidant, nous vous renverrons bientôt près de votre enfant.

Trop impatiente pour me rendre de bonne volonté aux avis de la sainte sœur, je réitérai mon désir de quitter aussitôt l'hospice, et cela disant, j'essayais de sortir du lit, où la faiblesse me retenait encore pâle et souffrante.

Encore trois semaines et je suis mieux, presque forte ; je quitte mon lit de douleur, l'hospice, et dénuée d'argent, je me dirige à pied et en grande hâte vers Suresne ; j'arrive ; d'abord c'est à la porte de la nourrice de mon enfant que je m'empresse d'aller frapper, tremblante et le cœur agité. Personne ne répond ; je frappe encore, une voisine se présente, elle me reconnaît et semble aussi surprise qu'embarrassée à ma vue.

— La nourrice, où est-elle ? mon fils, mon enfant, où est-il ! dis-je avec impatience.

— Ah ! dame ! y a ben du changement depuis qu'on ne vous a vue, tout de même, répond cette femme avec sang-froid.

— Expliquez-vous, de grâce ! mon enfant, mon enfant ?...

— C'est que la Marie-Jeanne, voyez-vous, elle vouliont être bien payée exactement, et comme depuis deux mois passés elle ne vous voyions plus revenir, elle a pensé que vous abandonnions le petit et elle l'a porté aux Enfants-Trouvés avec l'autorisation de M. le maire de la commune.

— Aux Enfants-Trouvés, mon fils, mon cher fils! est-ce bien possible, mon Dieu?

— Eh oui, tout de même... Dam! fallions pas comme ça disparaître, sans rien dire et pie la Marie-Jeanne avions besoin de s'en retourner au pays avec son homme, ousque les appellions la mort de leur mère, et des écus à hériter.

— Mais mon fils, madame, mon fils? pourquoi cette infâme l'a-t-elle abandonné? qui me le rendra? comment le réclamer? hélas! m'informai-je, en larmes, et livrée au plus violent désespoir.

— Faut aller à la Pitié, et réclamer vous-même le petit que Marie-Jeanne y a porté il y a un mois, la veille de son départ pour le pays.

— Mon Dieu, mon Dieu! faites que je le retrouve! ayez pitié d'une pauvre mère désolée!

— Allons, ne pleurnichons pas comme ça, ma petite, il vous le rendra, c'bon gouvernement, soyez-en ben sure; dites-leur, à c'te Pitié, q'c'est le petit Bréval, le nourrisson de Marie-Jeanne que vous venions réclamer; ils reconnaîtront tout de suite de quoi il s'agissont et vous repasseront le mioche.

Mille questions encore à cette femme, concernant mon fils, la date du jour où il a été porté à l'asile des orphelins; les vêtements qui le couvraient alors; et renseignée autant qu'il est possible de l'être, je m'échappe, pour me rendre en courant au logement que j'occupais à Suresne, et où sont restés mes effets, tout ce que je possède enfin. J'arrive, le propriétaire me reçoit avec insolence, dureté, me réclame trois mois de loyer; et sur l'aveu que je lui fais de ne pouvoir le satisfaire en ce moment, cet homme me refuse l'entrée de sa maison, me déclarant qu'il garde comme gage de ma dette tout ce que j'ai laissé dans l'appartement, et de plus que j'aie à le payer au plus tôt. Anéantie par ce dernier coup, la tête perdue, je tombe aux pieds de cet homme, lui confiant tout ce que ma position a d'horrible; je lui parle de mon enfant, de l'indigne abandon dont je suis la victime; je fais le serment d'acquitter une dette que je reconnais sacrée; et le supplie de me laisser emporter de quoi couvrir mon fils et parer à ses premiers besoins.

Rien! il reste sourd, insensible, ainsi qu'un horrible huissier, chargé par état d'arracher à une pauvre veuve le dernier morceau de pain réservé à ses enfants en bas âge.

— Ah! malheur, malheur sur vous, homme inhumain, car le ciel me vengera de votre dureté, et cette malédiction jetée avec l'accent du désespoir, je retourne à Paris le corps dévoré par une fièvre brûlante. Je suis obligée de traverser tout Paris, me traînant à peine, pour atteindre celui de ses lointains faubourgs où se trouve située la Maternité.

J'arrive à une grande maison de triste apparence, je vois une porte fermée dont j'agite la cloche d'une main faible. On ouvre, on m'introduit; un commis s'informe de ce qui m'amène, de ce que je désire, et cela en fixant sur ma taille un regard scrutateur qu'il reporte aussitôt sur mes traits pâles et fatigués.

— Mon enfant, mon fils bien-aimé, monsieur, rendez-le moi au nom du ciel! dis-je les mains jointes et d'un accent suppliant.

— Votre fils? expliquez-vous, comment est-il ici? qui l'y a déposé? quel est son nom?

Je réponds à ces demandes, je raconte à l'employé l'indigne abus de confiance de celle à qui j'avais confié mon enfant, cet enfant que je réclame, que je veux nourrir moi-même, parce qu'il est mon bien, mon seul bonheur, mes plus tendres affections, ce qui me reste enfin sur la terre.

Calme et froid en présence de mes larmes, de ma douleur, le commis ouvre un énorme registre, le consulte lentement, puis d'une voix dolente me déclare que l'enfant réclamé, étant, lors de son dépôt à la Bourbe, dans l'âge des allaités, a été confié deux jours après aux soins d'une nourrice de la Lorraine, qui, sur ma demande et d'après un ordre du directeur, le remettra en mes mains, mais après avoir, moi sa mère, payé la somme de deux cents francs à l'administration, formalités d'usage et exigibles en pareilles circonstances.

Encore une horrible déception! deux cents francs, où les prendre, mon Dieu! lorsque je suis dépourvue de tout, lorsque même je ne possède pas de quoi acheter un morceau de pain, et que la faim, l'horrible faim menace de mettre un terme prochain à ma triste existence. Essaierai-je d'attendrir cet homme, de le rendre pitoyable aux angoisses d'une mère désolée qui réclame son enfant? Non, ce serait peine perdue, honte et déception nouvelle. Mais que faire? que faire alors? me tuer, finir d'un coup ma douloureuse existence!... Oh! non! et mon fils, mon idole! ah! vivons pour lui. J'annonce à l'employé mon retour prochain, puis je m'élance de nouveau dans la ville et m'informe au premier passant du chemin qu'il me faut suivre afin d'atteindre la rue de Varennes, car dans cette rue, dans un de ses somptueux hôtels, est un infâme, un lâche que mes mains tueront si, ne cédant à mes prières, à mes larmes, il ne me remet à l'instant la somme nécessaire pour racheter son fils et le mien, de l'or enfin pour secourir dans leurs affreux besoins et la mère et l'enfant. Et pensant ainsi, en marchant d'un pas rapide, je me baissai pour ramasser une pierre contre laquelle mon pied venait de se heurter douloureusement, afin de m'en faire une arme pour tuer Bréval, si un refus osait s'échapper de sa bouche hypocrite et insolente.

Mourante, accablée de fatigue, j'atteins le but de ma longue course. L'hôtel qu'habite Bréval est fermé, n'importe, je frappe, on ouvre, j'y pénètre et le suisse arrête mes pas en me barrant le passage.

— Che regonnais vous, mon dimoiselle, ché hâvre eucore la souvenir de la esclande que vous hâvre faite à ce bon monsir Préval le chour de son noce... vous pas entrer du tout auchourd'hui, me dit ce cerbère que le désespoir me donne la force de repousser, et comme je franchissais vivement les marches du vestibule en appelant Bréval à grands cris, un valet se présente à moi, me saisit et me repousse avec brutalité.

— Laissez-moi lui parler au nom du ciel! c'est mon enfant, c'est la vie que je viens implorer à ses genoux, m'écriai-je suppliante et en essayant d'entrer dans la demeure.

— Inutile, madame, il n'y a plus personne ici, M. Bréval et son épouse, ont quitté Paris depuis deux mois, pour la Bretagne, où les appelaient leurs affaires, me répond le valet; et moi, que le malheur rend incrédule et défiante, je persiste à vouloir entrer, je lutte contre le valet, afin de m'assurer de l'absence de Bréval, en parcourant l'hôtel, et bien me convaincre enfin que l'infâme n'y est plus. Vains efforts, volonté inutile, enlevée de force dans les bras du valet, je suis jetée dans la rue et sur moi, avec bruit, se referme aussitôt la lourde porte de l'hôtel. C'est sur un des bancs de cette maison inhospitalière, que je tombe sans forces la tête brûlante et perdue, j'y veux attendre le retour de Bréval, ou y mourir s'il ne revient pas; car alors il n'y aura plus à espérer pour moi, ni secours ni enfant à chérir.

Ah! que je souffre! que j'ai faim, et qu'il est cruel de mourir lorsqu'on est mère! soupirai-je, quelques instants après, arrachée par la douleur et le besoin à l'anéantissement dans lequel j'étais tombée. Je lève un œil mourant, humide, et me vois entourée de plusieurs personnes dont la pâleur de mon visage, les larmes abondantes qui le sillonnaient ont excité la curiosité, je me lève vivement, et rassemblant tout ce qui me reste de force pour me soustraire à la honte, aux regards des gens qui m'entourent, je me mets à fuir dans la direction de la rue du Bac. La nuit vint enfin me surprendre mourante de douleur et de besoin, sur les marches de l'église de saint Thomas-d'Aquin, où le hasard, mes pas errants m'avaient conduite.

Hélas! suis-je donc seule sur la terre, au point de ne pas avoir un ami qui me secoure dans ce pressant besoin? quelqu'un dont la main charitable daigne se tendre vers moi et m'aide à gagner mon pain, celui de mon enfant?... à qui donc m'adresser? mon Dieu! et cela dit, je rappelai à ma pensée les gens qui depuis mon séjour à Paris m'avaient entourée, adulée, et le nom du comte de Kersaloff vint se placer sur mes lèvres.

Oui, cet homme seul peut me sauver, m'arracher à la mort, me rendre mon fils. Oui, devant tant de misères, d'afflictions, son cœur s'il est généreux fera taire l'amour pour ne songer qu'à la bienfaisance, et c'est à ses pieds, en lui racontant mes malheurs, que je dois faire succéder la pitié dans son âme à des désirs honteux et coupables.

Cette résolution prise, je me relève péniblement et d'un pas lent, me traîne de nouveau en m'aidant de la muraille, afin d'éviter la chute dont me menaçait une extrême faiblesse ; c'est vers la rue de Grenelle-Saint-Germain, où le souvenir me dit qu'habite le comte, que je me dirige péniblement, j'y atteins; là je m'informe et l'on m'indique l'hôtel du riche seigneur chez lequel je me présente.

— Monsieur le comte est ce soir à l'Opéra, me répond d'un ton brusque, et en me toisant avec dédain de la tête aux pieds, le concierge à qui je m'adresse.

— N'importe, j'attendrai, il faut que je le voie, que je lui parle absolument ce soir.

— Il sera fort tard, ma chère demoiselle, et la coutume de M. le comte n'est pas de donner audience la nuit.

— Il me recevra, vous dis-je, monsieur, indiquez-moi donc un endroit où je puisse attendre son retour. Le concierge cédant à mon obstination, tout en branlant la tête en signe de mécontentement, agite le cordon d'une sonnette au bruit de laquelle accourt un valet.

— Maurice, voyez, et répondez à cette jeune fille, qui veut absolument attendre le retour de monsieur le comte, à qui elle désire parler ce soir même, dit le concierge.

— Veuillez alors me permettre de vous conduire au salon, mademoiselle ; car je vous reconnais pour vous avoir vue chez mon maître, lors de la fête qu'il donna à Enghien, il y a quelques mois; or, je suis persuadé que M. le comte vous recevra ce soir avec plaisir, reprend le valet d'un ton poli.

— C'est différent, et du moment que mademoiselle est de la connaissance de M. le comte, plus de doute qu'il ne la reçoive, dit à son tour le concierge d'un ton respectueux et la casquette en main.

Le valet m'introduisit dans un riche salon, m'invita à m'asseoir sur un divan soyeux, et me laissa seule livrée à mes tristes pensées. Après deux heures d'attente, la fatigue l'emportant sur les peines morales, me plongea malgré moi dans un profond sommeil.

A minuit l'équipage qui ramenait le comte à sa demeure, entra bruyamment dans la vaste cour de l'hôtel.

— Monsieur le comte quelqu'un vous attend dans vos appartements, dit en souriant avec malice au grand seigneur, le valet venu à sa rencontre, sous le vestibule.

— Qui peut m'attendre à cette heure? Maurice, interroge le prince avec empressement, et tout en franchissant les marches du péristyle.

— La plus jolie femme de France, monsieur le comte.

— Je n'en connais qu'une, Maurice, qui à juste droit puisse prétendre à ce titre, et la sauvage ne me fera jamais ressentir l'agréable surprise de la rencontrer chez moi, seule, et dans l'attente de ma personne.

— C'est ce qui vous trompe, mon prince, car cette femme, la belle Alice de Merville, celle que vous venez de désigner enfin, attend ici votre retour depuis trois heures.

— Allons tu te moques de moi, manant, prends garde !

— Mon prince, je veux être traité à la façon de vos esclaves russes, si je ne vous dis la vérité.

— Tu le seras si tu m'en imposes, mais cent roubles de Russie, pour ta récompense, si la nouvelle est vraie.

— Allez, voyez et payez, mon prince, répond le valet en ouvrant la porte du salon à son maître qui, après m'avoir reconnue dans la femme endormie en ce moment sur le divan, fit signe à Maurice de se retirer.

Le comte, resté seul avec moi, prit une des bougies qui éclairaient la vaste pièce, s'approcha de ma personne, et me contempla longtemps en silence et avec surprise.

— Enfin ! la voilà donc rendue à mes vœux ; oh ! misère qui a vaincu sa résistance, que je te rends grâce ! murmura le comte. Et reposant la lumière, il vint s'asseoir à mes côtés, et déposer sur ma main un baiser qui m'arracha subitement au sommeil,

— Vous ? monsieur ! ah ! pitié et respect au nom du ciel ! n'abusez pas de mon malheur, de l'affreuse position qui me fait venir implorer votre générosité.

— Parlez, parlez, belle Alice, qu'exigez-vous de moi ?

Alors d'une voix sanglottante je lui apprends l'abandon infâme dont je suis la victime, le mariage de Bréval, la perte de mon enfant, qu'une femme à l'âme sordide a abandonné dans l'asile de l'orphelin et de la pitié, puis je lui dépeins ma gêne, mes besoins et réclame de sa bonté le prêt de la faible somme qui m'est nécessaire pour reprendre mon fils, mon fils ! mon unique bonheur, sans lequel je ne peux plus supporter l'existence.

— Si à vos vœux je rends ce fils chéri, si, chérissant sa mère, je répare envers elle les torts d'un Bréval, en la comblant de soins et de richesses, quelle sera ma récompense ? dit le prince après m'avoir entendu.

— Point de richesses, monsieur le comte, mais mon fils, rendez-moi mon fils, et ma reconnaissance éternelle vous est acquise.

— Il me faut davantage, Alice, car c'est de votre amour, que je suis ambitieux.

— Ah ! monsieur, arrêtez! pitié pour une malheureuse mère.

— Alice, je t'aime.

— Comte, je vous ai dépeint mes malheurs, mes pressants besoins, que puis-je espérer de vous sans amour, répondez ? dis-je avec fermeté.

— L'indifférence pour celle qui, insensible à ma flamme, me condamne à des regrets éternels.

— Non, rien pour la mère infortunée, pour celle que la faim dévore, m'écriai-je avec désespoir.

— Alice, tu as entendu ? cède ou n'espère pas, cède et tu es à l'instant heureuse et riche, cède et ton enfant est demain dans tes bras, sur ton cœur.

— Comte de Kersaloff, je te remercie, car tu viens d'éclairer mon âme, la convaincre que la vertu chez le malheureux est sottise et faiblesse, et lui dévoiler tous les avantages du vice. Oui, je me rends ; hâte-toi de préparer le char élégant que tu me destines, afin d'y promener ma honte, d'y étaler mon ignominie ; à moi de l'or, des diamants, une somptueuse demeure ; à moi le monde et ses plaisirs. Comte de Kersaloff, ta maîtresse meurt de faim.

En prononçant ce pacte, mes yeux étaient hagards, mes membres glacés et agités d'un affreux tremblement ; c'était enfin le dernier effort de la misère pour étouffer la vertu dans mon cœur. Le comte, loin de s'en effrayer, sourit à ce délire, à son triomphe ; il sonne, commande, et en peu d'instants une table couverte de mets, de vins exquis est dressée devant moi ; j'y prends place ainsi que lui. Il s'empresse aussitôt de me servir les plus délicats morceaux ; soins inutiles, la douleur m'étouffait, mon cœur repoussait les aliments.

— Buvons, dit le comte.

Et il me verse.

— Oui, du vin, afin de m'étourdir.

Et je bois, puis présente de nouveau mon verre ; le comte remplit et je vide encore.

— Un baiser, ma délicieuse Alice.

— Oui, un baiser, mais de l'or en récompense, répondis-je obéissante et déjà étourdie par la fumée du vin.

— Tu en auras, ma belle, tant qu'il te plaira, répond le comte en souriant.

Après un instant de repos, de fréquentes libations de champagne, de xérès, vinrent tuer chez moi raison, remords, souvenirs, et m'aidèrent à franchir sans horreur la distance qui me séparait encore du vice.

Ce fut dans les bras du comte, que je m'éveillai le lendemain. Mon premier regard se fixa sur le comte qui dormait, je contemplai cet homme à qui je m'étais abandonnée par amour maternel, cet homme qui était resté sourd à mes plaintes, impitoyable en présence de ma misère.

— C'est donc ainsi qu'ils sont tous ? me dis-je avec douleur. Chez eux point de sentiments généreux pour nous autres faibles femmes ; rien de noble, de désintéressé ; égoïstes jusque dans leurs plaisirs, c'est notre perte qui fait leur joie, et pour atteindre ce but, est-il quelque chose de sacré pour eux? non! ah! cette odieuse pensée tue au monde et à la vertu.

Eh bien donc malheur à toi, Bréval, mon premier corrupteur, malheur à toi, prince de Kersaloff, vous qui m'avez enseigné le vice, et poussé dans ses abîmes ; malheur à vous, car vous serez les premières victimes de la haine implacable que je jure à votre sexe perfide... Vous l'avez voulu, infâmes, eh bien! à moi les joies, le manège de la coquetterie, afin de mieux enflammer, tourmenter vos semblables, à moi leurs hommages hypocrites, leurs richesses; à eux la honte et la misère après les avoir trompés et ruinés... Femmes, femmes, je vous vengerai, j'en fais ici le serment.

Le réveil du comte vint mettre fin à mes imprécations.

— Est-il donc vrai que ce n'est point un songe.

— Oui, cher prince, à vous l'honneur d'avoir vaincu mes scrupules.

— Mon amour, ma constance, ma belle, te sont acquis à jamais, et pour embellir ta vie, je veux que ma fortune fasse pour toi de cette terre un Eldorado, un temple des plaisirs.

— Et ange déchu faire de moi la divinité de ce sanctuaire, ajoutai-je en souriant.

— Pourvu que des hommages que viendront déposer à ses pieds une foule d'adorateurs, la déesse n'accepte que les miens et n'exauce que mes vœux.

— Tel est mon devoir, monseigneur ; dis-je en m'inclinant, et les yeux baissés.

— Songe, Alice, que je suis jaloux.

— On ne veut de la jalousie que de ceux dont on peut être jaloux, et j'accepte la vôtre, comte, comme une certitude d'amour.

— Tu es charmante, Alice, et ce ton badin, cet air doux et enjoué te séyent cent fois mieux que le ton piteux, lamentable, que tu avais pris hier.

— Avant ma conversion, n'est-ce pas? monseigneur.

— Oui.

— Cependant, comte, je vous confesserai une faiblesse qui me tient fort à cœur.

— Parle, ma reine, dit le prince.

— Celle d'avoir un cœur de mère, et d'envier la possession de mon fils que je brûle du désir d'embrasser.

— Eh bien il faut donner ordre qu'on te l'amène.

— Comte, je vous ai dit que mon enfant était en Lorraine, où il me faut aller le reconnaître, le réclamer.

— C'est juste ! nous irons donc le chercher nous-mêmes.

— C'est aujourd'hui même qu'il faut partir... D'ailleurs ne peut-on s'aimer aux champs comme à la ville ?

— C'est encore vrai, ma belle, mais la mission dont m'a chargé mon souverain exige en ce moment ma présence à Paris.

— Soit ! alors je partirai seule ; comte, donnez des ordres pour qu'on me prépare une chaise de poste.

— Quoi ! vouloir partir, m'abandonner déjà, mais c'est de l'ingratitude.

— De l'ingratitude, sans doute, de ce que votre premier bienfait, comte, est de manquer à la parole que vous m'avez donnée de me conduire aujourd'hui même vers mon enfant ; mais laissez-moi partir et je vous pardonne ; je vous permets durant mon absence de monter la maison que vous me destinez, m'en rapportant à votre goût pour le choix des meubles, des équipages.

— Alice tu es un tyran.

— Et vous un homme aimable, qui ne voudrait pas contrarier son amie et débuter envers elle par un parjure... Allons, regardez-moi, monsieur, et refusez encore si vous osez...

— Partons, Alice, partons ensemble.

Deux heures après cette scène j'étais parée, le comte m'avait inondée d'une pluie d'or, et dans l'attente des chevaux de poste, que par mon ordre on était allé commander, j'étais au salon ; et pour calmer ma vive impatience, mes doigts parcouraient le clavier d'un piano. Le prince m'écoutait avec ravissement, et placé derrière moi, les yeux sur la glace, m'admirait avec passion ; je l'aperçus et pour mieux l'enchaîner, je lui souriais avec coquetterie en joignant à ce manége le charme de l'harmonie et de l'art. Ma ruse réussit, car bientôt à mes pieds je vis s'humilier l'homme que je voulais dompter et faire esclave. Un valet vint nous annoncer que les chevaux nous attendaient dans la cour ; nous montâmes en voiture pour nous rendre d'abord à la maternité, et y remplir les formalités nécessaires, acheter, moi mère, le droit de reprendre et d'élever mon enfant. Le comte resta dans la voiture, moi seule pénétrai dans l'établissement où le même employé me reçut cette fois avec bienveillance, politesse ; cet homme remarqua de suite ma mise élégante, si différente de celle avec laquelle je m'étais présentée à lui la veille, humble, pauvre, sanglotante. Oh! mon habit, que je te remercie, murmurai-je alors tout bas.

— Madame vient sans doute au sujet de l'enfant dont elle m'a parlé hier?

— Oui, monsieur, le réclamer et payer.

— Je suis désolé d'avoir une mauvaise nouvelle à apprendre à madame, mais le devoir m'y contraint...

— O ciel! expliquez-vous, monsieur, fis-je avec impatience.

— Ce matin, madame, nous est parvenu l'acte mortuaire de votre fils, décédé il y a huit jours.

Je n'en entendis pas davantage, car frappée au cœur, je poussai un cri, et tombai sans connaissance.

VII

GRANDS INCIDENTS.

Après un long laps de temps passé dans les souffrances et les larmes, logée dans le riche appartement d'un hôtel garni de la rue de la Chaussée-d'Antin, où le comte m'avait conduite, après m'avoir enlevée sans vie de la maternité, et replacée dans la chaise de poste. Après bien des larmes versées en expiation de la perte de l'enfant qui m'était cher par-dessus tout, pour qui seul je voulais vivre, puisque pour obtenir sa possession je m'étais vouée à la honte en vendant et livrant mon corps; ce sacrifice devant lequel j'avais si longtemps reculé avec horreur, pour l'accomplissement duquel j'avais appelé l'ivresse à mon aide, afin de forcer chez moi la raison à se taire et mieux braver ses lois; eh bien! ce sacrifice surnaturel devenait cependant chose inutile, j'étais flétrie, et mon fils n'existait plus. Oh! les hommes, les infâmes! c'était encore là leur ouvrage, celui de Bréval, qui, après m'avoir abandonnée, étendue trois mois sur le lit d'un hôpital, avait envoyé mon enfant à la mort, mon enfant! victime de l'égoïsme de son père, de la faute de sa mère, de la cupidité d'une indigne nourrice... Pouvais-je pardonner? oh! non, l'insulte était trop grave, deux hommes m'étaient trop odieux; l'un en séduisant mon innocence, l'autre en m'offrant son secours au prix d'une vile prostitution, Bréval et le comte enfin avaient, en ulcérant mon âme, en me rendant odieuse et méprisable à moi-même, encouru ma haine, ma vengeance, et, pour les punir, il me fallait accepter pour auxiliaire dans mes projets, le vice, l'hypocrisie; et je m'y résignai.

Depuis quatre mois la terre couvrait les dépouilles mortelles de mon fils, depuis deux j'habitais un magnifique hôtel situé rue de Londres, où sous des lambris dorés, la soie et le velours, je régnais en reine et maîtresse, tenant le comte de Kersaloff enchaîné à mes pieds, exploitant sa fortune et la prodiguant en de folles dépenses et luxueux équipages, en fêtes et festins, et n'accordant plus à cet homme pour prix de ses sacrifices et de sa soumission à mes caprices que de rares et courts instants. Devenue femme galante, j'avais dû aussi accepter toutes les charges et déboires de l'emploi, repoussée des familles honnêtes, et Paria immonde, chercher ma société parmi ceux de ma caste. Or, sans hésiter et pour mieux me styler aux ruses de l'état, à ce manége dans l'art de plaire et de tromper, je m'étais faite la commensale de la demeure de madame de la Beauchalière, et en dépit du comte de Kersaloff, l'âme de ses bals et soirées, la chère et bonne *petite* des lorettes galantes, qui peuplaient chaque jour ce bazar, cœurs sans âme, femmes poussées au vice par la paresse, la coquetterie, et sur qui je trônais par mes charmes et mon luxe. Dès ce moment, à moi une nouvelle existence, à moi les hommages des hommes, les plaisirs mondains, mais non la joie pure d'une âme satisfaite, car le remords, toujours là, me brisait le cœur sans nulle pitié; mêlait le fiel à mes sourires.

Une nuit, une nuit de bal et de folles joies, je me trouvais chez une de mes amies, ayant nom d'Adéla de Rosambeau, maîtresse d'un pair de France, entourée d'une foule de jeunes gens galants et empressés à me faire leur cour, à me prodiguer leurs faveurs. Un homme à la mise élégante que je n'avais point encore distingué parmi ceux qui encombraient les salons, s'approcha de moi et vint humblement me saluer par mon nom d'Alice de Merville, en se félicitant de notre rencontre. En reconnaissant Alban dans le cavalier, mon premier mouvement fut tout de haine et de dédain, mais ressaisissant mon rôle, je remplaçai aussitôt par le sourire l'expression de mépris que cet homme m'inspira.

— Vous ici, charmante Alice, vous dont je regrettais amèrement la perte, que je cherchais et demandais au monde entier; ah! mille fois heureux le hasard qui m'a amené dans ces lieux.

— Toujours galant, à ce que je vois, dis-je, en me levant et passant mon bras sous celui d'Alban, afin de l'entraîner à l'écart.

— Ajoutez, belle Alice, toujours amoureux.

— Voilà de la constance, ou je ne m'y connais pas; et cependant, mon cher Alban, ma conduite à votre égard fut loin d'être encourageante.

— Hélas! oui, cruelle, mais le moyen de vous garder rancune en vous sachant si belle...

— Et heureuse, ajoutez, monsieur, car aujourd'hui je suis riche, brillante; et de plus convertie aux joies et coutumes de ce monde.

— Oh! je sais que maîtresse adorée d'un grand seigneur, vous disposez de son cœur et de ses richesses.

— Donnez-moi donc des nouvelles de Bréval.

— Puissant personnage, époux d'une femme millionnaire, il gouverne en ce moment à Paris, dans le luxe et les plaisirs, la recette générale que lui a fait obtenir en province le crédit d'un ministre et la fortune de son beau-père, parfaite nullité, siégeant à la chambre en qualité de député ministériel.

— Tel père, tel gendre, homme sans cœur ni conscience.

— Voilà des épithètes qui sentent diablement la rancune.

— Vous croyez! Alban, eh bien! oui, je suis rancunière; une femme n'oublie pas facilement le mépris qu'on a fait de son amour et de ses charmes, ce qui est cause que je hais Bréval de toute la force de mon âme, autant que je l'ai aimé, enfin.

— L'insensé! avoir échangé tant d'amour contre tant de haine. Ah! que n'étais-je l'amant heureux et chéri de votre cœur, que de fidélité, d'amour je vous eusse conservés!

— Cet amour que vous me dépeignez avec tant de feu serait-il réel, sincère et capable d'une grande action en ma faveur, répondez, Alban.

— Ordonnez l'épreuve, charmante Alice, et j'obéis.

— Je n'ordonne rien, mais je m'explique. Un homme m'a indignement trompée, cet infâme m'a tué mon enfant, m'a plongée dans le vice; sa vie m'est odieuse, et faible femme, je ne puis laver dans son sang l'outrage qu'il m'a fait. A celui qui m'aime de mériter ma tendresse en punissant Bréval; car tant que cet homme vivra j'ai fait le serment de rester insensible.

— Quoi! une aussi belle bouche ordonner un trépas, exiger du sang...

— Homme, je vengerais moi-même une offense, femme, je veux me venger par l'homme qui dit m'aimer.

— Hé bien! qu'un peu de cet amour que vous promettez en récompense, encourage d'avance celui qui se déclare votre champion, et je provoque Bréval.

— A d'autres, sir Alban. Nouvel Oreste, vengez d'abord Hermione, et à ses pieds, venez réclamer la récompense de votre valeur.

— Cela est très-encourageant, en vérité, mais Hermione, loin de récompenser Oreste, maudit son zèle, et le chassa loin d'elle, lorsque d'après ses conseils il eut tué Pyrrhus.

— Ici ce n'est plus une amante jalouse qui veut punir, quoi qu'aimant encore, mais la haine, la honte qui demandent vengeance.

— Ah! si j'étais certain, fit Alban en soupirant.

— Vous doutez, alors qu'il ne soit plus question de rien, répondis-je en retirant mon bras et m'éloignant pour aller me perdre dans la foule.

Le comte de Kersaloff que la jalousie avait amené à ce bal où il me savait contre sa volonté et qui m'y cherchait en cet instant, me ramena chez moi, un peu après, en me grondant de l'inquiétude que lui occasionnait ma présence dans des fêtes continuelles, dans des maisons de mœurs faciles, où mille adorateurs s'empressaient autour de moi. Je souriais aux reproches de cet amant en lui déclarant avec fermeté que j'entendais être la maîtresse de mes actions, me sentant incapable de faire un mauvais usage de cette liberté. Le lendemain, après que le comte m'eût quittée, ma femme de chambre, soubrette adroite et discrète, vint m'apporter une lettre à mon adresse, qu'un valet lui avait donné la veille, avec recommandation de ne me la remettre qu'en particulier. En regardant la suscription, je poussai un cri de surprise, car j'avais reconnu l'écriture de Bréval.

— Que me veut cet homme? quelle nouvelle perfidie l'engage à m'écrire! ah! sachons-le, m'écriai-je tremblante en rompant vivement le cachet.

« Alice, ma bien-aimée, pour contracter d'autres amours, et te
« faire la maîtresse du comte de Kersaloff, tu as donc pris au sé-
« rieux l'indifférence et l'abandon de Gustave? Cruelle! ah! que
« ton erreur a été grande et funeste. Alice, je t'aime encore, et
« n'ai jamais cessé de t'aimer; la ruine, l'approche de la misère
« ont pu seules me contraindre à m'éloigner de toi quelques ins-
« tants, à devenir l'époux d'une femme laide que je ne puis ai-
« mer; mon cœur cependant était tout à Alice, cette fortune que
« j'enviais, que je possède maintenant, c'était pour toi, pour te
« l'offrir, et en parer ma maîtresse chérie; et tu es celle d'un au-
« tre, Alice! En t'apercevant hier passer dans ton char élégant,
« en te voyant encore plus belle que jamais, l'amour que je te
« conservais s'est éveillé avec plus de force dans mon cœur, et j'ai
« résolu d'implorer de ta pitié un pardon généreux, le retour à
« ce sentiment si pur, si dévoué que tu me témoignas jadis. O ma
« belle! ne sois pas insensible aux prières de l'amant qui t'adore
« et ne peut vivre sans toi; daigne me recevoir, m'entendre, Alice,
« oui, dis un mot et je tombe à tes pieds, abandonne le comte de
« Kersaloff, cet homme indigne de t'apprécier, et je consacre ma
« vie, ma fortune entière à embellir ton existence; oui, pour toi
« j'abandonne une épouse que je hais, dont la fortune excita seule
« mon ambition. Alice, c'est Bréval, c'est le père de ton enfant,
« celui qui veut réparer ses torts envers deux êtres qui lui sont
« chers, qui te supplie, t'implore, te demande grâce; Alice, j'at-
« tends ta réponse, hâte-toi de m'appeler.

— L'audacieux, le fourbe, m'écriai-je après avoir lu ces lignes
et froissant la lettre avec indignation. Ah! malheur, Bréval, malheur à toi! cette lettre sera ta perte, imprudent! Et cela dit, je
me jetai en bas du lit, et m'habillai dans l'intention de sortir,
d'aller moi-même porter, livrer à l'épouse de Bréval cette lettre
accusatrice, et troubler ainsi le repos de cet homme; mais au moment d'accomplir cette action, la pitié pour une épouse trahie,
malheureuse, descendit dans mon âme, j'hésitai et renonçai presque à mon dessin.

Encore une lettre que l'on m'apporte, je l'ouvre, elle est d'Alban, et en renferme une seconde.

Alban m'écrivait qu'après avoir réfléchi mûrement sur les torts
de Bréval envers moi, et conseillé par son amour, se fiant sur ma
parole, il consentait à provoquer mon perfide en duel, que pour
agir il n'attendait plus qu'un mot de ma main et comme gage de

ma tendresse, une boucle de mes cheveux; précieux talisman, qui, placé sur son cœur doublerait son courage et son adresse.

« Oui, ajoutait Alban, soyez sans pitié pour cet homme perfide
« qui de tout temps se fit un jeu de votre crédulité, de votre tendre
« faiblesse. Que la lettre que je joins ici et qu'il m'écrivit jadis
« lorsqu'il convoitait votre posession, vous soit un sûr garant que
« Bréval vous trompait sans cesse, et que lorsqu'il vous promettait
« le doux nom d'épouse, sa bouche mentait à celle dont il ne vou-
« lait être que l'amant d'un jour. »

Furieuse, hors de moi, je m'empresse d'ouvrir la lettre de Gustave, mes yeux la parcourent avec rapidité, et en lisant, mon cœur se soulève de dégoût et d'indignation.

— L'infâme! comme il me traitait,... Antonine son épouse, et moi, niase provinciale, sa maîtresse, son caprice ; horreur! et j'ai pu être aussi longtemps la dupe de ce misérable ! et c'est pour un pareil monstre que j'ai perdu honneur, famille, tout enfin ! Ah! plus de ménagement, périssent son repos, son ménage, je dois le démasquer, le perdre, oui, je le veux. Et cela dit, je me rends aussitôt après chez le prince, que ma présence surprend et que mon agitation effraie.

— Comte, si vous m'aimez, si je vous suis chère, souffrirez-vous qu'un infâme m'insulte et me ravisse à votre amour? dis-je d'un ton ferme.

— Explique-toi, ma belle, et d'où vient ce transport.

— Lisez, monsieur le comte, puis vengez-moi, vengez-vous de l'audacieux qui veut vous ravir votre maîtresse ; et je présentai au comte la lettre que Bréval m'avait écrite.

Le prince s'empresse de la saisir, et en lisant son front se rembrunit, la colère se peint sur tous ses traits. Il a lu et la tempête éclate avec fureur, le comte jure de punir l'insolent, d'employer tout le crédit qu'il possède auprès du ministre, pour arracher à Bréval le riche emploi dont il l'a gratifié, et s'il ne réussit, de le faire mourir sous le bâton.

J'approuve mon amant, l'excite, l'encourage dans son dessein, et promets de le seconder de tout mon pouvoir. C'est par mille caresses, par le don précieux d'un magnifique écrin, que le comte récompense aussitôt ce qu'il appelle chez moi une preuve d'amour et de fidélité.

Il me quitte pour se rendre chez le ministre. Rentrée chez moi je m'empresse de mettre sous pli la lettre de Bréval que j'adresse à son épouse. Ma vengeance était à peine commencée, que déjà ramenée à mon bon naturel, le remords s'agitait dans mon cœur, et j'accusais mon âme de bassesse et d'infamie ; mais le souvenir de mon fils, d'avoir été chassée, méconnue par Bréval, et mon affreuse misère revinrent aussitôt à ma pensée, et je m'écriai alors : Ferme, mon âme, point de faiblesse et que Dieu me pardonne !

Éprouvant le besoin de me distraire, de m'arracher à de pénibles réflexions, je donnai ordre d'atteler, et m'élançai dans ma voiture en indiquant au cocher le bois de Boulogne, pour but de la promenade que je me proposais de faire.

Depuis une heure je parcourais les avenues ombreuses, de cette belle promenade, et ma calèche passait devant la grille Saint-James, lorsque mon regard errant tomba sur un homme qui, assis sur le bord d'un fossé, lisait attentivement. Au bruit de la voiture il lève la tête et je reconnais en lui M. Achile Menu, mon ancien adorateur, le petit homme me reconnaît aussi, pousse un cri de joie, de surprise, se lève précipitamment et vient à moi. Je fais arrêter, je souris au jeune homme en l'invitant à monter, à s'asseoir près de moi ; ce dont il s'empresse de s'acquitter avec empressement.

— Enfin, je vous retrouve donc, chère Alice ! dit-il en me prenant la main, et la serrant avec effusion.

— Et je m'en félicite, monsieur, car votre présence me rappelle des gens que j'aime, mais qui doivent, hélas ! m'avoir rayé de leurs cœurs.

— Des gens ?... ah ! oui, Bréval n'est-ce pas ?

— Non, monsieur, car cet homme qui m'a rendu la plus malheureuse des femmes, est indigne de mon souvenir.

— Oui, vous avez fortement à vous plaindre de lui, en effet, et moi aussi, dont il s'est servi pour vous enlever et vous ravir ensuite à mon amour... Oh ! je suis instruit, je connais son infâme conduite envers vous, envers moi, et cela grâce à un nommé Dodore, l'amant de la prétendue parente de Bréval, chez qui j'eus la sottise de vous conduire à notre arrivée à Paris, lequel par parenthèse m'a fait payer ses confidences en m'empruntant une assez forte somme qu'il ne m'a pas encore rendue.

— Monsieur Menu, avez-vous revu mon tuteur, sa famille, depuis ma fuite de chez eux ?

— Deux fois, ma belle Alice ; la première, pour aller dîner chez eux avec mon oncle le percepteur ; la seconde, pour assister aux derniers moments de ce bon M. Ducastel.

— Oh! ciel, mon tuteur est mort?... m'écriai-je avec douleur.

— Mort et enterré, voilà deux mois, à la suite d'un refroidissement gagné à la pêche; passion favorite du cher homme.

— Qu'il me pardonne du haut du ciel, de l'avoir tant offensé, monsieur.

— Et chagriné, ajoutez, car le pauvre Ducastel fut inconsolable de votre fuite.

— Et sa veuve, et Antonine?

— Elles ont quitté le château, le pays, et habitent maintenant Paris.

— O ciel! si près de moi et je l'ignorais.

— Ce Paris est si grand!...

— Connaissent-elles mes malheurs, ma position présente? parlent-elles quelquefois de la pauvre Alice?

— Elles savent tout, la mère vous blâme et a juré de ne jamais vous revoir, quant à Antonine, plus indulgente, et oublieuse de votre ancienne rivalité, elle ne demanderait pas mieux que de vous embrasser si elle vous rencontrait; et chose importante, votre avoir placé par feu M. Ducastel, dans des mains sûres, vous sera remis à votre majorité, capital et intérêts.

— Hélas! que m'importe ce bien, c'est l'estime, l'amitié de ces amis, mes bienfaiteurs, que je regrette le plus amèrement.

— Laissons là les tristes souvenirs, belle Alice, ce qui est passé est passé; ce qui est fait est fait; mais parlons de vous, de votre beauté, de votre fortune, car à en juger par ce brillant équipage, il paraît que vous avez mené grand train cette dernière.

— Ne m'interrogez-pas, monsieur, dis-je avec embarras.

— Au moins me permettrez-vous de vous entretenir de mon amour, que l'absence n'a fait qu'augmenter? de cette passion forte, éternelle, qui depuis six mois me fait errer dans ce bois, ce pays, à votre recherche et brûler du désir de vous revoir.

En parlant ainsi, le petit homme prenait un air passionné.

— Vous me cherchiez dans ce pays, et pourquoi plutôt là qu'ailleurs? dis-je en souriant.

— Parce que Bréval m'avait appris qu'un riche amant vous y tenait fixée dans une maison des champs.

— Mensonge, je n'ai jamais habité ce pays.

— Je ne m'étonne plus de vous y avoir cherchée si longtemps sans succès; mais ce zèle n'en mérite pas moins une récompense.

— Aussi vous offrirais-je mon amitié, acceptez la franche et sincère.

— Votre amour, vous voulez dire? Alice, car ce sentiment est seul capable de satisfaire la passion que vous m'avez inspirée.

— De l'amour, je ne le connais plus, et ne veux plus en ressentir, n'espérez donc rien de ce côté, mon cher Menu.

— Alors vous voulez donc me désespérer?

— Et vous, me rendre parjure au serment que j'ai fait de ne plus aimer, et de ne faire servir mes charmes qu'à désespérer votre sexe, à qui j'ai juré une haine éternelle?

— Innocent de ces torts envers vous, je ne peux ni ne dois en supporter la peine.

— Innocent! pas autant que vous voulez bien le dire, mon cher Menu, car enfin vous avez contribué à ma perte en vous prêtant à mon enlèvement, en vous permettant en route certaines privautés dont un homme s'abstient envers la femme qu'il respecte.

— En vous enlevant, Alice, je croyais agir pour mon propre compte et enlever une femme dont je voulais faire sérieusement la mienne.

— Avec d'aussi louables intentions, je ne devais en être que plus sacrée pour vous, qui, d'avance, cherchiez à flétrir votre future, et à la rendre méprisable à vos yeux mêmes. Vous voyez alors, monsieur, que ce dieu ne fait faire que des sottises, et qu'il est prudent de le bannir loin de nous... Tenez, Menu, je sais quelqu'un qui vous convient mieux que moi, dont la passion vous promet bonheur, repos et fortune; c'est cette excellente Antonine, qui, restée fille jusqu'alors, semble attendre que vous pensiez à elle et la choisissiez pour compagne.

— Moi, changer d'amour, oh! jamais! je préfère attendre le jour où un bon caprice vous décidera en ma faveur.

— Pour faire de vous mon amant?...

— Et votre mari.

— Fou! mais vous ne savez donc pas que désormais je suis indigne de devenir l'épouse d'un honnête homme.

— L'amour excuse tout.

— Hors le vice sans doute?

— Vous n'êtes point vicieuse, Alice.

— Je suis une femme galante, monsieur, et la maîtresse salariée du comte de Kersaloff; voudriez-vous encore devenir mon mari?

— Mes torts sont ceux de l'amour, Alice. Oui, Alice, car, pour être égarée, une femme n'est pas perdue, et la main d'un honnête homme peut facilement la remettre dans le droit chemin.

Tant d'abnégation, de générosité me surprirent et m'arrachèrent des larmes. Cet homme disait vrai, on le voyait dans ses regards; mais, hélas! plus corrompue que je ne pensais l'être, loin d'accepter l'offre qu'il me faisait de me sortir de l'abîme, de me rendre à l'honneur, à la société, à l'estime de moi-même et du monde entier, j'osai fixer sur lui un regard observateur et perdre courage en le voyant si laid. Quelques mois plus tôt, j'aurais accepté comme un secours du ciel la main et le nom de cet homme; mais déjà familiarisée avec la honte, j'osai le refuser ; dès-lors, j'étais entièrement perdue, et chez moi, les pleurs, les mots regrets, vertu, n'étaient autres que grimaces, hypocrisie.

— Répondez, ah! répondez, Alice, que dois-je espérer ? reprit Menu, fatigué du silence dans lequel m'avaient jeté ces dernières réflexions.

— Encore une fois mon amitié, et rien de plus.

— Je l'accepte en attendant mieux, ma belle Alice, car le temps est un grand maître, et me fiant à lui, je ne perds pas tout espoir.

— Comme il vous plaira, monsieur, pourvu que vous ne me parliez jamais de votre passion, que nous vivions tous deux comme frère et sœur, alors, je vous avouerai que cette liaison me sera précieuse et chère.

— Et à moi donc!

Tandis qu'allait ainsi notre entretien, que ma voiture nous promenait sous les ombrages du bois, sachons ce que faisait le comte de Kersaloff dans l'intérêt de sa vengeance, et de la mienne.

Après m'avoir quittée, le noble personnage, plein de dépit et de colère, se jeta dans sa voiture et se fit conduire chez le ministre, où la puissance de son nom lui fit aussitôt obtenir l'audience qu'il désirait. Là le prince se répandit en plaintes amères sur le compte de son ci-devant protégé, de l'ingratitude de Bréval, qu'il chargea de plusieurs méfaits, et dont il demanda nettement la destitution subite. Vaine demande ; Bréval était l'homme du ministère, de plus, le gendre d'un riche député, créature dévouée au pouvoir d'âme et de corps. Ensuite les élections approchaient. Des hommes tout disposés comme lui à livrer les intérêts de leur pays, en échange d'une place, d'un peu d'or, d'un bout de ruban, étaient trop précieux en ce moment de crise politique, pour qu'on risquât de les indisposer; mais ajouta le ministre : Plus tard, après les élections et quand la chambre sera recomposée je n'aurai plus rien à refuser à monsieur le comte de Kersaloff; l'ami du grand Czar de toutes les Russies. Le prince humilié de ce refus se fâchait, menaçait, mais le ministre n'en tenait compte; son portefeuille avant tout.

— Mais cet homme, reprit le seigneur, auquel vous tenez tant, est un chevalier d'industrie, un joueur, un homme sans foi ni honneur.

— D'accord, monsieur le comte, mais il n'y a que ces gens-là pour vendre leur conscience; ensuite c'est vous qui nous l'avez procuré, qui avez levé toutes les difficultés qui s'opposaient à son mariage avec la fille de M. Duvivier, et je ne puis comprendre le motif qui vous fait aujourd'hui rompre votre propre ouvrage, et désirer la chute de votre protégé.

— J'ai fait la fortune de cet homme, et depuis j'ai reçu de lui, en récompense, un indigne outrage, dont je veux, je dois tirer vengeance, et puisque vous refusez de me seconder, à moi de le punir seul et sévèrement.

— Mais au moins accordez-nous, avant sa destitution, le temps nécessaire pour tirer parti de son vote, et votre désir, ensuite, sera notre loi.

— Je réfléchirai, monsieur, et vous reverrai à ce sujet; en tous cas j'augurais mieux de votre complaisance, dit le prince avec dépit.

— Encore une fois, monsieur le comte, laissez-nous nous servir de cette machine, et je vous promets de la briser ensuite.

Et le prince, peu satisfait de rencontrer une résistance aux volontés d'un homme de son rang, de son importance, se retira de fort mauvaise humeur.

Comme il allait franchir les antichambres, un homme marchant tête baissée et d'un pas rapide, vint se heurter contre lui, et le comte en le repoussant reconnut Bréval.

— A nous deux, monsieur, dit le prince furieux en saisissant d'une main de fer le bras de l'homme du ministère.

— Qu'y a-t-il pour votre service ? mon prince.

— Que je souhaite châtier en vous un audacieux insolent.

— Vous plaisantez, comte. Quoi ! pour un enfantilage, vous fâcher tout rouge, car je devine de quoi il s'agit.

— Vous êtes un drôle, un impertinent, un misérable que je veux faire mourir sous le knout de mes cosaques.

— Comte, prenez garde de lasser ma patience, et rendez grâce au respect que ce lieu m'inspire, car déjà mon bras aurait devancé votre menace, répondit Bréval, les traits pâles, les membres agités par la colère.

— Tu menaces, valet politique.

Et au même instant le prince flagella de son gant la joue de Bréval, qui furieux rendit au seigneur russe insulte pour insulte.

— Dans ton pays de brutes et d'esclaves, noble Boyard, c'est par le supplice que tu vengerais cette insulte, mais en France, ce sont les armes à la main que je t'offre une réparation.

— A l'instant même, suivez-moi, répondit le comte de sang-froid, et les lèvres de la couleur du lys.

— Vous suivre ! de quel droit ? à quel titre ? comte de Kersaloff ; dans deux heures, porte de Vincennes, l'épée et le pistolet.

Cela dit, Bréval tourna le dos au prince, et pénétra chez le ministre. Une heure après cette scène, et de retour de la promenade, je rentrai chez moi toujours en société de Menu, que j'avais décidé non sans peine à m'accompagner à mon hôtel, et à dîner avec moi en qualité d'ami intime. Le concierge, à ma descente de voiture, m'apprend que le comte est chez moi, et qu'il y attend mon retour depuis une demi-heure. A cette nouvelle Menu recule, refuse de monter. Je lui ris au nez, j'insiste, je l'entraîne dans mon salon et le présente, en qualité de cousin germain, aux regards étonnés du prince. Menu rougit, salue, balbutie quelques mots en guise de compliment et ce prétendu furieux jaloux devient, en présence du comte qui l'examine en souriant, d'une timidité, d'une gaucherie allant jusqu'à la bêtise.

— J'étais loin de m'attendre à vous trouver ici, prince, dis-je, après avoir présenté un siége à Menu et m'être assise.

— Le plaisir de passer quelques instants près de vous, Alice, en attendant le retour de mes gens et de ma voiture que j'ai envoyés chez moi prendre différents objets dont je vais avoir besoin dans une heure... Mais j'y pense... Monsieur est-il libre ? Il serait alors très-complaisant s'il voulait me consacrer une heure de son temps en m'accompagnant en certain lieu où une affaire importante réclame ma présence, dit le comte à Menu, qui, à cette demande rougit de nouveau et balbutie un oui inintelligible.

— Allons, cousin, répondez donc plus franchement à la demande du prince.

— J'ai dit oui, cousine, et suis tout entier aux ordres de monsieur le prince.

— Je n'abuserai pas longtemps, monsieur, de votre temps.

— A votre aise, monsieur le prince et tout à votre service.

Un instant d'entretien encore et le comte, entendant sa voiture entrer dans la cour de l'hôtel, m'embrasse et prend congé de moi en emmenant Menu. Ils partent, roulent avec rapidité, et d'abord en silence, car le comte est tout entier à l'examen d'une paire de pistolets qu'il vient de prendre dans une boîte, placée ainsi qu'une épée, sur la banquette du devant de la voiture.

— Voilà de superbes pistolets, risque Menu, fort inquiet de l'usage que pourrait en faire le comte.

— Et de plus qui n'ont jamais manqué leur homme; j'espère fort qu'ils ne failliront pas encore aujourd'hui.

— Au tir, où monsieur le prince compte s'exercer, sans doute? interroge Menu avec timidité.

— Dans le duel qui va avoir lieu, où je vous invite en qualité de témoin, l'autre, officier russe de mes amis, devant, sur mon invitation, m'attendre en ce moment à Vincennes.

— Un duel, quoi! monsieur le prince, c'est pour vous battre que vous m'avez emmené? que...

— Oui, pour corriger un drôle, le séducteur de votre cousine, Bréval enfin, dit le comte.

— Ah! c'est avec ce drôle de Bréval? vous faites bien alors, monsieur le prince, ne le manquez pas surtout, car tout timide que je suis, j'en veux tant à ce gaillard-là, que je serais capable de prendre votre place, si vous ne vous sentiez la force de l'étendre sans vie.

— Bien! très-bien! j'aime à vous voir cette noble indignation, et me félicite de vous avoir choisi pour témoin... Cousin, je vous nomme mon second, mon vengeur, si je succombe.

— J'accepte, monsieur le prince, mais tâchez de ne pas succomber, répond Menu, réfléchissant qu'il s'est beaucoup avancé.

Arrivés à Vincennes et à l'entrée du bois, un cavalier pousse son cheval vers la voiture, le comte reconnaît l'officier russe, lui sourit, lui presse la main. Ils quittent la voiture, s'enfoncent tous trois dans une ombreuse et déserte avenue, où après avoir marché une centaine de pas, ils rencontrent Bréval avec ses témoins. C'est un carrefour situé au milieu du bois que l'on choisit pour champ de bataille ; l'on convient de se servir de l'épée d'abord.

— Ah ! ah ! j'étais loin de m'attendre à vous rencontrer ici, petit Achille ; c'est sans nul doute en qualité de témoin de monsieur le comte, et de vengeur de la belle et indifférente Alice que vous vous présentez ; fait entendre Bréval d'un ton moqueur, tout en mettant habit bas et s'adressant à Menu qu'il venait de découvrir derrière le prince.

— Comme vous dites, monsieur est mon témoin, plus mon second, si vous n'êtes satisfait, répond le comte en dégaînant.

Le salut fait, les fers se croisent, les témoins sont silencieux, attentifs. Le comte semble l'emporter en adresse et en supériorité. Bréval, poussé vivement, recule d'un pas ; deux minutes encore d'un combat acharné, et le comte de Kersaloff tombe sur la terre le corps traversé par l'épée de son adversaire. Un cri d'effroi s'échappe de chaque bouche, on s'empresse autour de la victime, peine inutile, elle est sans vie.

— A nous deux maintenant, fier Achille, s'écrie Bréval, tout en essuyant froidement avec son mouchoir la lame de son épée.

Loin de refuser, le petit homme, saisi d'un mouvement de rage à la vue du comte étendu sans vie, s'empresse de courir aux pistolets, s'en saisit et en jette un à la face de Bréval, qui cessant de rire, et furieux de cette action, engage insolemment le petit homme à mourir en bon chrétien. A cette fanfaronnade, Menu répond un instant après en envoyant une balle se loger dans la poitrine de Bréval, qui chancelle, tombe et expire aussitôt.

. . . .

Ici se terminait la première partie des Mémoires de la belle Sainte-Rose. Entraîné par cette lecture, brûlant du désir de savoir, de connaître la vie, les aventures de cette femme, de m'identifier avec elle, j'avais passé une grande partie de la journée à lire ce manuscrit, à le dévorer avec impatience et curiosité ; frémissant de rage au récit du triomphe de cet odieux Bréval, de ce lâche séducteur, sans néanmoins cesser d'estimer cette femme que l'amour maternel, l'affreuse misère, le désespoir avaient seuls rendu coupable.

Mais le comte de Kersaloff étant mort, quel est donc alors cet autre homme portant le même titre? ce maître qui d'un mot, d'un signe, dispose de la volonté d'Alice? Hélas! un amant sans doute? Cependant il eût été beau et du devoir de cette femme, après la perte de Bréval et du comte, de rentrer dans le sentier de l'honneur, d'effacer le passé à force de vertu, et de contraindre la société à lui rendre son estime; et tout m'annonçait qu'il n'en avait point été ainsi, mais bien qu'Alice, enivrée par les joies, le luxe, les honneurs, n'avait pu se condamner à la médiocrité, aux privations que lui eussent imposé la modique fortune qu'elle tenait de sa famille.

Ainsi donc en continuant une vie galante, d'affermer sa possession, ses caresses, après que la mort l'avait débarrassée des deux êtres aux yeux de qui elle pouvait rougir, Alice donc avait failli à tout sentiment d'honneur, fait preuve que le vice lui était devenu familier, que la vertu, les remords, son désir de se réhabiliter, tout cela n'existait que sur ses lèvres et non dans son cœur.

Et cependant que de vérité d'âme dans tous ses traits; est-il permis à la femme corrompue, hypocrite de dissimuler autant? Un semblant de vertu peut-il porter un tel cachet de vérité?...

Mais à quoi bon ces commentaires? Pourquoi me tourmenter ainsi, lorsque j'ai là à ma disposition la suite de ses mémoires; le secret de toute la vie de cette femme; enfin de quoi éclairer, fixer ma pensée, et me faire comprendre le degré d'estime que je dois lui accorder... Mais ce comte, ce comte! ah! s'il est son amant, je veux la haïr, la fuir, ne la revoir jamais, jamais! car près d'elle en la sachant coupable, en la méprisant même, je sens là, dans mon cœur, qu'il me serait encore impossible d'échapper à son empire, que ne pouvant l'élever jusqu'à moi, devenu son esclave aveugle et soumis, je m'abaisserais jusqu'à elle.

Faisant taire le besoin, la faim qui me talonnait, je me disposais, dans ma vive impatience, à entamer la lecture de la seconde partie du manuscrit, lorsqu'un petit coup frappé sur ma porte me fit ouvrir.

— C'est moi, mon petit Oscar, fit entendre la visiteuse importune et inattendue en qui, à ma grande surprise, je reconnus Hortense.

— Vous? ma chère, par quel hasard!

— Je viens passer la soirée avec toi, te prier de me mener

dîner au restaurant et de là au spectacle, plaisir que j'adore. Tu consens, n'est-ce pas? il est cinq heures, partons!...

— Je suis désolé de vous refuser, de tromper votre espoir, ma chère, mais la chose est impossible aujourd'hui; je dîne en ville. De plus, ma belle Hortense, surveillé que je suis par les amis de mon père, je serais désespéré qu'on sût que je reçois des femmes chez moi, ce qui jusqu'alors m'a privé de ce doux plaisir; c'est donc avec regret, douleur, ma chère, que je me vois contraint de vous prier de ne point réitérer vos visites, quoiqu'elles me flattent infiniment.

— Avez-vous fini? mon petit, me demande Hortense, en souriant d'un air goguenard.

— De vous exprimer mes regrets?

— Oui, c'est heureux! maintenant à moi de vous dire que je ne tiens nul compte de toutes vos bêtes de raisons.

— Tout en maudissant cette importune, je n'osais refuser la simple politesse qu'elle réclamait de ma galanterie; et profitant des ombres de la nuit, de l'absence d'Alice, je lui offris mon bras et nous nous mîmes en route.

VIII

SUITE DES MÉMOIRES.

On nous servit un dîner fin, confortable; car Hortense était gourmande en diable, puis après, nous allâmes en loge grillée aux Folies-Dramatiques; et le spectacle terminé, je reconduisis ma compagne à sa demeure, pour courir m'enfermer chez moi, m'emparer de la seconde partie des mémoires de la belle Alice, dite Sainte-Rose, et en commencer la lecture dans l'intention de la continuer sans désemparer.

« C'est ici, continuait Sainte-Rose, que la plume devrait m'échapper des mains, ici, où le désordre commence, où l'on ne doit plus rencontrer cette fille tant ennemie du vice, et cependant je continue à tracer ma vie, je persiste à élever sous mes yeux ce monument de honte en expiation du passé.

Deux heures s'étaient à peine écoulées depuis que le comte de Kersaloff et l'indigne Bréval avaient cessé de vivre, que je vis entrer chez moi Achille Menu, le visage pâle, défait et qui, succombant sous la plus vive émotion, vint tomber près de moi sur un siége en poussant un énorme soupir.

— Qu'avez-vous donc, mon ami, et que vous est-il arrivé? m'empressai-je de demander en courant au petit homme, et lui prenant la main avec inquiétude.

— Ce que j'ai? Rien. Oh! si, une épouvantable action sur la conscience, un remords déchirant au cœur, soupira Menu.

— Mais encore, qu'est-ce donc?..

— Je viens de tuer un homme, ma chère Alice, le premier de ma vie...

— Un meurtre, grand Dieu!...

— Oui, ma chère, un meurtre. Bréval que je viens d'envoyer dans l'autre monde, et cela pour venger la mort du comte de Kersaloff que Bréval venait de tuer...

— Oh ciel! Bréval, le comte, morts! est-ce possible?

— Morts, bien morts, sans rémission.

— Parlez! parlez! Menu, expliquez-moi... m'écriai-je pleine de trouble et d'effroi.

Alors Menu me raconta la provocation, le rendez-vous, le duel et ses suites, et moi, écoutant en silence, je sentais des larmes mouiller ma paupière. Menu a tout dit; il me fixe, interroge mon âme du regard; l'âme, cet abîme impénétrable où s'élevait chez moi, en ce moment, un combat étrange entre l'humanité et la haine.

— Eh bien! qu'en dites-vous? Alice, vous voilà libre et vengée, reprend Menu impatienté par la continuité du silence que m'imposaient mes réflexions.

— Vengée! oh non, mon ami, ces deux victimes ne suffisent pas à ma haine, car c'est sur leur sexe entier qu'elle doit s'exercer sans relâche... Oui, haine aux hommes, toujours, toujours! dis-je avec fermeté en essuyant vivement des larmes dont l'aspect contredisait mes paroles.

— Haine aux hommes! impossible, ma chère Alice, car enfin vous avez un vengeur.

— Mort! mort! oh! justice divine! mort! mon lâche séducteur, l'assassin de mon enfant; l'odieux Bréval enfin; mort, puis encore mort ce prince, ce richard égoïste, oh! tant mieux, tant mieux! m'écriai-je dans une joie folle et cruelle, et marchant à grands pas dans la chambre.

— Oui, tant mieux, car vous voilà libre de répondre à ma flamme, de la couronner du plus doux succès, disait Menu, en me poursuivant dans mes allées et venues.

— Votre flamme, votre amour! mais vous n'y songez pas, mon ami.

— J'ai six mille livres de rente, Alice, qu'il me serait doux de partager avec la femme dont l'amour vrai remplirait ma vie de bonheur; répondit le pauvre Menu avec humilité et découragement.

— Alors qu'espérez-vous, mon cher?...

— Plus rien, Alice, mais j'espérais, oui, j'espérais, alors que je croyais votre âme au-dessus de la position où le malheur, la séduction vous avaient placée, alors que je croyais au repentir d'Alice, à son désir brûlant de rentrer dans le chemin de l'honneur.

— Assez, assez! monsieur, je n'accorde à qui que ce soit le droit de censurer ma volonté, mes actions... Menu, je vous ai offert une amitié de sœur, sincère, durable; l'acceptez-vous?...

— Je veux une épouse dont je puisse être fier, mais une sœur dont j'aurais à rougir, jamais! répond le petit homme avec dignité.

— Insolent! sortez à l'instant d'ici, m'écriai-je aussitôt, rougissant de l'humiliation, en indiquant du doigt la porte à Menu, et lui, après avoir jeté sur moi un regard où se peignait le reproche et la douleur, obéit à cet ordre, en s'éloignant triste et silencieux.

Le voyant partir contre mon attente, mon cœur se serra péniblement, j'ouvris la bouche pour le rappeler, mais une fausse honte fit expirer le son sur mes lèvres. Hélas! l'humiliant abandon de l'homme honnête, le seul qui m'ait aimé jusqu'alors d'un amour sincère, fut pour moi le commencement d'une douloureuse punition. Surprise, effrayée de la mort de mes deux amants, ne pouvant détourner ma pensée de cet affreux événement, et quoique détestant Bréval et le comte, trouvant le ciel trop sévère envers eux, je passai le reste de cette funeste journée dans la tristesse et les larmes, retirée au fond de mes appartements et ne voulant recevoir qui que ce soit. Le lendemain, me trouvant dans les mêmes dispositions d'esprit, étant encore au lit et la tête appuyée dans la main, livrée à mes tristes pensées, ma femme de chambre, sans m'avoir consultée, introduisit près de moi madame de la Bauchalière, visiteuse matinale que j'étais loin d'attendre à cette heure.

— Eh bonjour, ma gracieuse! comment va cette précieuse santé? Parfaitement, n'est-ce pas, à ce que m'annoncent la fraîcheur, la beauté de cet admirable visage, me dit la grosse dame, en venant, souriante et démonstrative, s'asseoir au chevet de mon lit.

— La santé excellente, ma chère dame, mais le cœur, hélas!..

— Eh quoi! mignonne, nous soupirons! Aurions-nous de gros chagrins? est-ce que ce cher comte de Kersaloff nous aurait chagrinée ou refusé la satisfaction de quelque gentil et innocent caprice?

— Le comte, ma chère de la Bauchalière, hélas! il n'est plus; hier un malheureux duel...

— Le comte mort! ah bah!

— Je veux essayer si mes talents en musique ne pourraient m'assurer une existence indépendante, honorable.

— Allons, trésor, voilà que nous allons retomber de nouveau dans la niaiserie, le sentiment; partant de là, à la misère. Voyons, folle! est-ce qu'on peut se résigner à trotter à pied ainsi qu'une petite bourgeoise, lorsqu'on a contracté, comme vous, l'habitude d'aller en équipage, d'avoir hôtel et gens; de l'or, de la soie? Pas possible!

— Je rêve en ce moment une admission dans les chœurs du grand Opéra, où je me propose de débuter un jour...

— Quelle horreur! la plus jolie femme de tout Paris, songer à s'engager dans les chœurs, à se faire rat, lorsque la fortune, les plaisirs n'attendent que son signal pour devenir son partage.

— Oui, mais les arts, ma passion favorite! Les arts avec lesquels on s'élève, se popularise et se survit après la mort, qui nous comblent d'honneur et aussi de plaisirs, de fortune, m'écriai-je avec enthousiasme.

— C'est juste, et je conviens que le titre d'artiste dramatique a de la valeur, j'approuve assez, après mûres réflexions, ce nouveau parti.

— Je suis heureuse de vous savoir de mon avis, ma chère la Bauchalière.

— Oh! tout à fait, et le mien est aussi que vous serez le plus joli rat de l'Opéra. A propos! j'y songe, j'ai votre affaire sous la main, oui, un gros salarié de la direction des Beaux-Arts, une puissance près des puissances de l'Opéra, à ma recommandation, il ne demandera pas mieux que de vous être utile en cette circonstance.

— J'accepte la protection, ma chère la Bauchalière. A quand les premières démarches? m'empressai-je de demander.

— Aujourd'hui même, amour, si vous consentez à m'accompagner chez Adella, où nous rencontrerons le protecteur en question.

Quoiqu'ayant hâte de me créer un état, une position indépendante, je remis la démarche au lendemain et fis promesse à la Bauchalière de me rendre ce jour chez elle, pour de là aller ensemble chez madame Adella de Rosambeau.

— Mais j'y pense, les nouvelles que vous m'avez apprises, les affaires dont nous avons jasé, m'ont fait oublier le but de ma visite auprès de vous, chère amour; sachez donc que j'étais accourue pour vous engager à venir dîner ce soir chez moi, où je réunis quelques intimes de la maison. Oh! un dîner tout à fait sans prétention, reprend la Bauchalière après s'être levée et en ajustant son chapeau.

Mais un sentiment de bienséance, en songeant à la mort récente de Bréval et du comte, me fit repousser cette invitation, malgré les supplications presque importunes de l'amphytrionne, dont ce refus dérangeait sans nul doute quelques projets secrets. A peine cette femme fut-elle partie, que ma chambrière ouvrant ma porte, m'annonça madame de Blandureau. A ce nom tout à fait étranger pour moi, je m'apprêtais à questionner la servante sur cette visiteuse inconnue, avec l'intention de la congédier, lorsqu'une grande femme maigre, d'une mise aisée et coquette, vint subitement se planter devant mon lit, après avoir dégagé la porte et repoussé brusquement de côté ma femme de chambre.

— Bonjour, petite, comment que ça va? pas mal, et moi aussi.

Mon étonnement fut extrême en reconnaissant dans cette femme tant sans façon, la Saint-Romain.

— Vous, madame, m'écriai-je avec surprise et presque dégoût.

— Moi-même! jadis madame de Saint-Romain, aujourd'hui la marquise de Blandureau, qui vient visiter sans façon une ancienne amie.

Et parlant ainsi, la marquise de fraîche date s'emparait du siége que venait de quitter la Bauchalière, tandis que je la contemplais avec surprise.

— Vous m'admirez, Minette, et vous êtes tout étonnée du cossu de ma toilette, n'est-ce pas?

— En effet, madame, votre physique, votre mise annoncent chez vous plus de calme et d'aisance, répondis-je.

— Dame! ma petite, c'est qu'il s'est opéré un furieux changement dans mes affaires. D'abord, ma chère, vous saurez qu'après avoir, par ma protection, obtenu la place éminente de chef de cabale au théâtre de la Porte=Saint=Martin, mon Dodor m'a plantée là...

— Loin de vous plaindre de cet abandon, madame, je ne puis, à mon avis, que vous féliciter de la perte d'un pareil homme.

— Ça c'est vrai qu'il s'est conduit en vrai gueusard à mon égard, mais cela ne m'empêche pas de dire qu'il était dans des moments d'une amabilité ébouriffante.

— Surtout ceux où, violant l'hospitalité, ce misérable volait une pauvre femme, lui enlevait son unique ressource et la condamnait à la misère, à l'opprobre.

— Ah! je sais, petite, ce que vous voulez dire; oui, l'argent qu'il vous a emprunté en silence; j'ai trouvé, en effet, la farce un peu trop forte et l'ai grondé bien longtemps, quoique pour m'apaiser il m'ait acheté le lendemain, et de votre propre argent, un charmant bibi en soie verte et des brodequins en fil écru de sept francs cinquante centimes.

— Mais, madame, vous ignorez donc, pour en parler si légèrement, que cette action infâme de votre part, a causé la mort de mon enfant! m'écriai=je avec force et indignée du calme de cette femme.

— Si, si, j'ai su cela, ce qui m'a encore plus fait gronder Dodor, qui m'avait promis de vous rendre cet argent; mais, bah! quand il s'agit de restitution, il est le plus oublieux des hommes. Enfin, pour vous achever mon histoire, vous saurez, ma petite, que forcée de me créer une existence, de me procurer des espèces sonnantes, je me fis délivrer, sous le nom de marquise de Blandureau, un certificat d'indigence, avec lequel je me présentai languissante et plaintive dans plusieurs familles nobles et riches du faubourg Saint-Germain, où je me fis passer pour la veuve d'un colonel Blandureau, mort dans les dernières guerres de la Vendée, tous s'empressent de m'accorder un secours, et de verser dans ma poche une soixantaine de pièces de cent sous.

— Encore une mauvaise action, madame, d'avoir sous un faux titre, un dévoûment imaginaire, trompé, surpris la bonne foi, la religion de gens honnêtes et charitables, dis-je avec sévérité.

— Bah! des richards, des cossus! que peuvent leur faire quelques pièces de cinq francs de plus ou de moins? tandis que ça m'a sorti complètement de la plus affreuse débine. Enfin, pour vous finir mon affaire, voici comment je m'y suis prise. Sentant leurs poches garnies, il y en aurait eu qui auraient été assez bêtes pour s'endormir sur le rôti et fricoter sans plus de façon les écus de ces bonnes gens; moi, pas du tout. Ah çà, ma fille, me suis-je dit, il faut employer utilement les secours que le bon Dieu t'envoie, et mener ta petite affaire sagement; là-dessus, je me mets en course vers la demeure d'un dentiste, où je me fais poser les sept dents que voici en hippopotame et d'une blancheur éblouissante; puis l'opération terminée, je ne fais qu'un saut qui me transporte chez une célèbre épileuse, laquelle, en moins de trois heures, me débarrasse la tête d'une quantité de scélérats de cheveux blancs dont l'aspect me vieillissait visiblement avant l'âge. Ainsi rajeunie, une fripière se chargea de compléter la métamorphose en me vendant une toilette soignée et d'occasion qui me permit d'aller plusieurs fois trôner coquettement au balcon du théâtre des Variétés et d'y faire, en moins de huit jours, la rencontre d'un bon épicier en gros de la rue de la Verrerie, qui m'a meublé un joli appartement rue des Marmousets, et fait une rente sur laquelle ma faiblesse me fait en lâcher une partie en faveur de Dodor.

— Enfin, madame, puis-je savoir ce qui me procure aujourd'hui votre visite? dis-je après avoir écouté patiemment les turpitudes de cette femme, et fatiguée de son verbiage.

— Tiens, je ne vous l'ai pas encore dit, ma petite?

— Non, madame.

— Eh bien! minette, je viens signer entre vous et moi une réconciliation pleine et entière, vous demander à déjeuner sans façon, et pleurer ensemble, si ça vous va, la perte de vos deux amants, dont j'ai appris la mort, avec autant de surprise que de douleur, ce matin même.

— Quoi! vous savez, madame...

— Je crois bien, depuis hier il n'est bruit dans Paris que du duel du comte de Kersaloff avec Bréval, et de la mort que se sont donné mutuellement les deux rivaux, en faveur de vos charmes, ma petite, ce qui vous donne un fier relief dans le monde. Quelle chance! quelle chance vous avez, mon Dieu! Deux hommes tués par amour pour vous.

Je ne pus m'empêcher de sourire à cette acclamation de la Saint-Romain; ce qui redoubla la persévérance, l'aplomb de cette femme, et quoique je désirasse être seule, en repos et recueillie, il me fallut endurer malgré moi sa présence, son babil continuel le reste de la journée, et me faire son amphytrionne quand même.

Le lendemain, fidèle à mes projets, au rendez-vous donné, je me rendis chez la Bauchalière qui me reçut avec force démonstrations amicales, me gronda d'avoir refusé son invitation de la veille, prétendant que son dîner d'amis avait été des plus gais, des plus charmants. Il était deux heures lorsque montée en voiture nous nous rendîmes rue de Provence, à la demeure de madame Adella de Rosambeau, grande et forte femme aux traits caractérisés, beauté suisse enfin, laquelle nous reçut d'un ton assez affable, dans lequel cependant perçait un peu d'importance, mais qui s'effaça après quelques instants d'entretien, pour faire place à la conversation la plus franche, comme la plus amicale.

Adella instruite du projet de ma visite, me promit sa protection auprès de son amant, dont elle ne doutait pas que le crédit me fît aussitôt obtenir une admission à l'Académie royale de musique, e me félicita d'être arrivée assez à temps pour qu'elle puisse m'être utile.

La porte du salon où nous étions réunies s'ouvrit pour donner passage à un habit noir d'où sortait une fort laide tête jaune, étroite et allongée, puis deux mains fort longues, sèches et ridées, tout ça attaché à un grand corps monté sur de hautes et maigres jambes. L'homme pourvu de ce frêle physique datant d'une cinquantaine d'années, et qui s'avançait vers nous en saluant, souriant e montrant un ratelier incomplet de dents jaunes et irrégulières n'était autre que l'amant d'Adella, enfin la personne dont, *en m faveur*, on allait solliciter la protection.

— Les trois Grâces en petit comité! Ah! désolé, mesdames d'être venu vous interrompre, nous dit le monsieur d'une petit voix glapissante, en s'efforçant d'être gracieux.

— Au contraire, Ernest, vous arrivez très à propos pour entendre ces dames réclamer de votre complaisance un léger service

— Ah! ciel, mais tout à vous de corps et d'âme, mesdames parlez, parlez vite; est-il quelque chose qu'on puisse refuser d'aussi gracieuses créatures, dit M. Ernest Godard en souriant e fixant sur moi, avec ardeur, une paire de petits yeux vifs et cligno tants.

En peu de mots, le monsieur est instruit de ce que je sollicite de son crédit et de sa protection; et mon désir d'entrer dans le chœurs de l'Opéra, afin de me familiariser avec la scène, et dans l'espoir de demander un jour un ordre de début.

— Certes! rien n'est plus facile, ma charmante, vos grâces, votre beauté et vos talents, j'en suis persuadé d'avance, feront de vous une précieuse acquisition pour l'Académie.

— Je pense de même, moi, et c'est modestie de ne prétendre tout de suite à un début, de vouloir se caser au nombre des rats du théâtre, lorsque comme elle on est excellente musicienne, qu'on chante ni plus ni moins qu'un rossignol, dit la Bauchalière avec feu. Ce qui fit que le monsieur me pria de lui donner aussitôt un échantillon de ma voix en lui faisant entendre un morceau de mon choix. Je ne me fis pas prier, et allai me placer au piano de madame Adella de Rosambeau qui, rien moins que musicienne, ne possédait cet instrument que pour l'usage de ses soirées dansantes.

Je chante, et le membre de la direction des beaux-arts, M. Godard, les yeux constamment attachés sur moi, s'agite et louche d'une horrible façon en essayant de donner à ses traits une expression délirante.

— Bravo, bravissimo! de la voix, de la pureté, de la méthode, de l'âme même, mais c'est admirable! superbe! et je vous garantis, mademoiselle, une prompte admission, des débuts aussi prochains que brillants. Dites, belle prima dona, quand désirez-vous que je vous présente? parlez, je suis à vos ordres et votre tout dévoué serviteur et admirateur, dit le monsieur avec enthousiasme en s'emparant de ma main qu'il pressa avec passion en dépit d'Adella qui, quoique peu entichée de cet homme ridicule, ne put contenir un geste impatient et jaloux, dont la vue calma aussitôt le transport de l'amant suranné.

Après une longue et sage causerie, il fut arrêté que mon nouveau protecteur viendrait le lendemain me prendre chez Adella, pour de là me conduire devant le comité assemblé du grand Opéra. La Bauchalière et moi prîmes congé, et regagnâmes notre demeure mutuelle, où à la mienne m'attendait au retour la plus inattendue déception, la ruine et l'humiliation.

Ignorant les lois, les affaires, toutes les formalités nécessaires en ce monde pour s'assurer l'entière et paisible possession de son bien, j'avais eu l'impardonnable négligence de laisser le comte de Kersaloff louer en son nom le petit hôtel que j'habitais, c'était une charmante petite demeure, meublée avec autant de goût que de richesse, dans laquelle il s'était plu à entasser tous les dons de sa munificence. J'y avais déposé ce que je possédais de plus précieux. A ma grande et douloureuse suprise, j'y trouvai, à mon retour, les hommes de la loi, un juge de paix apposant les scellés sur tous les meubles et effets, d'après un ordre émané de l'ambassade de Russie. Faisant effort sur moi-même et surmontant ma timidité à l'aspect de cette ruine complète, je risquai quelques paroles et osai réclamer comme m'appartenant tout ce qui garnissait cette demeure. Le magistrat après avoir écouté ma réclamation, m'engagea à faire valoir mes droits et titres auprès de l'ambassadeur de Russie. Mes droits! mes titres! quelle dérision! pouvais-je les avouer? en faire usage devant la justice pour ressaisir le bien dont on me dépouillait? étais-je donc déjà assez corrompue; éhontée, pour courir avouer hautement à un tribunal que ces biens que je réclamais, n'étaient autres que le fruit de ma honte? Non! Je ne me sentais pas ce courage, et seule au monde, sans conseil, ni protecteur, je quittai subitement cette demeure, n'emportant que ce que j'avais sur moi pour courir chez la Bauchalière, lui demander asile et conter ma mésaventure. Cette démarche, cette protection que je réclamais de cette femme, excitèrent en elle une joie secrète et vive, et la fit m'accueillir avec transport et force protestations d'amitié, de dévouement.

Il en fut de même de la part de M. de la Bauchalière, petit olibrius véritable valet de sa femme, garçon servant dans sa propre maison, qui, son nez pointu en avant, et ses petits yeux bêtes et clignotants, vint, le sourire sur les lèvres, me féliciter, en se frottant les mains, sur ma bienvenue, et m'exprimer le bonheur qu'allait lui procurer ainsi qu'à son épouse, ma gracieuse présence dans leur demeure. Ah! c'est que ce couple avait de suite calculé tous les avantages qu'il pouvait tirer de ma position.

— Nous réclamerons, amour, nous réclamerons; car enfin on ne dépouille pas ainsi une femme, et pour cela, il suffira d'aller ensemble à l'ambassade.

— Oh! je n'oserai jamais.

— Par exemple! voilà qui est fort, se laisser ruiner, dépouiller, réduire à la misère; ce serait par trop niais, ma chère petite minette, et si une fausse honte vous retient en cette circonstance, contre vos intérêts, j'irai moi-même à l'ambassade, et nous verrons s'ils auront l'audace de vous dépouiller sans pitié. J'acceptai cette proposition et confiant à cette femme le soin de mes plus chers intérêts, je la remerciai d'avance de toutes les peines qu'elle allait se donner pour moi.

Après m'avoir assuré de nouveau de tout son dévouement à ma personne, la Bauchalière me prenant par la main, me conduisit à travers ses riches appartements, dans une chambre à coucher élégante et commode, qu'elle m'indiqua pour être celle qu'elle me destinait tout le temps qu'il me plairait d'habiter sa demeure, qu'elle m'engageait à regarder comme étant la mienne, et d'y agir sans gêne ni contrainte : puis remettant au lendemain toutes affaires sérieuses, la dame me fit entendre qu'elle comptait sur ma présence au dîner qu'elle donnait ce jour à plusieurs amis intimes, invitation que je n'osai refuser dans la crainte de déplaire à celle de qui en ce moment je recevais une franche hospitalité. Et cependant mon pauvre cœur, hélas! triste, inquiet, ulcéré, n'était désireux que du calme et de la solitude.

A six heures du soir, dans une salle à manger où l'on avait dressé un magnifique couvert pour vingt convives, arrivèrent et s'attablèrent des gens dont l'indiscrétion m'apprit, presqu'aussitôt, que ce prétendu dîner d'apparat, n'était autre qu'une table d'hôte journalière à six francs par tête, tenue par M. et madame la Bauchalière.

Placée en face de la maîtresse de la maison, mon regard se promenait autour de la table afin de faire connaissance avec les convives, hommes de bonne tenue, aux manières aisées, élégantes, mais tous d'un âge approchant au moins de la quarantaine. A ma droite, était placé M. de la Bauchalière, qui, un grec en velours violet légèrement incliné sur l'oreille, la main armée du couteau, découpait et servait à droite et à gauche chaque convive, selon son goût, son appétit, tout en riant et causant ; tandis que sa grosse moitié, quoiqu'en grande conversation à voix basse avec son voisin, suivait d'un œil inquiet chaque portion servie, et de ses doigts crispés semblait vouloir en ressaisir ce qu'elle avait de trop abondant. A ma gauche, se trouvait un personnage d'à peu près quarante-cinq ans, d'une forte structure et d'une figure assez ordinaire, encadrée d'un riche collier de favoris, jadis noirs, mais où dominait le gris en ce moment ; cet homme d'une conversation agréable et galante, tout couvert de diamants et d'or, ne s'occupait uniquement que de moi ; il me trouvait, disait-il, la plus belle des femmes, il m'entourait de soins et d'égards au grand contentement de la Bauchalière, dont je surpris le sourire de satisfaction à la vue de l'empressement que me témoignait cet étranger.

— Baron d'Aubrisson, je vous recommande votre charmante voisine! s'écrie la Bauchalière en s'adressant à mon voisin.

— Ah! oui, soignez, baron, notre nouvelle et charmante pensionnaire, la reine de la beauté! fait entendre à son tour le mari, en accompagnant ces mots d'un rire bête et chevrottant.

Ces mots dits à haute voix, m'attirèrent encore plus l'attention de toute la société, dont je m'étais déjà aperçue être l'unique occupation et l'objet que chacun convoitait du regard. On se leva de table, mais ce dîner exquis, abondant, où venaient d'être versés à flots les vins les plus fins, les plus rares, valait en conscience le double du prix dont chaque convive le payait. Que devenait donc alors la spéculation des époux la Bauchalière, fort peu disposés cependant à se ruiner en faveur de leur prochain! Le fin mot, le voici : De la salle à manger nous passâmes au salon éclairé par de nombreuses bougies, et dans lequel plusieurs tables de jeu étaient préparées; la maîtresse de la maison engagea aussitôt les messieurs à se placer pour entamer les parties. Ce fut alors que les tapis se couvrirent d'or, et pour les maîtres de céans commença l'ample et riche recette, fruit de leur ruineuse hospitalité. Dans l'espace de deux heures, et grâce à une foule de nouveaux venus, les salons regorgèrent de monde et de joueurs. Quant à moi, placée à une table presque de force par le baron d'Aubrisson, qui ne m'avait pas quittée de la soirée, soumise, entraînée par le prestige de l'or brillant et tintant de toutes parts à mes oreilles, je m'élançais pour la première fois de ma vie, dans les hasards du jeu, grâce à la bourse remplie d'or que m'avait glissée madame la Bauchalière; je la vidai entièrement sur le tapis et j'en perdis le contenu en trois coups de cartes.

— Douze cents francs en aussi peu de temps! ah! chère amour, c'est jouer de malheur! me dit la Bauchalière, placée debout derrière ma chaise, et spectatrice de ma ruine.

— Votre revanche? charmante Alice, me dit mon partenaire, qui n'était autre que le baron d'Aubrisson, mon adorateur.

— Nous acceptons, mais au moins, baron, soyez plus galant, répond pour moi la Bauchalière, en me remettant une second bourse pareille à la première, et s'enfuyant aussitôt.

— Quoiqu'effrayée de la perte que je venais de faire, de la dette que je venais de contracter dans un moment où mes finances étaient réduites à néant, l'espoir de regagner cet argent s'empara de moi et me fit aussitôt entamer une nouvelle partie avec le baron, qui, malgré la recommandation, rompant avec la galanterie, me ruina une seconde fois à mon grand désappointement.

— Eh bien ! en restons-nous-là ? belle Alice.

— Je n'ai plus d'argent, monsieur, répondis-je consternée et tremblante.

— Qu'à cela ne tienne, ma charmante, votre parole vaut pour moi de l'or, et la chance peut tourner... Je tiens mille francs, qu'en dites-vous ?...

J'acceptai, et gagnai.

— Deux mille....

— Soit ! Je jouai et gagnai encore, mais folle, la tête perdue, je luttai de nouveau et doublant, triplant les mises, gagnant des monts d'or, les reperdant, faisant de telle sorte enfin, qu'à minuit le baron en m'annonçant que j'étais sa débitrice pour une somme de vingt-deux mille francs, me fit tomber les cartes des mains, ressaisir la raison, pâlir, et pousser un gémissement douloureux.

— Vingt-deux mille francs, mon Dieu ! m'écriai-je !

— Et deux mille quatre cents à moi, total vingt-quatre mille quatre cents francs, ma chérie. Mais à votre aise, amour. Ni le cher baron, ni moi, ne sommes pressés, fit subitement entendre derrière moi la Bauchalière, d'un ton mielleux, le sourire sur les lèvres et en me caressant les cheveux.

— Oh ! je paierai, je paierai, monsieur, repris-je avec douleur, émotion, en m'adressant au baron.

— Je n'ai garde d'en douter, ma charmante, car est-il rien de plus facile pour vous, que de s'acquitter envers moi, répond le baron.

— Non, monsieur, pas aussi facile que vous le pensez, surtout en ce moment.

— Allons, cessons de nous occuper de cette bagatelle et quittons cette maudite table ; faisons un tour dans les salons. Et parlant ainsi, le baron qui s'était levé, me présenta la main que je n'osai refuser, pour aller loin du monde, à l'écart, causer amicalement, m'entretenir de l'amour violent que je lui inspirais, de sa fortune, de sa générosité dont il me fit un long et ennuyeux détail et panégyrique. Dès-lors, je compris qu'il m'était en effet très-facile d'acquitter ma dette envers cet homme, mais, hélas ! qu'il était vieux et laid !

A deux heures de la nuit, les salons étaient vides, le baron m'avait quittée en m'annonçant sa visite pour le lendemain, M. la Beauchalière s'empressait d'éteindre les bougies, et son épouse de ramasser la recette qu'elle récoltait sous chaque flambeau ; quant à moi, j'avais gagné ma chambre où je me disposais à me mettre au lit, lorsque madame la Beauchalière vint, à ma grande surprise, frapper à ma porte en me priant de vouloir bien lui accorder un moment d'entretien, ce que je me hâtai d'octroyer à cette femme, après m'être revêtue à la hâte.

— Amour, je vous dérange, mais je n'ai que peu de mots à vous dire.

— Parlez, madame, je vous écoute.

— Cher trésor ; comme on ne sait ni qui vit ni qui meurt en ce monde, vous pardonnerez une petite précaution que la prudence me dicte...

— Laquelle, madame ?

— Celle, ma toute adorable, de vous faire signer ces deux toutes petites lettres de change, un rien enfin, une bagatelle, au sujet de la somme que je vous ai prêtée ce soir et de ce dont vous êtes redevable à ce cher baron d'Aubrisson. Tenez, voici les effets remplis, vous n'avez tout simplement qu'à apposer votre gentille signature, là, au bas de cet écrit... Bien, très-bien, amour, nous voici tous en règle et tranquilles, ajoute la Beauchalière, en repliant les deux papiers que je venais de signer, insouciante et tranquille.

Et les plaçant dans son sein.

— Ah çà, amour, comment, entre nous, trouvez-vous notre baron d'Aubrisson, ou plutôt ce Crésus, ce Plutus, ce Dieu de la richesse ; car il en a celui-là, des écus en masse, à foison ?

— Un peu mûr et d'un physique très-ordinaire, chère dame.

— La chose est un peu vraie, mais quel homme précieux pour une femme ! pas exigeant, pas jaloux, et donnant, donnant sans cesse... le baron est amoureux de vous à en perdre la tête, à ce qu'il m'a dit en confidence à la fin de la soirée.

— Peut-être, chère dame, car cet homme est loin de m'inspirer de tendres sentiments en sa faveur.

— Eh ! qu'importent les sentiments ?

Tel fut le langage que me tint une heure encore la Beauchalière ; je me contentais d'écouter. Elle se retira enfin, peu satisfaite de ma résignation à ses projets. Le lendemain de ce jour, parée de mon mieux, je me rendis chez Adella comme il avait été convenu, et trouvai cette dernière accroupie dans son boudoir en société d'une vieille et horrible bohémienne, en train de lui faire les cartes, de lui prédire constance, amour et fortune inépuisable au grand contentement de la pauvre crédule, qui, le cou tendu, l'œil inquiet et fixé sur les cartes, écoutait avec avidité.

— Je vous dérange, n'est-ce pas? dis-je en entrant, à la vue de cette occupation stupide.

— Non, ma chère, pas le moins du monde, mais permettez que madame achève son tirage, avant que M. Eugène n'arrive vous prendre.

— Volontiers.

— Continuez, mère Galochard, et dites ce qu'annonce ce coup.

— Oh! de la félicité en masse, chère dame.

— En vérité!... Ah! mère Galochard, quel service vous me rendez là, car j'avais grand besoin d'être rassurée... Continuez, mère Galochard.

— Un sept de cœur, un huit de trèfle, un roi de carreau, encore de la chance.

— Monsieur qui monte l'escalier en ce moment, vient annoncer la chambrière, alors les cartes de disparaître, et la vieille de prendre congé d'Adella après avoir reçu une pièce d'or pour salaire de ses grossières impostures.

— Eh! bonjour mes charmantes, vous le voyez, fidèle au rendez-vous, dit le membre de la direction des beaux-arts, entrant en sautillant, et ricanant.

— Bonjour mon Ernest, mon petit Godard, m'apportez-vous le bracelet que vous m'avez promis hier soir, cher minet, lui demanda Adella d'un ton mignard, en se penchant sur son sopha et présentant sa main à baiser.

— Du tout, du tout! occupé de cette charmante dame, de sa présentation au comité, j'ai oublié le joyau; mais patience, demain, après demain, un de ces jours enfin!

— Vous êtes un monstre, Ernest, vous négligez horriblement votre amie depuis quelque temps.

— Allons, silence donc ma chère... Belle Alice le temps presse, on nous attend à l'Académie, me dit-il galamment après avoir rudoyé sa maîtresse.

— Je suis à vos ordres, monsieur...

— C'est cela, emmenez ce monstre, cet homme sans égards ni

parole, car je le hais ! je l'exècre !... Me refuser un simple bijou que je désire depuis un siècle ; ah ! c'est affreux ! impardonnable, soupira Adella avec indignation.

— Allons point de rancune, ma toute belle... Tenez, choisissez, achetez vous-même ce brimborion, contentez ce caprice à votre aise, et surtout plus de chagrin ni de colère, dit M. Godard.

Maintenant partons, mademoiselle, hâtons-nous, avec la permission de cette chère Adella.

— Je pardonne et consens à tout, Ernest, en faveur de votre repentir... vous verrai-je ce soir, mon chou ?

— Non, impossible, je dîne et passe la soirée chez l'ambassadeur d'Espagne, d'où je ne sortirai que fort tard.

— Oh ! que c'est vilain à vous, monsieur, de préférer vos grands seigneurs à votre amie, de m'abandonner ainsi. Alice, venez donc me rendre compte de vos succès, et dîner aujourd'hui avec moi, qui vais être seule et m'ennuyer.

J'acceptai cette invitation faite d'un ton amical, et après quelques paroles, le membre de la direction des beaux-arts, m'entraîna vers son riche équipage, où assis tous deux, nous roulâmes vers le théâtre de l'Opéra. Nous sommes introduits dans le cabinet du directeur, animal de l'espèce la plus laide, bien empesé, le cou raide et enfoncé jusqu'au menton dans une ample cravate blanche, mais, qui à ma vue déride aussitôt son visage rechigné, où régnaient l'importance et le dédain.

— Cher directeur, lui dit mon protecteur, en m'avançant un siége, je te présente le diamant, la Syrène, dont hier je t'ai entretenu, vrai cadeau, mon ami, vrai cadeau pour ta scène, qu'elle embellira de sa seule présence.

— Et vous aspirez, ma belle demoiselle, à un emploi dans les chœurs ; me demande le directeur, s'avançant vers moi et me prenant par la main.

— Oui, monsieur, d'abord, et en attendant mieux, car je suis ambitieuse, et crois en avoir le droit.

— Si votre talent répond à votre physique, mademoiselle, je ne doute pas que vous ne soyez bientôt une de nos meilleures cantatrices.

— Il y répond, mon cher, il y répond ! s'écrie avec enthousiasme l'amant d'Adella.

— Vous plairait-il de nous faire entendre votre voix ?

— J'y consens, et suis prête, monsieur, à vous satisfaire.

Sur cette réponse les deux personnages me conduisent au foyer des artistes, où nous trouvons grand nombre de personnes assemblées; la crainte commence à s'emparer de moi, mon cœur bat avec violence. On m'examine d'abord de la tête aux pieds, on m'encourage, car un violent tremblement trahissait en ce moment mon émotion. Silence! on m'accompagne, je chante. — Bravo! — Très-bien! — Parfait; j'ai fait merveille, tout le monde me complimente, et le directeur, non moins ravi, me donne rendez-vous pour le lendemain, afin de traiter de mon engagement. Heureuse de mon triomphe, je me retire, toujours accompagnée de M. Ernest Godard, qui après avoir parlé bas à l'oreille de son cocher, monte dans sa voiture, se place à mes côtés et nous roulons vivement.

— Où allons-nous donc, monsieur, ce n'est pas le chemin qui conduit chez Adella, lui dis-je en voyant l'équipage entrer dans les Champs-Élysées.

— Non ce n'est pas positivement celui de sa demeure, mais bien celui de ma maison de campagne, où je vous conduis et souhaite passer en tête-à-tête avec vous le reste de cette heureuse journée.

— Impossible, vous savez que j'ai promis à Adella de me rendre près d'elle, aussitôt après mon audition.

— Bel astre! Adella n'aura pas ce plaisir que je me réserve seul.

— Mais ceci est une violence, monsieur, répondis-je en riant.

— L'amour extrême que vous m'avez inspiré en est la cause, charmante Alice.

— Quoi! vous aussi...

— Je suis ivre, ma belle, amoureux comme un fou! disposez donc de mon cœur, et daignez accepter pour esclave, l'homme qui vous adore et jure de mourir soumis et fidèle.

— Quelle plaisanterie! Et Adella?...

— Je ne veux plus vivre que pour vous.

— Et moi qui ne vous aime pas, je refuse de vous suivre à votre campagne, et vous somme, monsieur, de me rendre la liberté.

— Vous refusez? Alors, ceci devient un enlèvement, je vous enlève, mon adorable! et de force vous conduis dans ma riche villa de Nanterre, dont je vous fais présent.

13.

— La chose serait séduisante, si le prix n'en était obtenu par la violence.

— Songez, Alice, que je suis tout-puissant, que de ma volonté dépend votre admission à l'Opéra.

— Ah! ah! je vois que vous êtes un homme à ménager, et cependant je résiste encore.

— Et moi, je persiste.

— Au moins, monsieur, donnez-moi le temps de la réflexion, jusqu'à demain seulement.

— Pas un instant, ma toute belle.

— Monsieur, votre conduite est infâme!

— Nous autres roués de la vieille roche, ma chère, avons pour habitude d'être sourds aux larmes de la beauté.

Effrayée et voulant me soustraire à cette pénible position, d'un coup de coude je brisai la glace de la voiture, et mettant vivement la tête à la portière, j'ordonnai d'un ton impératif au cocher d'arrêter et de venir ouvrir. Le valet, prévenu sans doute par son maître, loin d'obéir, n'en fouettait ses chevaux que de plus belle, lorsqu'un jeune homme, qui tout en se promenant sur la route observait ce qui se passait dans la voiture, devinant ma position, le secours que je réclamais, s'élance vers les chevaux, saisit les rênes et contraint le cocher d'arrêter, en le menaçant de l'assommer s'il fait un pas de plus. Quant à moi, profitant de l'instant où le vieux satyre se penchait vers la portière opposée à la mienne pour s'informer de la cause qui s'opposait à notre marche, j'ouvre vivement de mon côté, et m'élance sur la route, laquelle n'était autre que celle de Neuilly.

— Merci, monsieur, de votre bon secours; il m'est arrivé fort à propos, je vous jure, pour me débarrasser des violences d'un vieux fou, dis-je au jeune homme qui, me voyant à terre, avait lâché les chevaux pour venir à moi.

— Quoi, belle Alice, avez-vous pris la chose au sérieux, et vous fâchant d'un léger badinage, auriez-vous la cruauté de m'abandonner? s'empresse d'ajouter M. Godard, après avoir rajusté sa perruque, et quitté, pour me rejoindre, la voiture dont je m'étais éloignée afin de gagner un bas-côté de la route avec mon jeune protecteur.

— Mon cher monsieur, souvenez-vous qu'une dame qui vous est chère m'attend en ce moment, et si vous tenez si fort à ma société c'est chez elle que je vous assigne rendez-vous.

— Au moins, belle Alice, permettez que je vous y conduise à l'instant même ?

— Au revoir, mon cher protecteur, comptez sur ma discrétion, et à l'avenir sur plus de prudence de ma part. Cela dit avec calme et le sourire sur les lèvres, je m'éloignai d'un pas rapide escortée de mon jeune défenseur assez joli garçon, grand, bien fait, âgé de vingt-deux ans au plus, et dont les manières et la mise annonçaient un homme comme il faut.

— Il paraît que ce monsieur oubliait envers vous, mademoiselle, ce qu'on doit de respect à une dame qui daigne se confier à notre protection ? dit le jeune homme en me présentant son bras, que j'acceptai tout naturellement et sans hésiter.

— C'est un vieux fou plus à plaindre qu'à blâmer, et qui me paiera l'impertinence dont il a usé envers moi.

Mais combien ne vous dois-je pas de remerciements, monsieur, pour le service que vous venez de me rendre.

— Votre charmante connaissance, mademoiselle, me récompensera au-delà de mes vœux, répond le jeune homme avec aplomb, en me fixant et me pressant légèrement la main, manége qui aussitôt me dévoila un amoureux.

— Qui êtes-vous ? monsieur, interrogeai-je brusquement.

— Je suis, mademoiselle, rentier et maître de mes actions, dit-il avec hésitation.

— Votre nom ? votre pays ?

— Je me nomme Hector, mon pays est la Bretagne, où réside ma famille.

Et vous, mademoiselle ?

— Ainsi que vous je suis libre, indépendante, de plus musicienne par état et par goût.

— Musicienne, ah ! c'est admirable ! moi de même, mademoiselle, je suis musicien par goût, mais non par état.

— De quel instrument jouez-vous, monsieur ?

— Du fifre, mademoiselle, et vous de la guitare sans doute ? alors nous ferons ensemble de charmants concerts si vous le permettez.

— Je suis pianiste, monsieur.

— Diable ! c'est beaucoup mieux ! Ainsi donc, vous me permettez, mademoiselle, d'aller vous faire ma visite en qualité de confrère et d'artiste ?

— Jusqu'alors il me semble, monsieur, ne vous avoir rien permis.

— C'est juste, mais vous permettrez, n'est-ce pas?

— Un jour je ne dis pas non, car vous me faites l'effet d'être un bon et aimable jeune homme, et j'aime la société de ces gens-là... Où demeurez-vous, monsieur Hector?

— Rue Mazarine, 35 ; et vous?

— Je vous l'indiquerai le jour où je vous enverrai une lettre d'invitation pour l'un de mes concerts.

— Et sera-ce bientôt?

— Je le pense.

— Ah! c'est que s'il me fallait attendre longtemps ce bonheur, je sens que cela me serait impossible, reprend mon jeune homme en soupirant.

— Patience et espoir, monsieur Hector, dis-je en retirant mon bras de dessous le sien, car nous étions arrivés rue de Provence, et à la porte d'Adella.

— Quoi! vous me quittez déjà? mademoiselle, est-ce donc là votre demeure?

— Non, mais celle d'une amie qui m'attend.

— La vôtre de grâce? me quitterez-vous sans me l'avoir fait connaître?

— Je le dois, mais espérez et attendez ma lettre d'invitation.

Cela dit, et pour m'affranchir des nouvelles importunités de ce jeune homme, je pénétrai vivement dans la demeure d'Adella après avoir adressé à Hector un salut et un sourire amical. Il était près de six heures lors de mon retour chez Adella, qui, comptant sur ma parole, m'attendait pour dîner avec elle. Je crus prudent et sage de lui faire mystère de la conduite de son amant à mon égard, tout en lui racontant mes succès de la journée lors de mon audition à l'Opéra, et l'espoir que j'avais de faire bientôt partie des artistes de ce séjour des arts.

— Dînons, ma chère, puis après préparez-vous à m'accompagner au Ranelagh, où il y aura ce soir bal et charmante réunion.

Je remerciai Adella de son invitation, en ce que mes parures et bijoux étant sous les scellés apposés à mon hôtel, il m'était impossible de faire toilette, n'ayant de mes richesses passées que ce que je portais en ce moment sur moi.

— Folles excuses, ma chère, faciles à repousser d'autant plus que votre mise de ce jour est aussi fraîche que gracieuse, et que, dans mon écrin, j'ai de quoi vous dorer de la tête aux pieds... Je cédai, et nous nous mîmes à table, puis à notre toilette, durant laquelle Adella m'avoua que son cher petit duc allait venir nous prendre, et nous servir de cavalier la soirée entière. Cet aveu fut peu de mon goût, mais je dus me soumettre à la circonstance, ma parole étant donnée.

IX

UN AMANT IMPOSÉ.

A peine la dernière épingle était-elle attachée, que le bruit d'un grand éclat de rire se fit entendre dans la pièce qui précédait celle où Adella et moi étions en cet instant, et la porte s'ouvrit bruyamment pour donner entrée à deux jeunes élégants qui fondirent dans la chambre en donnant cours à la plus folle gaîté.

— Quoi donc, Casimir, et d'où vient cette hilarité? s'informe Adella en s'adressant à l'un des jeunes gens, petit homme vif, au regard spirituel et malin, dont une barbe blonde et épaisse, tirant un peu sur le roux, ornait le menton; son corps fluet était vraiment gracieux et fait à peindre.

— Oh! une charge, ma chère, une charge excellente! un horrible créancier, au regard fauve, aux doigts crochus, que nous venons de bâtonner à vingt pas d'ici, un manant qui osait me demander de l'argent avec insolence et auquel ma canne vient de couper la figure. Ah! ah! ah! parfait! parfait! termine en riant aux éclats monsieur le duc de ***.

— Franchement tu as été trop vif, Casimir, et tu risquais de nous faire tomber sur le dos toute cette canaille de boutiquiers et badauds, s'empressant de donner raison à ton créancier, ajoute à son tour l'autre jeune homme, dandy pur sang, lion terrible à la noire crinière, lequel en souriant montrait deux rangées de dents superbes.

— Oh! oui, je te conseille de parler, toi, Rolando furioso, qui la semaine dernière fis sauter par la fenêtre un de tes créanciers.

— Bah! est-ce qu'il se tua en tombant, le malheureux? interroge Adella.

— Pas si bête; le drôle eut l'adresse de tomber sur les épaules d'un honnête passant, dont il brisa, dit-on, la colonne vertébrale.

— Ah! çà, messieurs, laissez-là vos espiégleries et permettez que je vous présente la reine de *nos dames*, la belle et renommée Alice, qui, ce soir, nous fait l'honneur d'être des nôtres, dit Adella en venant me prendre par la main et me tirer du coin où je m'étais réfugiée. Alors force louanges et empressement de la part de nos deux dandys, qui à leur tour vantèrent ma beauté, en m'assurant qu'elle surpassait encore sa renommée.

— Monsieur de Prade, à vous l'honneur d'être ce soir le cavalier de cette jolie femme, pour les charmes de qui je défends à Casimir de s'enflammer, dit Adella en riant. Pas de réponse de la part de l'amant, mais une grimace ironique, que déroba à sa maîtresse la pirouette qu'il fit aussitôt pour aller se placer devant une glace, où il se mit à ranger les boucles de sa chevelure, avec une minauderie ridicule, une fatuité insupportable, sottise qui m'indisposa contre ce petit ducaillon, cet homme poupée.

— Quant à moi, Adella, gardez-vous de m'imposer une aussi terrible privation, car voir mademoiselle et l'adorer aussitôt est la loi imposée à chaque mortel, répond M. de Prade, d'un ton galant et en me fixant d'un regard tendre et passionné.

— A vous la liberté de brûler votre encens aux pieds de cette divinité terrestre, mon cher ami; vous, sur qui mon cœur n'a nulle prétention, reprit Adella en riant.

— Superbe! tout cela, mais partons, ajouta le duc en revenant à nous.

— Oui partons, car d'ici j'entends l'orchestre qui m'invite à la danse, dit Adella en passant son bras sous celui de son amant. Quant à M. de Prade, il m'offrit sa main et nous partîmes.

Une charmante calèche attelée de deux chevaux anglais appartenant à mon cavalier, nous transporta rapidement au bois de Boulogne, puis au Ranelagh, bal beaucoup vanté et digne de sa réputation, rendez-vous d'une jeunesse joyeuse, élégante, d'une foule de femmes toutes belles et gracieuses, temple du plaisir où j'oubliai un instant dans les folles joies de la danse, les adulations dont j'étais l'objet, mes chagrins et ma triste position; heureuse insouciance que fit aussitôt s'envoler l'apparition inattendue de madame Ducastel, d'Antonine, toutes deux au bras d'Alban. Je m'étais jetée étourdiment au-devant d'eux à la suite d'une contredanse en courant à travers le jardin avec M. de Prade, pour aller rejoindre Adella et le duc qui nous attendaient sous un bosquet.

— C'est elle, la malheureuse, fit entendre une voix que je reconnus pour être celle de l'épouse de feu mon tuteur, car stupéfaite, honteuse, je m'étais comme malgré moi arrêtée en leur présence, et j'avais retiré vivement mon bras de celui de mon cavalier, puis immobile, tremblante, les yeux baissés, je semblai attendre mon arrêt.

Pas un mot de plus; elles se détournent, vont me fuir comme un objet de honte, de dégoût, mais Antonine, la bonne Antonine! retenant sa mère, s'empare de ma main, la presse; et moi, saisissant la sienne avec celle qui me reste libre et la portant sur mes lèvres, je la baisai en murmurant : Pitié!

— Non, rien d'humain pour la fille pervertie; à elle le déshonneur, le mépris, répond madame Ducastel.

— Venez, mademoiselle, laissons ces prudes, dit M. de Prade, en essayant de m'entraîner, et lançant sur Alban un regard dédaigneux que cet homme accepta en silence.

— Ma mère, Alice ne peut être ce qu'on l'accuse, daignez l'entendre, fait Antonine d'une voix suppliante.

— Silence, enfant, et cesse de me contraindre à rester en présence de cette fille galante, que son amant réclame, réplique la dame en fixant M. de Prade avec colère.

— Hélas! madame, est-ce donc ainsi qu'on tend la main au malheureux qui s'égare, grâce et secours au nom du ciel! m'écriai-je humblement d'une voix émue.

Je reçus, pour toute réponse, un regard dédaigneusement humiliant, et l'abandon. Madame Ducastel, entraînant sa fille, venait de me tourner le dos. Elles s'éloignent, et de loin vient retentir à mon oreille le rire sarcastique de l'indigne Alban, fuyant ma présence avec elles.

— Je meurs d'envie, belle Alice, de courir après cet homme, et de payer son hilarité d'une paire de soufflets, me dit M. de Prade en me tirant de l'immobilité, de la stupeur où cet affront venait de me plonger. Je m'empressai de détourner le jeune homme de ce projet fou, et nous allâmes rejoindre Adella et son duc, que nous trouvâmes en société avec une jeune et jolie femme, ayant nom Céline, amie d'Adella, et dont ils venaient de faire la rencontre.

— Qu'avez-vous donc, Alice? interroge Adella, en me voyant pâle et sérieuse.

— Oh! rien, une rencontre de vieilles et laides femmes, dont l'aspect a effrayé mademoiselle, répond M. de Prade.

— Tiens, c'est comme moi tout à l'heure, en reconnaissant mon banquier dans ce bal. Oh! j'ai une peur affreuse qu'il ne m'ait reconnue malgré ma promptitude à fuir.

— Mesdames, il m'est d'avis de regagner Paris, et d'aller finir gaiement cette soirée en soupant chez Adella, propose le duc.

— Bien dit! répond la maîtresse de ce dernier.

— Un moment, il n'est encore que dix heures, et la valse nous invite.

Cela disant, M. de Prade m'offrit son bras pour valser; mais chagrine, humiliée et ne dévorant qu'avec peine les larmes prêtes à s'échapper de mes yeux, je refusai cette invitation.

— Au moins quelques tours dans le jardin, afin de calmer l'agitation à laquelle je vous vois en proie, reprend le jeune homme.

J'acceptai, et M. de Prade, profitant de ma préoccupation, m'entraîna hors du bal et dans une avenue solitaire du bois. Là, ramenant ma pensée par ses tendres discours, il me fit entendre l'aveu de sa flamme. Cet homme était beau, élégant, il me paraissait tendre et sincère, un secret penchant m'entraînait vers lui; mais, hélas! quel moment choisissait-il pour me parler d'amour, lorsqu'un instant avant mon inconduite venait de me couvrir d'opprobre et de honte.

— Vous ne répondez pas, belle Alice, hélas! serais-je pour vous un objet indigne de tendresse; reprit-il, lassé de mon silence et me pressant la main.

— De l'amour? ah! jamais, monsieur, mon cœur, qui en a fait la plus triste expérience, a juré d'être désormais étranger à ce funeste sentiment.

— Quoi! vous avez à vous plaindre de ce sentiment, Alice;

mais quel fut donc l'infâme qui osa vous donner à se plaindre de lui?

— Un homme qui, comme vous, monsieur, me semblait bon, aimant, sincère, et qui me trompa, me perdit à jamais!

— De grâce, divine Alice! gardez-vous de me confondre avec ces êtres odieux qui se font un jeu des plus doux sentiments. Ah! loin de moi, de mon cœur, d'imiter ces amants sans amour, sans estime... Oui, c'est un amant, un ami que je vous offre en moi; un être constant, épris de votre mérite autant que de vos charmes...

— Assez, assez, monsieur! et, noble et généreux, n'espérez un retour de ma part qu'après de longues études de votre sincérité, de votre constance.

— Cruelle! vous voulez donc me désespérer, me faire mourir dans une pénible attente?

— Je veux, monsieur de Prade, je veux, m'armant de prudence, connaître à fond l'homme auquel un jour je consentirai à donner mon cœur, mon âme, mon amour pour la vie, dis-je vivement en entraînant le jeune homme vers le bal, dont il essayait de m'écarter encore plus.

— Oh! vous avez beau vous armer de cruauté, belle Alice, mon cœur fait ici le serment de vous chérir quand même, et de vous poursuivre de ses feux, répondit M. de Prade, d'un ton enjoué.

Nous entrons au Ranelagh, traversons la salle pour gagner le jardin, où Céline dansait en ce moment avec le petit duc; au même instant un homme s'approche, et la jeune femme reconnaît son banquier.

— Que faites-vous ici sans moi? qui vous a permis d'y venir? fait entendre l'amant, grand homme bien taillé, d'une voix forte, en roulant de grands yeux où brillaient le courroux.

— Mon ami, j'ai pensé pouvoir, sans vous déplaire, accompagner ici, une de mes amies, répond Céline toute tremblante.

— Cependant, je vous avais défendu de sortir de chez vous sans mon ordre... suivez-moi.

Et Céline allait obéir, lorsque le petit duc la retenant par la main :

— Monsieur, j'ignore quels sont vos droits sur mademoiselle, mais elle m'appartient en ce moment, et je suis décidé à ne vous la céder qu'après la contredanse pour laquelle elle a bien voulu accepter ma main; la chose, je pense, est assez légitime;

or, veuillez vous retirer et nous laisser danser en paix. Le banquier jaloux et peu satisfait de cet arrangement, persiste à vouloir emmener Céline que le duc retient par le bras : de là une querelle, des injures; la foule qui forme le cercle autour de nos trois personnages les anime par de sots quolibets, des rires sarcastiques.

Adella croyant son amant en danger s'élance, perce la foule pour le rejoindre, et arrive juste pour voir la main du banquier tomber lourdement sur le visage de son Casimir, qui, renversé du coup, va rouler dans les jambes des spectateurs, où l'amante éplorée poussant des cris plaintifs se hâte d'aller le relever.

M. de Prade, franc ami, vaillant champion, m'ayant quittée brusquement, venait de venger par une juste représaille, l'insulte faite à son ami, qui arrivait furieux sur le banquier. Deux contre un, impossible, mais comme cette offense publique demandait du sang pour réparation, les cartes furent échangées, et rendez-vous pris pour le lendemain. Après cette algarade, il ne nous restait plus, afin d'échapper aux regards des curieux, qu'à quitter le bal, chose que nous fîmes aussitôt en emmenant la pauvre Céline demeurée avec nous et pleurant. Au retour chez Adella, minuit sonnait à la pendule du salon, effrayée de cette heure indue, je voulais aussitôt me remettre en route pour regagner le domicile que j'occupais chez la Bauchalière, mais tous ensemble et surtout M. de Prade s'opposèrent à ma résolution, désireux, disaient-ils, de me garder au souper projeté et pour lequel Adella venait de donner ses ordres. Pauvre dupe! je cédai, et il fut convenu que je partagerais avec Céline un lit que la maîtresse du lieu allait faire préparer pour nous.

Le petit duc s'éloigna en emmenant M. de Prade.

— En attendant le retour de ces messieurs, viens m'aider, Céline, à dresser le couvert, lui dit Adella.

Je restai seule assise dans l'embrâsure d'une fenêtre, triste comme la mort, ayant au fond du cœur une crainte, un vague que je ne pouvais définir, enfin comme redoutant un danger inconnu; quelques larmes alors s'échappèrent de mes paupières; mais je me hâtai de les sécher en entendant dans la pièce précédente des pas bruyants et de fous éclats de rire. C'étaient nos jeunes gens, qui, de retour, ramenaient un nouveau convive, homme d'une trentaine d'années, pourvu d'une bonne face souriante, flanquée d'épais favoris noirs, le corps gros et court, ayant l'accent italien et une quantité de beaux diamants qui ornaient de leur vif éclat ses doigts et sa chemise.

On se mit à table, et M. de Prade placé près de moi, se déclara mon cavalier servant. Céline assise à côté de l'Italien avait aussitôt entamé l'entretien avec lui en s'extasiant sur la beauté, la richesse de ses diamants qu'elle caressait d'un regard de convoitise. Quant à Adella, inutile de dire, sans doute, que placée près de son Casimir, elle semblait vouloir l'accaparer à elle seule.

La gaîté était vive, la conversation devenue générale, spirituelle et bruyante, les vins les plus exquis, les plus rares coulent à longs flots, échauffent les têtes, amènent l'ivresse.

X

SOUVENIRS D'UN GRAND MOIS.

Un grand mois s'est écoulé depuis les derniers événements, depuis ce temps je remplis avec succès au grand Opéra où j'ai été admise à l'essai, l'emploi de seconde choriste, et depuis l'instant de notre première entrevue, je n'ai pas revu M. de Prade qui est à la poursuite en ce moment, m'a-t-on dit, d'une petite comtesse veuve et millionnaire dont il convoite la main et la fortune, laquelle est partie pour l'Italie sans l'en prévenir. Mais je me console de l'absence de cet homme que je crains plus que je n'aime, ensuite mon nouvel état ne me vaut-il pas mille adorateurs? Noblesse, finance, directeurs et artistes, ne s'empressent-ils pas autour de moi? Que d'hommages! d'amour! Des millions me sont offerts; de qui les accepterai-je? je l'ignore. J'habite encore le toit de la Beauchalière, ces gens me comblent de soins, d'égards, de flatteries, je les ai devinés depuis longtemps... Le baron d'Aubrisson est toujours là, cent fois plus amoureux que jamais, et moi sans cesse insensible et sourde à ses soupirs, à ses offres de fortune, et cependant je ne possède rien : plus d'or, de parures qui soient ma propriété. Plus d'espoir de ressaisir les dons généreux du comte de Kersalof. L'ambassadeur influencé, pressé par les héritiers de ce prince, est resté inexorable à toutes réclamations de ma part, exprimées par l'organe de madame de la Beauchalière; il ne faut plus penser à tout cela.

Céline est décidément la maîtresse en titre de l'Italien diamanté, mûr Céladon fort à son aise. Céline vient me voir souvent, elle se destine au théâtre, elle est vive, spirituelle, d'une amitié franche, je l'aime assez. Adella a décidément rompu avec M. Ernest Godard à qui, pour successeur, elle a donné un prince allemand qui vient de lui acheter un hôtel, sur lequel le petit duc Casimir a déjà emprunté une forte somme. Suis-je folle, quand je dis que je ne possède rien ; mais si, car j'ai en ce moment à moi, et assurée par un bon contrat, la propriété pleine et entière d'une délicieuse maison des champs située à Nanterre... Ici je m'humilie, me confesse. Oui, ma vertu, mes scrupules ont échoué à l'aspect de cette riante villa que m'offrait M. Ernest Godard; oh! c'est que cet homme non-seulement est fort généreux, mais tout-puissant auprès de la direction de l'Académie royale de musique, dont sa colère me fermait inexorablement l'entrée. Or, je voulais un état pour être sage, et pour y parvenir il m'a fallu pécher d'abord, ainsi le veut le théâtre. Hélas! que de vices derrière ce rideau que le public contemple chaque soir. A propos! j'ai revu mon petit jeune homme, mon défenseur contre les entreprises du directeur des beaux-arts, M. Hector, enfin! Il m'a reconnue sur les planches du théâtre, il m'a guettée, m'a suivie, escortée et demandé à venir me présenter ses hommages.

Je lui ai accordé cette faveur qu'il implorait avec feu, âme; cependant, il n'en a pas encore usé et il y a cependant huit jours de ça. Entre autres vieilles connaissances, je ne dois pas non plus oublier la Saint-Romain, dite la marquise de Blandureau, laquelle est toujours au pouvoir du violent Dodore, qui maltraite parfois son vieux protecteur.

J'ai fait de plus, durant ce long mois, une nouvelle connaissance, celle d'une petite fille assez originale, enfin la bêtise personnifiée, ayant nom Hortense Gentival. Cette pauvre enfant ayant à peine dix-sept printemps, douée d'un visage passable, de deux rangées de dents superbes ornant une bouche sans cesse souriante, est la fille de bons et honnêtes paysans qui du fond de la Champagne l'ont envoyée imprudemment à Paris, pour apprendre l'état de couturière. Par une funeste fatalité, la maîtresse chez laquelle fut placée Hortense, était une femme légère, inconséquente, et par-dessus le marché enthousiasmée du bal, de la danse, où trois fois la semaine elle conduisait son apprentie, qui pourvue de bonnes dispositions, prit goût à ces plaisirs dangereux. Or, qu'en est-il résulté? Tandis que madame veuve Balache, la maîtresse couturière, coquettait aux quadrilles, s'élançant au galop, la taille enlacée dans les bras d'un galant cavalier, Lovelace de Tivoli ou de la grande Chaumière, Hortense, livrée seule aux entreprises des galants, à l'enivrement du plaisir, se fit enlever un beau jour, se lança dans le tourbillon des plaisirs, hanta les femmes entretenues, les bals, les réunions, les théâtres, traînant à sa suite une foule d'adorateurs, parmi lesquels son cœur fit enfin un choix.

Un jour de grand matin, un homme robuste, au teint basané, aux mains calleuses, vêtu d'une blouse bleue, chaussé de gros souliers poussiéreux, se présente chez Hortense en s'informant en ces termes et d'une voix forte, à la chambrière éveillée en sursaut au bruit de la sonnette:

— Mamzelle Hortense Gentival, c'est y ici qu'a demeure?

— Oui, mon cher, que voulez-vous à mademoiselle?

— Je voulons l'y parler, donc!

— Revenez, il est trop matin et mademoiselle dort encore.

— Eh bien! tant mieux, j'allons la réveiller et de la bonne façon encore, avec le manche de c' fouet.

— Par exemple! et de quel droit tant de brutalité? s'écrie la chambrière.

— J'sommes son père, morbleu! qui venons châtier une coquine, un enfant ingrat et perdu... Allons, passage, la servante où je commençons par vous, foi de Jérôme Gentival.

Cela dit, notre homme jette de côté la domestique pour se précipiter d'un pas lourd dans l'appartement; il arrive droit à la porte de la chambre à coucher dans laquelle Hortense dormait encore paisiblement.

La porte est fermée en dedans, Jérôme Gentival heurte avec force.

— Qui est là? s'informe de l'intérieur une voix, que le père reconnaît pour celle de sa fille.

— N'ouvrez pas, mademoiselle s'écrie la chambrière accourue aussitôt.

— Toi, j'allons t'repasser une salade de Normandie avec la mèche d'not'fouet si tu n'files aussitôt, dit le paysan en faisant claquer l'instrument en question à travers le salon, et de cette sorte renversant pendule, vases, porcelaine; la chambrière effrayée lâche pied et se sauve afin d'aller demander du secours, Jérôme resté maître du champ enfonce, d'un effort épouvantable, la porte de la chambre à coucher dans laquelle il pénètre, il y aperçoit sa fille pâle, tremblante, un pied dans le lit, l'autre à terre, et que son apparition inattendue remplit de stupeur et d'effroi.

— Te v'là donc enfin, drôlesse, d'pis le temps que j'te cherchons! oh! j'en savons de belles sur ton compte, va! C'étions donc pour faire la gueuse, la coquine, que j'tavons envoyée ta brave mère et moi dans ce scélérat de Paris?... Malheur à toi, enfant ingrat! Allons! oh! la danse... Et disant ainsi, Jérôme d'un bras vigoureux frappait à outrance de son fouet sur Hortense, sans égards pour les cris de la malheureuse dont il déchirait la peau, et qui implorait sa pitié les mains jointes en se roulant à terre. Hortense profite du moment pour gagner la porte et s'enfuir en chemise, toute sanglante, jusque chez une voisine qui lui donne asile. Arrivent les voisins qui, attirés par les cris, se précipitent dans la chambre pour voir Jérôme jeter tout par la fenêtre.

— Arrière! arrière vous autres ou je tappons! s'écriait Jérôme Gentival en faisant rudement claquer son fouet, et par ce moyen reculer les voisins vers la porte.

Durant ce temps, la garde requérie par la femme de chambre pénétrait dans la maison.

— Arrêtez ce furieux, s'écrie le portier en indiquant Jérôme occupé en ce moment à démolir le mobilier et briser les glaces.

Saisi par la force armée, il se rend et marche d'un pas ferme vers la demeure du commissaire de police, devant lequel il comparaît calme, résigné, et le chapeau bas.

— Mon magistrat, dit aussitôt notre paysan, j'avions une fille que j'aimions, Marie-Jeanne mon épouse et moi, comme nos petits yeux, j'l'avons envoyée sage dans ce Paris, pour qu'elle y apprenne un état qui, un jour, la mettions à même d'vivre honorablement d'son travail, et la gueuse au lieu d'se bien conduire, y a déshonoré les cheveux blancs d'son père; instruits de ses fredaines et qu'elle passiont ses jours avec de beaux monsieurs, qu'elle aviont échangé sa robe de cotonnade bleue, sa petite cornette et son fichu d'indienne, contre de la soie et du fin velours, j'nous sommes dit Marie-Jeanne ma femme et moi, j'sommes bien malheureux! car pu de vertu cheux not'enfant, pu rien pour nous fermer les yeux quand faudra passer l'arme à gauche; puis Marie-Jeanne s'avisant : peut-être ben q'si not'homme, m'dit-elle, va toi-z'en à Paris, vois not'fille, dis-y qu'c'est ben mal de s'conduire comme ça, fais-la rentrer en elle-même, et ramène-là avec toi. Or, mon magistrat, j'nous sommes mis en route d'un pied léger, et tout plein de bons sentiments pour Hortense not'enfant. Arrivé à Paris, j'cherchons huit jours sa demeure et en apprenons, en apprenons de toutes sortes sur le compte de la fillette, ce qui nous montions, montions! enfin que c'en était effrayant. L'enfant étions perdu alors, me disons-je, il ne nous restons plus qu'à la rosser et puis l'oublier et c'étions dans ces sentiments que c'matin j'nous sommes présenté cheux elle... Mon magistrat, j'avions perdu la tête, foi de Jérôme Gentival, dit l'honnête homme, en apercevant la malheureuse fillette. Alors j'nous sommes dit comme ça à part nous, not'fille n'étant majeure, sa demeure étions nécessairement la nôtre; or, j'sommes cheux nous; j'avons tappé, mon magistrat, j'avons rossé la fillette, et cassé, brisé, autant qu'il nous avons été possible; v'là l'affaire mon juge; décidez! termine Jérôme en essuyant les larmes qui bordaient sa paupière.

Le magistrat devant lequel il était, étant un homme probe, juste, et bon père de famille par-dessus le marché, apprécia tout de suite combien était légitime la colère de Jérôme, tout ce qu'avait de cuisant la douleur d'un père, en face le déshonneur de l'enfant qu'il aimait, et donnant gain de cause au paysan, il lui rendit la liberté, en l'engageant à moins de violence, et d'emmener sa fille avec lui au pays, ce que Jérôme promit en se retirant. Mais, peines inutiles, le pauvre père, de retour chez sa fille, ne la retrouva plus! Hortense, prévoyant le cas, s'était fait porter en secret dans une maison de santé, où la correction que lui avait administrée son père, la contraignit à demeurer deux mois.

Jérôme las de chercher, et renonçant à une fille ingrate, lui lança de loin sa malédiction et regagna son village.

XI

UNE LONGUE HISTOIRE.

A quinze jours de là et un beau matin, la Beauchalière entr gaiement dans la chambre où j'étais au lit, en ouvre vivement les rideaux, et un soleil vif et radieux m'inonde d'une vive clarté.

— Allons, debout, bel ange, car une élégante calèche est en bas à nous attendre.

— Une calèche, et dans quel but? m'informai-je avec surprise.

— Celui de nous mener déjeuner aux champs, où nous attend ce matin cet excellent baron d'Aubrisson dans sa maison de Montfermeil.

— Quoi! chez cet homme? dis-je en riant, et presque tentée de me rendre à l'invitation.

— Oui, chez ce richard, chez cet homme qui vous adore et dont vos rigueurs ont augmenté l'amour, celui enfin envers qui vous ne pouvez plus longtemps rester insensible, sans commettre une forte imprudence.

— Une forte imprudence, expliquez-vous!...

— Avez-vous oublié que le baron est votre créancier, que les deux lettres de change qui lui ont été souscrites par vous, il y a six semaines, sont échues.

— Pensez-vous, ma chère la Beauchalière, que cet homme oserait se faire une arme contre moi de ses lettres de change?

— Dame! je ne sais pas trop; un amant dédaigné est capable de tout dans son dépit.

— Mais de me faire arrêter, emprisonner, impossible, n'est-ce pas?

— Hum! je n'oserais vous l'assurer.

— Cet homme serait un monstre alors, que cette seule pensée me ferait détester, si je ne me retenais.

— Allons, allons, point d'enfantillage, reprend la Beauchalière en souriant et changeant ses batteries; le baron est trop galant homme pour oser jamais priver de l'air et du soleil, la fleur qu'il adore; aussi en faveur de tant de générosité, devenez raisonnable, réfléchissez que vous ne possédez plus rien, et que ces charmes rares qu'on admire en vous, s'effaceront un jour sous les doigts du temps; or, prévoyante et sage, venez aujourd'hui, avant de vous rendre à l'invitation du baron, visiter avec moi le délicieux appartement que, sur mon avis, il vous a fait préparer, orner, meubler.

— Sur votre avis, madame! mais vous prévoyiez et comptiez donc sur ma défaite en agissant ainsi? dis-je avec surprise.

— Le bail sous votre nom, les meubles les plus rares, les plus riches, continue la Beauchalière sans tenir compte de mon observation.

— Encore une fois, cet homme ne m'inspire nul tendre sentiment.

— Du velours, de la soie; de l'or dans les tiroirs, une voiture sous la remise, des laquais et des chevaux; en voilà assez j'espère.

— Tout cela est superbe, mais...

— Mais, mais, pas de répliques, ma très-chère belle, songez à votre misère du moment, à la fortune pour l'avenir. Parlant ainsi, la Beauchalière, à qui j'en avais fait mystère, ignorait la villa de Nanterre.

— Eh bien! enfant, vous sentez-vous le courage de venir voir et prendre possession de ces choses magnifiques?

— Dame! il le faut bien, quand ce ne serait que pour connaître comment le baron fait les choses, et cependant je ne puis le souffrir.

— Sotte! D'ailleurs ne vous êtes-vous pas déjà montrée experte dans l'art de feindre l'amour envers le cher comte de Kersalof que vous étiez loin d'aimer, et de la fortune de qui cependant vous disposiez largement? Alice, point de sots scrupules, le destin qui a voulu faire de vous une femme d'amour, vous promet de l'or, de l'or pour effacer un peu de honte; oui, croyez-moi, mon ange, le vice n'est vice qu'autant que la pauvreté l'accompagne : à la courtisane des rues, l'insulte, l'opprobre, et l'hôpital; à vous qui trônez sous l'or et la soie, et dont un riche équipage promène mollement les grâces et la beauté, l'admiration, les hommages du monde entier, un avenir tout plein des charmes d'une douce quiétude. Alice, partons, allons prendre possession des trésors et présents que l'on vous offre.

Ainsi venait de parler la Beauchalière, ce démon tentateur; et moi séduite, faisant taire les remords, étouffant ma conscience, je m'habillai à la hâte et nous partîmes.

— Oh! la charmante voiture! les beaux chevaux! m'écriai-je à la vue de l'équipage qui nous attendait à la porte, et dont un cocher en riche livrée, nous ouvrit respectueusement la portière.

— Il est à vous, mon ange, je suis chargée de vous l'offrir de la part du baron d'Aubrisson... Voyez donc, Alice, quelle riche garniture, les moelleux coussins!

— En effet, tout cela est superbe. La voiture nous emportait durant cette admiration pour aller en quelques minutes nous déposer dans la cour d'une grande et belle maison de la rue Pigale, où un petit groom des mieux faits, vint ouvrir la portière et nous aider à descendre. Nous gravissons un premier étage, là, une femme de chambre nous reçoit, nous introduit dans un vaste appartement que nous parcourons, dont chaque pièce par sa forme, sa richesse, le bon goût qui y règne, ressemble à une demeure princière.

— Hélas! soupirai-je à voix basse : si on loge ainsi le vice, où habite donc la vertu?...

— Là-haut me répondit la Beauchalière, en m'indiquant du doigt les mansardes. C'est dans un joli boudoir où lasses de parcourir et d'admirer, nous allons nous reposer; il y règne le délicieux assemblage de mille curiosités entassées sur d'élégantes étagères. La Beauchalière ouvrant le tiroir d'un meuble, y atteint deux papiers qu'elle ouvre et me présente; l'un était le bail, en mon nom, de l'appartement; l'autre, une donation de ce que renfermait ce lieu féerique.

— Ça n'est pas tout encore, enfant gâté, car il faut de quoi soutenir ce ton princier qu'on vous impose. Et cela disant, la dame fit jouer le secret d'une petite cassette qu'elle me présente ensuite et dans laquelle mes yeux surpris, découvrent de l'or et des billets de banque.

— Qu'en dites-vous? mon ange.

— Que tout cela est mille fois séduisant; maintenant rendons-nous près du baron, répondis-je en me levant, subitement séduite et décidée.

— A la bonne heure, voilà ce qui s'appelle agir en fille de tact et d'esprit, fit la Beauchalière en m'excitant et les yeux pétillant de joie, puis en passant dans l'antichambre où se tenait la chambrière dans l'attente de mes ordres.

— Voici votre maîtresse, Julie, disposez tout en son absence pour la recevoir ce soir, dit la dame.

Nous partons. Une heure et demie de route, et voici Montfermeil, puis à quelque distance du village une magnifique villa, sur le perron de laquelle nous attendait le baron, paré, parfumé jusqu'à l'épiderme, et cependant toujours laid. Il nous reçoit avec enthousiasme, nous conduit en triomphe dans son salon, se place près de moi, presqu'à genoux, s'empare de mes mains, les baise avec transport.

— Elle est vaincue, cher d'Aubrisson, le cher ange rend hommage à votre bon goût, à votre générosité, ajoute la Beauchalière.

— En vérité! ah! que de bonheur, d'ivresse, de charmes! belle Sainte-Rose, est-ce possible? de grâce! que votre divine bouche confirme ce bonheur à votre humble esclave.

— Oui, baron, vos soins m'ont touchée et ma reconnaissance...

— Suffit, cher amour de mon âme, je vous crois et vous promets en récompense de votre tendresse, ma fortune entière à ma mort, mon coquin de neveu dut-il en crever de dépit.

— Vous avez un neveu, baron? interrogeais-je.

— Oui, un vaurien, un dissipateur dont j'ai payé vingt fois les dettes, et que j'abandonne désormais à son malheureux sort.

14.

— C'est mal, baron, il faut pardonner et continuer de secourir ce jeune homme.

— Non, belle Sainte-Rose, je le bannis à jamais, à vous toute ma tendresse, ma fortune... Mais laissons cela, et allons nous mettre à table. Le repas fut délicat, puis après, le baron nous fit parcourir, visiter sa maison, véritable chef-d'œuvre de goût et d'art, et ensuite les jardins où la Beauchalière se dispensa de nous accompagner sous le prétexte que la marche l'incommodait, le baron et moi nous nous y rendîmes seuls... Nous regagnâmes la maison, car depuis longtemps la cloche nous appelait au loin ; là une nombreuse compagnie invitée par le baron à un dîner splendide, nous attendait, nous lui fûmes présentées, la Beauchalière et moi, en qualité de parentes de M. le baron d'Aubrisson. Ces conviés, habitants de Paris, et propriétaires dans le pays, étaient tous gens aimables, quoiqu'il y eut parmi eux quelques caricatures comme il s'en trouve partout, quelques femmes aimables, plusieurs assez jolies, mais, au dire de tous, j'étais la mieux, ce dont chaque homme m'assura en me comblant de louanges et de soins.

Le temps se rembrunit, on renonça au jardin pour entamer différentes causeries et quelques parties de cartes.

Des joueurs, bon ! voilà l'affaire de la Beauchalière, aussi s'empresse-t-elle de parcourir les tables de jeu, de sourire et entamer la conversation avec les joueurs, les engageant à venir à ses petites soirées, trois fois la semaine, et accompagnant l'invitation de son adresse sur carte porcelaine.

Je causais depuis une heure dans l'embrâsure d'une croisée avec un monsieur d'une quarantaine d'années, fort bel homme, d'une figure noble et douce, et se nommant le comte de Roser, cet homme sérieux mais expansif me faisait part de sa vie militaire, de son admiration et de sa reconnaissance pour l'empereur Napoléon, auquel il était redevable, disait-il, du titre et de la fortune dont il jouissait.

— Madame votre épouse, monsieur, n'est-elle point ici, parmi ces dames ? m'informais-je.

— Mon épouse, hélas ! morte, morte loin de moi, il y a quatorze ans, en me privant d'une fille en bas-âge qu'elle arracha à ma tendresse, pour suivre un séducteur, oui, une fille chérie, belle comme vous, mademoiselle, que je cherche et dont je pleure la perte depuis ce temps, me répond le comte de Roser d'une voix émue et en portant la main à ses yeux comme pour cacher des larmes.

— Oh ciel! quel cruel événement! m'écriai-je attendrie.

— Ah! la promesse de ma fortune entière n'a pu me faire rendre ce bien précieux après lequel, seul et isolé, je soupire sans cesse. Hélas! il me faudra donc mourir sans la revoir, sans la bénir! Pauvre enfant!

— Quoi! une épouse, une mère a pu se rendre coupable à ce point? dis-je en soupirant.

Et comme le comte allait me répondre, on annonça le dîner.

— Parente de M. d'Aubrisson, j'espère vous rencontrer quelques fois chez lui, mademoiselle, et vous faire un jour juge de mon malheur; vous faire maudire la femme qui, oubliant son devoir d'épouse et de mère, me condamna aux regrets, au malheur pour le reste de ma vie, me dit le comte de Roser en m'offrant sa main pour me conduire à la salle à manger.

Fâcheux dîner! Quelques instants plus tard, et le comte satisfaisait la curiosité que venait de faire naître en moi ses confidences incomplètes. Le dîner fut des plus gais, des plus animés par une conversation spirituellement aimable, et se prolongea assez avant dans la soirée pour que chacun après une heure de présence au salon songeât à regagner son domicile.

Tout est devenu désert et je cherche en vain la Beauchalière, où est-elle? qu'est-elle devenue? ne songe-t-elle pas à me rejoindre pour regagner Paris ensemble? Et parlant ainsi je me trouvais dans une chambre à coucher éclairée par plusieurs bougies; mes recherches m'y avaient introduite.

— Votre compagne est partie, ma chère Sainte-Rose, répond derrière moi une voix que je reconnais pour être celle du baron.

— Sans m'en prévenir? quelle impertinence! Me contraindre à m'en retourner seule, à cette heure encore.

— Non, chère amie, vous n'aurez point ce désagrément, votre fidèle adorateur vous l'évite en vous offrant cette chambre pour asile, autant qu'il plaira à votre gracieuse personne d'habiter cette demeure dont je la fais reine et maîtresse.

— Très-bien! monsieur, petit complot tramé entre vous et mon infidèle compagne.

— Eh bien! oui, chère amie.

— Il y a violence dans votre fait, répondis-je sans trop de colère.

— Grâce! idole de mon âme, grâce! j'implore un pardon généreux, reprend l'amant en tombant à mes pieds.

. . . .

Jamais nuit ne me parut si longue plus insupportable; enfin le jour vint à mon secours.

Le baron ne vint me retrouver que fort avant dans la matinée pour déjeuner avec moi, et m'inviter à monter ensemble en voiture pour regagner Paris, où nous fûmes de retour vers midi.

Ce fut à mon nouvel appartement que le baron me conduisit aussitôt; il m'y installa en reine et maîtresse. Il me quitta fort avant dans la journée en m'annonçant son retour pour la soirée : cela d'un petit air qui ne servit qu'à le rendre encore plus laid.

Restée seule, je m'empressai aussitôt de parcourir mon appartement, d'en admirer la commodité, la richesse, puis de passer en revue tout ce que contenaient les meubles et tiroirs.

Charmant! rien ne manquait à ma toilette. C'était un luxe, une profusion admirables, et de plus je trouvai vingt mille francs dans ma caisse. Enfin j'étais riche et maîtresse de briller encore une fois, d'égaler en parures toutes les femmes les plus coquettes. Empressée de jouir de ma nouvelle fortune, j'en choisis une des plus gracieuses, je m'habillai et m'élançai dans ma voiture pour me faire conduire, où? ma foi, à l'Opéra! envieuse que j'étais d'exciter un peu la jalousie de mesdames les artistes, dont les regards jusqu'alors avaient à peine daigné s'arrêter sur ma modeste toilette du temps passé.

Oh! bonheur, vanité, plusieurs de ces dames sont à causer ensemble dans la grande cour du théâtre au moment où mon équipage y entre. Mon groom ouvre la portière; en me voyant descendre, le dépit se peint sur leurs traits, elles se pincent les lèvres, et chuchottent entr'elles. Je passe, elles me saluent, je leur souris amicalement.

Un pauvre comparse avait eu l'imprudence de se montrer sur la scène, l'avant-veille, en état d'ivresse, et cette faute n'ayant pu trouver grâce aux yeux de messieurs les directeurs, ils venaient de lui signifier son exclusion du théâtre, la perte de son modique emploi, son unique ressource.

Ce malheureux époux d'une femme infirme, père d'une nombreuse famille, pleurait à chaudes larmes lors de mon passage dans l'un des couloirs conduisant au foyer des artistes; le désespoir de cet homme me frappe, je m'arrête, m'informe de la cause de sa douleur, il me raconte sa mésaventure, et implore ma protection près des directeurs. Ma protection, à moi, simple choriste... Mais en effet! je pense être utile à ce malheureux, n'ai-je pas dans M. Ernest Godard une puissance dont je puis disposer?

Réflexion faite, je renonce à mon désir de coquetter, je glisse ma bourse pleine d'or dans les mains du vieux comparse, je gagne ensuite ma voiture, et ordonne à mon cocher de me conduire à l'hôtel que je lui indique, celui de l'ex-amant d'Adella.

— Eh! pouvais-je m'attendre à une aussi agréable surprise! Vous chez moi, chère petite... s'écrie M. Ernest, que je surprends dans son cabinet, vêtu d'une robe de chambre jonquille et coiffé d'un ample bonnet de coton, qu'il fait aussitôt disparaître à mon arrivée.

— Moi-même, mon cher ami, mon petit Godard.

— L'amour vous ramène près de moi, sans doute? dit le cher homme en me prenant la main et la portant à ses lèvres.

— Et puis, encore autre chose, mon ami.

— Parlez, parlez, chère divinité; peut-être quelque changement ou embellissement que vous voulez m'ordonner de faire faire à la villa?

— Ma villa est parfaite, monseigneur, et n'a rien à envier, mais c'est de votre haute et puissante protection dont ma personne a le plus grand besoin, en ce moment, pour un pauvre comparse à qui messieurs de l'Académie ôtent le pain, sans pitié.

— Que vous importe cet homme? Cher astre, de grâce! laissons-le chercher sa vie ailleurs.

— Je veux, avant tout, que mon vieux protégé rentre dans son emploi.

— Allons, on verra, mais plus tard...

— La place de mon protégé, avant tout, enfin un ordre tracé de votre main de le réintégrer aussitôt à l'Opéra.

— Et cela faisant?

— Je n'ai rien à refuser à celui qui m'oblige, répondis-je en souriant.

Le membre de la direction des beaux-arts s'empresse de tracer l'ordre désiré.

. . . .

Mes chevaux, pressés par mon ordre, brûlaient le pavé, lorsqu'au détour d'une rue, ils reculent brusquement.

— Qu'est-ce donc, et pourquoi tout ce monde qui s'amasse, se groupe autour de ma voiture? m'informai-je en mettant la tête à la portière. C'était une jeune fille, mal vêtue, pâle comme la mort, qui venait de tomber sous les pieds de mes chevaux; mais grâce à l'habileté de mon cocher à retenir ses animaux, elle en était quitte pour quelques légères contusions.

Cette jeune fille, ramassée aussitôt, gisait évanouie dans les bras d'un brave homme venu à son secours, tandis que, hors de moi, je m'élançais sur le pavé et fendais la foule grossissante, je m'avance vers la pauvre fille afin de joindre mes secours à ceux qu'on lui prodiguait déjà, je fixe l'infortunée, seize ans au plus! D'après mes ordres, ou plutôt mon avis, on transporte l'infortunée dans la boutique du pharmacien le plus proche du lieu; je la suis et lui prodigue des secours; elle renaît, ouvre les yeux, semble effrayée, et verse aussitôt d'abondantes larmes.

— Encore de ce monde, mon Dieu! hélas! que devenir? murmura-t-elle douloureusement en cachant ses beaux yeux dans ses deux mains.

— Vous remettre entièrement, mademoiselle, m'accorder votre confiance, venir chez moi me raconter vos chagrins et m'accepter pour consolatrice.

— Ah! madame, impossible! mes douleurs sont de celles dont on ne guérit pas.

— Espérance, mon enfant, car le malheur s'use comme le bonheur, dis-je à la jeune fille, dans laquelle je soupçonnai une victime de l'amour, de la perfidie des hommes.

— Où est-elle? Marie! Marie! s'écrie un petit jeune homme de dix-huit ans au plus, d'une mise pauvre, en s'élançant dans la boutique et venant tomber aux pieds de la jeune fille, dont il baise les mains avec transport.

— Hélas! est-il donc vrai que tu aies voulu mourir sans moi, sans ton Paul? C'est mal, Marie, ce n'est pas là ce dont nous étions convenus, dit le petit jeune homme, de l'accent du désespoir en recevant sur son épaule la tête mourante de Marie.

— Venez, venez, mes amis, m'expliquer vos chagrins, suivez sans crainte celle qui, en ce jour, peut devenir votre protectrice, m'écriai-je attendrie, en enlaçant de mon bras la taille de Marie et l'attirant à moi.

Elle cède, me suit, et bientôt les deux jeunes gens, assis dans ma voiture, roulaient vers ma demeure, honteux et silencieux, mais échangeant de temps à autre des regards aussi tristes que semblaient être leurs âmes.

Nous arrivons; c'est dans ma chambre à coucher que je les introduis. Assise entre eux deux, je les supplie de m'ouvrir leurs cœurs.

— Quel âge avez-vous? mon enfant, demandai-je d'abord à Marie, en lui pressant la main avec aménité.

— Seize ans et demi, madame, me répond elle les yeux baissés.

— Et vous? Paul.

— Dix-sept dans un mois.

— Et cet enfant qui bientôt va venir au monde, qui est son père?... A cette demande les deux amants baissent encore plus les yeux et gardent le silence.

— Allons de la confiance, mes amis.

— Cet enfant, madame, c'est le mien, celui dont la cruelle voulait me priver en se donnant la mort, répond enfin le jeune homme.

— Quoi! déjà père, sans être époux, je pense...

— Hélas! sans être époux, soupire Marie jolie blonde aux traits charmants, au regard plein de douceur et d'innocence.

— Coupables et imprudents enfants!..... Allons point de crainte, et contez-moi vos malheurs, peut-être serai-je assez heureuse pour y appliquer un baume consolateur.

— Oh! madame nous n'oserions, et puis, je suis si coupable pour avoir fait le malheur de Marie que vous me maudiriez... Oui, oui, nos maux sont sans remède.

— Marie ne suivez pas l'exemple de votre amant, confiez-vous à moi, puis espérez. Ainsi disais-je à la pauvre fille, mais elle ne m'entendait plus, elle venait de s'évanouir de nouveau.

— Au nom du ciel, madame, elle meurt de faim, pitié pour elle qui, depuis deux jours, manque de nourriture, s'écrie Paul, avec désespoir, en soutenant la tête de son amie.

— Quelle horreur! et vous ne le disiez pas, imprudent, m'écriai-je en agitant vivement une sonnette. Une femme de chambre accourt au bruit. Je commande, et aussitôt sont servis des consommés, de la volaille, des vins bienfaisants, et bientôt, grâce à quelque peu de nourriture, mes protégés reprirent leurs forces; tous deux en effet avaient grand besoin de ce secours.

— Ainsi vous vous obstinez à garder le silence, enfants, et

repoussez imprudemment la main secourable que je veux vous tendre? dis-je en voyant mes jeunes gens rester pensifs et muets à mes sollicitations.

— Ah! madame, il y aurait ingratitude de notre part, en refusant de vous obéir, et puisque vous l'exigez nous voulons vous satisfaire; mais au nom du ciel! vous qui paraissez si bonne, si vertueuse, grâce pour nos fautes, ne nous maudissez pas, répond Paul d'un ton suppliant.

— Chacun a besoin d'indulgence ici-bas, mes bons amis, moi plus que tout autre, peut-être, aussi la mienne vous est-elle acquise d'avance. Allons, plus de retard; ouvrez-moi votre cœur.

Et Paul rouge et honteux, cachant ses beaux yeux dans ses mains :

— Je me nomme Paul Godard, madame...

— Godard! ah! mais continuez mon ami, dis-je après avoir interrompu le jeune homme, en entendant ce nom de ma connaissance.

— Mon père, ancien employé au ministère de la Guerre, et homme de grande dépense, est mort il y a quatre ans, ne laissant à ma mère que des dettes à payer, et un fils bien jeune encore. Ma bonne mère après avoir satisfait les créanciers de son époux, aux dépens de son modique avoir, de l'argent provenant de la vente de son mobilier, ne possédant plus rien, se retira avec moi dans un modeste hôtel garni, et fut par la ville solliciter un travail nécessaire, mais hélas! dont le salaire était insuffisant à nos besoins. Réduite à la misère malgré ses efforts, sa persévérance au travail, ma pauvre mère reçut de quelques voisins le conseil de se défaire de moi en me plaçant en apprentissage, et cet avis approuvé, j'entrai au pair chez un fabricant bijoutier qui moyennant cinq années de mon temps consentit à me montrer son état, me nourrir et loger.

Ma mère plus tranquille sur mon avenir, allégée par mon absence, n'en continuait pas moins un travail assidu, lorsqu'un jour il lui vint à la pensée le souvenir du frère de son époux...

— Ernest Godard? m'écriai-je avec surprise.

— Oui, madame, homme égoïste, ennemi de mon père, de son frère, qu'il avait cessé de voir depuis quinze ans, et dont il abandonnait la veuve; lui enrichi dans les hauts emplois, sans femme ni enfants, lui, à qui il eût été si facile de tendre à une belle-sœur infortunée, une main secourable.

Ma mère donc, espérant que la rancune que cet homme avait exercée contre son époux n'irait pas au-delà du tombeau, résolut de lui faire une visite et de l'intéresser en ma faveur s'il était possible. Mais, hélas! le dédain, l'insulte, l'ordre de ne jamais se représenter devant lui, telle fut la réception que reçut de cet infâme la femme la plus vertueuse, la plus digne de toutes. Ma mère se retira la mort dans le cœur, les larmes aux yeux, et s'en revint dans son triste réduit où la maladie, l'impossibilité de travail et la misère l'attendaient.

— Pauvre femme! soupirai-je.

Et Paul profita de cette interruption pour essuyer les larmes qui s'échappaient de ses yeux.

— Enfin, un dimanche, tout joyeux, je venais passer près de ma mère, à qui j'apportais quelqu'argent, fruit de mes pourboires de la semaine, de mes économies, un dimanche donc je gravis l'escalier de l'hôtel-garni, j'ouvre la porte! afin d'embrasser plus vite ma mère, je m'élance dans la chambre... et mes yeux ne découvrent, hélas! avec horreur, qu'un cadavre sans vie, étendu sur le lit, c'était ma mère, ma pauvre mère, morte sans secours, et abandonnée de l'univers entier.

Jugez de mon désespoir, madame, car il fallut employer la violence pour m'arracher du corps de ma mère, que j'appelais sans cesse, pressais dans mes bras, inondais de mes larmes.

Après avoir rendu les derniers devoirs à ses dépouilles chéries, je m'en retournai désespéré chez le maître qui réclamait ma présence et mon travail.

Depuis trois ans j'étais orphelin, depuis longtemps j'excellais dans mon état, mais captif chez mon maître d'apprentissage où il me fallait travailler deux ans encore, afin de remplir mon engagement, je ne retirais de mon talent que quelques légères gratifications accordées par la générosité des pratiques, j'occupais alors, et il y a de ça près d'une année, une petite mansarde dans la maison de mon maître, mansarde que ce dernier m'avait donnée pour asile, réduit étroit, malsain, où je trouvais cependant, après ma journée faite, l'indépendance et le repos.

Sur le même carré que moi, et séparé seulement de ma mansarde par une légère cloison, était une chambre habitée par deux femmes, la mère et la fille...

— Ma mère et moi, soupire Marie, en interrompant Paul.

— Oui, toi! Marie, belle, alors comme maintenant, mais déjà

malheureuse et victime de la brutalité d'une mère infâme...

— Paul, pitié pour elle! s'écrie Marie en joignant les mains.

— Oh! laisse, laisse, car c'est en dévoilant la coupable conduite de ta mère que nous trouverons grâce nous-mêmes pour nos fautes... Oui! madame, continue Paul en s'adressant à moi, Marie, ange de douceur était l'innocente victime de la veuve Robinet, sa mère, garde-malade de son état, ivrognesse par goût, méchante par caractère, ce que me prouvaient chaque soir les propos injurieux, les voies de fait, dont le bruit perçait la mince cloison qui nous séparait; et Marie était accablée de ces opprobres chaque fois que la veuve Robinet rentrait ivre au logis où l'attendait en tremblant sa fille, et sa victime, Marie! ange de douceur, que je n'avais pu voir sans éprouver une vive émotion, Marie, que j'aimais sans qu'elle le sût, et qui ne passait près de moi qu'en baissant un œil timide...

— Oh! moi aussi, je t'aimais déjà mon Paul, et d'amour vif et sincère encore, rien qu'en t'ayant vu, interrompt la jeune fille avec naïveté.

— Lorsque tu m'en fis l'aveu, combien je fus heureux et content, ma chérie.

— Paul, continue ton récit, madame attend.

Et moi je souriais aux doux aveux de ces pauvres enfants.

— Un matin, madame Robinet qui avait passé la nuit près d'un malade, rentre chez elle, où sa fille reposait encore, et réveillant brusquement Marie en la tirant fortement par le bras :

— Lève-toi, dit-elle, fainéante, et mets cette robe neuve que je t'apporte; allons, leste, car il faut me suivre; Dieu merci, il y a bien assez longtemps que j'empâte ta chienne de peau, il est ma foi temps d'en tirer parti. La jeune fille obéit, sourit au vêtement neuf qui va remplacer enfin celui tant déguenillé qu'elle porte sans relâche depuis des années. Ce n'est pas tout, car semblant mettre de l'amour-propre cette fois à la tenue de sa fille, la femme Robinet lisse elle-même la belle chevelure de Marie, l'habille, la pare de son mieux, tout cela en la malmenant, grommelant; et la pauvre Marie surprise de tant de soins et d'une parure si belle, de se demander ce qui allait se passer, ce qui devait arriver.

La toilette terminée, la mère et la fille quittent leur demeure et s'acheminent en silence vers le faubourg Saint-Germain et la rue de l'Université. Là, arrivées à un grand hôtel, la mère Robinet y entre avec Marie. On les introduit en présence d'un homme grand, maigre, Ernest Godard mon oncle, qu'elles trouvent dans la chambre à coucher d'un riche appartement, étendu sur un vaste fauteuil.

— Ma mère, au nom du ciel! pourquoi m'avoir amenée ici, et qu'exige-t-on de moi? s'écrie Marie tremblante, et qui à travers son innocence croit avoir deviné d'affreux projets.

— On te dit que monsieur veut avoir des bontés pour toi, ça suffit, il me semble.

— Ma mère, ma mère! de grâce emmenez-moi avec vous, supplie la jeune fille effrayée par les regards que lui lance Godard, et voyant la Robinet faire un mouvement pour sortir.

— Ah! çà, pécore, ne m'échauffe pas les oreilles, car ça se passerait mal... Reste ici, te dis-je, ou je t'assomme.

— Tuez-moi, ma mère, je préfère ce sort à celui que je crains d'entrevoir, s'écrie Marie en se jetant aux genoux de son odieuse mère, qui la repoussant rudement, l'envoie rouler sur le parquet, et s'échappe vivement en fermant la porte sur elle. La jeune fille, étourdie par la chute, demeure un instant étendue sur le parquet, d'où Godard vint la relever.

— Pitié, pitié, monsieur, et ne soyez pas le plus indigne des hommes en osant abuser de ma faiblesse, de mon affreuse position, s'écrie Marie suppliante et les yeux baignés de larmes.

— Comment petite, ta position, mais elle est superbe! Allons, il y a déraison de ta part à tant faire la prude, heureusement que je connais la malice des femmes.

Marie qui, parvenue au paroxisme du désespoir et réunissant le peu de forces qui lui restaient, parvint à se dégager, à gagner la fenêtre dont elle brise une des vitres et crie au secours de toute la force de ses poumons.

Ce cri d'alarme retentit dans la rue, la foule s'amasse, Godard effrayé s'empresse d'ouvrir la porte de la chambre, et Marie en profite pour s'élancer dehors et gagner la rue. D'une course rapide elle arrive toute essoufflée et en désordre à la demeure de sa mère, frappe, et ne trouve personne.

Ce jour-là était un dimanche. Exempt de travaux je lisais en ce moment dans ma chambre. Les soupirs de la pauvre fille parviennent à mon oreille, je vole à son secours, la trouve appuyée et mourante sur sa porte, et la reçois inanimée dans mes bras.

C'est dans mon pauvre réduit que j'emporte ce précieux fardeau, sur mon grabat que j'étends Marie sans connaissance, Marie que j'oublie de secourir pour repaître mes yeux de ses divins attraits, pour presser de mes lèvres hardies ses lèvres pâles, décolorées.

Elle renaît, ouvre ses beaux yeux, les tourne auprès d'elle, m'aperçoit, me sourit d'abord, puis se met à pleurer à chaudes larmes.

— Mon Dieu, mademoiselle, que vous est-il donc arrivé? m'informai-je tremblant et inquiet.

— Oh! rien, monsieur, rien du tout... mais ma mère?...

— Elle est absente depuis l'instant où vous êtes sortie avec elle.

— Hélas! que va-t-elle me dire? que va-t-elle me faire? s'écrie Marie en joignant les mains avec désespoir.

— Mais! avez-vous donc commis une faute dont les suites vous inquiètent? m'informai-je.

— Une faute! oh! non ; mais n'importe, j'ai bien peur!

— Elle est méchante, votre mère, je le sais ; souvent, à travers cette cloison, je l'entends vous gronder, vous maltraiter... Ah! comment peut-on se décider à faire du mal, du chagrin à une personne aussi jolie que vous?

— Vous êtes bien bon, monsieur, de vous intéresser ainsi à une pauvre fille comme moi.

— Ah! c'est que je ne suis pas heureux non plus moi, mademoiselle, et les malheureux sympathisent entr'eux aux maux qu'ils endurent ; et je donnerais tout pour vous savoir heureuse, contente.

— Moi de même, monsieur... Comment vous appelez-vous?

— Paul, mademoiselle.

— Et moi, Marie.

— Deux jolis petits noms, n'est-ce pas, mademoiselle!

— Charmants! aussi appelons-nous toujours ainsi; plus de monsieur, de demoiselle, qu'en dites-vous, mon voisin?

— Oh! très-volontiers, ma chère Marie, de plus, soyons unis, toujours unis.

— J'y consens, Paul, et cela me rendra bien heureuse, moi, que personne jusqu'alors n'a voulu aimer, dit Marie tristement.

— Vous vous trompez, Marie, car depuis longtemps je vous aime, sans oser ni avoir trouvé l'occasion de vous le faire savoir.

— En vérité, eh bien moi aussi, Paul, je vous aime depuis bien longtemps et en cachette.

— Oh! bonheur! oh, plaisir! et cela disant je pressai Marie sur mon cœur.

Nous avions passé une heure dans la félicité que communiquent d'innocentes caresses, quand tout à coup la crainte succéda au bonheur en entendant résonner dans le long corridor où étaient situées nos chambres, le pas lourd de la mère Robinet. Nous attendîmes encore pendant un quart d'heure, que cette femme, en état d'ivresse, eût trouvé l'entrée de la serrure de sa porte, et enfin Marie tremblante, après m'avoir engagé à prier Dieu pour elle, me quitta pour aller rejoindre sa mère, devant qui elle se présenta humble et frémissante ; et, moi, l'oreille attentive, collée sur la cloison, j'écoutai ce qui allait se passer.

— Ah! c'est toi la petiote, sauveur de ta mère, le soutien de sa vieillesse?... Viens ici me baiser, enfant docile et chérie, dit la Robinet d'une voix épaisse, en tendant les bras à sa fille, qui, surprise, joyeuse de tant de douceur et d'une réception tout à fait inattendue, s'y précipite et reçoit sur ses joues rosées, un baiser empoisonné.

— Eh ben, j'espère, t'as été bonne fille, pas vrai? conte cela à ta vieille et respectable mère.

— Hélas! je ne vous comprends pas, ma mère, mais vous saurez que cet homme, chez qui vous m'avez conduite et laissée, abusant de votre confiance, a voulu se permettre des choses, mais des choses affreuses! au point qu'il m'a fallu employer toutes mes forces pour lutter contre ses vilains projets, et de plus, appeler à mon secours.

— Comment! t'as fait ça, t'as résisté à c'brave homme qui voulait ton bonheur! s'écrie la Robinet furieuse, et dont le regard horrible, fixé sur sa malheureuse fille qu'elle venait de repousser loin d'elle, tenait de la hyène et du tigre.

— Hélas! ai-je donc mal fait, ma mère, de défendre mon honneur, demande Marie, tremblante et les mains jointes.

— Tu vas me le payer, gredine! Et cela disant, l'horrible femme s'arme d'un énorme bâton qu'elle lève ensuite sur sa fille.

— Pitié, pitié, ma mère, oh! ne tuez pas votre enfant! s'écriait d'une voix suppliante la pauvre Marie étendue sur le carreau, et sur le corps de qui retentissaient les coups affreux que lui portait cette odieuse femme.

N'y tenant plus, car les cris que ce supplice arrachait à la pauvre fille m'avaient glacé d'épouvante, je m'élance hors de ma chambre, je bondis furieux sur la porte de la Robinet, l'enfonce, me précipite sur l'horrible femme que je renverse, j'accumule sur elle les meubles et les matelas du lit, afin de donner le temps à Marie de se relever et de fuir dans ma chambre où je la rejoignis, et la cachai précieusement.

Mon action avait été si vive que la Robinet n'eut pas le temps de me reconnaître. Une fois débarrassée de la charge qui couvrait sa hideuse personne, et ne voyant plus sa fille, elle se hâta de quitter sa chambre pour courir après Marie à qui sa bouche impure adressait encore en courant mille horribles imprécations.

Elle était loin, cette mère dénaturée, lorsque sortant Marie mourante de sa cachette, j'étendis cette chère victime sur mon lit. Privé de l'expérience nécessaire en pareille circonstance, je n'employais que la prière pour la soulager, la ramener à la vie. Une fièvre affreuse s'était emparée d'elle, son corps tremblait; et accusant le froid de ce malaise, je la couvris de tous mes habits.

Une idée heureuse me vint subitement, celle d'aller consulter un médecin. Or, m'emparant de quelqu'argent, fruit de mes petites économies, je m'échappe de la chambre et me rends en hâte chez l'homme de l'art que je désire consulter. Je le rencontre, lui expose la position de la malade, et pourvu de l'ordonnance que ce médecin vient de me remettre, je gagne la boutique du pharmacien, et reviens ensuite près de Marie que je trouve revenue à elle.

Quelques cuillerées d'une potion, et elle se sent mieux. Je respire, car sa bouche me sourit, sa main a pressé la mienne.

Vient la nuit que je me vois dans la nécessité de passer là sur une chaise, car Marie est bien décidée à ne plus rentrer chez sa mère.

Nous entendons le retour de cette dernière qui rentre en grommelant.

Voici venir le lendemain, et Marie affaissée par une forte courbature ne peut se remuer ni quitter le lit. Qu'elle repose donc sans crainte, quant à moi après l'avoir tranquillisée, lui avoir promis de fréquentes visites dans le cours de la journée, je descends à l'atelier me mettre à l'ouvrage avec ardeur, mais l'esprit inquiet en pensant à ma chère malade.

Le soir, ô bonheur! je retourne près de Marie pour ne plus la quitter que le lendemain; je la retrouve bien portante. Elle a faim, je lui apporte la moitié de ma portion des vivres de la journée, que j'avais économisés pour elle en cachette. Elle les dévore avec avidité.

Déjà six jours de la même vie.

Marie commençait à s'ennuyer de cet esclavage; de plus la nourriture que je partageais avec elle devenait insuffisante, et mon cher patron, peu disposé à doubler ma portion, se plaignait déjà du surcroît d'appétit qui m'était survenu. Enfin la septième journée arriva, c'était un bienheureux dimanche, et mon patron me porta bonheur en me gratifiant le matin d'une belle pièce de cinq francs, avec laquelle je courus aussitôt chez le boulanger, le charcutier, même le marchand de vin, car ce jour-là je voulais faire bonne chère avec ma jolie prisonnière.

Oh! le bon repas que nous fîmes, la délicieuse journée que nous passâmes l'un près de l'autre.

— Ami, me dit-elle, je veux ce soir te céder ce lit que j'occupe seule depuis sept nuits, je souffre trop de te voir dormir sur cette chaise, où tu as froid.

— Merci, Marie, mais je refuse; à toi, si délicate, la meilleure part, je suis bien sur cette chaise.

— Et moi je veux que tu te mettes au lit, ou je me fâche, mon Paul.

— Eh bien, cède-m'en la moitié, Marie, qu'en dis-tu?

— Volontiers; sots que nous sommes, de ne point avoir pensé plus tôt à le partager, me répond ingénuement Marie.

La nuit vint et le sommeil nous surprit dans les bras l'un de l'autre, sur la même couche, sur cette couche misérable, où l'amour nous fit amants et époux devant Dieu.

En terminant ainsi d'une voix timide, Paul baissait les yeux vers la terre, et sur les joues de Marie les miens rencontrèrent la rougeur et un doux embarras. Invité par moi à continuer son récit, le jeune homme reprit en ces termes :

— Un mois d'une semblable existence s'était écoulé, et la position n'était plus tenable, Marie et moi dépérissions à vue d'œil, Marie surtout, privée d'exercice et d'air, n'ayant qu'une nourriture insuffisante; tourmentés sans cesse par l'impérieux besoin.

Souvent même nous avions failli trahir notre secret en oubliant la prudence, en élevant la voix au risque de nous faire entendre de la mère Robinet, dont une mince cloison séparait seule notre lit du sien, mais le bruit de nos jeux avait heureusement échappé aux oreilles de cette horrible femme, sans cesse sous l'empire de l'ivresse.

Il y avait encore une chose affreuse qui me tourmentait, la crainte d'une visite domiciliaire dont me menaçait depuis longtemps l'épouse de mon maître, fort intriguée par mon assiduité à passer, dans une misérable mansarde, tout le temps que me laissait le travail, au lieu d'aller par la ville chercher les distractions nécessaires à un jeune homme de mon âge.

Un soir, remonté à la chambre après une journée brûlante, je trouve Marie étendue sur le carreau, et suffoquée par l'affreuse chaleur qu'elle endurait dans l'étroit réduit où la nécessité la contraignait de rester prisonnière.

— De l'air ! de l'air ! ou j'expire, murmurait-elle, le sang à la tête, le visage écarlate.

Effrayé de la voir en cet état, n'ayant d'autre moyen, pour lui en procurer, que de l'emporter hors de cette étroite prison, je profitai de la nuit, car il était neuf heures, pour la saisir dans mes bras, l'emporter à travers la montée, et m'élancer dans la rue avec ce précieux fardeau que je vais déposer sur un banc à quelque distance de notre demeure commune, située heureusement dans une rue sombre et déserte du Marais. Mais, oh ciel ! elle suffoque encore, ses lacets interceptent sa respiration ; je les coupe : l'air arrive plus facilement jusqu'à elle, mais ses yeux sont toujours fermés, son cœur bondit et soulève avec force ma main qui l'enveloppe.

Un instant encore et Marie revient à la vie, elle respire avec délice un air pur et frais, regarde autour d'elle et s'écrie :

— Oh ! la vie, la liberté !

Je lui offre mon bras, elle essaye quelques pas et nous les tournons vers le boulevard, promenade bienfaisante que Marie voudrait prolonger jusqu'au jour. Tout en marchant nous causons de l'avenir, de notre mariage et formons mille heureux châteaux en Espagne. En jasant ainsi nous avions dépassé la Bastille, le boulevard Bourdon et atteint les bords de la Seine. Là une pause près l'un de l'autre pour admirer la pureté du ciel, et voir couler l'eau du fleuve, ou assis sur un vert gazon, sans témoins et libres de nous livrer à nos doux épanchements, nous nous donnions mille témoignages de notre ardeur mutuelle ; imprudence qui nous fit oublier la marche rapide du temps, et ne songer à la retraite que lorsque les horloges de la ville se renvoyant de l'une à l'autre les coups de minuit, nous firent connaître qu'il n'était plus d'asile cette nuit pour nous, les portes devant être closes à cette heure.

Que faire? Comment oser rentrer au jour sans risquer que Marie ne soit vue des voisins, aperçue peut-être par sa mère?

Et à ces pensées Marie pleurait, se désespérait.

Oh! n'importe! essayons; peut-être aura-t-on oublié de fermer la porte de l'allée de notre demeure.

Cela dit, nous nous remettons en marche et atteignons bientôt la maison. Peine perdue, tout est fermé, la porte résiste à mes efforts. Que devenir? chercher un asile dans quelque coin obscur, ou plutôt nous promener la nuit entière; et nous nous remettons à marcher.

Mais la fatigue accable Marie, et sur le banc d'un hôtel de la rue Saint-Louis je la fais asseoir, et me place auprès d'elle. Là, le sommeil malgré nous vient clore notre paupière; mais quelques instants plus tard, une patrouille nous réveille en sursaut et de la façon la plus brutale. Cela, à la grande frayeur de ma pauvre compagne.

— Que faites-vous là, mes amours? s'informe le chef de la patrouille.

— Nous nous reposons, monsieur, dis-je d'une voix timide.

— N'avez-vous donc pas, mes petits chérubins, un domicile pour y dormir la nuit plus en sûreté?

— Oui, monsieur, mais arrivés trop tard nous en avons trouvé la porte fermée.

— Est-ce bien vrai, cette gausse-là, mes petits rats? C'est que vous me faites l'effet de deux amoureux échappés de chez papa et maman; or, sus, suivez-moi au poste, où nous procéderons à plus ample interrogatoire.

Horriblement effrayés de cet ordre, Marie et moi essayons de fléchir ces hommes en les assurant de notre honnêteté. Hélas! rien, car malgré nos prières, nos larmes, il nous fallut les suivre au corps de garde, et là subir un nouvel interrogatoire, où Marie, la tête perdue, avoua nos noms, notre demeure, trahissant ainsi une partie de notre histoire.

— Ah! mes tourtereaux, vous courez ainsi la nuit dans les rues : fort joli, en vérité! mais comme la morale et la décence s'opposent à ce petit manége-là, vous voudrez bien attendre ici le jour et qu'on vienne vous réclamer, dernier point qui se fera

15.

longtemps attendre si vous ne vous décidez à inviter vos parents ou amis en les faisant instruire par un message, de votre position du moment, nous dit le sergent du poste d'un air narquois.

— Avertir! livrer notre secret! pour que la mère Robinet batte Marie! oh! impossible.

Monsieur, vous ne serez pas assez cruel pour nous réduire à cette affreuse nécessité? m'écriai-je avec douleur.

— C'est z-une chose z-arrêtée z-et nécessaire à la morale, — répond un tourlourou présent à l'interrogatoire en rajustant son col.

Vaines supplications de la part de la pauvre fille, de la mienne, pleurs inutiles, il faut céder, passer le reste de cette nuit fatale parmi ces soldats grossiers, qui, devant notre misère, se crurent dispensés de tout respect et égards, et nous accablèrent d'insultantes railleries, devant lesquelles, faibles et timides, nous restâmes muets et confus.

Depuis trois heures il faisait grand jour, lorsque notre frayeur devint extrême en voyant entrer au poste mon maître d'apprentissage, qui, prévenu par un homme expédié en secret par le sergent, venait me réclamer, et, derrière lui, l'horrible tête de la Robinet. Pour moi d'abord quelques dures reproches de la part du bijoutier, mais pour Marie, ah! quelle pénible position! que d'injures, d'affreuses menaces vomies sur elle par sa mère, dont la seule présence des soldats arrête le bras levé et menaçant.

— Et toi, tu n'en seras pas quitte à si bon marché que tu penses, va, brigand... ah! tu galoperas ainsi la nuit avec ma fille, tu détourneras de ses devoirs mon innocente enfant après l'avoir arrachée à l'aile protectrice de sa mère, oh! tu me payeras ça, infâme gueux! hurlait la Robinet en me plaçant le poing sous le nez. Puis continuant : Eh ben! oui, on t'en donnera des demoiselles Robinet... Avise-toi jamais, brigand, d'approcher et lorgner ma fille, et je t'équarquille, gamin! Quant à toi, gredine, file devant et leste à la niche, où t'attend une pâtée soignée.

Marie tremblante comme la feuille, plus morte que vive, obéit machinalement et s'éloigne tandis que d'après l'invitation de sa mère et l'avis de mon maître, on me retient quelques instants encore au corps de garde, cela malgré mes prières, et mon désir de courir défendre Marie contre les brutalités de la Robinet.

Une demi heure après je suis libre, mais contenu par mon maître, il me faut étouffer le désir qui m'anime de franchir le chemin au pas de course.

— Ah çà, garçon, je veux bien te passer cette escapade en faveur de tes bons antédents, mais comme l'amour et le travail sont incompatibles, je te préviens, Paul, qu'en vertu de mes pouvoirs discrétionnaires, je te défends de penser à Marie, sous peine de correction, me fait entendre mon maître tout en marchant à mes côtés.

— Monsieur, j'aime Marie et l'aimerai toujours, car je lui en ai fait le serment; mais que vous importent les sentiments de mon cœur, si mes bras actifs et fidèles remplissent loyalement la tâche que vous avez le droit d'attendre de moi? Quant à la menace que vous venez de me faire, songez que j'ai dix-sept ans, monsieur, un cœur noble et fier, c'est vous dire que je ne supporterai pas un humiliant traitement de votre part, répondis-je avec fermeté.

— Aime ou n'aime pas, mais songe à ma défense, à faire ton état, ou si tu continuais tes fanfaronnades, tu pourrais bien sentir, mon drôle, ce que pèse mon poing. Et cela disant, cet homme me poussait dans l'atelier à la porte duquel nous venions d'arriver.

Comme la prudence et la dissimulation m'étaient nécessaires en ce moment, je ne répondis plus rien et me mis au travail, pensant à Marie et prêtant une oreille attentive au moindre bruit venant du dehors, et tout disposé à tout braver pour courir à son secours si un de ses cris, une de ses plaintes venaient jusqu'à moi. Mais rien, rien, tout était calme dans la maison; et dans l'atelier, bourdonnait seule la voix du maître, racontant sans pitié mes aventures de la nuit aux ouvriers présents afin d'exciter leur hilarité à mes dépens.

Deux heures sonnent, c'est l'heure du repas, on quitte l'établi, et moi restant dans l'atelier où j'attendais alors qu'on m'envoyât ma pitance selon la coutume, je lève les yeux et me vois seul avec un des ouvriers qui me regarde en souriant d'une façon amicale.

— Que me veux-tu, Joseph? ne vas-tu pas comme les autres camarades prendre chez toi ton repas? lui dis-je.

— Oui, car l'appétit me travaille; mais avant d'aller me faire des bosses, mon cher Paul, j'ai désiré être seul avec toi et te donner un conseil.

— Parle, j'écoute.

— Le bourgeois en nous racontant tes amours avec la petite

Marie, joli morceau, ma foi! et se raillant de toi a agi comme un vrai pékin...

— Comme un méchant homme, m'écriai-je vivement et avec indignation.

— Ce qui fait que moi à ta place et avec ton talent en bijouterie, je le planterais là pour aller ailleurs chercher ouvrage et fortune.

— Impossible, mon cher Joseph! ignores-tu que quoique sachant mon état, j'ai encore dix-sept mois à faire ici pour remplir loyalement mes conditions d'apprentissage.

— Connu! ce qui ne m'empêcherait pas, à moi, de lui brûler la politesse en ayant soin de ne pas laisser là la petite voisine.

— Emmener Marie! oh! oui, car alors, j'aurai du pain, un asile à lui donner, tout cela par mon travail... Mais, hélas! où trouver de l'ouvrage dans ce Paris, sans un livret que je ne puis exiger du maître actuel avant mon temps fini?

— De l'ouvrage? j'en connais à Saint-Germain, où on ne s'avisera pas d'aller chercher la belle et toi ; consens-tu?

— De tout cœur, dis-je en pressant la main du camarade.

— Suffit! ce soir je te repasse, ici, en cachette, certaine lettre de recommandation dont la lecture te fera embaucher tout de suite... Compte sur moi, Paul.

— Et toi, sur ma reconnaissance, Joseph.

Cela convenu, cet ami s'éloigne; puis vient mon dîner que m'apportait la bourgeoise, petite femme revêche et gouailleuse, qui, instruite aussi de mes aventures, me lance quelques piquantes railleries auxquelles je ne réponds mot. Resté seul, je veux essayer d'un peu de nourriture que le chagrin repousse et me fait laisser. Je préfère monter à ma mansarde, m'y enfermer, et l'oreille sur la cloison, écouter chez Marie où régnait en ce moment le plus profond silence.

— Hélas! sa mère l'aurait-elle tuée? la misérable! Et plein d'inquiétude, muni d'une mèche et d'un vilbrequin que je m'étais procurés dans ce dessein, je m'empresse de faire un trou dans la cloison, sur lequel j'applique ensuite mon œil. Je n'aperçois qu'une chambre en désordre que personne n'habitait en ce moment.

— Mon Dieu! sa mère aurait-elle eu l'infamie de la reconduire et livrer une seconde fois à ce Godard? Ah! si je le savais... Et comme je pensais ainsi, un bruit de pas se fit entendre dans le corridor et la voix aigre de la Robinet parlant à sa fille vint retentir à mon oreille.

Elles entrent chez elles, et je redouble d'attention, l'œil placé sur le trou de la cloison, le cœur battant avec force, le corps agité d'un affreux tremblement. J'aperçois d'abord Marie, l'air abattu, craintif, les yeux remplis de larmes et le visage pâle comme la mort; pauvre petite! puis sa mère le regard enflammé de colère et de rage, l'écume à la bouche, les poings sur les hanches; j'entends cette furie vomir l'injure, prodiguer l'outrage à sa fille craintive et à genoux devant elle.

— Jour de Dieu! je me retiens à quatre, pour ne pas te briser sous mes pieds... Ah! tu t'esbigneras ainsi, un mois entier, de chez ta mère, belle conduite, ma foi! pour une demoiselle... Relève-toi, et viens çà m'écouter. Et Marie d'obéir et de se placer debout devant sa mère assise sur le lit.

— D'abord, reprend la Robinet, dis-moi la vérité; où as-tu passé toutes ces nuits?

— Dans les rues, ma mère.

— C'est y ben sûr c'te gausse-là?

— Oui, soupire Marie.

— Avec le galopin d'à côté, n'est-ce pas vrai?

— Oui.

— Et ce gueux t'a-t-il respectée?

— Oui.

— Cependant j'ai ben de la peine à croire qu'un garçon ait été si bête que ça, et y m'est d'avis, à moi, que tu mens comme une effrontée coquine... Passe-moi c'te bouteille d'eau-de-vie qu'est là sus c'te cheminée, et dépêche ou j'tape.

Marie obéit, la Robinet place le goulau dans sa bouche, avale plusieurs gorgées, puis pleine de satisfaction, reprend en ces termes :

— Écoute, chien d'enfant rebelle, ce qu'va te dégoiser une mère courroucée. T'es une imbécile, Marie, sans principe et amour-propre, tu veux éternellement croupir dans c'te misère ousque nous sommes enfoncés jusqu'au cou, c'est pas sage ni aimable, et t'es une ingrate, Marie.

— Ma mère, vous vous abusez sur les sentiments de cet homme; si véritablement la pitié, la bienfaisance guidaient seules son cœur, il n'aurait osé me traiter avec autant de mépris qu'il le fit lorsque vous me laissâtes seule avec lui.

— Ah! des momeries, des bêtises, v'là à quoi t'es bonne...

Allons, pas de ton ni de manières, j'veux faire de toi une fille huppée, comme il faut. Or, pu de façons, ou j't'étrangle, foi de femme Robinet. Prépare-toi donc à me suivre ce soir, sans ça c'est fait de ta peau, sur laquelle j'tape à mort, souviens-toi de ça : réfléchis tandis que j'vas roupiller un p'tit brin pour faire passer mes gueuses d'éblouissements. Cela dit, la Robinet se laissa aller sur son lit, et Marie tombée sur une chaise, abattue et sans force, se livra à ses sanglots.

L'heure m'appelait au travail et craignant qu'on ne s'aperçût à l'atelier de ma présence à la mansarde, je m'arrachai à regret de mon réduit sans pouvoir adresser une consolation à Marie, cependant le bruit que fit ma porte en se fermant l'instruisit de ma présence et que j'avais tout entendu.

— Oh! cet infâme projet ne s'acomplira pas, je la sauverai, me dis-je en descendant l'escalier.

A l'atelier personne n'était encore de retour. Mais Joseph rentra derrière moi, et fidèle à sa promesse, il me remet une lettre pour le bijoutier de Saint-Germain, en m'engageant à me rendre chez ce fabricant le plus tôt possible, me promettant en sus de m'y rejoindre sous peu, afin de me servir de guide dans mon émancipation.

La journée s'avançait, mais pas assez vite au gré de mon impatience tant j'avais hâte de remonter à la mansarde. La sixième heure du soir sonna enfin, et le hasard me venant en aide, envoya ce jour-là au spectacle le maître bijoutier et son épouse, gens dont j'appréhendais la présence et la vigilance importune pour mes projets de la soirée.

A huit heures je suis libre, je m'échappe, m'élance vers la montée. J'ouvre avec bruit la porte de ma mansarde, la referme de même ; alors une douce voix qui me va tout de suite au cœur, se fait entendre, c'était celle de Marie enfin.

— Qui est là? s'informait-elle, dans le doute que ce ne fût moi.

— Paul, ma bien-aimée ; es-tu seule?

— Oui, ma mère est partie depuis deux heures pour ne revenir que ce soir à dix.

— Je sais tout, j'ai tout entendu, Marie.

— Ainsi, tu connais le malheur dont je suis menacée, Paul ; mais elle me tuera plutôt que de me faire consentir à la suivre chez cet homme odieux.

— Marie, n'attends pas ton bourreau, fuyons ensemble, maintenant il me sera facile de pourvoir à tes besoins, j'ai de l'ouvrage, un avenir, viens, fuyons, ma douce amie.

— Hélas ! je ne puis ; en partant, ma mère m'a enfermée à double tour.

— Oh ! n'importe, consens et je sais un moyen de te rendre libre.

— Je consens, Paul, fuyons s'il se peut.

Je n'en demande pas davantage pour exécuter mon dessein, m'armer d'une barre de fer et crever la cloison en l'attaquant par le bas, à l'endroit que cachait mon lit. Quelques minutes me suffisent pour faire un trou assez grand pour que Marie puisse y passer son corps délicat.

Marie, tandis que je lui ouvrais un passage, s'était occupée à faire un petit paquet de ses meilleures nippes, je m'empressai, aidé par elle, d'en faire autant des miennes, de mettre dans mon gousset ma petite fortune montant à dix francs, et, ces précautions prises, nous fuyons à travers l'obscurité, séparés l'un de l'autre, pour ne nous rejoindre qu'à la place Royale, et arrivés nous prendre par le bras et courir loin ensemble, enfin jusqu'à ce que nous ayons perdu la respiration.

Où allions-nous ainsi de nuit et à neuf heures du soir ? à Saint-Germain, où nous conduisit et déposa un coucou, dans lequel nous étions montés à la place Louis XV, et à minuit nous arrivons sur la grande place du château.

Encore un embarras semblable à celui de la veille, de savoir où nous passerions la nuit dans cette ville qui nous était inconnue.

— Ma foi ! en promenade dans la forêt ?

— Oh ! non, il y a peut-être encore là des patrouilles, des gardes qui nous arrêteraient.

— Dans une auberge, proposai-je à Marie.

— Oui, une auberge. Et nous voilà à courir dans les rues désertes, au hasard, guettant une enseigne.

Au Chat qui pêche : Gogo, aubergiste, loge à pied et à cheval.

Voilà notre affaire, et nous frappons à la porte de l'auberge, qu'une servante vient nous ouvrir après une demi-heure d'attente. Nous demandons à coucher.

— Il n'y a plus qu'un lit, nous répond la fille.

— C'est notre affaire.

— Monsieur et madame sont mari et femme ?

— Oui.

— Fort bien ! vos papiers, s'il vous plaît?

— Nous n'en avons pas.

— Alors, pas de lit. Et la servante nous pousse dans la rue, en nous fermant la porte sur le nez.

Déception funeste ! que faire? chercher une autre auberge où l'on soit moins susceptible.

Là-dessus nous nous remettons en route et recherches.

Dans une petite rue où nous jettent nos pas errants, nous remarquons une maison d'où la lumière s'échappe au travers des fenêtres. De l'intérieur de cette maison se font entendre des éclats de rire, des chants joyeux ; au-dessus de la porte pas d'enseigne, mais une petite lanterne rouge dans laquelle expirait en ce moment une faible lumière.

— Frappons, peut-être loge-t-on ici, me dit Marie.

Un coup sur la porte, et il se présente une vieille et puissante femme qui s'informe.

— Pourrions-nous passer la nuit chez vous, madame?

— Certainement, et très-commodément encore, ça sera six francs.

— Six francs, c'est beaucoup, ne pourriez-vous nous recevoir à meilleur marché?

— Pas mèche, mes petits, c'est à prendre ou à laisser.

Nous acceptons, car comment faire mieux à pareille heure, dans une ville inconnue? mais six francs, lorsqu'après avoir payé la voiture qui nous avait amenés, il ne nous en restait plus que huit !

Il y avait déjà deux heures que nous étions au lit, cherchant le sommeil et ne pouvant le saisir, tant il se faisait de bruit en dessous de nous; c'étaient des cris, des rires immodérés, des bonds à ébranler toute la maison, lorsque tout à coup, nous entendîmes frapper rudement à la porte de la rue et cesser subitement le tapage de l'intérieur. Personne, il faut croire, ne s'empressait d'aller ouvrir, car les coups redoublaient sur la porte avec plus de force que la première fois; ce qui fit qu'après un instant d'attente encore, nous entendîmes tirer le verrou et la porte s'ouvrit.

— Oh ciel! entends-tu, Paul? ce sont des soldats, écoute le bruit de leurs armes, me dit Marie tremblante.

— Que t'importe, ma chérie, ce n'est pas nous qu'ils cherchent.

— C'est égal, Paul, je frémis malgré moi, reprend-elle.

En effet, elle n'avait pas tort de craindre, la pauvre fille! car, quelques moments après, la patrouille attirée par le bruit que l'on faisait dans cette maison, que nous avions prise sottement pour une auberge, heurtait à la porte de notre chambre avec la crosse de ses fusils.

— Ouvrez, ou on enfonce la porte! s'écrie une voix de stentor.

Il fallait obéir, ce que je fis après avoir enveloppé Marie dans les rideaux du lit.

Un caporal et trois soldats pénètrent dans la chambre, ils sont accompagnés par la grosse femme qui les éclaire.

— Quel est celui-ci? s'informe le caporal en m'indiquant.

— Ça, un innocent de tout le tapage qui se faisait ici.

— Possible, mais ça ne m'empêchera pas de les emmener au violon avec la compagnie d'en bas, que gardent à vue, en ce moment, mes grenadiers, dit le sergent.

— Monsieur, nous sommes, ma femme et moi, des gens honnêtes, qui arrivés fort tard en cette ville, avons demandé un asile dans cette maison, la seule où l'on veillait encore, et qui l'avons prise pour un lieu tranquille et sûr, fis-je entendre au caporal.

— Possible! jeune bourgeois, mais ceci est une explication que vous aurez demain avec le commissaire, et qui ne me regarde nullement, mon affaire, à moi, étant de vous conduire par le quart d'heure, vous et madame votre épouse, en lieu sûr, mais non confortable.

— Mais, monsieur, pour agir avec cette rigueur, quel est donc notre crime? m'informai-je.

— Léger, léger, jeune bourgeois.

— Hélas! que vont-ils faire de nous? peut-être nous conduire à Paris, toi chez ton maître, moi chez ma mère, qui me tuera cette fois! soupirait Marie en se vêtissant à la hâte.

— Non, non, plutôt mourir, ma douce amie, que de retourner chez nos tyrans... Ah! s'il y avait un moyen de s'échapper!...

— Cherchons, Paul.

J'ouvre la fenêtre, je mesure la distance de l'œil, impossible! Deux étages, trente pieds le moins.

— Ohé! descendrez-vous aujourd'hui, vous autres là-haut? fait entendre la voix du caporal.

— Un instant encore, s'il vous plaît.

— Paul, s'il existait quelques cachettes dans le haut de cette maison? essayons, ami, je t'en supplie.

Et Marie, qui m'avait pris la main, m'entraîne hors de la chambre. Nous gravissons un troisième étage, le dernier de la maison. Nous sommes dans un corridor que nous suivons à tâtons; une porte entr'ouverte, un grenier, une lucarne donnant sur un toit à pente douce. Marie, décidée à braver tous les dangers pour échapper à la patrouille, me propose de fuir par cette issue dangereuse, et s'élance, sans attendre ma réponse, sur le toit, où je la suis, la soutiens. Nous arrivons sans trop de difficulté sur celui d'une seconde maison, puis sur une troisième, où se présente à nous une petite croisée dite châssis à tabatière, d'où s'échappait une douce clarté.

Nous approchons en silence, et à travers les vitres, nos yeux aperçoivent une jeune fille d'une vingtaine d'années, qui s'occupait, en chantant, à repasser du linge sur une table placée sous le châssis.

— Paul, demandons asile et secours à cette fille, me propose Marie.

— Tel est mon désir, mais pourvu qu'elle n'aille pas nous prendre pour des voleurs.

— Il nous sera facile, en pareil cas, de la désabuser.

— Allons, parle-lui, Marie, la vue d'une femme lui causera moins de frayeur.

Et Marie d'appeler, en frappant légèrement du doigt sur le vitrage. La repasseuse lève la tête, pousse un cri de frayeur et veut fuir, mais ses yeux ont aperçu ceux si beaux, si suppliants de Marie, et elle demeure, observe, tout en armant chacune de ses mains d'un fer à repasser.

— Par pitié! ouvrez-nous, ne craignez rien, fait entendre Marie à genoux sur le toit, penchée sur le vitrage et les mains jointes.

— Qui êtes-vous? d'où venez-vous? que demandez-vous? s'informe la jeune fille.

— Votre protection, un asile pour cette nuit, afin d'échapper à des méchants qui nous poursuivent, répond Marie.

— Ah! deux amoureux, je comprends, mais d'où venez-vous à cette heure, par ce chemin des matous?

— Ouvrez-nous et nous vous conterons tous nos malheurs.

— Ah çà, mais, si vous alliez être des voleurs! pas de bêtises; aussi bien, je vous avertis d'avance que j'ai là tout près des voisins pour me défendre.

— Ah! ne craignez rien, mademoiselle, nous sommes des jeunes gens honnêtes.

— Quel âge avez-vous?

— Moi, Marie, j'ai bientôt seize ans.

— Moi, Paul, dix-sept dans trois mois, dis-je à mon tour en avançant la tête pour la première fois.

— Ah! ah! c'est vous qui êtes monsieur Paul... Allons, descendez, car vous êtes bien gentils tous deux, et je vous crois incapables de mauvaises intentions.

En parlant ainsi, la repasseuse montée sur sa table, soulevait le châssis vitré pour nous donner entrée. Tandis que nous nous glissions dans la chambre, la blanchisseuse, à moitié rassurée, s'était sauvée près de sa porte qu'elle venait d'entr'ouvrir de façon à pouvoir appeler du secours, si elle jugeait la chose nécessaire, mais nous voyant si jeunes, si craintifs et reconnaissants, fléchir le genou devant elle et la remercier, les larmes aux yeux, de son hospitalité, Toinette, ainsi s'appelait cette bonne fille, referme la porte, vient à nous en souriant et nous tend, pour nous relever, une main que nous baisons Marie et moi avec transport.

Toinette nous fait asseoir, nous examine, nous questionne ; en peu d'instants nous la mettons au fait de nos aventures, qui la font à la fois rire et pleurer : puis entièrement convaincue de notre sincérité par la lecture de la lettre de Joseph à M. Bernard, bijoutier chez qui je venais travailler à Saint-Germain, Toinette s'offre pour être notre amie, nous sert à manger, chose que nous n'avons garde de refuser, mourant de faim et de soif, et tout en collationnant, elle nous apprend qu'étant orpheline et libre de ses actions, elle a loué cette petite chambre, où depuis six mois elle exerce son état de blanchisseuse et repasseuse en linge fin, et que pressée de rendre son ouvrage pour le lendemain, elle s'était décidée à donner cette nuit entière au travail. Elle s'offre à garder Marie avec elle, à lui apprendre son état, ce que nous acceptons avec joie.

Quant à moi, ce fut un petit cabinet, situé sur le carré de Toinette et dépendant de sa chambre, que cette bonne fille me destina pour demeure, et qu'elle me promit de meubler dans la journée. Le jour venu, trop léger d'argent pour perdre mon temps, je quittai Toinette et Marie pour me rendre chez le fabricant bijoutier qui, sur la lettre de recommandation dont j'étais porteur, me reçut selon mes désirs et me fit mettre aussitôt à l'œuvre, après être convenu du prix de la journée, prix modique, mais que j'acceptai d'abord, me réservant de demander une augmentation après avoir fait preuve de savoir et d'adresse.

Six mois venaient de s'écouler, et le malheur semblait avoir retiré de dessus nous sa main de fer. Sans cesse pourvu d'ouvrage, chaque semaine j'apportais au logis commun le fruit de mon travail, qui, joint au peu que commençait à gagner Marie, dans son nouvel état, nous mettait à même de vivre honorablement. De plus, et à ma grande satisfaction, Marie m'avait appris qu'elle allait être mère. Mais, las de nous être favorable, le destin, se jouant de nos vœux, nous replongea bientôt dans une foule d'infortunes. D'abord, la bonne Toinette, notre amie, notre bienfaitrice, minée depuis longtemps par une affreuse maladie de poitrine, tomba dangereusement malade, et mourut dans nos bras après quinze jours des plus vives souffrances, en nous léguant verbalement son modeste mobilier que des collatéraux avides vinrent nous arracher aussitôt, nous contraignant, par ce fait, à transporter nos pénates dans un hôtel garni de la ville. Ce changement, et la dépense qu'il nous occasionna, arrivèrent mal à propos, car la maladie de Toinette nous avait coûté presque tout l'argent que nous possédions, et le diable s'en mêlant, mon maître bijoutier, tombé dans de mauvaises affaires, cessa, à ma grande douleur, de me payer exactement mes semaines. Partant de là, la misère, l'affreuse misère revint frapper à notre porte, malgré les efforts de Marie pour nous soutenir du fruit de son travail, les miens pour arracher quelques pièces de cinq francs à mon patron duquel je trouvai la porte fermée en m'y rendant un matin. Ce malheureux, victime de pertes énormes, avait fui nuitamment, afin d'échapper aux recors qui, le lendemain, devaient attenter à sa liberté.

Le jour où je me vis sans boutique, je résolus d'accepter n'importe quels travaux se présenteraient, fussent même ceux d'un porte-faix, pourvu qu'ils m'aidassent à procurer le nécessaire à Marie. Dans cette intention je me dirigeai vers le bureau des Messageries, dans l'espoir de me mettre à l'œuvre en trouvant quelques malles ou effets à porter. J'étais donc là, planté devant le bureau des voitures dans l'attente d'une bonne aubaine, quand un voyageur passe près de moi, s'arrête, m'examine en silence, puis continue son chemin ; quel était cet homme, dont la figure ne m'était pas inconnue. Oui, un ami de mon maître d'apprentissage, lequel ayant reconnu en moi l'apprenti transfuge, regagna Paris le même jour et alla déclarer ma retraite au bijoutier, lequel à son tour, en fit part à la mère Robinet, en quête de sa fille depuis plus de six mois et qui désespérait de la retrouver jamais.

Le lendemain, Marie et moi, réunis dans notre modeste chambrette, et en train de prendre le repas de la deuxième heure après midi, quel fut notre étonnement après avoir vu notre porte s'ouvrir brusquement, d'apercevoir et reconnaître la mère Robinet, dans la femme furieuse et menaçante qui se présente devant nous. Marie effrayée cherche un refuge dans mon sein, et moi la soutenant d'un bras, j'oppose l'autre aux violences de la Robinet, dont les poings menaçants se lèvent sur nos têtes.

— Femme horrible! viens-tu encore chercher ta fille, ta victime? ah! détrompe-toi, mégère, car je la défendrai contre tes violences.

— De quoi, de quoi! on se révolte contre l'autorité d'une mère? C'est pas sage. Quant à toi, ravisseur de mineure, une bonne et juste plainte portée au procureur du roi, va t'apprendre ce qu'il en coûte pour enfoncer les murailles et enlever les filles de famille. Toi, viens ici tout de suite ou je t'assomme avant d'aller chercher le commissaire.

— Paul, défends-moi, s'écrie Marie, qui voyant sa mère prête à frapper, quitte le rempart que lui faisait mon corps pour se sauver à l'extrémité de la chambre.

— Ah çà! mais, j'n'ai pas la berlue, c'te gueuse est enceinte, Dieu me pardonne... Et parlant ainsi, la Robinet qui venait de s'emparer d'un manche à balai, essayait à fondre sur sa fille, mais retenue par moi, comprimée dans mes bras, cette furie, dans le paroxisme de la colère et de la rage, ne réussit qu'à vomir d'horribles imprécations, au bruit desquelles accourent les voisins, entr'autres le maître de l'hôtel garni. Chacun alors s'empresse de retenir la Robinet, dont on devine les cruelles intentions, sa rage impuissante.

— Laissez-moi punir cette misérable enfant, cette gueuse, s'écrie-t-elle, qui a quitté sa vieille mère!

— Quoi, ce n'est pas sa femme?

— Lui, mon gendre? ce va-nu-pieds, fi donc!

— Non, je ne suis point l'époux de Marie, que j'aime tendrement, mais que madame nous donne son consentement, et nous nous marions aussitôt, dis-je aux voisins surpris.

— Mais t'as rien, vaurien, t'es sans le sou, et tu parles de te marier, d'épouser ma fille, compte dessus et bois de l'eau.

— Cependant, la mère, c'est le seul moyen de réparer l'honneur de votre fille, dont l'enfant réclame un père, observe le maître de l'hôtel.

— Possible, mon bonhomme, ça ne vous regarde pas, j'ferai c'que j'voudrai... Allons! en avant, marche devant, termine la Robinet en écartant brusquement les voisins qui l'entouraient, en parlant à Marie, qu'elle ne trouva plus dans la chambre; car profitant du moment que sa mère avait les yeux tournés d'un autre côté, elle s'était échappée.

Rien n'égala la fureur dont fut saisie la Robinet en ne voyant plus sa fille, qu'elle chercha en vain dans la chambre, sous chaque meuble, et armée d'un bâton, en jurant, blasphémant et frappant partout.

— Fuyez à votre tour, c'est vers Marly que Marie court en ce moment, me dit bas à l'oreille une voisine charitable.

N'en attendant pas davantage, je me précipite hors de la chambre, puis de l'hôtel, et en courant de toute la vitesse de mes jambes je gagne la route de Paris, où, à une longue distance de Saint-Germain et au pied d'un arbre, je retrouve Marie, étendue et sans connaissance, abattue par l'effroi, la douleur et la fatigue.

Hors de moi, au désespoir, je la prends dans mes bras, et jugeant prudent de nous dérober aux regards des passants, j'emporte mon précieux fardeau vers un bouquet de bois situé dans les terres, à quelque distance de la route, où je la dépose sur un épais gazon, la tête appuyée sur mes genoux.

Après deux heures d'évanouissement, mes larmes, mes prières la ramènent à la vie; ses esprits renaissent, elle me fixe, me reconnaît, rappelle ses souvenirs et me sourit.

— C'est toi, mon Paul? ah! je croyais t'avoir perdu pour toujours, alors je voulais mourir, me dit-elle d'une voix faible.

— Vis, vis, ma chère Marie, pour mon bonheur, et retrouvons ensemble des jours encore heureux; vis pour ton Paul, ou permets-lui, Marie, de mourir avec toi.

— Ami, je te le promets... Ah! qu'elle est implacable, ma mère, et qu'allons-nous devenir?

— Regagner Paris, où je trouverai de l'ouvrage, où nous vivrons mieux cachés qu'ailleurs, en attendant qu'il nous soit permis d'être époux, de l'avouer et de braver nos ennemis.

— Allons, Paul, partons à l'instant.

— Hélas ! tu es encore trop faible en ce moment, Marie.

— Détrompe-toi, ami, tu es avec moi, je suis forte.

Malgré l'empressement de Marie, je craignais trop la rencontre de sa mère, les suites de la déposition qu'elle devait avoir faite contre moi aux magistrats de la ville, pour oser nous aventurer en plein jour sur la grande route; je conseillai donc d'attendre la nuit, et Marie, sans cesse docile à mes désirs, se résigna. La conversation, un doux sommeil, abrégèrent pour nous la longueur de la journée, puis vint l'obscurité, mais avec elle la faim, et nous étions sans argent, quelques sous seulement se trouvant dans ma poche formaient notre unique ressource. Je les serrai précieusement dans la crainte de les perdre, car je les réservais pour acheter du pain à la douce Marie.

Nous nous mettons en route, Marie appuyée sur mon bras, éclairés par un beau clair de lune, et sans peine ni fâcheuse rencontre nous atteignons Marly.

— J'ai faim, Paul, me fait entendre ma compagne, au milieu du village que nous traversions.

— Je vais t'acheter du pain, Marie.

— Et pour toi aussi, Paul.

— Oui, mais pour toi d'abord. Hélas! je n'avais que quatre sous.

Nous nous arrêtons devant un misérable cabaret, et laissant Marie à la porte j'entre seul dans ce bouge solitaire éclairé par une faible lampe qui laisse à peine entrevoir une femme assise au comptoir, et une autre attablée dans un coin. A peine ai-je ouvert la bouche pour demander ce pain si nécessaire, qu'un horrible cri retentit à mon oreille, et que sur moi tombe encore comme la foudre, en m'onfonçant ses ongles dans le visage, l'infâme Robinet, ivre d'eau-de-vie, et ayant peine à se soutenir.

— Ah ! je te tiens, gueux, voleur, brigand, rends-moi ma fille, rends-moi mon bien, s'écrie cette furie; je la repousse et l'envoie rouler parmi les tables et les tabourets qui garnissent la boutique. Je fuis en entraînant Marie; mais la Robinet qui s'est relevée, s'élance sur la route, crie sur moi au voleur, excite les habitants qui se tiennent sur leurs portes pour respirer l'air, à courir sur moi. Déjà plusieurs se détachent, se mettent à notre poursuite et gagnent du terrain sur nous; Oh! bonheur, une chaise de poste arrive au galop de notre côté; alors, j'engage Marie à me prendre par derrière à bras-le-corps, elle obéit; mon mouchoir tourné autour de nous, nous lie solidement. La chaise de poste nous atteint, je la saisis par derrière, m'y cramponne avec force, elle nous emporte. Suspendu à quelques pieds de terre par les bras, et le corps de Marie doublant le poids du mien, rendait ma position intolérable; je n'y tenais plus; mes doigts brisés quittent un à un la barre de fer, tous s'échappent et nous roulons dans la poussière de la route; n'importe nous avions franchi un espace assez considérable pour qu'il nous mette hors de la vue de ceux qui nous poursuivaient et dont cependant nous entendions encore au loin et dans l'obscurité les pas et les cris. Pas un instant à perdre; je ramasse Marie, l'emporte dans mes bras presque morte de frayeur et m'élance dans les terres, où un champ de blé devint notre refuge jusqu'à minuit, heure à laquelle nous nous remîmes en route.

Dévorés par la faim, abîmés par la fatigue d'une longue et pénible route, nous atteignons Paris sans nouvel accident, nous y entrons au grand jour, couverts de sueur et de poussière.

Marie se soutenait à peine; je voulus acheter du pain à ma pauvre compagne, mais je m'aperçus avec désespoir que je n'avais plus mes quatre sous; ils étaient sans doute tombés de ma poche, lors de notre chute de la chaise de poste.

— Chère Marie, qu'allons-nous devenir, sans secours, sans amis pour nous secourir dans ce pressant besoin? dis-je avec douleur.

— Paul, mourons, mais mourons ensemble, viens; la rivière est derrière ces arbres. Nous étions alors aux Champs-Élysées.

— Mourir! toi si jeune, y penses-tu? oh! non, sépare-toi plutôt d'un homme qui cause tous tes malheurs.

— Pour retourner me soumettre aux volontés de ma mère, jamais, Paul, jamais! j'aime mieux mourir.

— Mourir à notre âge, avec un bel état et du courage, allons, il y aurait lâcheté, Marie.

— Mais que faire? que devenir, hélas! sans espoir d'aucun secours? Si tu sentais comme moi, Paul, l'exigence de ce petit être que renferme mon sein, qui souffre de ma faim et me demande à vivre...

— Eh bien vivons pour lui, ma douce amie, Dieu nous le commande; viens, viens, Marie, encore un peu de courage.

— Aller, mais où ? nous ne connaissons d'autres gens que nos ennemis? s'informe Marie.

— Chez Joseph mon compagnon d'atelier, il m'a toujours manifesté une vive amitié, peut-être nous secourera-t-il en ce pressant besoin.

Marie ne répond plus, elle se traîne, mais lentement. Après mille efforts nous atteignons enfin la rue du Cadran, que Joseph m'a dit habiter, mais ignorant le numéro de sa maison, c'est de porte en porte qu'il nous faut chercher, Hélas ! vaines recherches, il y avait trois mois qu'il avait quitté Paris pour aller travailler en province, nous annonça le maître du garni où il logeait jadis. Déception cruelle ! que faire ? que devenir ? Marie pleure, elle succombe de fatigue, de faim, et rien pour la secourir ; ah ! elle a raison, il faut mourir, mourir vite... mais notre enfant, notre enfant, ô mon Dieu, prenez pitié de lui !

Disant ainsi, le souvenir d'une ancienne amie de ma mère se présente à ma mémoire ; cette dame, à ce que je pouvais me rappeler, était riche mais orgueilleuse... N'importe ! je voulais aller implorer sa pitié ; cela décidé, j'entraîne Marie ; elle ne me questionne plus et me suit machinalement d'un pas pénible à travers les rues populeuses, la foule, dont nos mines pâles, nos vêtements en désordre excitaient l'attention et la pitié, peut-être ! C'était au faubourg Saint-Germain que nous nous traînions ainsi, vers la rue de l'Université où nous atteignons la demeure de celle de qui j'allais, poussé par la misère, le besoin, implorer un secours pressant, non pour moi, mais pour Marie, ma pauvre Marie, mourante d'inanition sous mon bras.

Fatalité! Cette dame, me répond un concierge, est à la campagne d'où elle ne sera de retour qu'à l'automne prochain. Que faire ? mon Dieu, que faire ? et en exclamant ainsi, je m'éloignais pour rejoindre Marie, à qui j'avais conseillé de m'attendre à quelques pas de cette demeure. Je ne la retrouvai plus, mais à sa place une foule de gens rassemblés, qui m'apprirent le danger que venait de courir Marie en tombant sous les pieds de vos chevaux, et l'intérêt, madame, que vous aviez eu la bonté de lui témoigner en la prenant sous votre protection.

Voici, madame, le récit de nos infortunes ; toujours clémente, charitable, veuillez prendre nos malheurs en pitié, et nous tendre une main secourable, termine Paul les yeux baissés.

— Oui, mes amis, je m'intéresse à vous, oui, je veux faire votre bonheur, et tout me dit que je réussirai, m'empressai-je de dire à ces pauvres enfants, dont la triste histoire était parsemée de mille incidents en analogie avec mes souffrances passées.

Après avoir fait rentrer l'espérance et la consolation dans leurs cœurs, je leur assignai ma demeure et ma table pour la leur, durant tout le temps que j'allais employer à travailler à leur union et bonheur. Dans cette intention et désireuse de hâter les choses, j'inscrivis aussitôt sur mon calepin la demeure du maître d'apprentissage de Paul, celle de la mère de Marie, puis engageant mes protégés à attendre patiemment mon retour, je me remis d'abord en route pour la demeure de mon comparse que je trouvai absent, mais à la famille de qui je remis la lettre qui devait servir à sa réintégration dans son emploi au grand Opéra, plus une bourse renfermant quelques cents francs en or, et me retirai emportant avec moi la bénédiction d'une mère, et les baisers que m'avaient donnés en récompense de ma bonne action trois petits enfants. Ce fut vers le Marais que je roulai ensuite ; là, un bijoutier, petit homme fort laid, tout barbouillé de noir, voyant entrer chez lui une belle dame, et avisant une bonne pratique, s'exténuait en salutations et égards.

— Monsieur, c'est vous qui avez un apprenti nommé Paul Godard? dis-je à cet homme, une fois assise dans le petit magasin où il m'avait introduite.

— C'est-à-dire, madame, que j'en avais un de ce nom, un drôle, qui s'est enfui de ma demeure avec une jeune drôlesse qu'il a séduite et détournée. Mais patience ! je sais où retrouver ce vaurien, et la mère Robinet, ainsi que moi, lui ménageons une terrible correction. Car enfin, madame, ce gueux en me quittant ainsi avant son temps terminé, me fait tort de plus de mille francs.

— Vous ne le trouverez pas, monsieur.

— Ah! bah! Comment cela, madame? s'écrie le fabricant en ouvrant ses petits yeux le plus grandement possible.

— C'est que Paul, protégé et secouru par un ancien ami de son père, part en ce moment pour l'Allemagne.

— Mais c'est infâme, c'est un vol manifeste, car enfin j'ai nourri ce gueux, je lui ai appris mon art...

— Aussi, pour que vos soins soient récompensés, m'envoie-t-on, monsieur, prendre avec vous des arrangements.

Combien exigez-vous pour dégager Paul, rompre l'acte qui vous l'attache deux ans encore en qualité d'apprenti?

— Deux mille francs, madame.

— Un moment, soyez raisonnable, conséquent avec vos premières paroles. Tout à l'heure, vous portiez seulement à mille le tort que devait vous faire la perte de cet apprenti.

— Ah! j'ai dit mille? eh bien! je me suis trompé.

— Et c'est ce dernier chiffre que je suis chargée de vous offrir et payer à l'instant même, si vous consentez à libérer votre apprenti. Cela disant, je tirai de mon calepin, et dépliai le billet de banque sur lequel mon homme fixait un regard avide.

— Impossible, madame, c'est deux mille en toute conscience.

— Alors, monsieur, admettons que nous n'avons rien dit, répondis-je en me levant et serrant mon billet.

— Mais mon apprenti? s'écrie le bijoutier.

— Allez le chercher à Vienne, monsieur.

— Au moins, madame, mettez les quinze cents...

— Je ne puis.

— Douze cents.

— Je ne puis.

— Eh bien alors si j'accepte ces mille francs, promettez, madame, de m'accorder l'honneur de votre pratique.

— A l'instant même, monsieur, montrez-moi vos bijoux. Notre homme ne se le fait pas répéter, et s'empresse d'étaler à ma vue une masse de gracieuses choses parmi lesquelles je fais un choix montant à six cents francs.

Tout réglé et possesseur de l'acte d'apprentissage de Paul, je pris congé du bijoutier, pour me rendre par un escalier noir et infect à la chambre de madame Robinet.

Un coup frappé sur la porte, et cette femme vient m'ouvrir, puis fixe sur moi un regard où se peignent la surprise, l'hébétement et le vice dans tout ce qu'il a de plus hideux.

— Quoi que vous demandez, madame?

— Madame veuve Robinet.

— Entrez, c'est moi qui l'est la Robinet, répond cette dernière, en me lâchant par la figure une bouffée de son haleine empestée, et me livrant entrée dans son taudis.

Assisez-vous... C'est-y pour garder un malade que vous me demandez, vot' mari p't'être qu'est au lit? Eh ben! vous avez la main heureuse d' vous être adressée à moi, flattez-vous-en, car j' peux bien dire avec justice, que je suis la plus renommée des garde-malades, en même temps la mère la plus infortunée.

— Oui, vous avez une fille, je le sais, et je...

— Une fille, oui, une infâme, dont je briserais les côtes une à une, enfin un enfant *dénaturalisée*, qui refuse de faire la fortune de sa vieille mère, pour courir la pretentaine avec un gamin sans le sou que je vas aller dénoncer aujourd'hui à M. le procureur du roi.

— Je sais tout, madame, même que Paul et Marie s'aiment d'amour tendre.

— Oui. Pourrait-on vous offrir quelqu'chose, madame, comme qui dirait une goutte d' vrai cognac, du pur, j' m'y connais?

— Merci, et veuillez m'entendre; votre Marie va être mère, et Paul offre de donner un père à cet enfant en devenant l'époux de votre fille.

— Avec votre permission, puisque vous refusez, j'vas prendre une goutte, avant de vous répondre, ça me donnera d' la force.

Puis après lui avoir vu avaler, à mon grand dégoût, cinq ou six gorgées d'eau-de-vie, et revenant à moi :

— Vous disiez donc qu'il veut épouser ma fille, le sans le sou ?

— Oui, madame.

— Eh ben, il ne l'aura pas, parce qu'il me faut un gendre huppé, à moi.

— Mais l'honneur de votre Marie...

— Bah ! vous savez ça? reprend la Robinet avec calme.

— Je sais plus encore, madame : que M. Ernest Godard ayant retrouvé un neveu dans Paul, et revenu à de plus honorables sentiments, désire le mariage de ce neveu avec votre fille, qu'en cas de refus de votre part à cette union, c'est lui qui est décidé sérieusement à porter une plainte contre vous, en corruption, devant la justice...

— Tiens ! lui qui est mon complice, irait se brûler le nez à la chandelle? plus souvent !

— M. Godard n'a jamais eu l'intention d'attenter à l'honneur de Marie.

— Comment, c'vieux gueux se jouait de moi? mais non, pas possible.

— Comme vous le dites, madame, mais ayant retrouvé un neveu chéri...

— Dans le p'tit sans le sou ? interrompt la Robinet.

— Dans monsieur Paul Godard, l'ex-apprenti bijoutier, M. Ernest vous offre quatre mille francs pour consentir au mariage des deux amants, à qui il donne en plus quarante mille francs en dot.

— C'est-y ben vrai tout ça ?
— Très-vrai !
— C'est dit alors, j'voulons ben ; à quand la noce ?
— Très-prochainement.
— Ça va, mais mon argent avant tout.
— Encore une condition...
— Voyons ça, disez.
— Que vous donnerez votre consentement en bonne forme, et par écrit, au mariage de votre Marie avec Paul, que vous vous engagerez à ne jamais revoir ces jeunes gens.
— Ça va encore.
— Disposez donc tous les papiers nécessaires à cette union.
— Les papiers, je n'en ai aucun, ma chère dame.
— Il faut absolument vous les procurer.
— Quoique c'est que toutes ces paperasses-là, comment qu'on les appelle ?
— D'abord votre acte de mariage.
— J'suis fille, majeure, par exemple ; or, pas d'acte de mariage c'est déjà ça d'épargné.
— C'est juste, par exemple on ne peut se passer de votre acte de naissance, celui de Marie.
— Celui de Marie ? ah ! ah ! c'est autre chose ça ! faudra qu'on s'en passe...
— Impossible, il le faut absolument.
— Dam ! est-ce que j'savons quand et ousqu'elle est née c'te fille.
— Marie n'est donc pas votre enfant ?...
— Non.
— Ainsi vous n'êtes que sa mère adoptive ? demandai-je vivement.
— Sa mère qui l'a élevée, empâtée, habillée.
— Ainsi, repris-je aussitôt, Marie est un enfant que votre bienfaisance vous a fait recueillir, adopter ?
— Comme vous dites, ma chère dame, une moutarde de deux ans au plus, qu'en revenant d'Amiens, ousque j'avais été toucher queuq'z-écus qui me revenaient d'héritage, je trouvai pleurnichant et assise sur le bord d'une grande route à l'entrée d'un village. Quoique tu fais-là, petite ? que j'lui dis comme ça.

Au lieu d'm'répondre, v'là ty pas qu'elle se met à pleurer encore plus fort ; or sus v'là que j'me prends d'attendrissement en

16.

voyant pleurnicher ainsi c'te petite créature si bien mise, si jolie, avec ses jolis p'tits cheveux blonds bouclés ; alors j'me décide tout d'un coup : Viens, cher ange, j'te veux servir de mère, moi, que j'lui dis en la prenant dans mes bras et filant avec elle un train de poste, munie d'un panier que j'avais aussi ramassé près d'la p'tite, et qu'avait sans doute été oublié là avec elle. Eh ben ! c'te bonne action, de me décider, moi pauvre femme, à servir d'mère à un enfant abandonné, au lieu d'me porter bonheur n'a été pour moi, pauvre femme, qu'une suite d'guignon, car c'te gueuse d'Marie ne fut jamais qu'une mijaurée, une vraie bégueule que j'ai rompue de coups chaque jour sans pouvoir l'amener à mes volontés.

— Mais avant d'emmener cette petite fille, vous ne prîtes donc pas de renseignements dans le village près duquel vous veniez de la trouver ?

— Pas si bête, c'te pauvre innocente ! on aurait peut-être ben pu me la retirer, ainsi que le panier, dans lequel le bon Dieu, pour me récompenser, me fit trouver trois cents bons francs en or, du linge superbe, et quelques paperasses que j'vous r'mettrai quand vous m'aurez financé le quibus en question.

— Duquel je puis à l'instant vous compter une partie, cinq cents francs, par exemple, si vous consentez à satisfaire ma curiosité.

— Cinq cents francs... hum ! c'est gentil ! voyons que'que vous voulez voir, répond la Robinet dont la langue épaissie par l'ivresse ne prononçait plus qu'avec difficulté.

Cette horrible femme venait en ma présence d'avaler une bouteille entière d'eau-de-vie.

— Les papiers que renfermaient le panier, dis-je, tirant mon portefeuille, et y atteignant le billet de banque offert, moyen de décision qui déjà m'avait merveilleusement servi près du bijoutier.

— Mille chiens ! la belle image ! exclame la Robinet, dont les yeux cupides dévoraient le billet que j'étalais gracieusement à sa vue.

— Allons, les papiers, et ceci est à vous.

Elle n'y tient plus, se lève, trébuche plusieurs fois avant d'avoir atteint sa commode dans un tiroir de laquelle elle prend une liasse de sales et gras papiers qu'elle vient dérouler sur mes genoux ; papiers précieux que je juge être tels au premier coup d'œil, dont je m'empare en jetant à la face de la Robinet le billet de banque promis.

— Mais di... di... dites-donc, vous... je n'ai pa... pas dit que je vous les... les ven... vendais, dit-elle en essayant de m'arracher les papiers.

Je repousse durement cette horrible femme qui va tomber au loin dans la chambre, et je quitte son domicile à pas pressés.

Tandis que ma voiture m'entraîne vers ma demeure, je déroule mes paperasses, en parcours le contenu.

Superbe ! Une moitié de l'acte de naissance de Marie, fille d'un comte dont le nom est indéchiffrable, tant le papier est usé, brisé ; et de dame Anne Véronique Tremblay ; puis plus rien de cet acte dont l'autre moitié manque et ne se retrouve pas dans les autres papiers que je m'empresse de visiter. Des lettres de reproches, celles-ci écrites par une amante trompée, abandonnée, à un perfide, celles enfin de la mère de Marie, au marquis de Frenay son séducteur. Marie serait-elle donc un enfant adultérin ? non, car voici une lettre qui m'explique tout ; relisons-la :

« Avouez enfin que vous êtes un infâme, marquis de Frenay quoi, ce n'est pas encore assez pour vous, pour votre âme aride, de m'avoir arrachée à mes devoirs d'épouse, il faut encore, dites-vous, que je vous débarrasse de la vue, de l'ennui et des caprices enfantins de ma petite Marie, ma fille, dont les traits vous rappellent son père, son digne et excellent père, à l'amour duquel je me suis, femme indigne, honteusement soustraite pour vous suivre, envers qui j'ai été assez odieuse, inhumaine, pour lui ravir son enfant, l'emporter avec moi dans notre fuite, bien malgré vous, sans doute, mais ne me sentant pas la force de me priver de la vue, des caresses de ce petit être chéri. Non, marquis, je ne vous ferai pas ce dernier sacrifice ; épouse coupable, je ne serai point une marâtre.

« Depuis longtemps, monsieur, vous avez cessé d'aimer la femme que vous n'estimiez pas ; tel doit être le sort de toutes celles qui trahissent leurs devoirs d'épouse et de mère, je m'y soumets, mais avec honte et remords. Je me décide donc, après une année de souffrances écoulée sous votre inflexible domination, à rompre notre coupable liaison, à rendre Marie à son père, à mourir après avoir fait cette juste restitution ; oui, à mourir, car mon époux ne pourrait pardonner à une femme aussi indigne que moi de son estime, de sa clémence ; que deviendrais-je alors sans la mort. Adieu donc, et pour toujours, marquis de Frenay, car lorsque vous recevrez cette lettre, que je me propose de jeter à la poste du premier village qui se présentera sur ma route, j'aurai quitté votre demeure, je serai déjà loin de vous avec mon précieux fardeau, ma chère petite Marie; peut-être encore aurai-je déjà revu mon époux, reçu sa malédiction, et trouvé la mort dans de profondes eaux; puisse ma position, ma fin cruelle, éveiller dans votre cœur corrompu et perfide, un regret, un remords, qui vous fassent à l'avenir respecter le repos des familles et vous rende sacré l'honneur des époux.

ANNE-VÉRONIQUE.

Tel était le contenu de cette lettre que j'arrosai de mes larmes et dont la lecture venait encore de corroborer en moi la haine que je portais aux hommes.

XII

JE RETROUVE UN AMOUREUX.

De retour chez moi, j'y retrouvai Paul et Marie, l'un près de l'autre, plus calmes mais impatients de mon retour. Je m'empressai de prendre place près d'eux, de leur faire part, sans plus attendre, de mes démarches et de leur heureux résultat, ce qui excita leurs transports joyeux, leurs remerciements, puis les larmes de Marie, au récit des douleurs de sa véritable mère; larmes si sincères, si douloureuses, que même l'annonce de sa prochaine union avec son Paul n'eut pas la force d'arrêter.

Une longue causerie, puis vint le dîner, auquel mes protégés trop préoccupés d'eux-mêmes, firent peu d'honneur.

A neuf heures du soir, j'étais seule, parée, dans mon boudoir dans l'attente du baron d'Aubisson.

On sonne; c'est lui qui paraît, tout rayonnant de joie et de parure, suivi d'un laquais qui, sur la table placée devant moi, dépose un grand carton et se retire.

— Qu'est cela, baron?
— Des brimborions de femme que je vous offre.
— Vous êtes généreux, baron.
— On ne peut l'être trop avec la reine des grâces, répond le baron en tirant du carton et me les présentant, une belle pièce d'

toffe de soie blanche, de riches dentelles, plus un cachemire des Indes du dernier goût.

Et moi voyant ces richesses de m'écrier intérieurement :

— Oh ! que Marie, le jour de sa noce, sera belle avec tout cela.

— Qu'avons-nous fait depuis ce matin ?

— Beaucoup de choses.

Et je racontai au baron la rencontre de mes deux protégés, leur histoire, mes démarches et leur succès.

— En vérité ! vous avez fait tout cela ? vous vous êtes donné tant de peine pour ces deux petits misérables ? C'est trop de bonté, cent fois, ma mie ; quant à moi, qui ne porte pas la philanthropie à ce point, j'aurais jeté quelques napoléons à ces gueux pour qu'ils aillent au diable et me laissent en repos.

Vilain homme ! âme sèche ! soupirai-je en moi-même, et reprenant tout haut :

— J'espère, monsieur, que sans obstacle ni blâme, vous me laisserez maîtresse d'achever la tâche que je me suis imposée en faveur de ces enfants, pour qui mon intention est d'exciter votre générosité, car enfin il leur faut une dot en se mariant.

— Du tout, du tout ! à vous mes largesses, mais à ces gueux que je ne connais pas...

— Votre protection, car ils en sont dignes, plus dix mille francs pour aider à leur monter une boutique de bijouterie.

— Impossible en ce moment, ma reine, aujourd'hui la baisse m'a fait éprouver une perte horrible, près d'un demi-million, mais plus tard, plus tard !

— Vous êtes un méchant, monsieur, un égoïste, généreux lorsqu'il s'agit de vos plaisirs, économe quand il faut aider les malheureux, fi ! que c'est laid, disais-je d'un ton calme.

— Quoi, encore ?...

— Oui, car je veux que tout le monde soit heureux.

— Demain, ma reine, demain.

— Non, ce soir, à l'instant même, répliquai-je d'un petit ton suppliant. Il se hâta de griffonner le bon en question, excellente valeur que je m'empressai de serrer précieusement.

A midi, je sortis de chez moi, seule, à pied, pour me rendre au parquet du procureur du roi, solliciter en faveur de mes protégés, expliquer la position de Marie, travailler enfin au prompt accomplissement de leur union en hâtant les démarches. L'on m'assura que l'affaire étant prise en considération irait vite et au gré de mes désirs. Cette démarche faite je regagnai ma demeure lorsque je me sentis toucher par une main qui timidement se posait sur mon bras, je regarde, et à ma grande surprise, reconnais M. Hector, mon jeune homme de Neuilly, qui souriant et après m'avoir adressé ses excuses, se rappelle à mes souvenirs.

— Je vous remets, monsieur, et ma mémoire n'a point été infidèle au service que vous m'avez rendu.

— Et cependant vous n'avez pas daigné m'appeler à vous ainsi que vous me l'aviez fait espérer, mademoiselle Sainte-Rose, me répond le jeune homme en s'emparant doucement de mon bras et le passant sous le sien, sans mon autorisation. N'importe, je souris et continuai mon chemin au bras de ce cavalier sans gêne.

— Votre reproche est juste, monsieur, mais des affaires, des embarras ont seuls été la cause de cet oubli involontaire,

Mais je viens de vous entendre m'appeler Sainte-Rose, comment savez-vous ce nom?

— Oh! je vous connais maintenant, je sais tout, car après vous avoir vue, le moyen de vous oublier? Sachez donc, que depuis notre première entrevue, je n'ai cessé de suivre vos pas, d'épier vos actions, de m'informer de ce que je ne pouvais saisir moi-même, et qui vous concernait.

— Mais c'est fort mal, monsieur, tout ce que vous avez fait là.

— N'en accusez que l'amour que vous m'avez inspiré, divine Alice.

— Et qu'avez-vous appris, découvert, monsieur?...

— Dois-je parler avec franchise?

— C'est la première condition que j'impose, monsieur.

— J'ai appris qu'étant la plus belle, comme la plus gracieuse des femmes, chacun se dispute à l'envi, l'honneur de vous plaire.

— Vous êtes au fait, je le vois; or, qu'espérez-vous?

— Je ne vois en vous, chère Alice, que la femme adorable qui a rempli mon cœur d'un amour violent, éternel.

— Pauvre fou! savez-vous ce qu'il en coûte à un jeune homme, lorsqu'il s'adresse à des femmes telles que moi? Le tourment, la jalousie, le mépris du monde, souvent; et la ruine, le désespoir toujours!

— J'en conviens, oui, quelquefois tels sont les effets d'une passion mal placée, mais auprès de vous, Sainte-Rose, je ne puis redouter un pareil sort.

— Ah!... cependant plus d'une femme pourrait fort bien profiter de cet amour, de cette confiance que vous me témoignez, pour exploiter votre faiblesse et votre bourse ; prenez-y garde.

— Je n'ai rien à redouter de semblable près de vous, qu'on dit en tous lieux aussi bonne que généreuse.

— Toute femme galante jouit de cette réputation, trop souvent usurpée, répliquai-je.

— Chez vous elle existe dans tout son charme.

— Allons, vous y tenez absolument... Vous êtes libre et riche, m'avez-vous dit, monsieur Hector ?

— Libre et possesseur de quelque peu de fortune, répond le jeune homme avec aplomb.

— Vous demeurez ?

— Rue de Condé, faubourg Saint-Germain, quartier savant, voisin des écoles, ce qui me met à même de suivre, pour mon agrément, les cours de nos professeurs les plus distingués.

— Vous êtes ami des sciences, à ce que j'entends ?

— Dites passionné pour elles.

— Il serait fâcheux alors, avouez-le, qu'une sotte amourette vous détournât d'une passion aussi louable qu'honorable.

Comme je finissais ces mots, j'atteignis ma demeure, où j'invitai mon jeune homme à monter se reposer un instant, à son grand contentement. Hector, précédé par moi, traverse mes appartements pour gagner mon boudoir, où je le conduis ; mes gens, le grandiose, le luxe qui se déroulent à ses regards surpris lui font perdre un instant son aplomb, et ce n'est qu'avec gêne, presque timidité, qu'il se pose sur le siège que je viens de lui indiquer près du mien. Arrive Céline au même instant, elle vient passer le reste de cette journée avec moi et m'égayer par ses propos joyeux. Hector avait repris ses aises en présence d'un tiers : ce jeune homme a vraiment de l'esprit, du sémillant et cause fort agréablement. Céline nous cite un opéra-comique nouveau et fort en vogue, en m'invitant à aller le voir avec elle dans la soirée, je refusai ; je chantais ce jour à l'Opéra.

Notre jeune homme, galant empressé, sur ce refus, s'offrit aussitôt de nous y mener le lendemain, se chargeant de retenir une loge, j'acceptai, et une lueur de plaisir brilla dans les yeux d'Hector.

Un instant après, Cécile, vive, remuante, renversait avec son coude, de dessus une de mes étagères, une charmante coupe d'agathe, enrichie d'or et de perles, du plus joli travail. Amateur de toutes ces curiosités, je ne pus retenir l'expression de mon regret et de mon mécontentement à l'aspect de ce bijou brisé en morceaux, dont Hector s'empressait de ramasser les débris, se chargeant, disait-il, de faire réparer cette coupe si je daignais la lui confier, ce à quoi j'accédai, et pour cause.

Encore un long entretien, et comme il se faisait tard, Hector enfin se décida à prendre congé de nous jusqu'au lendemain, qu'il devait venir nous chercher pour nous accompagner au spectacle; il se retira enchanté de ma réception.

A peine le jeune homme avait-il franchi ma porte, que j'ordonnai aussitôt au domestique à mon service de suivre ses pas jusqu'à sa demeure, là, de prendre des informations, sur ses mœurs, ses moyens, son état et de venir m'en informer ensuite. Deux heures après, mon valet, de retour, m'apprenait que M. Hector, le rentier soi-disant, après informations prises, n'était autre qu'un petit étudiant en médecine, doté de cent cinquante francs de pension par mois que lui faisait son père, fermier en Bretagne, pourvu de quatre grands garçons dont l'entretien contribuait peu à augmenter sa fortune. Plus, M. Hector, logé pour l'instant, non rue de Condé, mais bien dans un petit hôtel garni situé rue de la Harpe, jouissait dans son quartier de la réputation d'être fort peu studieux, mais en revanche coureur d'aventures, d'estaminet et grand faiseur de dettes.

Fidèle au rendez-vous, exact à l'heure convenue, mon étudiant en médecine arrive le lendemain, sur le soir, frisé, parfumé jusqu'à l'épiderme, et muni d'une loge des premières. Ma réception fut gracieuse et le transporta de joie. Céline n'avait pas manqué non plus au rendez-vous, et ma voiture nous transporta tous les trois au théâtre.

Rien de plus galant, de plus empressé et généreux que notre cavalier; bonbons, bouquet, largesses aux ouvreuses, rien ne fut épargné par lui.

Après le spectacle, un souper fin au café Anglais, où nous convia notre généreux cavalier.

A une heure du matin, ce fut à ma porte que je congédiai Hector, en le chargeant de reconduire Céline chez elle; cela malgré les supplications du pauvre amoureux, tout désappointé de ce congé, et qui, certes, espérait de ma part plus douce récompense de sa généreuse conduite!

— Oui, mademoiselle, je suis fou d'amour pour la belle Sainte-

Rose, répondait Hector à Céline, assis à ses côtés dans ma voiture, qui les reconduisait tous deux à leurs domiciles.

— Je vous crois sans peine, elle est si jolie qu'elle ne produit jamais un autre effet sur chaque homme qui la voit.

— Pensez-vous, mademoiselle, que je réussisse à la rendre sensible à ma flamme?

— Dame, j'en doute, à moins qu'entraînée par votre générosité...

— Quoi, l'intérêt aurait seul empire sur son cœur?

— Je ne dis pas ça, mais je sais que Sainte-Rose est fort sensible à ces sortes d'attentions, fait entendre finement Céline, instruite de mes intentions et soufflée par moi.

— Hélas! que n'ai-je des millions pour les déposer à ses pieds!

— D'accord, mais, sans posséder des millions, vous êtes riche, m'a dit Sainte-Rose.

— Certainement, je jouis de quelque fortune, mais en ce moment je me trouve être fortement gêné, grâce à un emprunt que m'a fait dernièrement un de mes amis.

— Qu'à ça ne tienne, j'ai à votre disposition une vieille juive, ayant nom Abraham, qui, moyennant une honnête remise et votre lettre de change à un mois, vous mettra à même de faire à la femme que vous aimez les plus riches présents... Tenez, voici l'adresse de ladite juive : Madame Abraham, rue des Francs-Bourgeois, 6; allez-y de ma part demain après midi.

Et notre jeune homme de s'emparer vivement de l'adresse.

Le lendemain, madame Abraham, prévenue et garantie par moi, qu'elle fournissait depuis longtemps, vendait, sur lettre de change à l'imprudent Hector, une parure de diamants du prix de trois mille francs, laquelle parure me fut aussitôt envoyée, accompagnée d'une lettre du style le plus brûlant, à laquelle je répondis ces mots, qu'emporta le même commissionnaire chargé de me remettre le riche présent :

« Je viens de recevoir, monsieur, le gentil cadeau que vous daignez m'offrir, et vous en adresse mes remerciements. Quant à la charmante épître qui l'accompagne, je ne pourrai y répondre encore de longtemps, car c'est à vous, à vos soins de dicter et d'apprendre à mon cœur la réponse qu'il devra y faire un jour. Maintenant, avez-vous bien réfléchi sur ce que je suis, sur ce que vous exigez de moi en retour de votre flamme? Vous n'ignorez pas, Hector, que je suis une femme habituée à la magnifi-

17

cence et incapable d'y renoncer ; or, celui qui me voudra sans partage, devra, avant tout et prudemment, calculer si sa fortune pourra suffire aux exigences de ces habitudes, passées chez moi à l'état de nature ; si, pour lui, je ne serais point une charge au-dessus de ses forces ; plus encore, réfléchir si, se livrant à ma passion, peut-être insensée, il ne courra pas le risque de dévier à l'honneur pour satisfaire aux exigences sans cesse renaissantes d'une maîtresse capricieuse. Mais non, j'estime assez mon nouvel ami pour le croire incapable d'imprudence et de folie, pour l'assimiler à ces organisations fatales qui, pour satisfaire leurs passions, franchissent toutes les barrières, en foulant aux pieds leur propre respect, l'honneur et les lois ; mais vous qui êtes sage, bon, venez, mon cher Hector, venez quelquefois distraire votre Sainte-Rose par votre aimable présence, et la contraindre à rendre les armes à votre précieux mérite. »

Cette lettre remise à mon étudiant en médecine, et en présence d'un ami, fut aussitôt ouverte et lue à haute voix par Hector.

— Eh bien ! qu'en penses-tu, George ? j'espère que Sainte-Rose, cette belle philosophe, m'indique assez le précipice et entre tout à fait dans ton sens.

— Cette femme, à la juger par cet écrit, me semble valoir beaucoup mieux que je ne l'augurais d'abord ; car abusée par tes mensonges, ton faux semblant de fortune, elle te dévoile malgré tout le danger et te montre la tâche que tu aurais à remplir auprès d'elle en lâchant adroitement la bride à tes transports. Malgré tout cela, mon cher Hector, j'en reviens encore à mes moutons et te conjure de laisser là cette aventure autant extravagante que dangereuse.

— Eh ! non, cent fois non ! j'en ai fait le serment avec les camarades, et veux en venir à mon honneur ; cette femme est riche, tendre, te dis-je ; et sûr déjà de son cœur, il me sera facile de l'amener à mes volontés, de mener avec elle joyeuse vie, de disposer de ses richesses, et de payer avec ces dernières, les présents qui m'auront servi à la séduire. Tel est mon plan qui est aussi adroit que superbe... à moi donc, le lion des carabins, l'honneur d'avoir vaincu, ruiné, la reine des lorettes de la Chaussée d'Antin ! Oh ! quel pied de nez pour messieurs les fashionables du café de Paris !

Ainsi parlait mon jeune homme, avec ivresse, aplomb, et le même soir il se présentait chez moi, humble, caressant, pour déposer à mes pieds une coupe semblable à celle cassée la veille par Céline, ainsi qu'une foule de charmants objets d'art, le tout provenant du magasin de dame Abraham. J'acceptai ; mais rebelle aux désirs d'Hector, je payai, ce jour, sa magnificence de ma main que je lui présentai à baiser.

XIII

MACÉDOINE.

Deux mois viennent de s'écouler, durant lesquels différentes aventures plaisantes sont arrivées.

D'abord la pauvre Céline, fine mouche s'il en fut, malgré son air tout doux et candide, a eu à essuyer la plus fâcheuse des aventures, celle de paraître en cour d'assises, rien que ça ; mais comment ? voici.

Cet Italien, cet homme diamanté, dont elle s'empressa de faire son amant et le dépouiller en sa faveur de ses joyaux et billets de banque, n'était autre qu'un voleur, un fripon, un valet audacieux, enfui de chez son maître, riche seigneur Romain, en emportant l'écrin et le portefeuille de ce dernier. Or, un jour notre fripon se promenant aux Champs-Élysées dans un léger tilbury, paré des dépouilles de son maître nouvellement arrivé à Paris, eut le désagrément d'être reconnu, et suivi jusqu'à la demeure de Céline où il devait passer la soirée, puis, dénoncé à la police par le seigneur Romain, jaloux de punir un coquin, et de rentrer dans son bien, s'il en était temps encore. Il arriva donc que les deux amants furent arrachés à leur tendre entretien par la servante qui, toute tremblante, accourut leur annoncer que l'on heurtait à la porte en ordonnant d'ouvrir au nom de la loi.

— Nous n'avons rien à démêler avec la loi, Pierrette, répond Céline.

— Possible, toi, ma mie ; mais moi, condamné politique, je crains dame justice qui depuis quelque temps me cherche avec avidité. Or, il s'agit de me cacher en lieu sûr, de me soustraire, à tout prix, à ces gens qui heurtent en ce moment sur la porte, dit l'Italien, d'une voix émue, plus pâle que la mort.

— Au nom de la loi, ouvrez ou l'on enfonce la porte ! fait entendre une voix menaçante.

— Comment, Palozzi, vous avez de mauvaises affaires sur le

dos. Mais il fallait me le dire et ne point me compromettre en attirant des gens de police chez moi, répond Céline de mauvaise humeur.

— Il ne s'agit pas de cela, mais de me cacher, encore une fois, s'écrie l'Italien tout troublé, en courant çà et là dans la chambre, ni plus ni moins qu'un fou.

— Dans la cheminée ! propose la servante. Et suivant ce conseil, Palozzi se précipite vers l'âtre, s'enfonce dans le conduit, puis grimpe, grimpe tant qu'il peut. Hélas! peine inutile, car les représentants de la justice introduits par Pierrette, tardèrent peu à deviner une cachette que trahissait la suie tombée du tuyau ; et un feu allumé dans la cheminée, en asphyxiant de sa fumée notre fripon de valet, le fit bientôt tomber lourdement le derrière sur les tisons.

Palozzi opposa une vive résistance aux agents qui voulaient s'emparer de sa personne, mais terrassé, garrotté, il fut emporté et jeté dans un fiacre. Céline, arrêtée comme sa complice, et chez qui on venait de trouver une partie des diamants volés, fut contrainte à prendre place près du voleur, qu'elle suivit, en larmes, à la Préfecture, puis devant un juge d'instruction, et ne reconquit sa liberté qu'après le jugement et la condamnation de son amant, que l'on envoya aux galères.

La pauvre fille, ruinée, honteuse, car cette affaire a fait du bruit, n'ose plus et n'osera de longtemps se montrer en public ; cependant, attiré par sa gentillesse, un certain marquis de Mérac, qui l'a vue aux Assises, durant le procès, s'amuse en ce moment à lui faire sa cour.

La Saint-Romain a été dernièrement forcée, par la misère, de devenir la femme d'un cocher de grande maison, Allemand de bonne pâte, et fort crédule. Cette femme, dont je plains le triste sort, est venue me voir ces jours derniers ; je l'ai assez bien reçue. Elle finit par m'apitoyer en sa faveur, tant elle est misérable, et à m'amuser aussi par son originalité, tant elle est folle. Quoiqu'ayant peu à me louer d'elle, je n'ai pu résister au plaisir de lui faire quelques petits présents, pris dans ma garde-robe, auxquels elle a été fort sensible, et qui m'assurent, je crois, sa reconnaissance, son dévouement.

Il m'a pris la fantaisie de me servir de ce sacripant de Dodore, et je lui ai fait dire, par la Saint-Romain, de venir me voir. Il a obéi tout de suite. Dieu ! que le vice, l'intempérance, sont des choses funestes! comme j'ai trouvé cet homme changé, pâle, maigre à faire pitié! J'étais dans mon boudoir lorsque Dodore, un chapeau crasseux placé sur l'oreille, une cravate rouge tortillée autour du cou, un habit noir râpé, pantalon à l'avenant, et exhalant une forte odeur de pipe, s'est présenté à moi d'un air souriant et effronté.

— Eh! voilà, reine des femmes, dit-il après n'avoir fait qu'un saut de la porte jusqu'à moi; et plaçant la main à son chapeau: on m'a dit que ma présence vous serait agréable. Je l'ai cru sans peine, et je suis accouru, déesse.

— D'abord, monsieur Théodore, commencez par quitter ce ton hardi qui ne me convient pas du tout, ensuite, par ôter ce chapeau qui, en dépit de la bienséance, de la galanterie, semble cloué sur votre tête.

— C'est juste, beauté rare, et voilà.

— Maintenant, asseyez-vous là... fort bien! Vous n'avez plus d'emploi, m'a-t-on dit?

— Rasés les emplois, enfoncée la claque théâtrale; ça, par injustice.

— Tant mieux pour vous, car ce métier de chef des claqueurs est chose ignoble.

— Eh! il y avait plaisirs et revenant-bons.

— Si vous vouliez être sage, monsieur, je pourrais faire quelque chose en votre faveur, vous mettre à même de vous livrer à un état honorable et lucratif... vous étiez peintre en décors, m'a dit la Saint-Romain?

— Un vrai Rubens.

— Dites plutôt un Lantara, au talent près, fis-je en riant.

— Merci! répond Dodore de sang-froid.

— Oublions le passé, servez-moi fidèlement dans ce que j'exige de vous, et vous n'aurez pas à vous repentir.

— Fidèle et obéissant, rien de plus ni de moins qu'un caniche, fleur de beauté. Parlez! je pars, je vole, je me mets en quatre; car franchement la débine devient par trop forte et commence par m'excéder.

— Il s'agit d'abord de découvrir la demeure d'un certain Hector, étudiant en médecine; ce jeune homme poursuivi pour le paiement de deux lettres de change, se cache depuis huit jours afin d'échapper aux recors qui sont à sa recherche.

— Suffit! après...

— Si vous venez à bout de découvrir l'endroit où se cache le jeune homme, allez en avertir aussitôt l'huissier à qui j'ai confié le soin de faire mettre cet Hector à Clichy... Voici une liste sur laquelle vous trouverez inscrite l'ancienne demeure du jeune homme, et quelques renseignements sur les gens qu'il fréquente, cela pourra vous mettre sur ses traces.

— Suffit! après...

— Faites cela d'abord, puis ensuite il s'agira de vous rendre vous-même à un certain village, situé sur la route d'Amiens, et là, recueillir les bruits que n'aura pas manqué d'y faire la disparition d'une petite fille de deux ans, élevée, ou plutôt volée à sa mère dans ce même lieu, il y a de ça quatorze ans.

— Suffit! tout cela ira un train de poste, foi de bel homme; seulement quelques roues de derrière dans le gousset, afin de lester mon frêle individu et parer aux besoins corporels, et je trotte à l'instar du lièvre, ni plus ni moins, répond Dodore en frappant sur ses poches.

— Soit! voici de l'or, mais prenez garde, monsieur, à l'usage que vous en ferez, et gardez-vous d'escompter tout le bien que je désire vous faire à l'avenir contre cette bagatelle.

— Je jure...

— Ne jurez rien, et que votre conduite réponde seule pour vous.

Dodore, contre mon attente, a tenu ses promesses, et son adresse vient de me servir à merveille. Grâce à elle, Hector, cet amant qui deux mois entiers m'a comblée d'amour et de présents, dans l'espoir d'un tendre retour qu'il n'a pu m'inspirer ni obtenir; ce fou plein de maladresse et d'amour-propre qui comptait exploiter la faiblesse d'une femme après s'en être fait aimer, et en travaillant cet ambitieux succès, s'est endetté, compromis, sans pouvoir l'atteindre; ce petit carabin enfin, dont je possédais plusieurs lettres de change, montant ensemble à cinq mille francs, et provenant des cadeaux achetés pour moi et par lui, chez dame Abraham, est depuis huit jours enfermé à la prison pour dettes, après avoir été arrêté, d'après mon ordre, chez un de ses amis.

Mais comment se fait-il que cette marchande ait été assez confiante pour faire un aussi fort crédit à un jeune homme presque inconnu et n'offrant aucune garantie?

La chose est facile à comprendre: désirant donner une leçon à un imprudent, j'avais autorisé la juive à vendre à Hector les mille bagatelles qu'il désirait m'offrir et que je renvoyais aussitôt à la marchande qui les reprenait moyennant une légère rétribution, et me remettait en échange les effets souscrits par le jeune homme.

En ce moment, Dodore est en route vers la Picardie. Quel bonheur s'il pouvait réussir dans la mission qu'il est allé remplir par mon ordre, et m'apporter quelques renseignements sur la mère, la famille de Marie.

Il y a un mois, qu'une nuit, Paul descendu de l'appartement qu'il occupe chez moi, est entré tout effaré dans ma chambre à coucher, et m'a éveillée en sursaut pour m'apprendre que Marie éprouvait les douleurs de l'enfantement. Je me suis levée, habillée à la hâte, j'ai couru près de la pauvre souffrante qui, une heure après, nous a doté d'une jolie petite fille.

Une fille, quel dommage! elles sont tant exposées, si malheureuses sur cette terre!

J'étais depuis longtemps en mesure et n'attendais que la délivrance de Marie pour la conduire à l'autel avec son Paul. Puis, aussitôt que Marie a pu se lever, faire quelque pas, j'ai fait ces deux enfants époux, à leur grande joie, et comblée de leurs bénédictions.

Mais ce n'était pas assez de les avoir unis ensemble, il leur fallait un sort plus heureux que ne pouvaient le faire les dix mille francs, arrachés par moi en leur faveur à l'égoïsme du baron d'Aubisson; or, je me suis fait conduire chez M. Ernest Godard, j'ai tout raconté à cet homme, j'ai tout fait pour tâcher de l'amener au bien en faveur de ce neveu, de Paul, qu'il s'obstine à renier pour être son parent, et n'ai réussi en rien; aussi, désespérée, brouillée pour la vie avec ce vieux grigou, l'ai-je quitté brusquement pour courir donner ordre à un notaire de vendre la maison de campagne située à Nanterre, et que je tenais de ce Godard, laquelle vente s'étant effectuée aussitôt, m'a mise à même de donner trente mille francs à mes protégés, aujourd'hui dans leur ménage, et propriétaires d'une jolie et riche boutique de bijouterie.

Et cependant, je ne me fournirai plus chez eux parce qu'ils sont insupportables dans leur reconnaissance; ils veulent tout me donner sans vouloir accepter mon argent; ils m'offrent toutes leurs richesses à genoux en me baisant les mains, en m'appelant leur ange du ciel; et puis, moi, je pleure avec eux. Cela n'a pas le sens commun, et pourtant ça me rend heureuse et fière.

Encore une douce chose : je suis la marraine de leur petite fille, elle s'appelle comme moi, Alice; que le ciel la protége et la sauve !

Voilà le passé, maintenant revenons au présent.

Céline, que j'attendais, entre chez moi, coquette et parée, et se met à ma disposition pour la journée entière. Nous montons en voiture pour rouler vers le quartier latin, et aller nous arrêter à la porte d'un petit hôtel garni de la rue de Sorbonne. Le maître de cet établissement mandé par moi se présente.

— Monsieur, c'est ici que demeure M. Hector, étudiant en médecine? m'informai-je.

— C'est-à-dire, madame, qu'il y demeurait avant d'être arrêté et enfermé à Clichy, son domicile actuel.

— Je le sais, mais la chambre qu'il occupait chez vous est-elle encore vacante?

— Oui, madame, et même garnie des papiers et quelques effets qu'il y a laissés.

— Fort bien! M. Hector en reprendra possession ce soir-même.

— Merci, madame, je me soucie fort peu d'un semblable locataire.

— La raison, monsieur?

— Qu'il ne paie jamais, et me doit trois mois de loyer, sans compter une masse de liquides dont il régalait ses amis à mes dépens... Mais patience! son père instruit par moi, va venir châtier un drôle qui, dit-on, s'est mis dans l'embarras et les dettes pour satisfaire aux exigences d'une femme dont il est amoureux fou.

— En vérité! cela est bien mal de la part de cette femme.

— Eh! madame, ce sont ces femmes-là qui font le malheur de la plupart de nos étudiants, qui les rongent, les grugent et les empêchent de payer leur chambre, sans parler des études qu'ils mettent de côté pour courir la prétentaine.

— Conduisez-nous, monsieur, à la chambre d'Hector, dont je réponds désormais de l'exactitude à vous payer, et pour qu'il ne vous reste aucun doute à cet égard, voici de quoi payer le passé et répondre de l'avenir.

L'hôtelier devenu tout à fait souple et gracieux à la vue de la bourse que je venais de placer dans sa main, s'empresse d'obéir, de conduire Céline et moi à la chambre de notre jeune homme, véritable taudis, meublé d'un misérable lit, d'une table boiteuse, d'une gothique commode, et de deux chaises rembourrées.

Parmi les paperasses qui encombrent la table, je découvre une feuille blanche, je m'en empare et j'y trace avec mon crayon ce peu de mots :

« L'amour d'une femme honnête ennoblit un jeune homme ; celui qu'il ressent pour une misérable l'entraîne à sa perte. L'homme assez lâche pour feindre l'amour lorsqu'il ne convoite que le bien d'une faible femme, est un être méprisable et digne d'une honteuse leçon. Avis à vous, Hector, de la part d'Alice de Sainte-Rose. »

Cela terminé et en présence de l'hôtelier à qui j'en donnai la responsabilité, je plaçai cinquante napoléons d'or dans le tiroir de la commode, afin de rembourser à notre fou les quelques dépenses faites en mon honneur hors du magasin de la dame Abraham, brimborions achetés de droite et de gauche, dont il m'avait fait présent, le total ne devant pas s'élever à moins de cette somme.

Ceci terminé (nous roulons vers Clichy, nous pénétrons dans la prison, c'est au greffe que d'abord nous nous présentons; mon huissier m'y attendait, je lui donne ordre de lever l'écrou, de rendre la liberté à ce pauvre Hector que j'avais, je pense, assez puni de sa présomption et auquel je venais d'apprendre ce qu'il en coûte à jouer l'homme riche.

Satisfaite de cette petite vengeance, nous nous retirâmes aussitôt de ce lieu funeste, où tant de douleurs, d'insouciances vivent pêle-mêle; où l'un pleure le malheur d'être retenu loin de son épouse, de ses enfants par l'inflexibilité d'un créancier; où l'autre rit, chante et boit en narguant le sot usurier qui a bien voulu lui assurer un gîte, où, loin de l'importunité, il attendra gaiement que le temps ait payé sa dette. Nous sortîmes de ce lieu malgré le désir fort peu charitable de Céline, de pénétrer dans l'intérieur et d'y faire une visite à mon prisonnier, pour qui notre présence eût été un sujet de honte et de gêne, mais je rejetai bien loin cette proposition et entraînai la folle qui avait osé la concevoir.

Cette action terminée, et pour finir agréablement la journée, j'allai demander à dîner à mes petits protégés, M. et madame Godard, puis embrasser ma petite filleule que sa bonne et gentille mère nourrissait. J'eus, auparavant, le soin de me séparer de Céline, car cette femme était de celles qui ne pouvaient, sans le souiller, franchir le seuil d'une honnnête famille... Mais moi, moi, hélas! étais-je plus digne qu'elle de l'amitié des gens vertueux?...

Le surlendemain dès le matin, et comme je venais de sortir du lit, se présente chez moi un vieillard à la figure vénérable, à la mise campagnarde ; ma soubrette l'introduit, d'après mon ordre.

Cet homme, le sourire de la satisfaction sur les lèvres, me salue, vient à moi, s'agenouille et baise le bas de ma robe avant que j'aie le temps de m'opposer à cette action.

— Qui êtes-vous, monsieur ? que signifie cet abaissement ? dis-je aussitôt en relevant cet homme respectable et lui indiquant un siége.

— Je suis le père d'Hector, madame ; arrivé hier à Paris pour châtier un fils qu'on disait être devenu l'amant d'une femme méprisable qui le perdait et déshonorait, en arrivant chez lui le courroux dans les yeux et le bras levé, j'ai trouvé ce fils en larmes, soumis et repentant ; mon cœur s'est ému, car je l'aime, mon Hector, et je n'ai point frappé. C'est alors que sa bouche m'a fait le récit de tout ce qui s'est passé entre vous, madame, et lui, qu'il m'a fait part de votre générosité, m'a montré les lignes honorables que votre main a daigné lui adresser, et je me suis dit : Voilà une brave femme, qui, au lieu de ruiner mon enfant en exploitant sa faiblesse et ses vices, lui a donné une dure et sage leçon ; que Dieu la bénisse comme je vais la bénir moi-même. Alors je me suis mis en route vers votre demeure, pour vous remercier et vous exprimer toute ma reconnaissance. La bénédiction, les paroles de ce vieillard m'ont fait un bien extrême ; fière et heureuse j'ai osé presser la main de cet honnête homme qui ne m'a quittée que fort longtemps après, en m'engageant à venir le visiter à sa ferme, où je serais traitée et aimée comme la fille de la maison.

Je n'ai jamais murmuré contre la Providence, et m'en garderai éternellement ; mais je n'eus point à me louer de la récompense qu'elle m'accorda le soir du même jour, en faveur de mes quelques bonnes actions.

Que m'arriva-t-il ? Le voici.

De toutes parts, entendant vanter la beauté de ma voix, je m'étais encore plus attachée par l'étude à perfectionner ma méthode, dans l'espoir d'un engagement prochain au grand Opéra, où je n'étais encore que surnuméraire.

Ce soir donc, ce fut dans le cabinet du directeur et y étant appelée par ce dernier, que je m'empressai de me rendre, là devait se cimenter mon engagement auquel il ne manquait que la signature dudit directeur.

L'accueil flatteur et louangeux de sa part commença à m'effrayer.

— Vous désirez, belle Sainte-Rose, que, docile à vos désirs, je signe votre engagement, j'y suis tout disposé ; mais en faveur de cette soumission que vous mérite votre talent, que dois-je espérer de votre reconnaissance ?

— L'estime et le zèle de votre humble sujette, cher directeur.

— Diable ! réfléchissez ; ici, je suis le maître et sans ma volonté pas d'engagement possible.

— Je comprends : sans lâcheté pas de justice, répliquai-je fièrement.

— Y pensez-vous, Sainte-Rose ? Et votre état, cet avenir glorieux que vous promet l'aurore d'un beau talent ?...

— Je répondrai à ceux qui me feront un reproche de mon inaction : j'ai voulu me faire un sort indépendant en me créant un état honorable, mais le vice est venu se jeter à la traverse et me fermer le passage. Voilà, monsieur, ce que je répondrai.

Et cela dit, animée ce jour-là d'un esprit de pruderie, je m'éloignai sans plus attendre, malgré les cris de ce dernier, pour me ramener vers lui et se faire écouter.

XIV

UN MOT SUR CHACUN.

Il y a horriblement longtemps que je n'ai mis la main à ces mémoires, une année au moins que je n'ai confié mes actions, mes pensées au papier.

Récapitulons...

Que m'est-il arrivé ? qu'ai-je fait durant ce laps de temps ?... Ma foi, rien de trop mal ni de trop bien...

J'ai peu passé de jours sans aller voir Paul et Marie ; sans rafraîchir mon âme à l'aspect de leur bonheur, de mon ouvrage enfin.

J'ai revu dernièrement chez une femme de ma connaissance, le petit duc Casimir, il est brouillé depuis longtemps avec Adella. Ce pauvre duc, lors de notre rencontre, sortait fraîchement de Clichy, il m'a parlé de M. de Prade qui, trompé dans ses espérances matrimoniales avec sa riche comtesse et voyant ses affaires dans le plus piteux état, a fait un retour sur lui-même, et renonce à la vie dissipée pour se faire misanthrope : Dieu le seconde ! Mais, m'a dit encore le duc, il va revenir à Paris d'où il vit éloigné depuis un an et cela pour essayer de se réconcilier avec un vieil oncle fort riche dont il espère hériter un jour. J'espère aussi, moi, qu'il n'aura plus l'effronterie de rechercher ma présence après son indigne conduite à mon égard.

Oh! mais, une chose importante, un miracle que je dois consigner ici, c'est la conversion de... de... je le donne en cent à deviner... la conversion de Dodore, devenu sobre, honnête homme, j'ose dire cela, après une longue et très-dangereuse maladie que lui a méritée son intempérance, et qui l'eût emporté dans l'autre monde, si je n'avais été là pour lui tendre une main secourable, pourvoir à tous ses besoins, le veiller quelquefois même, abandonné qu'il était par la Saint-Romain. Eh bien, la reconnaissance de Dodore envers moi, de cet homme jadis si dépravé, a surpassé mes espérances. Revenu à la vie, ce malheureux me trouvant au chevet de son lit, s'est mis à pleurer comme un enfant, à me remercier et bénir, en me serrant les mains dans ses mains froides et décharnées.

— Mon ami, à l'avenir soyez sage, digne de l'estime de la société et je ne vous abandonnerai pas.

Il me l'a juré et me tient parole. Aujourd'hui il travaille de son état d'armurier, gagne honorablement sa vie, vient me voir souvent et me rend avec fidélité tous les services que j'exige de lui, cela, avec probité et prestesse : honneur à moi !

N'oublions pas non plus, dans cette récapitulation, un décès à enregistrer, celui de madame la Beauchalière, tuée subitement par une attaque d'apoplexie

XV

UN DERNIER AMOUR.

C'est placée sous l'impression d'une tristesse profonde, que seule aujourd'hui et abandonnée de tous, je prends machinalement la plume pour tracer les divers événements qui, en moins de dix mois, viennent d'amener un aussi grand changement dans mes idées et ma position.

C'est le cœur rempli d'amertume, que je me condamne à confesser mes fautes. Hélas! en permettant que je sois encore la victime, la dupe d'un homme indigne, le ciel a-t-il voulu me punir de cette haine que j'avais jurée follement et craignais de ressentir pour un méchant et un trompeur? Peut-être!

Mon Dieu, moi qui, inspirée par vous, ai fait dans ma vie tout le bien qu'il m'a été possible afin de racheter mes erreurs et ma honte, pourquoi m'avez-vous refusé sans cesse un ami sincère qui comprenne mon cœur?

Et ma conscience de me répondre alors :

Parce qu'un homme comme celui qu'appellent tes vœux, un homme franc, honnête, délicat, veut une femme estimable ; qu'à elle seule il daignera adresser son hommage, offrir un cœur pur et désintéressé.

Hélas! que répliquer à de telles paroles, à cette vérité redoutable? Rien ; il me fallait alors baisser la tête, rougir et me repentir. Me repentir! oui, d'abord, et surtout de ne point avoir chassé de ma présence l'indigne de Prade, lorsqu'il osa, au retour de ses voyages, après une longue absence, se présenter à mes regards chez moi, humble, suppliant, disant m'avoir toujours aimée et m'aimer encore.

Touchée par les larmes qu'il répandait en s'exprimant ainsi, émerveillée du changement survenu dans son ton, ses manières, retrouvant en lui un homme accompli, au noble maintien, aux pensées saines et morales, je m'abusai, faiblis.

Depuis trois mois de Prade était mon amant; mais ruiné et brouillé mortellement avec un vieil et riche oncle, son seul parent, qui refusait de le voir, moi seule, prenant son abandon, sa pénurie en pitié, pourvoyais à son entretien.

Eh bien! comment étais-je payée par mon perfide amant de tant de dévouement et d'abandon?

Il adressa la lettre suivante au baron d'Aubisson :

« La perfide Alice, dite Sainte-Rose, vous trompe avec indignité, monsieur le baron. Consentirez-vous, après cette accusation, de prodiguer encore à cette femme perfide votre amour, dont elle se rit? Je ne le pense pas. Voulez-vous surprendre votre infidèle? Êtes-vous curieux de connaître l'homme qu'elle vous préfère? Faites alors en sorte de pénétrer chez elle la nuit. »

— Allons donc! ceci est une affreuse calomnie. Alice me tromper! elle si digne de ma confiance, de tout ce que j'ai fait et ferais pour son bonheur! Impossible! impossible! s'était écrié le baron, après avoir lu et jeté le billet loin de lui avec dégoût.

Il s'efforçait de chasser de sa pensée cette accusation, il refusait d'ajouter foi à ce qu'il appelait une calomnie. N'importe, son cœur était frappé, sa tête en feu, son bonheur détruit; car il m'aimait avec ardeur cet homme généreux, de qui lâchement j'avais trahi la confiance. La nuit de ce même jour, de retour d'un bal où de Prade et moi avions assisté, nous dormions d'un profond sommeil, lorsque, la troisième heure de la nuit venant à sonner, des coups frappés sur la porte de ma chambre à coucher nous réveillèrent en sursaut.

— Qui est là? m'écriai-je encore tout endormie.

— Mademoiselle, c'est M. le baron, qui demande à vous entretenir un instant d'une affaire importante et pressée, répond ma chambrière et confidente.

— Oui, Alice, c'est moi, ouvrez, ma chère amie, hâtez-vous, je n'ai qu'un instant à rester, fait entendre à son tour le baron d'Aubisson en continuant de frapper sur la porte.

— Je vais vous ouvrir, monsieur, à l'instant, à l'instant même! dis-je d'une voix émue, tremblante, hors de moi.

— Mais ouvrez donc, ouvrez donc! s'écrie de nouveau le baron d'une voix qui peignait la colère et l'impatience.

Cette fois de Prade, éveillé, reconnaît la voix de son oncle, devine le danger qui nous menace; et, d'après mon avis, veut fuir par la porte dérobée de mon cabinet; mais, hélas! elle est fermée, fermée à double tour et la clef nous manque! C'est vers le cabinet opposé qu'il court alors; il s'y trouve un monceau d'effets sous lesquels je l'aide à se cacher, puis cela fait, pâle et tremblante, je cours ouvrir au baron.

Il entre; son regard, cette fois sévère et menaçant, se promène autour de la chambre et s'arrête sur le lit. O ciel! sa main est armée d'un pistolet.

— Où est votre amant, mademoiselle, que je le tue!

— Mon... mon a... mant, monsieur, je ne... ne vous comprends pas, dis-je défaillante et me soutenant sur le dos d'un fauteuil.

— Oui, que diable! votre amant, je sais qu'il est ici, il faut que je le trouve, et malheur à lui!

— Vous vous trompez, vous vous trompez, monsieur, per..... sonne n'est i..... ici, que... que vous et moi.

— Aussi menteuse que perfide! fi! l'infâme, la perfide, répond le baron en m'accablant d'un regard de mépris et allant droit au cabinet où était caché de Prade. Alors je m'élance vers le baron, essaye de le retenir, mais il me repousse brusquement, pénètre dans le cabinet, soulève les étoffes et découvre de Prade, sur lequel il dirige aussitôt le canon de son arme.

— Eh! un moment, mon cher oncle, comme vous y allez! voulez-vous donc tuer votre unique héritier dans un neveu qui vous fut cher jadis, fait entendre de Prade en souriant, se relevant, tout cela à la grande stupéfaction de son oncle, à la mienne aussi, car j'ignorais que de Prade connût le baron et fût son parent.

— Comment, c'est toi, misérable, mauvais sujet?

— Oui, mon cher oncle, moi-même, qui ignorais, foi d'homme d'honneur...

— Silence, monsieur, et rendez grâce au souvenir de ma vertueuse sœur, votre mère, si je ne vous corrige pas en ce moment d'importance... Quant à vous, Alice, désormais plus rien entre nous.

— Grâce, monsieur, au moins si une faute impardonnable me prive de votre cœur, que votre amitié me reste, dis-je en larmes et aux pieds du baron.

— Rien! plus d'estime pour une perfide.

— Ah çà! et moi, mon oncle, est-ce qu'en faveur de mon ignorance, de mon repentir, vous ne daignerez pas m'excuser?...

— Mon bien-aimé neveu, en faveur de votre repentir, je consens volontiers à vous recevoir quelquefois, mais à une condition : c'est que vous me seconderez dans l'accomplissement du projet que je forme.

— Très-volontiers, mon bon oncle : de quoi s'agit-il?

— De m'aider dans la recherche du terrain sur lequel je désire faire bâtir et fonder l'hospice auquel je fais serment de laisser tout mon bien après ma mort.

— Merci de la commission, cher oncle, s'écrie de Prade au baron, qui venait de lui tourner les talons et s'éloignait à grands pas, me laissant atterrée, agenouillée et presque sans vie.

— Le sort en est jeté, ma pauvre Alice... Allons, relève-toi, ne t'humilie pas ainsi, et consolons-nous ensemble, et me tendant une main amicale, à ce qu'il me semblait alors; puis voyant que je n'avais pas la force de prononcer une seule parole :

— Voyons, enfant, pas d'affliction, prenons gaiement notre parti et protégeons-nous mutuellement dans l'adversité.

— Que d'humiliations, hélas! soupirai-je.

— Allons, toujours extrême, ma chère; mais quelle manie vous fait passer la moitié de votre vie à pécher et l'autre à vous repentir? ceci est une incohérence, une véritable utopie.

Quelques jours après cet événement, n'entendant plus parler du baron d'Aubisson et jugeant notre brouille sérieuse, je congédiai, le cœur serré, tous mes bons serviteurs, pour ne conserver que ma femme de chambre; plus, de Prade se chargea de vendre mes chevaux et ma voiture, s'acquitta de cette commission, et, sans m'en demander la permission, garda l'argent provenant de cette vente, somme assez forte que je n'osai lui réclamer. Estimation faite de mon mobilier, de ma garde-robe, bijoux et vaisselle plate, je possédais près de trente à quarante mille francs, et cette valeur me faisait rêver dans l'avenir un établissement, un sort laborieux, mais honorable.

Quatre mois s'écoulèrent encore, et de Prade, loin de se refroidir en ma faveur, n'en paraissait que plus tendre, plus aux petits soins, et du ton le plus mielleux, sans paraître y toucher le moins du monde, emportait chaque jour quelques bribes de ma fortune; et aveugle que j'étais, je me laissais dépouiller de la meilleure grâce, sans plainte ni regret.

Oh! surprise, un soir de Prade, qui venait de rentrer d'un air joyeux, dépose sur mes genoux une boîte assez lourde et recouverte en maroquin rouge.

— Qu'est-ce cela, monsieur? et disant ainsi j'ouvris la boîte. Un sucrier en argent ciselé, du plus parfait travail; deux douzaines de petites cuillères en vermeil, ornées de mon chiffre, enfin toutes choses qui manquaient à mon service d'argent, que de Prade venait de compléter par ce présent, tel était le contenu de cette boîte.

— Vous êtes un homme charmant, monsieur, mais à quel propos, je vous prie, ce magnifique présent? interrogeai-je.

— En l'honneur de ma réconciliation pleine et entière avec mon cher oncle.

— En vérité! ce bonheur vous serait arrivé?

— Oui, ma bonne Alice, ce matin même, après m'être présenté chez lui et avoir sollicité humblement mon pardon. Enfin sache, ma belle, que, mettant le comble à sa générosité, le baron d'Aubisson m'accorde, à dater de ce jour, une pension de trente mille francs par an !... A moi, ma douce amie, à moi désormais la tâche de réparer ta fortune.

— J'accepte, de Prade, car de tes dons je n'aurai pas à rougir, l'amour que je te porte, celui que tu ressens pour moi, doivent entre nous mettre tout en commun. Mais dis-moi, de Prade, ton oncle t'a-t-il parlé de moi?

— Sans doute, mais en termes amicals.

« Monsieur mon neveu, m'a-t-il dit, j'excuse votre jeunesse, je pardonne. »

Ces paroles, sur le moment, me firent un bien extrême, puis du désespoir, de la confusion, lorsque plus tard j'appris que tout cela n'était que mensonge, imposture, que loin d'avoir pardonné à son neveu, le baron l'avait fait ignominieusement chasser de chez lui par ses gens, lorsqu'il osa s'y présenter.

Mais alors pourquoi ce présent d'argenterie? quelles étaient donc les intentions de de Prade?

J'y arrive, patience.

Quelques jours se passent, de Prade revient chez moi, d'où il était sorti le matin de bonne heure.

— Ma chère Alice, connaissant ton obligeance, je viens de faire une promesse dont l'exécution dépend de ta volonté, me dit-il d'un ton câlin, en me souriant et baisant au front.

— De quoi s'agit-il, monsieur? parlez.

— De prêter, pour ce soir seulement, ton service d'argenterie, au grand complet, à un de mes meilleurs amis, qui traite ce jour hauts et puissants personnages, et a besoin de jeter de la poudre aux yeux de ces gens... Oh! sois sans nulle inquiétude, je te réponds de tout; ensuite le marquis de Gontran, notre emprunteur, est un loyal garçon, riche et ambitieux surtout, car l'emploi auquel il aspire en ce moment, en faveur duquel il traite ce soir ses protecteurs, n'est rien de moins qu'un secrétariat d'ambassade.

— Tu as promis, il faut tenir, mon ami, dispose de tout ce qu'il te plaira, dis-je aussitôt, pleine de confiance, ou plutôt de sottise.

Cette permission accordée, deux heures après douze mille francs de vaisselle plate, d'argenterie et de vermeil m'étaient enlevés pour ne plus jamais rentrer en ma possession. De Prade, après avoir fait emporter de chez moi cette vaisselle, était allé la vendre à un juif, son créancier, après l'avoir été offrir d'abord à madame Abraham, qu'il ignorait être une de mes fournisseuses, et qui, reconnaissant plusieurs pièces de ce service pour me les avoir vendues jadis, conçut quelques soupçons et vint m'avertir de ce qui se passait, mais lorsqu'il n'était plus temps, hélas!

La dénonciation de madame Abraham, l'absence de mon perfide amant, laquelle durait depuis trois jours, confirmèrent enfin ce à quoi je m'efforçais de ne pas croire. Le tour que me jouait ce de Prade, le plus méprisable des hommes, était infâme; et maudissant ma crédulité, la confiance que je lui avais accordée, désespérée d'être sans cesse le jouet d'hommes indélicats, trompeurs, perfides, je jurai de me venger par tous les moyens possibles, et ce projet formé je me mis en courses et à la recherche de mon infâme.

Deux jours de fatigues, d'inutiles recherches, sans pouvoir ressaisir les traces de ce Prade, qui, me disait-on, avait subitement disparu de l'appartement garni qu'il occupait sur le boulevard Montmartre, je le cherchai chez ses amis, qui, tous, me jurèrent ne point l'avoir revu depuis plus de huit jours.

Vraiment il y avait dans tout ceci trop de douleurs, de fatigues pour une pauvre femme dont le cœur, horriblement froissé, demandait vengeance sans pouvoir l'obtenir...

Le dénoncer à la police comme voleur, le faire chercher, arrêter, et faire mes délices de son abaissement, de son humiliation? Oh! non, non, car je l'ai aimé, je l'aime peut-être encore, et ce n'est pas le vil intérêt qui anime si violemment mon âme en cet instant, car que m'importent les richesses, mais c'est ce cœur généreux, cet amour que je ressentais pour lui, dont je n'ai cessé de lui donner la preuve, et qu'il foule aux pieds sans pitié ni ménagement. Oh! voilà d'où vient ma haine, mon désespoir.

Ainsi disais-je en sanglotant, rentrée chez moi, abîmée, découragée, affaissée sur un siége et le visage caché dans les deux mains, lorsque la porte de ma chambre s'ouvrit pour donner entrée à Dodore, qui, plusieurs jours avant, chargé par moi d'une commission, venait m'en rendre compte; mais à la vue de mon désespoir, de mes larmes, il accourt à moi et se met à mes pieds.

— Eh bien! de quoi, du chagrin, chère amie... Oh! oh! quelqu'un vous aurait-il manqué, fait des farces? parlez vite, que j'aille démolir ces pékins-là...

— Oui, oui, vous arrivez à propos, Théodore, pour me rendre un grand service.

— Parlez vite! caniche obéit toujours, toujours!

— Vous connaissez M. de Prade pour l'avoir rencontré souvent ici?

— Connu, connu, le coco. Je gage que c'est lui qui, en ce moment, vous fait pleurnicher, le sournois, oh! oui, le sournois, car il m'a toujours fait l'effet de l'être au superlatif, mais il est le benjamin de votre cœur, et j'ai rentré mon jugement dans le fin fond de mon ventre.

— Vous avez deviné, Théodore, oui, j'ai à me plaindre de ses froideurs, de son abandon...

— Cré coquin! en v'là un gueux.

— Théodore, peut-être suis-je trop exigeante, peut-être mon humeur jalouse s'alarme-t-elle à tort, mais enfin l'absence, la disparition de M. de Prade m'inquiète, et je désire le retrouver, le voir, l'entretenir un instant.

— Compris, il faut se mettre à la recherche du chéri : suffit! On y va tout de suite, demain je vous l'apporte, ou j'y perds mon latin.

Quelques renseignements, afin de mettre Théodore à peu près sur les traces de de Prade, et ce premier s'éloigna après m'avoir pressé amicalement la main.

J'arrive en ce moment au dénouement affreux et violent de mes honteuses amours, et rien qu'en retraçant sur le papier cet horrible instant de ma vie, tout mon corps frissonne, mon cœur se glace de crainte et de honte.

Le jour qui suivit celui où Théodore me fit sa visite, et comme j'étais à écrire chez moi, quoique souffrante et tombée dans un affreux état de faiblesse, des pas bruyants se font entendre dans la pièce qui précédait celle où je me tenais en ce moment, puis, presqu'aussitôt ma porte s'ouvre violemment, et, à mes yeux surpris, se présente de Prade, l'air froid et dur, me souriant avec ironie.

— Ah! c'est vous enfin, m'écriai-je alors en me levant vivement et marchant à cet homme.

— Oui, moi-même, qui prévois des reproches, et refuse de les entendre.

— Mais, monsieur, vous êtes un...

— Silence! encore une fois, s'écrie de Prade avec force et impatience... J'ai joué, j'ai perdu, la chose est faite, que voulez-vous?...

— Quoi! monsieur, c'est pour en faire cet indigne usage que vous m'avez privée de mon bien?

— De votre vaisselle plate, oui, après?... Ne m'avez-vous pas dit, Alice, qu'entre deux cœurs bien unis tout était commun?

— Fort bien, monsieur, à l'abus le plus infâme, joignez encore l'ironie.

— Silence! et en bonne fille, au lieu de vous livrer à d'inutiles reproches, aidez-moi de votre bourse, ma chère, à réparer la perte que m'a fait éprouver, ces nuits dernières, une chance exécrable.

— Quand j'aurais à ma disposition tout l'or du monde, je ne vous gratifierais point d'une obole, indigne!

— Alice, tu as dans ce meuble quelques diamants, confie-les-moi, je cours emprunter dessus, je retourne au jeu, où m'attendent en ce moment de joyeux compagnons, des Anglais, gorgés de guinées; la chance me devient favorable, car c'est ainsi que la capricieuse agit après vous avoir été longtemps rebelle et funeste; alors je gagne des monts d'or, je rachète ton argenterie, dégage tes diamants, et tout est réparé... Qu'en dis-tu?

— Que maintenant je vous connais et vous méprise, parce que vous êtes un hypocrite, un menteur, un dépositaire infidèle; or, n'espérez plus rien de moi.

— Corbleu! s'écrie de Prade les yeux remplis de fureur et levant sur moi la canne qu'il tenait à la main.

— Osez frapper, monsieur! m'écriai-je furieuse à mon tour, et fixant hardiment cet homme, faisant même un pas vers lui.

— Je ne m'en ferai point faute, si tu oses davantage t'opposer à ma volonté, et retenir malgré moi tes diamants.

— Vous ne les aurez pas... Sortez, monsieur, sortez! m'écriai-je hors de moi, en indiquant la porte du doigt.

Vaines paroles, infructueux courroux, de Prade, loin d'obéir, s'avance vers moi furieux, me jette brutalement sur le parquet, et profite de cette chute pour s'élancer vers le meuble qui renferme mes bijoux; mais voulant m'opposer à cette violence, je me relève et cours vers lui; il lève le bras, et sa canne vient me frapper violemment au visage et fait partir mon sang. Je crie, j'appelle à mon secours, et l'infâme de Prade continue de frapper sans pitié, de briser mon corps sous son bâton. J'allais périr sans doute sous cet affreux traitement, car la porte fermée en dedans par mon bourreau, résistait aux efforts que faisait ma femme de chambre pour l'ouvrir et venir à mon secours, lorsqu'une secousse épouvantable vient là briser en éclats, la renverser et donner passage à Théodore, qui, furieux à la vue de mon sang, bondit plein de rage sur de Prade, le terrasse, et se disposait à lui ôter la vie, quand les voisins, accourus à cet affreux bruit, s'empressèrent de les séparer.

Après quelques explications, dont toute la honte retomba sur de Prade, on emporta ce dernier mutilé, brisé, pour le jeter dans un fiacre et l'envoyer je ne sais où, cela malgré les efforts de Théodore pour le suivre et l'achever.

Telle était la terrible résolution de mon défenseur, qui ne céda qu'à mes prières et supplications. Quant à moi, rompue, blessée de toute part, ce fut sur un lit de douleur qu'il fallut aussitôt m'étendre, où je restai trois mois entiers entre la vie et la mort, confiée aux soins de Théodore et de ma camériste. Celui-ci me rendait en cette circonstance le même service que je lui avais rendu quelques mois plus tôt; c'était déjà pour moi recueillir le fruit d'une charitable action.

XVI

UN AMI DÉSINTÉRESSÉ, UNE CONVERSION.

Oui, trois mois d'une affreuse maladie, puis, grâce à ma jeunesse, à ma force, je narguai la mort et revins à la santé, après avoir eu tout le temps, sur ma couche de souffrances, de me livrer à de pénibles pensées concernant ma triste condition, et de former pour l'avenir des projets de réforme, le plan d'une vie laborieuse, économe et sage.

Ce fut du fond du cœur, et l'âme humiliée, que je priai le ciel d'affermir en moi ces louables résolutions, de me conduire au bien et de me rendre l'estime de la société.

Devais-je espérer que Dieu, que j'avais tant offensé, accueillerait ma prière, exaucerait mes vœux ardents! Mon âme était dans l'incertitude, et je redoublais de ferveur, lorsque le souvenir de la Madeleine repentie se présenta à moi.

— Oui, m'écriai-je alors pleine d'espoir et de joie, ainsi que moi elle eut ses erreurs, ses faiblesses, sa honte, mais Dieu lui pardonna parce qu'elle avait beaucoup aimé.

J'espérais! et sur les derniers temps de ma convalescence, mes forces presque revenues, j'étais allée, par une belle gelée, essayer une promenade aux Tuileries, accompagnée de ma camériste, lorsqu'un monsieur, qui depuis quelques instants nous suivait avec persévérance, se décida à nous aborder :

— Si je ne me trompe, c'est mademoiselle Alice Sainte-Rose que j'ai l'avantage de saluer en ce moment?

— Elle-même, monsieur le comte de Roser, car je vous remets parfaitement, dis-je aussitôt en souriant.

— Combien, mademoiselle, je rends grâce à l'heureux hasard qui me procure le plaisir de vous revoir ce jour, moi qui, depuis l'instant où je vous rencontrai pour la première fois chez mon ami, le baron d'Aubisson, n'ai eu garde d'oublier votre aimable personne et cessé de former le désir de vous connaître davantage, d'obtenir l'honneur d'être compté au nombre de vos amis.

— Cette intention me flatte et m'honore, monsieur le comte, mais, hélas! une plus intime connaissance entre nous me ferait sans doute perdre beaucoup de cette estime que vous daignez me témoigner, répondis-je avec modestie.

— Je vous comprends, Alice, car, instruit plus que vous ne le pensez de votre vie privée, vous jugeant digne d'un sort plus honorable, c'est ce qui m'a fait désirer vous connaître, et vous offrir en moi un véritable et prudent ami, dont les conseils pourraient vous être utiles, et rendre à la société, pour le charme de qui elle a été créée, la belle et gracieuse demoiselle de Merville.

— Ah! monsieur, c'était doué des sentiments honorables et désintéressés que vous me dépeignez, qu'Alice voulait un ami, un guide, un protecteur; elle, dont la fatale beauté fit le malheur, et qui ne rencontra jamais que des suborneurs où elle espérait trouver des amis. Mais, hélas! qui donc fut assez peu jaloux de ma réputation pour consentir à vous peindre mes fautes et me faire démériter en votre estime?

— Un ami que votre bouche même instruisit; le baron d'Aubisson enfin.

— Le baron d'Aubisson! hélas!

— Oui, je sais encore..... son neveu..... mais laissons cela; car le baron, en vous insultant de sa ridicule tendresse, a failli au devoir d'un honnête homme, à celui que son âge lui imposait; Alice, c'était l'estime, la protection d'un père qu'à sa place je vous eusse offerts, et l'affront que lui a fait son neveu fut la conséquence toute naturelle de son extravagance... Mais vous pâlissez, mademoiselle, et semblez vous soutenir à peine! ajouta aussitôt le comte en me présentant son bras, sur lequel je m'appuyai aussitôt afin d'éviter une chute que m'occasionnait la fatigue des diverses allées et venues que nous venions de faire, le comte et moi, en causant.

Je lui parlai alors de la longue maladie dont je sortais à peine, de la faiblesse que je ressentais encore, il me gronda de ne point l'avoir instruit plus tôt de ma position, et m'offrit sa voiture, qui l'attendait à l'une des grilles du jardin, pour retourner chez moi, où il me demanda la permission de m'accompagner, ce que j'acceptai et accordai avec joie.

De retour au logis, assise près du comte de Roser, dans mon petit salon, remplie de confiance pour cet homme, et désireuse de me réhabiliter tant soit peu à ses yeux, je lui fis part de mes projets à venir, de ma conversion sincère, et lui, fixant sur moi un regard amical, et me pressant la main :

— Alice, me dit-il, rien de plus beau et précieux que la vertu chez une femme; à celle qui la possède, l'admiration et l'hommage de la société entière; à elle, l'amour pur, désintéressé de l'honnête homme qui la rend forte et fière de sa protection, qui l'enrichit de sa fortune, si la naissance ou le malheur l'ont faite pauvre et sans appui.

— Oh! je le sais, monsieur le comte, et malheur à celle qui échange son honneur pour un peu d'or, soupirai-je tristement.

— Malheur aussi, car elle est plus coupable encore, à la femme qui, épouse et mère, oublie son devoir, trahit son époux et le condamne à une honte et des regrets éternels, dit à son tour le comte avec émotion, en voilant ses yeux avec sa main comme pour me dérober ses larmes.

Ces mots me rappelèrent alors ce que m'avait un jour, dans une fête chez le baron d'Aubisson, raconté M. de Roser, au sujet de son infidèle épouse; d'un enfant que cette femme coupable lui avait ravi en fuyant.

— Pardon, pardon! mademoiselle, de ce moment de faiblesse, mais, hélas! elle m'était si chère, cette femme, cette épouse ingrate, que dix-huit années n'ont pu encore l'effacer de ma pensée!

— Hélas! peut-être vit-elle loin de vous dans le repentir et les larmes? dis-je en faveur de la coupable.

— Elle est morte depuis quinze ans; elle a cherché dans les eaux la fin de ses remords.

— Pauvre femme! soupirai-je douloureusement.

— Oui, pauvre femme, car elle expia durement ses fautes. Mais ma fille, ma chère fille! ah! si le ciel avait daigné me la rendre! Hélas! est-il plus affreux tourment pour un père que celui d'être à jamais éloigné de son enfant, et d'ignorer le sort d'un être aussi cher?...

— Oh! oui, voilà qui est affreux!

— En me privant de ma fille, le ciel a peut-être voulu me punir d'avoir été trop sévère, implacable! Écoutez, et jugez-moi, Alice. Il y a de ça bientôt vingt ans, après avoir quitté le service où j'avais avec honneur acquis un beau grade et de la fortune, il me passa par la tête la fantaisie de me choisir une compagne, une épouse sage et belle, qui m'aidât à achever doucement et gaîment le temps qui me restait encore à vivre, et de choisir cette femme, à qui je voulais confier mon honneur, dans la classe de la vertu indigente. Dans ce but, je m'empressai donc d'adresser mes hommages à une jeune personne de dix-huit ans au plus, ayant nom Anne Tremblay, fille d'une pauvre femme infirme.

— Anne Tremblay! mais ces noms ne me sont point inconnus... Continuez, monsieur le comte, dis-je pleine d'inquiétude et de curiosité.

— Oui, Anne Tremblay; la bonne et jolie fille, sage et modeste alors, comme fut la mère du Christ, nourrissait du travail assidu de ses mains sa vieille mère, veuve d'un vieux soldat de l'Empire. Désirant ne devoir qu'à mon mérite l'amour et la possession d'Anne, je lui fis d'abord, ainsi qu'à sa mère, un mystère de mon titre et de ma fortune, et quoique passant près d'elle pour un simple employé bureaucrate, je sus me faire aimer et accepter en qualité de gendre et d'époux.

Devenue comtesse et riche dame, Anne n'en resta pas moins un modèle de modestie et de bonté, dont la bienfaisance s'étendait sur tous les malheureux qui l'approchaient. Quant à la vieille mère, la joie que lui fit ressentir le mariage inespéré de sa fille, ce changement subit de l'indigence au luxe, des privations à l'abondance lui causa un si vif saisissement que sa santé s'en altéra, et qu'elle mourut dans nos bras trois mois après notre union.

A peine au bout d'une année, Anne me rendit père d'une fille adorée que nous reçûmes avec transport et nommâmes Marie...

— Marie! oh ciel! m'écriai-je de nouveau remplie de joie et de surprise, en interrompant une seconde fois le comte.

— Oui, Marie! en l'honneur de la Vierge, dont c'était la fête ce jour.

Anne, qui comprenait alors les devoirs que la nature lui imposait, voulait nourrir son enfant de son propre sein ; mais elle était faible, délicate, je craignis pour sa santé, et une nourrice vint sur les lieux faire l'office de mère.

Près de deux ans s'étaient déjà écoulés pour Anne et moi dans l'union la plus parfaite; chaque jour j'avais rendu grâce au ciel de m'avoir fait choisir une compagne aussi digne de ma tendresse. Ennuyés du bruit de la ville, nous nous étions retirés dans un petit hôtel que j'avais acheté au faubourg du Roule; nous occupions cette maison tout entière, à ça près d'un petit appartement au dernier étage, dont il fallait, pour en avoir la jouissance, attendre l'expiration du bail, qu'en me rendant acquéreur je n'avais pu faire rompre, même à prix d'argent. Cet appartement occupé alors par un jeune homme, le marquis de Frenay, neveu de l'ancien propriétaire, avait deux croisées ayant vue sur notre jardin, et de cet observatoire qu'il ne quittait pas de la journée, notre jeune voisin nous adressait ses salutations, et quelquefois même conversait avec nous lorsqu'Anne et moi, assis sur la pelouse de gazon, nous souriions aux efforts enfantins que notre petite Marie faisait pour marcher.

M. de Frenay était un fort beau garçon, rempli d'esprit et d'excellentes manières, fort insinuant, de plus, bon joueur d'échecs, et ce fut en provoquant une partie de ce jeu que j'aimais passionnément, qu'il s'introduisit chez moi, s'y implanta et devint l'ami de la maison, mais l'ami perfide qui bientôt devait y répandre la honte et le désespoir.

Six mois se passent! J'avais un oncle qui m'était cher, car il avait élevé mon enfance; cet oncle, vieillard infirme, habitait Bruxelles, et une lettre qui me fut adressée par un de ses amis, vint m'apprendre que cet excellent vieillard, près d'expirer, m'appelait à grands cris. Ne consultant que mon cœur, pressé d'arriver, si je voulais recevoir la bénédiction de ce second père, je dis adieu à Anne, l'embrassai, la pressai sur mon cœur, lui promis un prompt retour et m'éloignai, mais inquiet, soucieux, car les adieux de cette épouse chérie m'avaient semblé mêlés d'inquiétude, de froideur.

Arrivé à Bruxelles, je trouvai mon oncle encore vivant, mais les traits empreints du masque de la mort, et le médecin attendant d'un moment à l'autre son dernier soupir. Le vieillard me reconnaît, me sourit; ses mains glacées, respectables, se posent sur ma tête, il me bénit.

En dépit de la prédiction du docteur, mon oncle vécut encore huit jours, que je passai à son chevet; puis en mes bras il passa de ce monde dans l'autre.

Étant son héritier, il me fallut, avant de quitter Bruxelles, donner un mois aux affaires, un mois qui me parut un siècle, car bien que j'écrivisse chaque jour à mon épouse, Anne, pleine d'une indifférence que je ne savais à quoi attribuer, ne me répondait que de loin en loin, et d'un style froid comme l'avaient été ses adieux, en ne me parlant jamais d'elle, mais de sa fille.

Surpris, inquiet d'un tel changement, je hâtai un retour qui, d'après ce que j'avais annoncé à Anne, ne devait s'effectuer que huit jours plus tard, j'arrivai en poste à deux heures de la nuit. Ne voulant éveiller personne, je quittai ma voiture à quelque distance de ma demeure, dont le concierge m'ouvrit la porte au premier coup de sonnette. Muni d'une bougie, je pénètre seul dans l'hôtel, traverse un appartement, atteins la chambre à coucher où Anne devait sommeiller en ce moment. Je trouve sa porte fermée, mais dans mon bureau devait se trouver une clef de cette porte; je vais la chercher; je reviens, j'ouvre! et plein d'amour, de joie, me dirige vers l'alcôve d'où s'échappait en cet instant le bruit de la respiration de ma bien-aimée Anne. Qu'aperçois-je, hélas! Anne endormie dans les bras d'un homme, dans les bras du marquis de Frenay! Oh! fureur! honte! infamie! Les tuer, les tuer tous deux à l'instant même, telle fut ma première pensée, et déjà mes yeux cherchaient une arme autour de moi, lorsque éveillée par le bruit d'un siége que je venais de renverser, Anne ouvre les yeux, pousse un cri affreux et s'échappant du lit, vient tomber à mes pieds, plus morte que vive, en cachant son visage dans ses deux mains.

— Debout! monsieur le marquis, m'écriai-je en heurtant violemment du bout de ma canne, l'amant endormi.

Il s'éveille, regarde et pâlit.

— Levez-vous, monsieur, et habillez-vous, dis-je froidement.

— Je vous comprends, monsieur.

— Non! vous ne pouvez me comprendre, marquis.

— Pardon, monsieur, c'est un duel pour venger l'offense que je vous ai faite; telle doit être votre volonté, et mon devoir est de m'y soumettre.

— Vous vous trompez, car le sort aveugle protège souvent en ces sortes d'occasions l'offenseur aux dépens de l'offensé, et je veux vivre encore, moi, mais pour mon enfant, pour ma fille, que ma mort, si je devais la recevoir de votre main, placerait sous la tutelle d'une mère sans honneur.

— Pitié! monsieur, et tuez-moi ! s'écrie Anne à ces mots, en élevant vers moi ses mains suppliantes... Anne sur qui je jetai pour toute réponse un regard de mépris.

— Je suis prêt à vous suivre, monsieur, fait entendre le marquis qui venait de se vêtir à la hâte.

— Sortez maintenant, monsieur, dis-je d'un ton impérieux à cet homme.

Il sortit de chez moi.

Le même jour Marie, ma fille, était conduite par moi à Neuilly et confiée aux soins d'une femme honnête et prudente.

De retour au logis, j'appris que ma femme désirait me parler; je refusai cet entretien, pour ne me rendre que le soir fort tard dans sa chambre, où je la trouvai encore livrée au désespoir et les traits affreusement changés.

— Pitié! oh! pitié! s'écria-t-elle en me voyant entrer, et quittant le siége où elle pleurait pour venir tomber à mes pieds. Monsieur, ajoute la malheureuse, je sais que j'ai trahi mes devoirs, que je suis une infâme et odieuse créature que désormais vous devez mépriser et chasser de votre présence; j'accepte tout. Mais au nom du ciel, ne me privez pas pour toujours du bonheur d'embrasser ma fille. Oh! non, non, ne soyez pas assez inhumain pour m'arracher mon enfant et me priver éternellement de sa vue, de ses caresses...

— Du drame! charmant! En vérité, si je ne savais qu'une mauvaise femme ne peut-être une bonne mère, je me laisserais prendre.

— Vous me torturez, monsieur! Par pitié, oh! tuez-moi, je vous en supplie! s'écrie Anne en se traînant à mes pieds et dans un état tel, que ne pouvant plus longtemps en supporter la vue déchirante, je m'enfuis aussitôt pour courir dans ma chambre m'enfermer et me livrer moi-même au plus affreux désespoir; car cette femme qui m'avait trahi, que je torturais en ce moment, à qui je prodiguais l'insulte et l'ironie, cette femme, je l'adorais encore ; sa perte devait faire le désespoir de toute ma vie.

Oh ! femmes, femmes ! que vous êtes coupables en trahissant vos devoirs ! que de douleurs pour l'époux qui vous aime ! que votre erreur, un fou caprice de votre part peut occasionner de honte, de désordre dans vos familles ! Femmes, pitié pour vous, pitié pour vos enfants ; fermez l'oreille aux discours pervers.

Je passai donc encore cette nuit sans sommeil et dans les larmes, roulant dans ma tête plusieurs pensées de vengeance et de séparation ; je voulais avoir recours aux lois pour rompre des liens devenus désormais insupportables. Honteux et redoutant le scandale, la raillerie, je changeai aussitôt d'avis, éloignai la publicité et m'arrêtai à un exil éternel, loin de l'épouse adultère, mais après avoir donné la mort à son odieux amant, à l'infâme marquis de Frenay.

Le jour venu, je m'absentai de chez moi, et cherchant à me soustraire à mes tristes pensées, la désolation et la fureur au cœur, regrettant et maudissant tout à la fois une épouse parjure.

Une journée entière sans repos ni nourriture, et je rentrai à l'hôtel, où, malgré la ferme résolution que je m'étais imposée de bannir Anne, sans plus la revoir, une force irrésistible, ou plutôt une lâche faiblesse, m'entraîna vers la chambre de cette femme ; mais, à ma grande surprise, je la trouvai déserte.

O ciel ! ma rigueur, mon implacable rigueur l'aurait-elle poussée au suicide ?... O mon Dieu ! pardonnez-moi s'il en est ainsi. Telle était ma pensée, tandis que je m'empressais de visiter tous les coins de la pièce, le visage couvert d'une sueur froide, les cheveux dressés sur la tête. Personne ! je sonne mes gens, ils accourent, je leur demande leur maîtresse, et j'apprends qu'elle a quitté sa chambre, l'hôtel depuis le matin, et qu'elle n'y est pas rentrée. O fureur ! peut-être chez le marquis de Frenay... Le marquis, me dit-on, est parti en poste vers midi pour un voyage lointain. Quelques heures encore et une lettre anonyme vient enfin m'apprendre qu'Anne, effrayée de ma colère, en redoutant les suites, n'osant plus supporter ma vue, s'était jointe au marquis, et que tous deux en ce moment roulaient vers la Suisse.

— Qu'ils partent et que Dieu me venge ! m'écriai-je après avoir lu, et tombant en larmes sur un siége...

Marie, chère enfant, à toi désormais le soin de me consoler, à toi toute la tendresse que je partageais avec ta mère. Oh ! près de moi, ma fille, toujours près de moi et pour me tenir lieu de tout, ne plus me quitter enfin! Cela dit, je me jetai en voiture et courus à Neuilly. Mais hélas! quelle affreuse déception! ma fille, ma Marie, mon seul bonheur avait été enlevée le jour même par sa mère à l'insu de la femme à qui j'avais confié ce cher dépôt.

Ce dernier coup faillit me tuer, car au moment où je demandais une chaise de poste, des chevaux pour courir après les ravisseurs de mon enfant, je tombai sans connaissance et ne la recouvrai que six semaines plus tard après une dangereuse maladie.

Revenu à la vie, mon premier souvenir fut pour ma fille, ma première parole, pour ordonner des recherches sur cet enfant. Vaines démarches, hélas! on ne retrouva ni la mère, ni Marie.

Tels sont mes malheurs, mes chagrins, chère Alice; dites s'il est un remède capable de les guérir? jamais, termine le comte de Roser.

— Mais votre épouse, m'avez-vous dit, monsieur, a perdu la vie en se noyant? observai-je avec anxiété, curieuse de tout connaître avant de rendre le comte au bonheur.

— Un an après la disparition de mon épouse, le maire d'un village situé entre Amiens et Breteuil me fit savoir qu'une jeune femme s'était donné la mort en se jetant dans la rivière; que retirée sans vie, on avait trouvé sur elle des papiers qui constataient son identité, et que j'aie à aller aussitôt reconnaître et réclamer le corps de mon épouse Anne Véronique Tremblay. Je me rendis en hâte à cette invitation, pour contempler avec effroi et tristesse le cadavre de l'infortunée Anne, sur qui je versai d'abondantes larmes, pour qui je demandai le pardon du ciel, après avoir accordé le mien à sa mémoire.

— Hélas! quoi donc a pu pousser la pauvre femme à cet acte de désespoir? m'informais-je au comte.

— A cet égard j'interrogeai les gens du pays, et plusieurs m'assurèrent avoir vu la malheureuse, frappée de folie, courir d'un village à l'autre, les yeux hagards, les vêtements en désordre et demandant à chaque passant, à chaque porte, un enfant qu'on venait de lui enlever sur la route, un enfant qu'elle disait être le sien, qu'elle appelait à grands cris, un enfant que personne, hélas! n'avait vu, ce qui augmenta à tel point le désespoir de la pauvre et infortunée Anne, que la tête perdue, elle courut chercher la mort au fond des eaux. Et moi, moi, non moins à plaindre en apprenant la perte de cet enfant qui ne pouvait être que le mien, ma petite Marie, j'ordonnai aussitôt de nouvelles recherches dans tout le canton, promettant une forte récompense à qui me ramènerait cet être précieux, mais le ciel ne me réservait pas cette joie, tout fut inutile, Marie ne se retrouva pas.

— Pauvre père ! soupirai-je en pressant la main du comte de Roser, tandis que de l'autre, il essuyait les larmes abondantes qui s'échappaient de ses yeux, oui, pauvre père ! Et moi, que je suis heureuse d'avoir été choisie par le ciel pour accomplir le vœu le plus cher à votre cœur, repris-je en souriant.

— Grand Dieu ! que voulez-vous dire, Alice ?... s'écrie alors le comte avec anxiété et fixant sur moi des yeux où brillaient la surprise.

— Suivez-moi, monsieur le comte, vite montons en voiture.

— Mais encore, Alice, au nom du ciel, expliquez-vous...

— Rien encore... partons !

Je l'entraîne, il me suit en tremblant, nous roulons avec rapidité, je reste muette, inflexible à toutes les prières, supplications du comte, enfin, nous arrivons à la demeure de Paul.

— Que faire chez le bijoutier, quels sont vos projets, Alice?

— Suivez-moi, monsieur.

Nous entrons, Marie est au comptoir, sur ses genoux, en ce moment, repose son enfant. A ma vue, elle et son mari se lèvent et viennent à moi en souriant, cela comme à l'ordinaire, pour m'embrasser, me bénir et m'emporter dans leur arrière-boutique, afin d'être plus libres de se livrer envers moi à leurs doux transports, mais cette fois, la présence d'un tiers les contient; mais moi, très-pressée, et fidèle aux habitudes, j'entraîne le comte de Roser, et tout le monde me suit dans l'arrière-boutique, petite pièce meublée avec goût et richesse.

— Marie, ma bien-aimée, lève tes beaux yeux sur monsieur, et vous, monsieur le comte, fixez bien cette jolie femme, et dites ce que vous pensez de sa charmante figure ?

— Marie ! cette ressemblance ! ô mon Dieu, s'il était vrai !... Alice, au nom du ciel, expliquez-vous ! s'écrie le comte tremblant, respirant à peine, et le regard fixé avec anxiété sur les traits de Marie.

— Eh bien ! oui, c'est votre fille, monsieur, c'est Marie, l'enfant dont vous pleurez la perte depuis quinze ans... Marie, viens dans les bras de ton père. Et parlant ainsi, je poussai la jeune femme timide et tremblante, sur le sein d'un père, qui, suffoquant et ne pouvant croire à tant de bonheur, tendait des bras suppliants sans avoir la force de faire un pas.

Impossible de dépeindre la joie, le transport de ces deux êtres, le délire du comte en pressant sa fille sur son cœur, sa fille qu'il admirait et couvrait des plus tendres caresses, tout cela en présence du pauvre Paul qui, stupéfait, interdit, regardait, souriait et ne disait mot. Après les transports viennent les questions inévitables et de rigueur, les pourquoi, les comment, et tout cela de la part de l'heureux père.

— D'abord, monsieur le comte, avant tout, permettez-moi de vous présenter M. votre gendre, Paul Godard, dans ce beau et bon jeune homme, puis ensuite votre petite-fille, dans ma très-chère et adorée filleule Alice-Séraphine, dis-je en plaçant l'enfant sur les genoux du comte qui, tour à tour, et de plus en plus surpris, fixe Paul et la petite-fille, Paul à qui il ouvre ses bras, ma filleule qu'il couvre de baisers.

— Femme et mère déjà, murmure-t-il avec étonnement.

— Oui, monsieur le comte, Marie, dont j'ai fait la femme du plus honnête roturier de France et de Navarre. Oh! écoutez, écoutez! Et je me mis à raconter longuement l'histoire des deux jeunes gens, leurs amours, leurs malheurs, et l'événement qui me fit les connaître, puis je m'arrêtai là.

— Oh! mais, ce qu'elle oublie de vous dire, monsieur, s'écrie Paul avec chaleur, c'est sa bienfaisance, sa douce vertu à notre égard. C'est qu'après nous avoir ramassés mourant de faim, elle nous a recueillis chez elle, prodigué ses soins, mariés et dotés de son propre argent, qu'à elle nous sommes redevables de l'honneur, de notre établissement, de tout le bonheur et l'aisance dont nous jouissons en ce moment.

Paul parlait encore, que le comte, enthousiasmé, les yeux remplis de larmes d'attendrissement, tombait à mes pieds et baisant mes mains qu'il pressait dans les siennes :

— Oh! ange sauveur de ma fille, sois bénie, et dispose de la vie d'un père reconnaissant, prononce-t-il enfin, quoique suffoqué par l'émotion.

Et moi, fière, heureuse, je pleurais aussi. Quand bien même la ressemblance frappante que le comte rencontrait dans les traits de Marie avec sa mère n'aurait pas existé, la lettre d'adieu au marquis de Frenay, lettre trouvée par la Robinet dans le panier lors du vol que cette femme fit de l'enfant, aurait suffi pour convaincre le comte de Roser que Marie était sa fille, car sur cette lettre que nous lui présentâmes, il reconnut aussitôt l'écriture de son épouse, dont le repentir, que témoignait cet écrit, lui causa de nouvelles larmes.

Ce ne fut que le soir fort tard, et non sans peine, que le comte et moi quittâmes le jeune ménage, après y avoir passé de bien heureux instants, et formé mille et mille projets, entr'autres celui de placer aussitôt un gérant dans le fond de bijouterie, en attendant la vente de cet établissement, cela afin qu'il fût permis au comte d'emmener ses enfants chez lui pour leur faire partager sa fortune et son riche hôtel.

Le comte me reconduisit à ma demeure, et ne voulant pas retarder l'entretien qu'il désirait avoir avec moi, il me demanda de vouloir bien le recevoir malgré l'heure avancée et de l'écouter quelques instants, ce à quoi j'accédai de grand cœur.

— Alice, me dit le comte assis près de moi et pressant ma main, Alice, c'est par des actions plus que par des paroles que je dois dorénavant vous prouver toute la reconnaissance que m'inspire votre noble et bienfaisante conduite envers mon enfant... Non, celle qui sauva une pauvre fille du déshonneur, qui l'arracha à la misère pour en faire une épouse vertueuse, une bonne mère, n'est point une femme perdue pour le monde et la vertu. Alice, ange égaré, mais non déchu, je te savais capable de belles choses, de nobles actions, avant même que cette journée m'apprît ce que tu as fait pour ma fille, car un de mes fermiers, vieillard respectable, m'avait instruit déjà de ta noble conduite envers son fils, l'imprudent Hector, à qui tu donnas une sévère et salutaire leçon, telle fut la source de l'estime et de l'admiration que je te porte, Alice, et mon désir de te connaître, ce qui fait qu'aujourd'hui je te veux pour ma seconde fille, je veux pour toujours devenir ton protecteur, ton soutien...

— Ah! merci, merci, de tant de générosité! Hélas! pourquoi le sort cruel ne m'a-t-il pas placée plus tôt sur votre passage, et mérité votre estime. Alors, sous l'égide d'un homme vertueux, qui n'aurait point, en échange de ses bienfaits, de sa protection, exigé, comme tant d'autres, le déshonneur d'une pauvre fille, je serais restée pure et digne de l'estime des gens honnêtes.

— Tendre une main secourable au pécheur et le ramener dans le sentier du bien, telle est ma morale, celle qui m'a envoyé vers vous.

Non, désormais plus d'erreurs, chère Alice, mais une conduite noble et prudente, digne enfin de racheter le passé; alors la société vous pardonnera, et un homme de bien, charmé par vos vertus, non moins que par vos grâces, un jour s'estimera heureux de vous offrir son nom, dit le comte d'une voix douce et pleine d'aménité, en me pressant la main.

— Ah! monsieur, croyez-vous que je puisse espérer qu'il y aura pour moi un jour oubli et pardon sur cette terre? m'écriai-je en larmes...

— Oui, chère Alice, espérez, espérez! Quant à présent, aussi bien que pour l'avenir, plus d'inquiétude, de sacrifice, car dès demain, Alice, un contrat de dix mille francs de rente, dressé chez mon notaire, va vous mettre pour toujours à l'abri du besoin.

— Oh! non, merci de tant de générosité; le travail, monsieur, doit seul désormais devenir mon partage et mon soutien, dis-je aussitôt avec feu.

— Celle qui ne consulta que son cœur pour enrichir Paul et Marie, ne peut refuser le bien que veut lui faire le comte de Roser, et vous accepterez, Alice, je l'exige! Plus, quoiqu'ayant atteint depuis longtemps votre majorité, vous avez négligé de réclamer l'héritage de votre mère, et c'est moi qui se charge du soin de vous le faire restituer.

— Faites donc, monsieur, puisque telle est votre volonté.

— Je veux plus encore, Alice.

— Parlez, j'obéis.

— Il faut quitter ce vaste appartement pour un autre plus conforme à votre nouvelle condition, et renvoyer au baron d'Aubisson tous ces meubles luxueux que vous tenez de sa générosité.

— Tel est mon désir, monsieur.

— Ensuite, reprit le comte, ne pouvant restituer à certain M. Godard sa maison de Nanterre, puisque votre bon cœur vous la fit vendre pour doter Marie, nous renverrons à cet homme la somme qu'a produite la vente de ce bien.

— Oh! de grand cœur, m'écriai-je joyeuse.

Et tout cela s'exécuta en moins de quinze jours, car ce terme écoulé, j'étais en possession du bien que m'avait laissé ma mère, plus, d'un contrat de dix mille francs de rente que m'accordait le comte sur ses biens, et j'habitais cet appartement que j'occupe ce jour rue du Helder, appartement choisi par le comte, qui l'avait fait meubler avec autant de promptitude que de goût.

Enfin, je suis heureuse, indépendante et mon cœur est libre ; j'observe ma conduite, et m'applique à conquérir l'estime de moi-même et du monde.

Mais ce qui me charme le plus dans ma nouvelle condition, c'est que je ne suis plus seule sur la terre, j'ai trouvé un père dans l'excellent et vertueux comte de Roser, un frère dans Paul, une sœur dans Marie, Marie qui bientôt doit donner le jour à un second enfant. Je vois ces amis chaque jour, et chaque jour je reçois d'eux caresses et bonheur.

Une chose me gêne et me ternit encore, c'est ce cortége de femmes entretenues, mes anciennes compagnes, qui sans cesse me harcellent et que je n'ose éloigner, car enfin elles m'ont toutes aimée sincèrement, m'aiment encore, et souvent viennent près de moi chercher adoucissement, consolations, en me contant leurs peines et me demandant avis. Oh ! n'importe, il faudra rompre avec ces femmes, le comte m'en a donné le conseil, mais doucement, dans la crainte de les humilier. Il y a si peu de temps que je leur ressemblais qu'il me faut être indulgente.

Malgré ce dernier parti, je viens de rendre encore un service à Adella qui, fuyant la présence de nombreux créanciers, plus, une contrainte par corps dirigée contre elle par ces derniers, est venue se réfugier chez moi pendant deux mois, dans un petit entre-sol dépendant de mon appartement, où je l'ai cachée, soignée et nourrie.

Antonine n'est pas encore mariée. Voilà trois lettres suppliantes que j'écris à sa mère, dans l'espoir d'obtenir de cette dame le pardon du passé, où je lui dépeins mes regrets, mes douleurs, et je n'ai reçu encore aucune réponse. Je devais m'y attendre ; on reste muet envers ceux qu'on mésestime.

Qu'est devenu Achille Menu ? Je l'ignore ; c'était un honnête homme, un de ceux que j'aimerais à recevoir maintenant.

Alban, cet ami de Bréval, cet homme qui m'a juré haine parce que je le détestais moi-même, est, m'a-t-on dit, devenu le commensal de la maison des dames Ducastel ; je me demande à quel titre ? Comme je travaillais il y a quelques jours à ces mémoires, ou plutôt à ce journal de mes bonnes et mauvaises actions, ma femme de chambre est venue m'annoncer qu'un jeune homme désirait louer mon petit appartement de l'entre-sol, et qu'il attendait ma réponse chez le concierge. Peu soucieuse de me mêler de location, j'ai donné carte blanche à mon portier pour traiter de cette affaire.

Je me disposais à...

XVII

ENTR'ACTE.

Ici se termine le manuscrit des mémoires d'Alice de Merville, dite la belle Sainte-Rose. A nous maintenant de raconter les dernières amours de cette jolie convertie, au refus fait par M. Oscar Senneval, son adorateur et locataire, de poursuivre lui-même la tâche qu'il avait entreprise avant d'avoir pris connaissance des aventures de notre héroïne.

Pourquoi ce refus?

Peut-être la conduite de notre jeune homme n'a-t-elle pas été exempte de quelques blâmes, peut-être quelques scrupules lui ont-ils imposé silence?

Sachez-le, lecteur, en vous résignant à lire entièrement cette utile et longue conclusion.

XVIII

IL LA REVOIT.

— Décidément, et comme l'a fort bien dit le comte de Roser, cette Alice est un ange égaré et non déchu, dont la bienfaisance, la conduite actuelle, rachètent toutes les fautes passées, s'était écrié Oscar Senneval, en jetant sur une table le manuscrit qu'il venait de terminer.

Oh! imitons-la, pas d'amour mal placé, au diable cette Hortense, à Alice tous mes soins, mes hommages, mon adoration... Ah! que j'ai hâte de la revoir, de me prosterner à ses pieds et de mériter s'il se peut sa tendresse, ajouta notre jeune homme.

Pour lui, encore huit jours d'une cruelle attente, sans quitter sa demeure, cela, dans l'espoir de voir revenir Alice et d'être le premier à jouir de sa présence. Vers le milieu du neuvième, le bruit d'une voiture s'arrêtant sous ses fenêtres, attira son attention, ses regards, en faisant battre son cœur d'espérance et d'amour.

— C'est elle! ô Dieu! c'est elle! s'était écrié dans une folle joie notre jeune homme en apercevant Alice sauter légèrement de la voiture à terre. Et il allait s'élancer, courir au-devant d'elle lorsque la réflexion l'arrêta.

— Hélas! suis-je assez l'intime de cette femme charmante, pour me permettre d'aller ainsi à sa rencontre? Non! non! attendons plutôt qu'elle se souvienne de moi et me fasse appeler.

Faisant cet effort sur lui-même, quoique dévoré d'impatience, Oscar, l'oreille aux aguets, entendit Alice passer devant sa porte, monter plus haut, et pénétrer dans son appartement dont la porte se referma lourdement.

— Allons, elle n'a pas daigné s'arrêter, s'inquiéter de ma présence... Mais le devait-elle? oh! non.

Plusieurs heures se passèrent dans l'attente la plus vive, et personne ne vint appeler Oscar, qui, n'y tenant plus, habillé, paré d'avance, quitte sa demeure, et s'élance vers la montée.

— Mademoiselle est-elle visible? s'informe-t-il à la chambrière qui sourit malicieusement à sa vue. Et sur la réponse affirmative de cette femme, il s'élance vers le boudoir d'Alice, frappe et pénètre après en avoir obtenu la permission. La jolie femme, occupée dans ce moment à mettre de l'ordre dans ses effets de voyage, sourit d'abord au jeune homme, puis, baisse les yeux et rougit ensuite.

— Alice, vous voilà donc enfin, après un siècle d'absence?...

— Un siècle! l'expression est forte, dit Alice en indiquant de la main un siége à Oscar, et commençant la première à s'asseoir.

— Ah! que j'ai souffert en vous attendant, mais que mon bonheur est grand en vous retrouvant ce jour, plus belle et admirable que jamais.

— Toujours ce langage passionné, et l'antidote que je vous ai laissé en partant n'a pu, à ce qu'il me paraît, vous guérir de cette folie?

— Vos mémoires, Alice; mais ils n'ont fait que me rendre plus désireux, plus amoureux que jamais; oh! oui, permettez à l'homme qui se fait votre esclave pour la vie, de se prosterner à vos pieds.

— Oscar, une passion insensée vous égare; vous savez qui je suis, monsieur, et vous osez m'aimer.

— Dites vous adorer, Alice. Ah! qu'il me serait doux et précieux, si, daignant prendre en pitié un amour pur, désintéressé, vous acceptiez en moi un consolateur de vos peines passées, un amant prêt à vous proclamer la meilleure, la plus tendre de toutes ; de vous protéger, de vous aider à rentrer dans ce monde auquel il dévoilera vos vertus, votre bienfaisance ; ce monde qui regrettera de vous avoir méconnue un instant.

— Quoi ! à peine suis-je arrivée, sommes-nous réunis, que déjà, monsieur, vous travaillez à me rendre parjure à mes serments de sagesse... ah ! n'espérez pas... non ! jamais d'amant !

— Cruelle ! voulez-vous donc me réduire au désespoir, vous, mes premières et dernières amours, vous que je fais serment d'adorer malgré tout, malgré votre rigueur ?

— Je veux, monsieur, je veux n'être que votre amie, et gardez-vous d'exiger davantage ou je me fâche sérieusement, répond Alice en souriant, et en serrant dans ses deux blanches mains le visage du jeune amoureux, puis reprenant sur un ton badin : Eh bien ! êtes-vous encore furieux, monsieur, contre le comte qui, impertinemment, osa venir plusieurs fois me ravir à vos tendres entretiens ?

— Si ce fut l'homme sensible et bienfaisant, le père de Marie enfin, qui osa agir ainsi, oh ! je lui pardonne et lui demande grâce moi-même de mes emportements.

— Oui, monsieur, c'était le comte de Roser, mon meilleur ami, qui, me voulant près de sa fille souffrante, près de Marie prête à donner le jour à son second enfant, venait m'arracher à mes plaisirs, à votre société ; c'est encore avec lui, avec Paul, son gendre, que je viens de faire un voyage en Bourgogne, où les appelaient une affaire importante et inattendue.

— Assez, assez vous justifier, chère Alice. A moi de réclamer grâce pour avoir osé douter un seul instant de votre franchise.

Ainsi causaient Oscar et Alice, assis l'un près de l'autre, le jeune homme animé par un amour, un désir brûlant, la jeune femme, le cœur ému, le teint légèrement coloré, et le regard rempli d'une expression tendre et indulgente.

Un mois s'est écoulé durant lequel Oscar, stimulé par les sages conseils d'Alice, a commencé et suivi ses études, puis donné à l'amour tout le temps de repos que lui accordait le travail, et comme le flot amollit à la longue le roc qu'il veut renverser, à force de battre en brèche le cœur de celle qu'il aimait et voulait vaincre, à force de soins, d'adoration, notre jeune amoureux obtint enfin un soir un doux aveu, celui qu'il était aimé. Alors joie folle, délire de la part d'Oscar, et serments d'amour, mais d'un amour éternel; puis encore, ce qui prouve que les amants ne sont jamais contents, sa bouche osa faire une demande audacieuse, celle de l'ouverture de la petite porte de l'escalier conduisant de son appartement à la chambre à coucher de la jolie femme. Oh! mais comme à cette proposition Alice se fâcha sérieusement! ses beaux yeux s'humectèrent aussitôt de larmes, et le reproche vint de même se placer sur ses lèvres purpurines.

— Qu'exigez-vous? que demandez-vous, monsieur? Oh! je ne vois que trop, hélas! que vous ne m'estimez pas... Oscar, Oscar! à vous mon cœur, mon amour, mais rien de plus...

— Cependant, cruelle, vous n'espérez point, sans doute, à votre tour, condamner à des désirs éternels l'homme qui vous adore?

— J'ai juré d'être sage, Oscar.

— Mais ce n'est pas faillir à son serment que de faire un heureux de celui que le cœur a choisi.

— Ami, je veux que vous m'estimiez et m'aimiez longtemps, toujours, fit Alice avec modestie en pressant tendrement la main du jeune homme.

Vaines prières, vaines supplications, Alice demeura inflexible, la porte resta close, au grand désappointement de l'amoureux, qui pour le moment prit forcément son parti, espérant un peu plus tard amener la jolie femme à ses désirs et volontés.

XXII

TROIS MOIS ENCORE.

— C'est comme je vous le dis, ma petite, à force de l'enjôler, elle est parvenue à faire un imbécile, qui au lieu de farces, de bamboches, me fait de la morale à présent, et m'appelle vieille endurcie.

— En vérité! qu'est-ce qui se serait jamais attendu que ce chenapan-là deviendrait un honnête homme?...

— Mais tout ceci n'est peut-être que farce et grimace de la part de Dodore.

— Hélas! que n'en est-il ainsi! mais la conversion n'est que trop réelle.

— C'est mal se conduire, ma pauvre Saint-Romain.

— Dites comme un vrai gueux, ma petite Hortense, ce dont j'enrage... Oui, ce gredin, depuis que ce comte l'a fait, à la recommandation d'Alice, intendant d'un grand château, situé près de Versailles, le gredin ne parle plus que de se marier, d'épouser une fille huppée et de bonne maison ; ça fait mal, en vérité!

— Tout ça la faute à qui ? à Sainte-Rose, ma chère Saint-Romain.

— Ce qui ne l'empêche pas de tromper le comte, car, Dieu merci, personne n'ignore qu'elle aime son petit locataire, cet Oscar Senneval.

— Cependant, Saint-Romain, vous n'avez pas trop, ce me semble, à vous plaindre d'Alice, elle a remonté votre garde-robe aux dépens de la sienne, et l'on vous voit sans cesse lui tendre la main, et la retirer pleine.

— Oui, quelques nippes, quelques sous par-ci, par-là.

— Ah çà! tenons-nous bien, et malgré nos griefs contre elle, n'allons pas nous échapper, en allant ainsi que nous le faisons en ce moment, lui demander à dîner amicalement à sa campagne, observe Hortense.

— Pas si bête! Bien au contraire, c'est le cas de la flatter, de lui faire patte de velours, tout en conspirant contre elle.

— Pourvu encore qu'elle daigne nous recevoir, cette princesse.

— Pas de doute qu'elle soit flattée de notre démarche, souvenir et présence, répond la Saint-Romain avec aplomb.

— Eh! je ne sais pas trop quelle mine nous devons attendre; car enfin, à Paris elle nous ferme souvent sa porte et nous reçoit froidement, quand elle nous reçoit.

Cet entretien entre les deux femmes se tenait un beau jour d'été, et sur les deux heures, dans la gondole de Paris à Sèvres, voiture qui les emportait toutes deux vers le charmant et pittoresque village de Bellevue, où Alice habitait depuis deux mois une jolie et modeste maison de campagne, dont le comte de Roser et ses enfants s'étaient empressés de lui faire hommage, demeure située sur l'avenue du château, faisant face à la Seine, et dont la vue offrait le plus riche comme le plus admirable panorama.

Nos deux conspiratrices descendues à Sèvres, enfilèrent aussitôt l'avenue de Bellevue, où elles atteignirent la demeure d'Alice, après se l'être fait enseigner.

D'abord, un vaste jardin à traverser avant d'entrer dans la maison, un jardin aux allées tortueuses et ombrées, où la Saint-Romain et sa compagne pénétrèrent librement, ayant trouvé la porte ouverte et personne à qui s'adresser. Elles trottaient sur un frais gazon, dont l'épaisseur amortissait le bruit de leurs pas, lorsque celui d'une voix qui partait d'un bosquet voisin leur fit prêter l'oreille et ralentir leur marche.

— C'est Alice qui cause, je reconnais sa voix, dit la Saint-Romain en plaçant sa main sur le bras d'Hortense, afin de l'arrêter.

— Oui, et celui qui lui répond en ce moment est Oscar.

— Bonne occasion pour nous assurer du degré d'intimité qui existe entre eux et nous corroborer de matière à cancans, dit la Saint-Romain à voix basse, en entraînant doucement sa compagne vers le bosquet, derrière lequel elles s'installent en silence et aux écoutes. C'était en effet Alice, fraîche et belle comme une rose de juin, vêtue d'une robe légère, la tête coiffée d'un chapeau de paille, assise sur un banc de gazon, et le sourire sur les lèvres, écoutant et répondant à Oscar, placé sur le sable et à ses pieds, Oscar qui, le regard rempli d'amour, pressait dans les siennes une des mains de la jolie femme.

— Oui, cruelle amie, je maudis ta rigueur et j'admire ta vertu, disait le jeune homme avec passion.

— Cher Oscar, si j'avais eu la faiblesse de combler vos désirs, n'eût-ce pas été trahir mes serments de sagesse et vous autoriser à douter de la sincérité de mon repentir, de ma conversion ? N'ayant plus rien à désirer de moi, m'eussiez-vous honorée de l'offre de votre main, et présentée, ainsi que vous l'avez fait, pour bru à votre respectable père ? Non, mon ami, non !

— Hélas ! est-il donc vrai, Alice, que bientôt tu seras mon épouse chérie ?

— Espérons, Oscar, si votre père me juge digne de ce titre, de cette récompense.

— Oh ! il consentira à cette union fortunée, mon Alice ; car déjà prévenu par mes lettres de tes brillantes qualités, mon père en ce moment accourt vers nous pour se convaincre et nous bénir.

— Mon Dieu ! mais c'est un crime, un abus de confiance, Oscar, que de le tromper ainsi que nous le faisons, en lui cachant mes fautes, mon inconduite passée.

— Le passé, ma chère, n'est qu'un songe, le présent est tout; et dans toi mon père ne verra, ainsi que moi, qu'une femme pourvue des plus rares qualités et belle au-dessus de toutes les autres.

— Oh! c'est égal, Oscar, j'ai peur; car si ton père savait, il n'aurait garde de donner pour épouse à son fils la femme qu'on appelle la Sainte-Rose.

— Non, sans doute, car les gens de la province, moins encore que ceux de Paris, connaissent l'indulgence, et leur susceptibilité les rend souvent injustes, implacables.

— Oh! j'ai peur, te dis-je, Oscar, j'ai peur! s'écriait Alice en cachant son charmant visage dans le sein du jeune homme.

— Calme tes craintes, enfant; mon père ne saura rien, et près de lui, au fond de la province où tu consens à suivre celui qui va devenir ton époux, personne ne viendra trahir tes secrets ni lever le voile du passé.

— Mais vous, Oscar, vous si généreux, qui consentez à pardonner, à rendre l'honneur à la pécheresse repentie, un jour ne lui prodiguerez-vous point le reproche?

— O ciel! quelle triste pensée, mon Alice.

— Hélas! c'est que souvent telle a été la punition de celles qui, comme moi, ont failli à l'honneur, dit tristement Alice.

— Ange du ciel, modèle de bienfaisance, juge mieux de ton mérite. Pour moi, Alice, tu seras l'objet d'une éternelle vénération, l'idole sacrée devant laquelle se prosternera sans cesse ton humble admirateur.

— Je vous crois, Oscar, et cette pensée rend le courage à mon cœur.

— Et nous te le ferons perdre, ma mignonne, murmura tout bas, en cet instant, la Saint-Romain à l'oreille d'Hortense.

— Ça, bien sûr, il serait trop vexant pour nous de voir cette mijaurée devenir une dame à grande considération; non, pas de ces bêtises-là.

Et ces paroles échangées d'un accent de rage et de dépit, nos deux écouteuses s'éloignèrent du bosquet pour regagner la grande allée, qui de la grille conduisait à la maison où elles se présentèrent, en s'adressant à la femme de chambre d'Alice qu'elles venaient de rencontrer sur le péristyle.

— Désolée, mesdames, mais ma maîtresse est absente pour le reste de cette journée, répond la camériste en élevant fortement la voix afin sans doute de se faire entendre d'Alice, et la prévenir contre toute surprise.

— Ah bah! comment, elle n'y est pas, cette chère amie? sans doute pour les autres, mais pour nous cette consigne ne peut exister. Or donc, Marie, allez nous annoncer à votre maîtresse, que vous trouverez en ce moment en grande conversation avec M. Oscar Senneval, dans ce bosquet situé là-bas près de ce sapin du nord, dit la Saint-Romain.

— Je vous assure, madame...

— Allons donc! allez nous annoncer, vous dis-je, à Alice que nous venons d'apercevoir il y a un instant dans ce jardin, réplique Hortense en poussant la servante afin de se faire passage et pénétrer dans la maison où toutes deux furent au salon s'étendre sans façon sur un large divan.

— Ah! mon ami, quelle fâcheuse visite et comment nous soustraire à ces importunes? s'écrie Alice en apprenant de la bouche de Marie l'arrivée des deux femmes,

— En leur abandonnant la place, et nous en allant achever la journée dans les bois, réplique Oscar.

— Mais elles se fâcheront, et la colère de ces femmes est si dangereuse!

— Eh bien! qu'elles se fâchent... Allez, Marie, allez, dites-leur que votre maîtresse est partie, et lorsqu'elles en auront fait autant, qu'une rose effeuillée sur le gazon qui fait face à la grille, nous annonce que nous pouvons rentrer sans craindre les importuns.

Cela dit, Oscar entraîne Alice, et la chambrière les voyant loin déjà, de s'en retourner à la maison, annoncer aux deux femmes qu'elle n'a pas trouvé sa maîtresse.

— Nous l'attendrons, car elle rentrera sans doute. Allez donc, Marie, prévenir la cuisinière de compter sur deux convives de plus, car nous dînerons ici, fait la Saint-Romain, en se dandinant sur le divan où elle s'était étendue tout de son long.

— Je vous répète encore une fois que madame ne rentrera pas, qu'elle est allée dîner en ville.

— Possible, la bonne, mais nous sommes assez amies avec Alice, pour ne pas nous en retourner de chez elle le ventre vide, or nous dînerons tout de même, prévenez la cuisinière.

— La cuisinière est aujourd'hui en congé, répond Marie d'un ton sec.

— Alors ce sera vous, ma chère, qui fricoterez à notre honneur.

— Je n'ai pas d'ordre, puis je suis femme de chambre et non cuisinière, mesdames.

Impossible de faire entendre raison aux deux parasites, ce que voyant, Marie les planta là, pour s'en retourner à ses occupations.

— Ah! on ne veut pas nous recevoir, on fait ses embarras avec nous, eh bien! nous resterons bon gré mal gré, dit la Saint-Romain.

— Comme ça, étendues sur ce siége? ça sera joliment embêtant, dit Hortense en bâillant.

— Non pas, mais en nous promenant, en agissant ici comme si nous étions chez nous.

— Et en mangeant, n'est-ce pas? car j'ai terriblement faim.

— Bien entendu, répond la Saint-Romain se relevant subitement pour passer dans la salle à manger dont elle ouvre le buffet et l'armoire.

— Qu'est-ce que vous faites donc, chère amie? interroge Hortense qui avait suivi les pas de la Saint-Romain.

— Je cherche des vivres, et en voilà.

Cela disant, cette dernière atteignait et posait sur la table à manger, poulet froid, gâteaux, confitures, vin de Bordeaux, et invitait sa compagne à faire, ainsi qu'elle, honneur à ces comestibles, ce que cette dernière ne se fit pas répéter deux fois.

— J'étais certaine, moi, qu'Alice ne nous recevrait pas, dit Hortense, la bouche pleine, à la Saint-Romain mangeant avec avidité.

— Et moi, je pensais le contraire.

— Vous voyez bien, ma chère, que la chipie a décampé de chez elle à notre approche; mais c'est comme si elle chantait, dussions-nous attendre son retour jusqu'à demain, il faudra qu'elle nous voie et nous héberge malgré elle.

— C'est ce que nous verrons, ma gaillarde, fit entendre en cet instant un grand garçon, bien vêtu, à l'air déterminé, en entrant dans la salle à manger, et dans qui les deux femmes reconnaissent Théodore, à leur grande surprise.

— Tiens! c'est Dodore, s'écrie la Saint-Romain.

— Minute, minute, la belle! Grâce à mes nouveaux principes,

je ne dorlotte plus que les gens bien sages, et tu es loin de l'être en ce moment.

— Allons, Dodore, te voilà encore avec ta bête de morale; en quoi donc Hortense et moi agissons-nous si mal? Nous venons voir une ancienne camarade à sa campagne, il se trouve qu'elle est absente, sa domestique nous refuse à manger, nous tombons d'inanition, nous nous servons nous-mêmes, et voilà! Il n'y a vraiment pas là-dedans de quoi fouetter un chat.

— Ensuite, qu'est-ce que cela vous regarde? interrompit Hortense.

— Quand je te disais, Hortense, que cette Alice me l'a gâté, mon Dodore.

— Assez! et garde-toi de toucher, d'un mot ou d'un geste, à celle que tu devrais bénir, à celle dont les bienfaits sont chaque jour ton partage, à celle dont les conseils, la douce persuasion ont su m'éclairer, faire de moi un homme passable, s'il n'est du moins tout à fait bon encore. En attendant, commencez par quitter cette maison, où moi, Théodore, vous défends de remettre les pieds à l'avenir, à moins d'y être appelées par Alice.

— Et de quel droit nous chasser d'ici? interroge Hortense avec effronterie.

— De par le mien.

— Par exemple! fait Hortense.

— Allons, point de si, de mais, point de façons.

Encore un long instant d'hésitation; puis, poussées vivement par Théodore, la Saint-Romain et sa compagne gagnèrent le jardin, en menaçant et jurant tout bas de tirer vengeance de l'affront qu'elles recevaient. Nos deux femmes abandonnèrent la propriété pour s'acheminer vers le bois de Meudon, où elles espéraient rencontrer Oscar et Alice.

Peines inutiles, vaines recherches. Alors, fatiguées, altérées, de fort mauvaise humeur, Hortense et la Saint-Romain gagnèrent le village de Meudon, puis la voiture qui devait les ramener à Paris.

XXIII

O LA SAINT-ROMAIN FAIT ENCORE DES SIENNES.

— Oui, mon père, rien de plus beau, de plus bienfaisant que mon Alice. Oh! vous allez en juger, rendre hommage à mon choix, après l'avoir admirée, après vous être épris vous-même de ses charmes, de ses vertus rares et précieuses. Ensuite, mon bon père, je vous ferai connaître tous les malheureux qu'elle a secourus, qui l'adorent, la revèrent... Oui, oui, vous allez être content de votre fils, disait avec feu Oscar Senneval à son père, vieillard à l'aspect noble, lequel écoutait et souriait à l'enthousiasme de son fils, dont il pressait avec tendresse les mains dans les siennes; cela, seul avec lui, dans une voiture qui les entraînait avec vitesse vers le village de Bellevue, le jour même de l'arrivée de M. Senneval à Paris.

— Tant mieux, tant mieux, mon cher enfant, si ton choix est noble et digne, répond le vieillard, mais avant de te donner le consentement que tu désires avec tant d'ardeur, j'ai désiré voir par mes yeux, juger par moi-même le mérite de cette femme que tu vantes si fort; car, mon cher Oscar, rien n'est plus facile à s'abuser qu'un amoureux, et les lettres que j'ai reçues de toi, depuis quelque temps, les paroles que tu me fais entendre aujourd'hui, annoncent chez toi une passion forte, extrême, à laquelle un père prudent devrait mettre un frein si l'objet qui l'a fait naître s'en trouvait indigne.

— Ah! bénie soit votre prudence, mon bon père; mais ici il est question plus que d'une femme, d'un ange, dont vous serez émerveillé.

— Soit! mon ami; car je t'avouerai qu'il n'y aura qu'un modèle de perfection capable de me décider à te marier à Paris, avant même que tu n'aies terminé les études que tu as entreprises.

— Je les terminerai, mon cher père, et vivement, afin d'aller vous rejoindre au plus vite et pouvoir montrer ma jolie femme à tout le pays; ensuite, songez qu'Alice est pour moi un parti des

19.

plus avantageux, qu'en sus de ses mille précieuses qualités, d'un esprit orné et agréable, elle possède une fortune indépendante de quatorze mille francs de rente !

— Ce chiffre est superbe, j'en conviens, mais j'y aurais peu d'égard si celle qui possède cette fortune n'avait en sus les qualités d'une femme honnête.

— Elle a tout, mon Alice, elle a tout en partage, cher père, et vous allez vous en convaincre bientôt, car nous voici arrivés à sa demeure.

En effet, comme Oscar prononçait ces dernières paroles, la voiture qui les amenait s'arrêtait devant la grille de la jolie villa de notre héroïne où le jeune homme ayant porté son regard, aperçut Alice, belle en cet instant comme toujours, n'ayant pour ornement sur sa tête que son admirable chevelure, pour parure une modeste robe en mousseline rose dont la forme dessinait à ravir les contours de sa taille svelte et gracieuse. C'est le teint animé du plus vif incarnat, les yeux remplis de douceur et de modestie, que notre jeune femme, au milieu de son parterre de fleurs, accueillit le père et le fils.

— Soyez le bienvenu chez moi, monsieur, où mes désirs vous appellent depuis longtemps, fait Alice en saluant le vieillard demeuré stupéfait, immobile, à la vue de tant de charmes.

— Eh ! bien, mon père ?... dit Oscar plein de joie.

— Ma foi, mon ami, ce que je vois en ce moment surpasse mon attente et me plonge dans le ravissement...

Mademoiselle, permettez d'abord que je vous embrasse, ajoute M. Senneval.

— Volontiers, monsieur, répond Alice, en présentant sa joue vermeille sur laquelle le vieillard dépose un baiser.

— Oscar, mon cher enfant, tu es un bien heureux mortel.

— N'est-ce pas, mon père ? mais que direz-vous lorsque vous connaîtrez l'âme de mon Alice, âme plus belle encore que ses traits !

— Je me prosternerai, et je dirai : monsieur mon fils, vous avez cent fois plus de bonheur que ne le mérite un fou de votre espèce.

— Je crains, monsieur, que votre fils, emporté par son indulgence, ne vous ait prévenu trop avantageusement en ma faveur, et de n'avoir, malgré ma bonne volonté, qu'à démériter dans votre bonne opinion.

— Voilà d'abord, mademoiselle, un grand fond de modestie qui annonce fort le contraire, et me persuade que dans peu je serai aussi enthousiasmé que mon Oscar, de votre gracieuse personne, si même mon admiration ne surpassait pas la sienne.

Ce fut causant ainsi qu'ils atteignirent lentement la maison. Là Alice reçut le père de son amant dans le salon et l'entretien se continua. La sirène n'y apporta ni art, ni artifice, mais seulement, armée de ses grâces naturelles, elle subjugua, captiva entièrement M. Senneval.

Le dîner, puis un peu de musique, après une longue promenade durant laquelle le vieillard, au grand désappointement de son fils, ne quitta pas le bras d'Alice, qu'il ne cessa d'entretenir, d'écouter et d'admirer, puis rentrés à la villa :

— Oh! oui, soyez ma bru, ma fille, l'épouse de mon enfant, c'est à vos genoux que j'implore cette précieuse faveur, s'était écrié le vieillard avec feu en pressant la jeune femme sur son sein.

— Je vous avais bien dit, mon père, que mon Alice était irrésistible? ajoute Oscar avec ravissement.

— Mon ami, n'influencez pas monsieur votre père, et loin de profiter des bonnes dispositions que je suis assez heureuse pour lui inspirer, donnons-lui au contraire le temps de juger et d'apprécier froidement le degré d'estime qu'il devra m'accorder.

— Très-bien, mon enfant, mais il faut peu de temps pour vous apprécier, et déjà je vous rends justice; oui, vous êtes une femme accomplie sur qui la nature s'est plu à répandre ses dons les plus précieux, en vous prodiguant vertus, talents et beauté.

— Ah! monsieur! murmure Alice en rougissant et baissant les yeux devant ce panégyrique flatteur.

— Oh! ne rougissez pas, ne repoussez pas ces louanges, belle Alice, vous en êtes digne certainement; car mademoiselle de Merville, la fille d'un noble et loyal militaire, l'enfant d'une mère respectable, n'a pu faillir à l'honneur, et toute sa vie a dû être pure et sans tache...

— Monsieur, monsieur! s'écrie Alice avec trouble et douleur, emportée par le remords et cachant son visage dans ses deux mains.

— Mon père! s'écrie Oscar d'un accent suppliant, effrayé de l'état dans lequel les observations du vieillard venaient de plonger Alice.

— En effet, je suis un extravagant, dont l'amitié torture, fatigue... Pardon, mon enfant, et bien fixé désormais sur votre mérite, ménageons votre exquise modestie; oui, causons d'autres choses, reprend M. Senneval en découvrant doucement le visage d'Alice sur lequel, avec effroi et douleur, il aperçoit des larmes, puis reprenant à cette vue:

— Chère enfant! hélas! vous aurais-je affligée?

— Non, non, monsieur; pardonnez un moment de faiblesse, un enfantillage, et croyez à tout mon respect, à ma profonde estime, dit Alice d'une voix douce en s'efforçant de sourire.

— Peut-on entrer? s'informe au-dehors une voix que les deux amants reconnaissent pour être celle de Théodore; et sur une réponse affirmative, le jeune homme d'entrer dans le salon, en faisant à la société un salut poli, mais grotesque.

— Ah! ah! c'est l'ami Théodore, fait Oscar en souriant, et indiquant un siége au visiteur.

— Merci, pas la peine de s'asseoir, faut que je file à mon poste, où le devoir me réclame et dont je suis éloigné depuis ce matin que je rôde dans Bellevue et Meudon, cela pour mes menus plaisirs et l'amour du billard, diable de jeu auquel, malgré votre défense, mademoiselle Alice, je ne puis m'empêcher de toucher de temps à autre; mais soyez sans crainte, rien seulement que par distraction et pour faire preuve d'adresse.

— Je vous crois incapable, mon ami, de trahir le serment que vous m'avez fait, mais apprenant que vous êtes à Bellevue depuis ce matin, vous me permettrez de vous gronder pour n'être pas venu nous demander à dîner, observe Alice avec douceur.

— Excusez, mais je savais que vous receviez aujourd'hui de la société, qu'ayant beaucoup à causer, ma présence aurait pu vous gêner; et si je viens ce soir vous importuner, c'est qu'allant demain à Paris chez M. le comte de Roser pour affaire de sa propriété, j'étais bien aise de savoir si vous n'aurez pas à me charger de quelques commissions pour ce côté-là.

— Merci, Théodore, car je dois aussi voir demain le comte et sa famille.

— Alors tout est dit, fait le jeune homme en reculant d'un pas pour s'en aller.

— Un instant donc, Théodore, ne me permettrez-vous pas de vous présenter mon père, M. Senneval, dit Oscar.

— Ah! ah! Alors, monsieur, puisque vous êtes le père, permettez-moi de vous faire mon compliment car vous pouvez vous vanter d'avoir pour fils un bon enfant. Ça, à quand la noce ? car vous approuvez, j'en suis certain, le choix de M. Oscar, termine Théodore en indiquant Alice.

— Mais à bientôt je l'espère, tel est mon vœu le plus ardent, dit le vieillard en souriant.

— Et vous avez raison, corbleu ! car votre fils peut se flatter qu'il a trouvé, en bonté et beauté, la perle des femmes, un ange, quoi ! que je vénère et chéris, pour qui je me ferais tuer cent fois pour une.

— Assez, assez, Théodore, s'écrie Alice d'un ton suppliant.

— Du tout, du tout ! je veux parler, moi, vous faire connaître, car si on vous écoutait vous feriez sans cesse le bien en cachette, et pure perte... Figurez-vous, monsieur, continue Théodore avec chaleur, et malgré les signes d'Alice, pour lui imposer silence, figurez-vous que j'étais le plus grand vaurien, chenapan, fainéant qui existât sous la calotte des cieux, et que je passais ma vie dans des lieux tant soit peu suspects, puis à jouer, à battre et me faire battre, si bien enfin qu'au train que ça allait je serais devenu, tôt ou tard, un gibier de potence, lorsque cette femme qui est assise près de vous en ce moment, cet ange tutélaire à qui j'avais fait les tours les plus infâmes, daigna me prendre en pitié, s'imposer la tâche incroyable de faire de moi un honnête homme, et pour cela se mit à me moraliser après m'avoir rempli d'avance les mains d'or et d'argent afin de me faire prendre patience. Mais bah ! c'était comme si elle chantait, car au lieu d'écouter ses excellents conseils, je rêvais en sournois où j'irais après le sermon, dépenser les dons de sa bienfaisance puis revenir après, hypocritement faire près d'elle le bon apôtre et tendre une main qu'elle remplissait de nouveau, elle, confiante et généreuse au-delà de tout. Avouez, messieurs, que j'étais alors un grand misérable, un gueux à rouer ?... Oh ! j'étais capable de continuer ce manège révoltant, un siècle entier, cela sans honte, ni remords, mais ne voilà-t-il pas, que celui qui est là haut, fatigué de mes fredaines, de mon impudence, de mon intempérance, etc., m'administre une bonne maladie qui me bloque sur le grabat, et me met six semaines durant entre la vie et la mort, sans ressources et abandonné de tous mes compagnons de débauches. N, i, ni, c'était fini, il fallait faire mon paquet et entreprendre le grand voyage auquel j'étais décidé, lorsque le bon Dieu me prenant en pitié fit toucher un mot de ma position à cette bonne demoiselle Alice. Alors la voilà qui accourt vers moi, me fait enlever du taudis où je me pâmais alors, pour me faire transporter chez elle, et là s'installer à mon chevet... Minute ! voilà que je guéris, que j'ouvre les yeux, que je vois et devine tout, que je sens ma main dans celle de l'ange sauveur qui doucement souriait à ma résurrection, et là-dessus que je n'y tiens plus, et pleure comme un enfant, mais des larmes sincères, partant du cœur et inspirées par le repentir. Enfin, messieurs, de ce jour je devins honnête homme, le suis, et mourrai tel. En voilà une conversion j'espère ! termine Théodore avec satisfaction.

— Bonne Alice ! fait Oscar avec admiration et joie, après avoir écouté.

— Théodore, vous m'aviez promis le secret, dit Alice, de l'expression du reproche.

— C'est vrai, et cependant faut bien vous faire connaître, surtout à celui dont vous allez devenir la fille.; après cela, je n'ai parlé que du bien que vous m'avez fait ; car s'il fallait raconter tous les services rendus à tant d'autres, il y en aurait à dire pendant quinze jours sans arrêter, répond Théodore.

A la prière d'Alice, la conversation prit un autre tour et se prolongea jusqu'à neuf heures du soir. M. Senneval fatigué par un long voyage, et désireux du repos, se retira dans l'appartement qu'Alice lui avait fait préparer, le vieillard devant, cette nuit, coucher à Bellevue ainsi que son fils. Quant à Théodore, depuis longtemps il avait pris congé de la société et s'était mis en route pour Versailles, près de laquelle ville se trouvait située, ainsi que nous l'avons dit, la propriété dont le comte de Roser l'avait fait intendant. Le lendemain de ce jour, Alice, jalouse de présenter le père de son amant au comte de Roser et à la famille de ce dernier, partit pour Paris avec M. Senneval et Oscar.

Huit jours s'étaient écoulés depuis l'arrivée du père d'Oscar ; le vieillard, de plus en plus épris du mérite d'Alice, entièrement gagné par les discours du comte de Roser, et même après avoir donné son consentement à l'union que désirait si ardemment son fils, en pressait encore l'accomplissement de tout son pouvoir. Les choses en étaient là, lorsque seule un matin à sa villa des champs, Alice, sans trop de surprise, reçut la visite inattendue de la Saint-Romain, qui, humble et pateline, venait lui emprunter quelque gent, et demander à déjeuner sans façon, ainsi que ces deux choses se pratiquaient souvent de sa part.

Alice, n'attendant personne ce jour, accueillit la Saint-Romain sans trop d'humeur, quoique désireuse depuis longtemps de rompre toutes relations avec elle, comme elle avait rompu avec toutes les femmes galantes de sa connaissance.

La Saint-Romain, enhardie par une bonne réception, à laquelle elle était loin de s'attendre d'après la conduite tenue par elle et Ortense lors de leur dernière visite à Bellevue, la Saint-Romain donc bavarda pour deux, tout en mangeant comme quatre, supposa mille besoins impérieux, afin de mieux exciter la générosité d'Alice, se fit remplir sa bourse, puis, profitant du refus de la jeune femme de quitter la chambre, où la retenait une forte migraine, la Saint Romain donc, sous le prétexte d'une promenade, s'élança dans le jardin, duquel elle alla ouvrir la petite porte qu'elle laissa entr'ouverte ; cette porte donnait sur un chemin désert à l'usage du jardinier, et un bouquet d'arbres en masquait presqu'entièrement l'entrée du côté du jardin. Ensuite la Saint-Romain se dirigea vers la maison, où elle rentra en silence et sans être aperçue, elle se glissa au premier étage, là, fit sauter les verrous et crochets de la persienne de la fenêtre du cabinet de toilette attenant à la chambre à coucher d'Alice, puis cela terminé, la perfide rôdeuse s'en alla prendre amicalement congé d'Alice, qui venait de la combler de bienfaits, et contre qui elle tramait une trahison infâme.

— Eh bien ! quoi de nouveau ? tout est-il disposé pour la surprise ? s'informait Alban quelques minutes après à la Saint-Romain, qui, selon conventions prises d'avance, venait de le rejoindre dans un cabinet du restaurant de la Tête-Noire, où il l'attendait avec impatience.

— Comme sur des roulettes ! la belle est seule, indisposée, pas d'homme dans la maison, rien qu'une femme de chambre et une cuisinière, deux femmelettes qui dormiront ce soir sous leurs mansardes comme deux marmottes. De plus, les êtres de la maison que je connais comme ma poche, la porte du jardin ouverte, une croisée *idem*, puis un treillage sur la muraille, lequel vous servira d'échelle, de véritable escalier, quoi ! enfin tous les moyens possibles pour pénétrer sans obstacle ni bruit près de l'inhumaine dont vous êtes épris.

— Bravo ! je reconnais là ton adresse.

— Ah çà, qu'est-ce que nous allons faire d'ici à ce soir, n'allez vous pas me payer à dîner, et m'offrir votre bras pour un tou de promenade, mon petit?

— Soit, dînons et causons, répond Alban avec indifférence e sonnant le garçon.

C'est la Saint-Romain qui commande, mais un repas pour si et des plus délicats, qu'on leur sert aussitôt.

— Ainsi, mon cher, vous êtes décidé ce soir à emporter l Sainte-Rose d'assaut? fait entendre la Saint-Romain la bouch pleine.

— A obtenir par la force ce que cette bégueule m'a sans cess refusé avec mépris.

Encore une longue conversation sur le même sujet, puis l dixième heure du soir tinta au loin; c'était le signal qu'Alba attendait avec la plus vive impatience. Alors nos deux conspira teurs de quitter le restaurant pour s'acheminer vers la demeur d'Alice, où les jambes avinées de la Saint-Romain avaient peine la porter.

— Tu es ivre, dit Alban impatienté par les fréquents trébuche ments de sa compagne.

— Non, mais un peu émue.

— Es-tu certaine que la fumée du champagne ne te fera pa commettre quelque bévue?

— Plus sûre de moi que de ton courage... Mais voici la petit porte; quoi nous empêche d'entrer?

— Il est peut-être encore trop tôt? observe Alban.

— Non, plus de lumières dans les mansardes, et cette faibl lueur provenant de la veilleuse d'Alice m'annonce que tout re pose ici.

— Allons donc, alors! fait le jeune homme en pénétrant l premier dans le jardin où le suit la Saint-Romain.

A travers les avenues tortueuses, au milieu d'une profond obscurité, ils gagnent la maison où du doigt et à voix basse l Saint-Romain indique à Alban la fenêtre qu'il faut atteindre pou pénétrer dans le cabinet de toilette d'Alice, qu'une simple et fai ble porte vitrée sépare seule de la chambre à coucher. Alban, sar plus attendre, saisit le treillage, grimpe, ouvre la persienne, pui la fenêtre, et doucement pénètre dans le cabinet.

La Saint-Romain, curieuse de savoir ce qui va se passer, essai de suivre le jeune homme; mais sous l'empire du vin, la tête l tourne à mi-chemin, ses mains quittent le treillage, elle tombe à la renverse sur un vase de fleurs en faïence qu'elle brise d'un coup de tête, et dont un tesson lui fait au crâne une profonde blessure qui la retient sur la place sans mouvement ni connaissance, et baignée dans son sang.

Alban, sans se douter de l'accident arrivé à sa complice, s'avance à tâtons dans le cabinet et vers la porte vitrée que lui indiquait une faible lueur, porte dont il tourne le bouton en silence, et qui, lui donnant entrée dans la chambre à coucher, le met en présence d'Alice dormant d'un profond sommeil.

— Je la tiens enfin ! murmure le jeune homme. Alice qui se réveille, voyant un homme penché sur elle et la dévorer du regard, pousse un cri affreux, puis se précipite hors du lit pour fuir, malgré les efforts d'Alban, jusqu'à l'extrémité de la chambre où saisissant un grand châle laissé sur un fauteuil, elle s'empresse d'en couvrir ses épaules.

— C'est moi, ma toute belle, Alban, votre plus fidèle et dédaigné adorateur, qui viens un instant s'entretenir avec vous.

— Volontiers, monsieur, quoique l'heure ait été mal choisie ; mais à une condition : c'est que vous me direz, avant de vous entendre, comment vous êtes entré chez moi et qui vous en a facilité les moyens, répond Alice remise de sa frayeur, et d'un ton tellement calme qu'il excite la surprise d'Alban.

— Je suis entré chez vous par la fenêtre de votre cabinet. Qui me l'avait ouverte d'avance? la Saint-Romain.

— Cela ne m'étonne nullement; il n'y avait que cette femme capable d'une telle perfidie après tant de bienfaits... Maintenant, monsieur, que demandez-vous? qu'exigez-vous?

— Vous soumettre une question, charmante Alice, répond Alban en faisant quelques pas pour rejoindre la jeune femme, retranchée près d'une armoire à glace et qui, pour voiler encore plus sa nudité, a placé un fauteuil devant elle.

— Allons, monsieur, soumettez, car j'ai hâte de reprendre le sommeil que vous avez interrompu si cavalièrement, dit Alice toujours calme.

Et Alban de plus en plus surpris d'un pareil sang-froid, porte un regard furtif autour de la chambre pour bien s'assurer si la présence d'un tiers qu'il n'aurait point aperçu d'abord n'encouragerait pas la femme à qui il veut imposer une lâche violence ; mais n'apercevant personne :

— Alice, dit-il, une femme dont la vie jusqu'alors s'est écoulée dans les joies mondaines, peut-elle prétendre bénévolement à devenir l'épouse d'un honnête homme, d'un fils de famille? répondez, termine Alban.

— Oui, si cette femme, rentrée dans le devoir, maudissant ses erreurs, s'est efforcée de racheter le passé par une vie exemplaire; oui, si l'homme qui la veut pour épouse, connaissant ses fautes, lui pardonne et a foi dans son repentir, répond Alice.

— Admettons, reprend Alban avec ironie, qu'il soit un homme assez lâche pour oublier toute pudeur et désirer devenir le mari d'une lorette, pensez-vous aussi que le père de ce même homme, vieillard vénérable, d'une probité sans tache, et jaloux de l'honneur de son fils, de celui de sa famille, consente jamais à cette monstrueuse union, après qu'on lui aura fait le récit circonstanciée, véridique de la vie désordonnée d'Alice de Merville?

— Oh! non, non, s'écrie douloureusement la jeune femme en devenant plus pâle qu'un lys.

— Fort bien! vous en convenez?

— Oui; mais qui serait assez lâche pour commettre une semblable action? qui n'aurait pitié d'une pécheresse repentante?

— Moi, cruelle, qui t'adore.

— Votre ruse est aussi adroite qu'elle est infâme, monsieur; oui, en effet, d'un mot vous pouvez briser tout mon bonheur, et vous le ferez, je vous en crois capable. Agissez donc, car je n'ai nul moyen de vous en empêcher, répond Alice avec dignité et résignation, mais intérieurement faisant violence au trouble, au désespoir qui l'assiégent.

— Non, tu ne m'y contraindras pas, Alice, et par un sot scrupule, tu ne détruiras pas le sort heureux qui t'attend dans une union honorable; non, à la veille de rentrer dans la société, d'y occuper un rang distingué, de devenir épouse, tu ne me pousseras pas au désespoir, tu ne feras pas un dénonciateur de celui qui, d'un mot, peut briser tout un avenir de bonheur. Oui, tu paieras son silence.

— Vous, vous, mon amant! ah! je préférerais la mort, s'écrie Alice avec indignation.

— Mais, malheureuse, pense donc que tu es seule, faible comme l'est une femme, et que je suis maître en ce moment d'obtenir par la force ce que tu refuses à mon amour! dit Alban furieux et s'approchant d'Alice.

— Écoutez, écoutez à votre tour, monsieur, dit la jeune femme en faisant un geste pour arrêter Alban qui reste immobile à quelques pas d'elle.

Cette maison est déserte, loin de tout secours, reprend-elle d'une voix forte et le regard animé, telle est la raison qui m'a dicté le conseil de m'armer et de me mettre en garde contre tout malfaiteur; sors donc d'ici, misérable, ou je te tue! Et cela disant, Alice dirigeait sur la poitrine d'Alban deux canons de pistolets, qu'en parlant elle venait d'atteindre précipitamment dans l'armoire près de laquelle elle s'était réfugiée.

A cette vue, Alban pâlit et recule effrayé, puis s'efforçant de sourire :

— Allons, remettez ces armes qui pourraient vous blesser, enfant, dit-il, mais d'une voix qui trahissait son émotion...

— Chaque jour, dans mon jardin, je me plais à en faire usage, à briser, avec les balles qu'elles renferment, les branches faibles et lointaines que chacun me désigne; c'est vous dire que ce jeu m'est des plus familiers et qu'il faut m'obéir; mais avant de vous éloigner, placez-vous à cette table, et écrivez ce que je vais vous dicter.

— Allons donc! vous plaisantez, ma belle, fait Alban en grimaçant le sourire.

— Écris, lâche, ou je te brise la tête! s'écrie Alice avec force et le visage animé par la colère.

— Dictez, dit Alban assis et tenant la plume d'une main agitée.

« Je déclare ici, moi, Alban, le plus lâche et calomniateur des hommes, m'être introduit la nuit, par escalade et surprise, dans la chambre à coucher d'Alice de Merville...

— Ecrire ces mots, allons donc! fait Alban, en jetant la plume sur la table.

— Écris, misérable, ou ton cadavre va rouler à l'instant sur le parquet, reprend Alice avec fureur, en ajustant la tête et le cœur du jeune homme qui, effrayé, reprend la plume et obéit.

— Ajoutez, reprend Alice : « Je confesse à ma honte d'avoir, par la violence et la force, cherché à ravir à cette femme des faveurs qu'elle m'a sans cesse refusées et qu'elle me refusait encore en cet instant; de n'avoir mis fin à cette odieuse entreprise, digne d'un lâche, qu'en présence de la mort dont elle me menaçait...

— Ah! c'est trop fort! s'écrie de nouveau Alban avec colère.

— Ecris ou je te tue, misérable! s'écrie Alice avec violence et en frappant le parquet du pied.

Alban se résigne, signe sa honte, puis se lève tremblant du siége qu'il occupait.

— Qu'exigez-vous encore, mademoiselle? dit-il d'une voix accentuée par la colère.

— Votre éternelle absence, votre sortie de chez moi à l'instant même, si mieux vous ne préférez, qu'avertie par mes gens, la gendarmerie du village ne vienne dans un instant s'emparer, en vous, d'un malfaiteur coupable d'escalade et d'effraction.

— Vous ne feriez point cela, Alice, répond Alban, souriant avec ironie.

— Non, car ces armes me sont un sûr garant de votre docilité... Sortez, monsieur, sortez, dit Alice en indiquant du doigt, à Alban, le cabinet et la fenêtre par où il était entré; chemin que l'amoureux désappointé regagna avec promptitude, et au bas duquel, grâce à l'obscurité, il foule aux pieds le corps de la Saint-Romain gisant sur la terre, sanglant et presque sans vie, ce qui n'empêche pas Alban de passer outre, de s'éloigner confus et la fureur au cœur.

Alice restée seule, s'empresse de refermer fenêtre et volets, puis, rentrée dans sa chambre, elle tombe épuisée et les yeux en larmes, sur un siége.

— Le monstre! il me perdra. Hélas! ce malheur est inévitable et il me faut l'attendre... Oh! mes chères espérances! union tant désirée! avenir d'honneur, noble et précieuse considération! Adieu! plus rien pour moi, perdue, perdue, mon Dieu! s'écriait Alice dans le paroxisme du désespoir le plus affreux.

Quatre mortelles heures passées dans les larmes, la douleur; puis, le soleil, à son lever, vient percer les rideaux, et de ses rayons dorer la chambre, réchauffer la pauvre affligée. Mais un bruit de voix partant du jardin, des cris d'effroi arrachent Alice à l'engourdissement dans lequel elle est plongée, et la font courir à la fenêtre, palpitante et effrayée.

— Qu'est-ce donc?...

Le jardinier, en faisant sa ronde matinale, venait de trouver la Saint-Romain presque morte sur une plate-bande, et baignée dans son sang.

Alice aussi a reconnu cette femme, et oublieuse du mal et de l'injure, emportée par son bon cœur, c'est au secours de la malheureuse qu'elle vole aussitôt; c'est aux efforts de ses serviteurs qu'elle joint les siens.

La Saint-Romain respire encore. Vite un médecin !... Une plaie large et profonde à la tête, une fièvre atroce, un délire extrême, elle en mourra la malheureuse !

— Je le crains, répond l'homme de l'art accouru aussitôt et occupé à panser la Saint-Romain étendue sur le propre lit de la bienfaisante Alice.

XXIV

LES INCONVÉNIENTS DE LA MINORITÉ.

— Calmez-vous, mon père, au nom du ciel, et par une sévérité inexorable, ne consentez pas à faire le malheur de votre fils.

— Tais-toi, misérable ! et cesse de me supplier... Quoi, tu ne rougis pas en osant implorer mon consentement à une honteuse union ?

— Mon père, mon bon père ! On a calomnié Alice, Alice si belle, si digne d'hommages et d'admiration ! Des imposteurs, des jaloux ont pu seuls essayer de lui nuire dans votre estime.

— Des imposteurs ! non pas ; tout ce qu'on m'a écrit est l'exacte vérité, et je remercie la main prudente et amie de mon honneur et du tien, qui, en me traçant cette lettre et me l'adressant, m'arrête au moment où j'allais consentir. En garde contre les lettres anonymes, avant de te faire part, Oscar, du contenu de celle-ci que j'ai reçue il y a trois jours, j'ai voulu, effrayé, prendre moi-même des informations, m'assurer quel degré de confiance je devais apporter à ces lignes accusatrices ; et ce que j'ai appris m'a comblé d'indignation.

Oui, oui ! je sais tout, monsieur mon fils, je sais que votre Alice de Merville n'est autre qu'une ex-femme entretenue ! Et tu consentirais, malheureux, à devenir l'époux d'une pareille femme, à déshonorer ta noble et respectable famille par une semblable union ?... Ah ! jamais ! ou sans cela, loin de moi et pour la vie, le fils indigne qui couvrirait mon nom, mes cheveux blancs, d'une honte ineffaçable.

— Assez, assez de haine et d'injures contre la meilleure, la plus digne des femmes... Oui, je l'avouerai, Alice, jeune et sans expérience, Alice, victime d'un lâche suborneur, jadis abandonnée par lui dans un monde corrupteur, sans personne qui la protégeât contre les dangers où devait infailliblement l'exposer sa rare beauté, Alice, privée de tout, mourante de faim, dut faillir à la vertu, commettre quelques fautes. Mais n'accusez que sa tête de ces erreurs qu'elle expie avec amertume, qu'elle s'efforce d'effacer par mille bienfaits, car son cœur fut sans cesse l'ami du bien.

— Tu l'excuses, malheureux!...

— Oui, mon père, car je l'aime et l'admire.

— Et moi je te défends d'y penser plus longtemps, de la revoir, de m'en parler jamais.

— Hélas! vous, mon père, vous qui la trouviez si digne d'admiration et de toute votre estime...

— Je ne la connaissais pas alors.

— Mon père, oubliez cette Alice dont on vous a révélé les erreurs passées pour ne plus vous occuper que de la femme vertueuse, admirable, que je vous ai présentée, et qu'à genoux je vous demande pour compagne, celle enfin dont chacun vante maintenant la vertu, bénit la main bienfaisante.

— Silence! monsieur; oui, je sais que cette femme est une sirène redoutable, que ses charmes, ses accents, que tout enfin en elle commande, inspire l'amour, c'est pourquoi je vous ordonne d'éviter désormais sa présence, et de tout disposer pour quitter Paris aujourd'hui même, et me suivre près de votre mère.

— Ce que vous exigez là, mon père, est impossible, car je ne puis renoncer à mon Alice; elle fait ma gloire, ma joie, mon père; que je sois forcé de renoncer à elle et je meurs aussitôt.

— Eh bien! je préfère ta mort à ton déshonneur, et te commande de nouveau de te disposer à me suivre.

— Encore une fois, mon père, je vous dis qu'il m'est impossible de vous obéir.

— Préfères-tu ma malédiction, Oscar? penses-y bien, reprend M. Senneval avec dignité et force.

— Je vous respecte, vous aime, mon père, mais mon amour est plus fort que ma raison; je veux être l'époux d'Alice de Merville, répond le jeune homme en s'inclinant les yeux baissés devant son père.

— Oscar, cher enfant, prends garde, Dieu punit les enfants ingrats ; pense à la tendresse que ton père te témoigna sans cesse, aux soins qu'il prit de ton enfance, au bien qu'il te réserve encore, et ne paie pas par un acte infâme et une coupable rébellion une aussi tendre sollicitude... Non, non; mon fils entendra la voix de la raison, celle de l'honneur, il ne fera pas la honte, le désespoir de son vieux père en contractant un mariage qui le couvrirait d'opprobre, en associant son sort, donnant son nom à une telle femme, en prêtant à rire et le droit d'insulte aux anciens amants d'Alice...

— Assez, assez d'outrages pour elle, mon père, car tout autre que vous aurait déjà payé de sa vie tant d'offenses et de mépris déversés sur celle que j'adore, mon épouse enfin ! s'écrie le jeune homme avec feu.

— Oscar, tu la veux donc absolument?

— Je ne peux vivre désormais sans elle, mon père.

— Épouse-la donc, misérable, mais le jour que tu accompliras cette honteuse union tu n'auras plus de père, plus de famille ; époux d'Alice, je t'abandonne, te déshérite, te chasse de ma présence après t'avoir maudit, fils indigne !

Et ces paroles prononcées avec colère et dignité, M. Senneval sortit précipitamment de la pièce où venait d'avoir lieu cet entretien : cette pièce faisait partie de l'appartement que le vieillard occupait depuis son séjour à Paris, dans un hôtel meublé de la rue de la Chaussée-d'Antin. Oscar, après avoir vainement essayé de retenir son père, repoussé par lui avec violence et dureté, rentra dans la chambre, où sur un fauteuil et en proie à une vive agitation, un violent désespoir, il passa un long laps de temps seul et les yeux baignés de larmes.

— Non, non ! un semblable sacrifice n'est pas en mon pouvoir. L'oublier, la fuir, ne plus la revoir, mais ce serait un supplice mille fois plus affreux que la mort... Oh ! mon père, mon père, pourquoi tant de rigueurs ?

Puis reprenant après quelques instants de réflexion :

— Ah ! qu'elle ignore tant de mépris, car elle en mourrait de douleur, s'écrie le jeune homme en se levant.

Il sort, il s'élance dans une voiture, et roule vers Bellevue, où l'attend Alice. A son arrivée la jolie femme l'accueille comme à l'ordinaire, c'est-à-dire avec amour et joie ; mais Alice remarque de la tristesse, de l'embarras, et dans les yeux d'Oscar les traces de quelques larmes ; son âme inquiète s'afflige et efface le sourire sur ses lèvres ; elle s'informe avec tendresse et sollicitude.

— Rien, rien, ma douce amie ! une migraine, un léger malaise, répond-il en la pressant sur son cœur.

— Mais ton père, Oscar, voilà quatre jours que je ne l'ai vu, pourquoi cette longue absence, lui qui venait passer tous ses instants près de nous ?

— Mon père ?... Des affaires de la plus haute importance le retiennent à Paris, mais il t'aime toujours, Alice, il reviendra te voir.

— Qu'il se hâte donc, car moi aussi je l'aime comme une fille aime un père, et sa longue absence me chagrine, m'inquiète.

— Enfant toujours ingénieuse à se tourmenter.

— Hélas ! mon ami, c'est que j'ai grand sujet ; si ton père, instruit par quelque jaloux de notre amour, apprenait jamais..., murmure Alice en songeant aux menaces d'Alban.

— Qui oserait ? Qui serait capable d'une telle perfidie ? dit Oscar en souriant.

— Mon ami, que j'ai hâte d'être ta femme, il me semble que ce bonheur ne doit jamais se réaliser ; en effet, il est si grand, si précieux à mon cœur, que je dois redouter qu'il ne m'échappe.

— Encore cinq jours, Alice, et je serai ton heureux époux.

— Ah ! que c'est long, mon Oscar !

Dans cinq jours, vient de répondre Oscar, mais pour être de parole et que cet acte si cher à son cœur s'accomplisse selon son dire et sa volonté, il lui faudrait le consentement de son père à lui, mineur, et son père le lui refuse. Hélas ! comment l'obtenir ? En menaçant de se tuer, en réalisant cette affreuse menace aux yeux de l'auteur de ses jours, s'il était assez barbare pour persister dans son refus.

Oscar passa cette journée près d'Alice, journée d'adoration, et le soir, plus épris encore de sa belle Alice, la tête montée, brûlante, il courait chez son père prier, supplier, et résolu à mourir s'il ne parvenait à l'attendrir. Il y eut alors une longue scène de désespoir où le fils en larmes, aux pieds de son père, implorait pitié et indulgence, où M. Senneval refusait et repoussait Oscar avec colère et mépris, en lui défendant de jamais reparaître devant lui.

— Ainsi, rien, nulle pitié pour votre enfant, pour sa douleur, son désespoir! Alors, vous n'avez plus de fils, monsieur; car la mort va mettre un terme à une existence que je ne puis supporter davantage.

— Folie! vaine menace; au surplus, je le répète, Oscar, je vous préfère dans la tombe que déshonoré... Hé! que ne faites-vous votre maîtresse de cette lorette, dont quelques jours, mettons quelques mois de possession, vous satureront complètement et vous feront bénir un jour ma prudente résistance?

— Oh! quelle impiété! Moi cesser jamais d'aimer une femme si digne d'admiration, une femme dont chacun admire la bonté, la beauté! Non, non! monsieur, ne l'espérez pas, car c'est un amour fort, éternel que je sens au fond du cœur pour l'admirable Alice, et que je lui ai juré... Mon père! pitié pour votre fils; consentez, de grâce, à faire de lui le plus fortuné des hommes, et, par une rigueur inflexible, ne le condamnez pas à mourir à vos yeux; consentez, mon père, ou cette arme me débarrasse à l'instant même d'une existence qui me devient insupportable! Disant ainsi, Oscar, qui, dans sa poche, venait d'atteindre un pistolet, en plaçait le canon sur son cœur.

— Malheureux! s'écrie alors M. Senneval effrayé en détournant l'arme d'une main ferme. Quoi! tu porterais la folie jusqu'au crime, jusqu'à priver un père de son unique enfant?

— Consentez, monsieur, et je vis pour vous chérir, vous honorer, reprend le jeune homme, dont le père retenait le bras sans parvenir à le désarmer.

— Mais l'honneur, l'honneur! malheureux enfant!

— Ah! ce n'est point le trahir que d'aimer et chérir une femme parfaite, que de prétendre la relever aux yeux de tous de quelques erreurs passées.

— Eh bien! donne-moi pour réfléchir jusqu'à demain, Oscar, et promets-moi, jusque-là, d'être tranquille et prudent, dit le vieillard d'un ton calme après un instant de silence et de réflexion.

— Pourquoi ce retard, monsieur? pourquoi prolonger mon supplice, cette horrible incertitude où me plonge votre cruelle sévérité?...

— Parce qu'il me faut ce temps, qu'il m'est nécessaire pour consulter ma conscience, combattre mes scrupules... Consens-tu, Oscar, à me l'accorder?

— Soit, jusqu'à demain, mais pensez à votre fils, à son amour, et que de votre décision vont dépendre le bonheur ou le malheur de ma vie.

Encore quelques instants d'entretien, remplis de supplications de la part d'Oscar, puis le père et le fils se séparent froidement; l'amant d'Alice, pour aller s'enfermer chez lui et se livrer à sa douleur, M. Senneval, pour y passer le reste de la soirée.

— Oh! non, non! ce honteux hymen ne s'accomplira pas! s'écrie le vieillard demeuré seul, après une heure entière passée dans de mûres réflexions; jamais, jamais je ne consentirai à ternir une carrière toute de probité par une faiblesse impardonnable... Oui, je dois faire cette démarche, et quoiqu'elle répugne à ma délicatesse, elle est nécessaire... Mais Alice consentira-t-elle?.. Non, si l'ambition est le mobile de son âme; oui, si chez elle il y a vraiment de la générosité. Enfin, je saurai cela demain.

Et cela dit, comme la pendule venait de faire entendre la douzième heure de la nuit, M. Senneval se mit au lit, mais pour y chercher vainement un repos que l'inquiétude chassait de sa paupière. Le lendemain, dès la cinquième heure du jour, il s'habilla à la hâte, quitta son domicile et se fit conduire à Bellevue. Sept heures venaient de se faire entendre comme le père d'Oscar sonnait à la grille de la maison d'Alice, que venait lui ouvrir le jardinier.

— Votre maîtresse est-elle levée?

— Oui, monsieur, mademoiselle est dans le jardin en train de soigner ses roses, répond le jardinier.

Quelques pas dans les allées, et M. Senneval aperçoit Alice penchée sur une corbeille de fleurs que ses jolis doigts cultivaient; en apercevant le vieillard, la jeune femme pousse un cri de surprise et de joie, court à lui en souriant comme sourient les anges; mais le visage de M. Senneval est sévère, son air est contraint, et ce n'est point ainsi que d'habitude il lui apparaît. Cette remarque arrête l'élan d'Alice, comprime son cœur, lui fait mal enfin.

— Vous voilà donc de retour, monsieur, après quatre jours d'absence, lorsque vous savez tout le plaisir que j'éprouve à vous voir; oh! vraiment je devrais vous gronder, dit Alice surmontant sa surprise et en s'emparant de la main du visiteur, qu'elle presse avec effusion dans la sienne.

— J'ai désiré vous entretenir, mademoiselle, et là, veuillez m'entendre.

Alice se rend à l'invitation, tout en disant tout bas :

— Mademoiselle, mademoiselle, hélas! mais ce n'est pas ainsi qu'il me parle ordinairement.

— Je serai court, mademoiselle, car j'aborderai de suite la question, continue M. Senneval en prenant place à côté d'Alice qu'il venait de faire asseoir sur un banc de gazon.

— Je vous écoute, monsieur, dit la jeune femme agitée par un trouble involontaire et le regard fixé avec crainte sur celui du père de son amant.

— Je viens vous dire, Alice, que votre union avec mon fils est désormais impossible...

— Hélas! fait Alice avec douleur.

— Et de plus, reprend M. Senneval, exiger de vous un grand acte de courage; c'est-à-dire que ce soit vous, mademoiselle, qui refusiez sa main; vous-même, entendez-vous?...

— Mon Dieu! mais pourquoi ce changement qui me remplit de désespoir? En quoi, monsieur, ai-je mérité cette rupture, cet abandon?

— Je désirerais, mademoiselle, que vous m'évitiez d'entrer dans des détails qui seraient peu flatteurs pour votre amour-propre, et que vous en tenant à ma volonté, ma décision irrévocable, vous renonciez de suite et de bonne grâce à une union follement projetée et devenue impossible.

— Non, monsieur, non, je veux savoir... s'écrie Alice hors d'elle et les yeux baignés de larmes.

— Alors, puisque vous l'exigez, lisez cette lettre; osez démentir ce qu'elle contient, et dites après s'il est possible que vous deveniez l'épouse du fils d'une famille honorable et considérée, dit le vieillard avec sévérité en présentant à Alice la lettre anonyme, que la jeune femme prend d'une main tremblante.

Puis après avoir lu à travers ses sanglots, rouge et les yeux baissés :

— En effet, monsieur, dit-elle, la Sainte-Rose était assez téméraire pour oublier le passé, et espérer dans le repentir... Non, je ne serai point l'épouse de votre fils.

— Ainsi donc, vous ne niez aucune des accusations que renferme cette lettre, et vous rendant justice, vous renoncez à notre alliance? interroge M. Senneval en fixant Alice attentivement.

— Telles ont été mes fautes, et les méchants ont bonne mémoire. Oui, monsieur, encore une fois, je me reconnais indigne du titre de votre bru, et puisque le repentir ne peut racheter un passé malheureux, il faut me résigner, souffrir, puis mourir de honte et de douleur.

En prononçant ces derniers mots, Alice versait un torrent de larmes et les soupirs du désespoir accentuaient sa voix douce et plaintive.

A la vue de ces pleurs, de cette douleur amère, le vieillard attendri prend la main de la pauvre femme et la pressant dans les siennes avec aménité :

— Oh ! lui dit-il d'un accent moins sévère, ne m'en voulez pas, Alice, si l'honneur me commande un sacrifice aussi pénible pour vous que pour moi; car je vous aimais, Alice, je vous aimais comme un père aime une fille chérie; mais la considération, ce monde qui juge avec sévérité, qui ne pardonnerait pas à mon fils une mésalliance et le repousserait de son sein.

— Ah ! vous avez raison, monsieur, je ne dois point ravir à votre fils l'estime de la société, et en silence il me faut accepter le châtiment que Dieu envoie à la femme coupable.

— Ainsi donc, Alice, aussi vertueuse et forte que vous fûtes jadis coupable et faible, vous consentez à aider un père dans la tâche qu'il entreprend, de combattre une passion insensée dans le cœur de son fils; à lui faire entendre le langage de la raison, et de votre bouche le refus à une union qu'il désire, mais que son père repousse ?...

— Hélas ! monsieur, à quelle horrible tâche ordonnez-vous de s'associer un cœur tout plein d'amour et de désespoir ? mais vous ne vous apercevez donc pas que vous me commandez un devoir au-dessus des forces de mon âme ?

— Oui, oui, chère Alice, je sais que j'exige beaucoup, que votre amour pour Oscar est brûlant, sincère, mais plus le sacrifice est grand, plus il y aura d'héroïsme à l'accomplir... Allons, promettez, Alice, de renoncer à cette union, et que vous-même en ferez entendre le refus à mon fils; alors l'estime de son père, sa reconnaissance vous sont acquises pour jamais, ajoute M. Senneval d'un ton doux et suppliant.

— Je le ferai, monsieur, et cependant je sens là qu'il m'en coûtera la vie, répond d'une voix presqu'éteinte la pauvre femme en plaçant la main sur son cœur.

Encore un long entretien où M. Senneval essaie de calmer la douleur d'Alice, tout en l'affermissant dans la promesse qu'elle lui a faite de renoncer à son union avec Oscar, puis il s'éloigne triste et plein de regrets, laissant l'infortunée dans des larmes que tous ses efforts n'avaient pu tarir.

— Pauvres enfants, comme ils s'aiment! quel dommage que la nécessité, un honteux passé, me forcent à rompre une union qu'ils désirent avec tant d'ardeur, disait tout haut en se parlant à lui-même, M. Senneval à sa sortie de chez Alice et en descendant pédestrement l'avenue de Bellevue.

Tandis que les choses se passaient ainsi, Oscar, tout plein d'impatience, se présentait chez son père afin d'obtenir de lui la réponse promise et tant désirée; l'ayant trouvé absent il le chercha dans tous les lieux qu'il avait l'habitude de fréquenter à Paris. Vaines recherches, son père n'était nulle part, et quoique la journée fût aux trois quarts de son cours, M. Senneval, sorti dès le grand matin, n'avait point encore reparu à son hôtel. Un jour passé sans voir Alice, impossible! Aussi désespérant de rencontrer son père, qui peut-être bien le fuyait avec intention, c'est vers Bellevue qu'Oscar se dirige avec empressement où il arrive plein d'amour, d'impatience, mais un désespoir secret cuisant au cœur. Là, il s'informe d'Alice qu'il n'a point rencontrée dans les jardins, on lui apprend qu'elle est indisposée et dans son appartement. Oscar court, vole, tombe aux pieds de celle qu'il aime, et la surprend dans un boudoir, assise et le visage caché dans ses deux mains.

— Alice! Alice, qui donc cause tes pleurs? que t'est-il arrivé?

— Oscar, plus d'amour, d'union, fait entendre Alice en sanglotant.

— Plus d'union! hélas! qui t'a dicté cette horrible défense, ce sacrifice impossible?

— Ton honneur, celui de ta respectable famille, mon Oscar.

— Ah! je devine, Alice, tu as vu mon père; il est venu t'arracher une promesse insensée, exiger de toi le sacrifice de l'amour que tu ressens pour moi. L'insensé! comme si nous pouvions cesser de nous aimer, de nous le prouver. Aussi tu as repoussé ses conseils, n'est-ce pas, Alice? tu lui as dit que sans amour, sans union, l'existence pour nous ne serait qu'un triste et inutile fardeau, et que nous ne pouvions vivre sans être l'un à l'autre?...

— Je lui ai promis de t'oublier, Oscar, c'est-à-dire de mourir, puisqu'il me fallait renoncer au bonheur d'être ta femme.

— Malheureuse! tu as osé... Mais tu ne m'aimes donc pas comme je t'aime, Alice, pour avoir fait une semblable promesse?... Voyons, parle, que t'a dit mon père, parle vite, je t'écoute...

— Aussi sage que prudent, il m'a montré la honte qui t'attend, Oscar, dans une union avec une femme qui a failli à l'honneur, et me dévoilant un passé que j'avais la témérité d'oublier, il m'a fait rougir, trembler, en me montrant la main de Dieu qui châtie l'indigne courtisane en lui fermant à jamais tout retour à la considération, à l'estime du monde; enfin, s'armant de l'amour que je ressens pour toi, s'en faisant une arme pour l'anéantir, c'est au nom de ce même amour qui, s'il est franc et délicat, doit préférer ton honneur à tout, qu'il m'a sommée de renoncer au titre que j'ambitionnais, à celui de ton épouse : et j'ai promis, Oscar.

— Fausse promesse, vain serment, Alice, car tu seras ma femme.

— Ton père me repousse et le défend, Oscar; je dois me soumettre et mourir.

— Oh! non, mais vivre pour nous chérir, et attendre l'instant où, maître de ma volonté, il me sera permis de te nommer mon épouse.

— Y penses-tu, Oscar? moi, trahir un serment! Oh! jamais! car alors je serais vraiment digne du mépris de ton père... Oscar, ne pleure pas ainsi, ami; soyons fermes, courageux dans l'adversité; oublie une femme indigne de l'honneur que tu voulais lui faire, mais sois certain que loin de toi elle ne cessera de t'aimer, de former des vœux pour ton bonheur, disait Alice en essuyant de son mouchoir les larmes abondantes que versait le jeune homme.

— Impossible! mais impossible! Vivre sans toi, loin de toi, c'est la mort, mon Alice. Hé! que me fait un faux scrupule, de sots préjugés! Alice, ton passé ne m'appartient pas, pour moi il est un songe; mais la réalité, c'est le présent, ta vertu, ta bienfaisance, ta beauté et tes grâces. Va, va, ta vie actuelle, ton repentir ont trouvé grâce devant Dieu, et ce que Dieu pardonne, les hommes ont-ils le droit de le condamner et punir? Non! or tu es absoute, Alice, pure devant le maître du ciel et de la terre, pure à mes yeux, oh! mon ange, ma divinité, mon épouse!

— Oscar!...

— Non, je n'écoute plus rien, en vain, pour notre malheur, tu persévérerais à te faire la complice de mon père... Un père! mais je n'en ai plus, je renie à jamais celui qui fait couler tes larmes, qui brise du même coup et ton âme et la mienne... fuyons, Alice, fuyons ensemble, allons loin d'un tyran passer les deux fatales années qui enchaînent mes vœux, ma volonté, puis maître ensuite de mon sort, deviens ma femme, ma femme bien-aimée... Réponds, Alice, veux-tu fuir !...

— Hélas! qu'oses-tu me proposer! fuir, fuir avec toi, mais tu n'y penses donc pas, Oscar? que dirait ton père, le monde, d'une semblable action? que c'est moi qui t'ai enlevé, détourné de ton devoir, arraché à ton père, fait du fils un enfant ingrat, rebelle. Alors de tous côtés l'anathème, le mépris pour moi, sur ma pauvre tête, déjà tant courbée par la honte, l'humiliation; ah! grâce, grâce, Oscar.

— Tu refuses, folle, et tu dis que tu m'aimes, que je te suis cher, menteuse indigne; mais s'il en était ainsi, la froide raison et ses sophismes auraient-ils autant de force sur ton âme? non, tu ne m'aimes pas, Alice, puisque tu me condamnes à mourir, moi, qui voulais t'entourer d'honneur, de respect... Allons, dis, Alice, qu'en récompense de tant d'amour, de dévouement, tu ne seras point cruelle, inexorable pour ton cœur et le mien; dis, que ce soir même, tu consens à ce qu'une chaise de poste, amenée par moi près de ces lieux, nous emporte loin de notre tyran; réponds, réponds, Alice...

— Et mon serment, et ton père, Oscar? ah! laisse-moi mourir de douleur, car je préfère la mort au parjure, à l'infamie!

— Oh! folle, folle! Alors, que sur toi retombent tous les malheurs que va causer ton coupable entêtement, car je cours près de mon père tenter un dernier effort; mais malheur, malheur! s'il demeure inexorable!

Ces mots jetés avec force et désespoir, Oscar, la tête perdue, en feu, s'échappe d'auprès d'Alice et quitte la villa d'un pas rapide, sans égards pour la voix de la jeune femme qui l'appelle et le supplie.

C'est à Paris, chez son père, qu'exalté, hors de lui, se rend de nouveau Oscar. Mais il est encore absent, il l'attend vainement la soirée entière, et ne parvient à le rejoindre que dans la matinée du lendemain, au moment où M. Senneval quittait son hôtel.

C'est le visage pâle, défait, les yeux hagards, les lèvres frémissantes que le jeune homme apparaît à son père; il l'arrête sur la porte de sa demeure et lui réclame un instant d'entretien d'un ton impératif, d'une voix altérée.

Le vieillard inquiet, fixant son fils avec surprise et douleur, se hâte d'accéder à sa demande, il prend le bras d'Oscar, l'entraîne jusqu'à son appartement; et là, après lui avoir indiqué un siége :

— Pourquoi ce renversement dans tous tes traits, insensé, et que veux-tu encore? sans doute tenter de nouveau de m'arracher un consentement que je suis plus éloigné que jamais de t'accorder? Erreur, erreur! te dis-je, car je serai ferme, inexorable, sans pitié pour ta folie, dit M. Senneval d'un ton ferme et sévère.

— Oui, c'est d'Alice, c'est de moi, dont je viens vous entretenir, mais pour la dernière fois, monsieur, vous dire et vous convaincre que le sacrifice que vous exigez est impossible!

— Fort bien! et que malgré ma défense, la promesse qu'elle m'a faite, ton Alice pousse le fils à la révolte, dit M. Senneval en accompagnant ces mots d'un sourire amer.

— Au nom du ciel, monsieur, soyez moins prodigue d'insultes envers celle qui, esclave de son serment, soumise à vos volontés, me repousse en ce jour, et préfère la douleur au parjure, répond Oscar avec froideur.

— Quoi, serait-ce possible, lorsqu'hier on m'assurait encore de son peu de bonne foi? Quoi, Alice refuse ta main, Alice me tient parole?...

— Oui, et ce n'était point assez pour moi de votre volonté de fer à surmonter, il a fallu, monsieur, que vous m'en opposiez une seconde plus redoutable encore, puisqu'elle me condamne à un malheur éternel; mais dites un mot, mon père, et Alice, dégagée du serment qu'elle vous a fait, consentira à rendre votre fils le plus fortuné des hommes.

— Elle te refuse, elle me tient parole, ah! c'est bien, très-bien! à ton tour, imite-la, Oscar; oui, du caractère, de la fermeté d'âme; montre-toi digne de l'amour de ton père en oubliant une femme qui aussitôt qu'elle verra s'évanouir la certitude de ses projets ambitieux brisera le lien qui l'attachait à toi.

— Mais vous la jugez donc bien infâme! monsieur, celle à qui l'obéissance de vos volontés donnera la mort. Eh bien! moi, de qui ce dernier trait de vertu, d'héroïsme, augmente, centuple l'amour, je suis venu pour vous dire que vous n'aurez plus de fils, car si, abusé par une menteuse espérance échappée de votre bouche, j'ai consenti à vivre jusqu'alors, une fois certain de la perte d'Alice, délaissé par elle, sacrifié par vous, le suicide va mettre un terme à une existence insupportable et cela, j'en fais ici, à vos pieds, mon père, le serment solennel!

— Tu ne te rendras pas coupable d'une aussi criminelle action, Oscar, non, une passion déplacée n'aura pas abruti mon fils à ce point; et avant d'en venir à une semblable extrémité, il pensera à son vieux père qui l'aime, qui ne veut que son bonheur, et que la perte de son fils conduirait infailliblement au tombeau, dit M. Senneval avec attendrissement.

— Je le ferai, mon père, j'en jure par Dieu, répond Oscar avec force.

— Et ta mère, ta pauvre mère qui t'adore, tu n'y penses donc plus, enfant cruel?

— Ma mère! ah! elle est bonne, sensible elle! et ne sacrifierait pas un fils aussi légèrement que vous, mon père; mais comme sa volonté est nulle devant la vôtre, qu'elle ne pourrait me rendre ce bonheur que vous me ravissez malgré son amour et ses désirs, portez-lui mes adieux, monsieur, dites-lui surtout qu'en mourant, son fils lui a demandé pitié et pardon, car telle sera ma pensée au moment suprême, ajoute Oscar suffoqué par les pleurs qu'il répand, la tête basse et les genoux en terre, devant son père qui, lui-même, cache dans ses mains les larmes s'échappant de ses yeux.

— Ainsi, jeune imprudent, ni les conseils, ni les prières de ton père, ni le souvenir de ta mère, son désespoir, sa mort peut-être ne peuvent te détourner de ton criminel dessein, et si je persiste davantage dans un refus que m'impose l'honneur, bientôt je n'aurai plus de fils? interroge le vieillard avec gravité.

— Alice ou la mort, monsieur, répond froidement Oscar.

Ces mots prononcés, M. Senneval s'approche d'une table, prend une plume, trace quelques mots sur le papier, puis, les présentant à Oscar :

— Devenez donc le mari de cette femme, monsieur, puisque rien ne peut vous détourner de ce ridicule projet, mais si je me soumets à cette lâche complaisance n'en rendez grâce qu'à la tendresse conjugale qui me fait préférer l'épouse au fils ingrat, la pauvre mère que votre suicide tuerait après l'avoir couverte de honte... Prenez ce papier, c'est mon consentement à votre union, prenez et sortez de ma présence pour ne vous y représenter jamais, dit M. Senneval avec dignité et froideur.

— Mon père! soyez plus généreux, accordez à votre enfant grâce pleine et entière, répond Oscar prosterné et tenant à la main le papier que venait de lui remettre le vieillard.

— Sortez, vous dis-je, infâme! ou craignez ma malédiction qu'arrête seul un reste de faiblesse et de pitié, sortez! et que je ne vous revoie jamais!

En vain Oscar veut-il réclamer encore contre tant de sévérité, en vain essaie-t-il quelques supplications, quelques larmes, son père impatienté lui réitère l'ordre de s'éloigner, et avec fureur le chasse de chez lui.

XXV

CAUSERIES.

— Eh bien! quelle nouvelle? s'informait Alban, six jours après les derniers événements, en entrant un matin chez de Prade, et s'adressant à ce dernier étendu nonchalamment sur un divan, en train de parcourir le journal et prenant une tasse de chocolat.

— Que le vieux s'est moqué de nous, qu'il a donné ce consentement tant désiré et que le fils, l'amoureux Oscar épouse Sainte-Rose après-demain, répond de Prade avec insouciance.

— Pas possible! Et vous souffrez cela?... s'écria Alban avec impatience.

— Il faut vouloir ce qu'on ne peut empêcher, mon cher.

— Votre sang-froid, de Prade, me ferait sauter au plafond... Quoi! je m'absente quatre jours de Paris à la prière de mesdames Ducastel, afin d'aller visiter et marchander pour elles une maison de campagne, située à quelques lieues d'ici, et durant ce temps, grâce à votre négligence, vous laissez nos ennemis triompher, l'emporter sur nous, à notre barbe; au diable le voyage et ma sotte crédulité dans votre activité.

— Tout beau! pas d'emportement, de reproches non mérités, mon cher Alban. N'ayant pu rejoindre le vieux Senneval qui sans cesse est absent de chez lui, ensuite n'ayant nul auxiliaire dans la place, pouvais-je savoir ou deviner ce qui se passait chez Alice? Sachez donc que je serais encore dans la plus profonde ignorance si le hasard, hier, ne m'avait fait rencontrer la petite Hortense à son retour de Bellevue d'où elle revenait de faire ses adieux à la Saint-Romain qui, en ce moment, grâce à la blessure reçue dans sa chute lors de votre escalade, est sur le point de passer de ce monde dans l'autre.

— Eh bien, que vous a dit Hortense?... interrogea vivement Alban.

— Que le papa effrayé des dispositions de l'enfant, qui ne parlait rien moins que de se tuer, a permis le mariage et chassé de sa présence, à perpétuité, l'amoureux entêté; de plus, que ce dernier, fort peu soucieux, à ce qu'il paraît, de la malédiction paternelle, après avoir aplani les scrupules de la belle qui reculait devant un consentement si longtemps refusé, l'épouse sans bruit, espérant ramener facilement le papa à de plus tendres sentiments en leur faveur.

— Fort bien ! mais je m'oppose à l'accomplissement de ce mariage : non, il ne sera pas dit que chacun, hors moi, l'aura emporté sur cette femme.

— Ça, je conçois, mon cher, que votre amour-propre doit être horriblement vexé, mais le diable m'emporte si je sais par quel moyen vous pourrez empêcher cette union; quant à moi je renonce à la partie.

— Ainsi donc, de Prade, vous rendant à mes vœux, vous renoncez enfin entièrement à cette femme? s'écrie Alban avec joie.

— Oui, les difficultés, l'indolence font ce que vos prières n'ont pu obtenir de moi.

— Mon cher de Prade, je vous serais plus reconnaissant encore, et ma joie serait plus vive si c'était à l'amitié que je dusse l'abandon que vous faites ce jour de vos prétentions sur Alice ; car cette femme me tient au cœur, vous le savez, depuis longtemps, et vous vous êtes fait mon rival avec une obstination acharnée; c'était mal, très-mal ! Convenez-en.

— Obstination, non ! mais amour-propre, mon cher. Mais laissez-là cette vieille rivalité, et dites-moi ce que vous comptez faire pour amener à vos vœux une femme qui vous déteste, et en épouse un autre qu'elle aime, cela dans quarante-huit heures.

— De Prade, puis-je compter sur votre bonne foi, et renoncez-vous entièrement à vos prétentions sur Alice ?

— Je vous le jure ! à vous mes services s'ils peuvent vous être de quelque secours dans ce que vous allez entreprendre.

— Alors, mon cher, sachez donc que mon projet n'est pas moins que d'enlever Alice.

— Un rapt, y pensez-vous? et la justice? car nous ne sommes plus au bon temps où on pouvait impunément se permettre d'enlever les filles et les femmes ; maintenant, dame Thémis se met de la partie et nous fait payer cher ces sortes de licences.

— D'accord, lorsqu'il y a plainte portée, mais ici il s'agit d'une femme libre, d'une ci-devant lorette qui aurait fort mauvaise grâce à crier.

— Or, vous enlevez? fait de Prade en souriant.

— J'enlève !

— Et, où conduirez-vous votre belle capture? en quel lieu courrez-vous déposer un aussi précieux fardeau?

— Je ne sais encore, mais j'y réfléchirai.

— Tenez, mon cher, je veux vous venir en aide, et pour cela, vous offre et mets à votre disposition certaine petite villa toute solitaire et gracieuse, située à Chanteloup près d'Argenteuil, de laquelle j'ai fait l'acquisition il y a deux ans, lorsque torturé, traqué par de féroces créanciers, il fallut fuir Paris et courir me cacher aux champs.

— Et c'est dans ce lieu que vous me conseillez de conduire Alice?

— En ce lieu même, où vous la garderez autant qu'il vous plaira.

— Ma foi, cette maison est ce qu'il me faut et j'accepte votre offre... Un mot de votre main pour la gardienne et je cours ensuite dresser mes batteries et brusquer l'aventure.

Cela entendu, de Prade s'empare d'un petit pupitre en maroquin grenat placé à sa portée, en tire une plume, du papier, puis trace ces mots :

— « La femme Robinet recevra dans ma maison de Chanteloup dont elle est gardienne, le porteur de cette lettre et sa compagnie, elle le laissera maître d'agir dans ma maison comme bon lui semblera, et muette, sourde, aveugle, elle ne saura qu'obéir. Telle est ma volonté. »

De Prade signe et remet l'écrit à Alban qui s'en empare et s'éloigne après quelques instants d'entretien, et avoir promis à de Prade de venir lui faire part de ses heureux succès.

A peine notre homme avait-il fait quelques pas dans la rue que c'est contre Menu arrivant en face de lui que dans sa préoccupation il va se heurter brusquement.

— Fichtre, prenez donc garde, nous..., ah! tiens, c'est vous, cher Alban? Ah çà! d'où venez-vous donc? voilà huit jours qu'on ne vous a vu chez ces dames que votre absence indispose grandement, vous, un prétendu qui devez épouser dans un mois et qui plantez là votre future.

— Mon cher Menu, mon intention est d'aller ce soir même m'excuser près de madame Ducastel et de sa fille, puis les prévenir qu'une affaire de famille, et des plus importantes, va encore m'éloigner d'elles l'espace de quelques jours, répond Alban en passant son bras sous celui de Menu qu'il entraîne avec lui.

— Mon cher Alban, vous ne me faites pas l'effet d'être très-chaud, ni empressé de faire ce mariage. Ah çà, par hasard, est-ce que la chère Antonine serait aussi jouée par vous, comme elle le fut jadis par votre ami feu Breval? D'autres amours vous occuperaient-elles la tête, et la demoiselle Ducastel ne serait-elle qu'un pis-aller? interroge Menu, en marchant sur la fine pointe de ses pieds, afin, s'il se peut, d'égaliser sa taille petite et fluette à celle de son compagnon.

— Par exemple! vous me faites injure, Menu, avec de semblables idées; moi, me jouer de dames respectables, d'une jeune fille unique dont la fortune fait un parti des plus avantageux...

— Sûrement! des dames qui ont eu, grâce à votre adresse, vos assiduités, la bonté d'oublier que vous fûtes l'ami d'un Breval, le complice de cet homme, et qui ce jour vous prenant pour un saint, sont toutes prêtes, l'une à vous nommer son gendre et l'autre son époux, enfin et à vous enrichir, vous dont les moyens d'existence sont un problème.

— Menu, vous m'insultez! s'écrie Alban en arrêtant court et fixant le petit homme avec sévérité.

— Ma foi, tant pis! prenez la chose comme il vous plaira, mais il m'est impossible de ne pas en vouloir à un homme qui est mon rival.

— Quoi! Menu, vous aimez mademoiselle Antonine, ma future?...

— Assez pour désirer sa main et la rendre heureuse toujours; car, ainsi que vous, l'intérêt ne guide pas mon âme, et j'aime Antonine pour elle seule, pour sa douceur, ses vertus.

— C'est ainsi que je l'aime, et veux le lui prouver, mon cher

21

Menu, et dussiez-vous m'en vouloir dix fois plus, je ne me sens nulles dispositions à vous céder mes droits sur elle.

— Fâcheux pour la pauvre fille ! s'écrie Menu.

— Mais, vous possédez, à ce qu'il paraît, une assez bonne dose d'amour-propre, mon cher, répond Alban en souriant.

— Ah ! c'est que je me sens tout ce qu'il faut pour faire le bonheur d'une femme, et que nulle ne veut s'en convaincre en me confiant son sort... Allons, soyez généreux, cédez-moi la place près de mademoiselle Ducastel, vous dont l'esprit, le physique peuvent si aisément conquêter d'autres belles.

— Non pas, peste ! vous n'exigez pas peu, cher Menu.

— Encore une fois, je ne vous crois pas appelé à faire le bonheur d'Antonine ; or je ne peux souffrir qu'elle soit sacrifiée, que sa mère, dans son aveuglement, en fasse la femme d'un... d'un libertin, risque le petit homme.

— Pardon, mon cher Menu, mais je ne puis me défendre d'un peu d'hilarité à l'aspect de la petite fureur de votre petit individu, répond Alban en riant aux éclats.

— Morbleu ! monsieur, le petit individu a fait ses preuves, réplique Menu devenu furieux.

— Oui, en tuant Breval par un coup de maladresse, riposte Alban.

— Écoutez ! Plus instruit que vous ne le pensez sur votre compte, et répugnant au rôle de dénonciateur, j'ai caché jusqu'alors, aux dames Ducastel, votre conduite et vos vices, mais aujourd'hui, quand ce ne serait que pour venger la pauvre Alice, dont vous ne cessez de calomnier la conduite aux yeux de l'épouse et de la fille de son ancien tuteur, cela dans la crainte d'un rapprochement et qu'Alice ne dévoile vos infâmes menées à son égard, dès ce jour je me fais votre ennemi, votre dénonciateur, je m'acharne après vous et jure de ne prendre aucun repos avant de vous avoir démasqué et rompu ce mariage projeté entre Antonine et vous...

— Cela, à votre profit, n'est-ce pas, féroce Achille ? Faites donc, car mon triomphe n'en sera que plus glorieux, puis il sera beau à moi de pardonner à l'homme dont la jalousie seule m'aura fait un ennemi.

— Riez, ah ! riez ; rira mieux encore celui qui rira le dernier, répond Menu furieux, en quittant brusquement Alban, et s'éloignant ensuite de toute la vitesse de ses petites jambes.

Resté seul, Alban continue sa marche, mais le sourire sarcastique qui n'avait cessé d'errer sur ses lèvres en écoutant Menu, a disparu pour faire place aux soucis, à l'inquiétude, et sa main à plusieurs reprises passe et repasse sur son front.

— Bah! sotte terreur, vaines menaces! quelques jours encore consacrés à Alice, à abattre l'orgueil de cette femme qui me dédaigna si longtemps, puis le reste de ma vie à la fortune d'Antonine. Cela dit, Alban venait d'atteindre la rue de la Chaussée-d'Antin et l'hôtel habité par M. Senneval.

Après s'être informé de la présence de ce dernier chez lui, Alban gravit l'escalier et pénètre chez le père d'Oscar qu'il trouve seul, le visage triste et sévère.

— Vous, monsieur! que me voulez-vous encore? s'informe le vieillard avec raideur, et sans quitter sa place.

— Vous entretenir d'un projet, et réclamer votre aide pour sa réussite, répond Alban.

— Un projet! fait M. Senneval avec surprise.

— Oui. Celui que je mûris est infaillible, c'est d'empêcher et rompre l'union de votre fils avec Sainte-Rose, un mariage auquel vous avez eu la faiblesse, monsieur, excusez l'expression, de donner votre consentement.

— Afin d'éviter un crime à mon indigne fils, plus encore pour sauver sa mère du désespoir. Mais qu'espérez-vous, monsieur? ignorez-vous que c'est après-demain qu'Oscar, brisant tous les liens de la famille, de l'honneur, s'unit à mademoiselle de Merville?...

— Je le sais.

— Et vous pensez pouvoir empêcher ce mariage?

— Certainement, et vous rendre un fils soumis après quelques jours de désespoir, de gémissements.

— Quel moyen comptez-vous donc employer? interroge M. Senneval avec inquiétude.

— Un moyen infaillible et tout anodin que je ne puis vous révéler encore, mais qui opérera une telle révolution, que votre fils lui-même repoussera la main d'Alice Sainte-Rose.

— Est-ce possible! quoi, vous pourriez amener Oscar à ce point et me rendre mon enfant? Hélas! les malheureux sont confiants et je me livre à vous; parlez, parlez! qu'exigez-vous de moi?

— Deux lignes de votre main ainsi conçues:
« Avant que vous vous unissiez à son fils, un père désire vous
« entretenir un instant en particulier; veuillez donc vous rendre

« ce soir en secret, à la dixième heure, à la petite porte de votre
« jardin, j'y serai. »

Signé : Senneval père.

— Mais ce rendez-vous demandé en mon nom, ne serait-ce point un guet-apens ? encore une fois quel est votre projet ? s'informe vivement et avec inquiétude M. Senneval.

— De mettre Alice aux prises avec un amant qu'elle a aimé, qu'elle aime encore secrètement, et qui surmontant les scrupules de la belle, l'enlèvera sans plus de façon pour courir la cacher en Italie, d'où elle ne reviendra de longtemps.

— Votre projet est insensé, Alice ne voudra pas suivre cet homme.

— Alors, il l'emportera, et après quelques jours d'absence passés en tête-à-tête, Sainte-Rose perdant l'espoir de persuader Oscar de sa pureté et de son innocence, prendra bravement son parti, et suivra de bonne grâce son ravisseur : ainsi est fait le cœur de nos lorettes modernes.

— Non, monsieur, non, je ne peux, je n'ose prêter la main à une telle violation, s'écrie le vieillard.

— Alors vous préférez donc le déshonneur de votre nom, celui de votre fils et le malheur de sa vie ? car abusé par les propos, les caresses perfides d'une Phryné, Oscar aura vite à se repentir, lorsque l'ambition de cette femme étant satisfaite et son masque tombé, il apercevra toute la perfidie et le hideux de son âme.

— Mais les suites de cet enlèvement peuvent occasionner mille malheurs ? observe M. Senneval avec anxiété.

— Les suites ! que vous importe, pourvu que le mariage qui répugne tant à votre délicatesse, n'ait pas lieu ? Les suites ! mais le ravisseur seul en supportera les conséquences. Allons, point de faiblesse, monsieur, et profitant d'une heureuse circonstance, hâtez-vous de me tracer les lignes qui doivent à jamais vous débarrasser d'une femme dont l'alliance ferait rougir votre nom, termine Alban avec force et persuasion.

Encore de l'hésitation, puis pressé de nouveau, M. Senneval prend la plume, trace les lignes dictées par Alban, et les remet à ce dernier qui, aussitôt maître de ce précieux papier, s'éloigne en jetant au vieillard les mots : espérance et réussite !

— Que l'enfer t'exauce, jeune fou ; car que m'importe le but de tes intrigues, de tes perfides desseins, si je leur suis redevable du retour de mon fils, murmure le vieillard en voyant sortir Alban.

XXVI

DÉCEPTION ET PÉNITENCE.

C'était la veille de ce jour, que l'on appelle le plus beau de la vie, et qui souvent en est le plus funeste; enfin, pour parler plus clairement, c'était la veille de celui qui devait être témoin de l'union d'Oscar et d'Alice de Merville; il était alors neuf heures du soir, et dans le petit salon de la villa de Bellevue était assemblée bonne et amicale société : d'abord les deux futurs, ensuite le comte de Roser, Paul et Marie, puis Théodore, tous amis dévoués de cœur et d'âme à la bonne Alice, appelés à son union en qualité de témoins, de famille donnée par l'amitié.

Là et en cet instant, par une amicale causerie, se réglaient les articles du contrat de mariage des deux époux que dressait le notaire du comte amené à cet effet, et chacun selon son cœur, sa fortune, enrichissait d'un don généreux la jolie mariée à qui ces personnages étaient tous redevables de tant de reconnaissance. Théodore étant le seul que la fortune n'avait point favorisé, en lieu et place d'or ou de bijoux, offrait un dévouement de toute sa personne et sa vie, et par d'abondantes larmes versées en cet instant, larmes d'attendrissement, signait et donnait caution du marché.

Mais, pourquoi donc la veille d'un si beau jour, et dans cette réunion d'amis dévoués et intimes, chaque figure semblait-elle sévère et soucieuse? Pourquoi nul sourire ne venait-il l'animer? C'est qu'il y avait une blessure profonde aux cœurs des rois de la fête ; c'est qu'Oscar, près d'accomplir un acte solennel, important, pensait à son père, à sa mère, à cette malédiction suspendue sur sa tête; c'est qu'Alice, ignorante encore de tout ce qu'avait coûté de peine à son amant le consentement d'un père à leur union, se sentait triste, humiliée de l'absence de ce dernier.

Malgré tout l'amour qu'elle ressentait en faveur d'Oscar, après le premier refus de M. Senneval, il n'avait pas moins fallu à Alice, que la menace du jeune homme, de s'arracher la vie, pour consentir de nouveau à former un lien que devaient accompagner le mépris et l'abandon d'une famille; voilà ce qui rendait imparfait le bonheur des amants, et répandait un malaise indéfinissable sur tout ce qui les entourait en cet instant.

C'était à Paris, dans l'hôtel du comte de Roser, que devait, le lendemain, se célébrer le mariage, mais en petit comité, sans fête ni bruit. Ainsi l'avait désiré Alice, et pour cela, la jeune femme devait ce jour, et de grand matin, quitter Bellevue pour se rendre à Paris, où l'attendrait Oscar.

Le contrat terminé, l'amant bientôt époux, ainsi que le comte et le notaire se disposèrent à regagner la ville ; mais pour ne point laisser Alice seule, la veille d'une cérémonie aussi importante, il avait été convenu que Paul et Marie, son épouse, passeraient la nuit à Bellevue, afin de tenir compagnie à la mariée et l'accompagner le lendemain.

Ce fut donc avec un vif dépit, mais le doux espoir au cœur de la revoir bientôt pour ne plus s'en séparer, qu'Oscar, l'amoureux Oscar, se sépara d'Alice après l'avoir recommandée aux amis qu'il laissait auprès d'elle, et parmi lesquels se complait Théodore, invité à la noce, lequel à cette occasion devait passer le reste de la soirée à la villa. Il y avait au plus une demi-heure qu'Oscar et le comte avaient quitté Bellevue, lorsque la femme de chambre d'Alice étant entrée au salon, appela sa maîtresse pour lui remettre en particulier une lettre qu'un valet, qui en attendait la réponse, venait d'apporter à l'instant même.

— Une lettre, un message à pareille heure, voyons ! fait Alice, qui d'après l'invitation de la chambrière avait quitté ses amis pour passer dans une autre pièce, où seule, elle décachetait la missive.

— Oh ciel ! M. Senneval qui m'écrit, qui souhaite m'entretenir ! ah ! courons, courons ! s'écrie Alice après avoir lu, serrant la lettre dans son sein et s'élançant avec précipitation hors de la chambre et dans le jardin, où malgré l'heure avancée, l'obscurité qui règne de toute part, elle se dirige vers la petite porte à travers les taillis.

— Mais où peut-elle être ? que lui est-il arrivé ? grand Dieu ! s'écriaient avec affliction Paul, Marie et Théodore, accompagnés des serviteurs de la maison, deux heures après la sortie d'Alice qui n'avait point reparu et après avoir cherché, appelé la jeune femme dans toute la maison et les coins du jardin.

— Vous dites qu'après une lettre reçue, elle a quitté aussitôt la maison ? demande Paul avec inquiétude à la femme de chambre.

— Oui, monsieur, mademoiselle après avoir pris connaissance de cette lettre est sortie aussitôt.

— Quel effet a paru lui produire cette lecture ? s'informe Théodore à son tour.

— Une grande surprise, une vive émotion, répond la chambrière.

— Et l'homme qui a apporté cette lettre ?...

— Je l'avais laissé sous le vestibule, d'où il a disparu sans attendre de réponse.

— Une lettre d'Oscar, peut-être, qui la demandait à Paris, observe Marie.

— Oh ! non, non ! elle nous eût avertis, emmenés avec elle, évité l'inquiétude où nous plonge cette singulière disparition, répond Paul.

— Mille dieux ! serait-ce un piége qu'on lui aurait tendu, dont elle serait la dupe ? Ah ! malheur alors au coupable, car je le broierais sous mes pieds ! s'écrie Théodore exaspéré tout en furetant, une lanterne à la main, dans chaque taillis et buisson du jardin où ils étaient tous en ce moment à la recherche.

— Un guet-apens, impossible ! Alice n'a point, ne peut avoir d'ennemi ; pensons plutôt qu'avertie par cette lettre, d'un malheur, d'un pressant besoin, Alice, guidée par sa bienfaisance habituelle, est allée porter ses secours, et s'imposer peut-être au chevet d'un malheureux, observe Paul.

— Mais à son âge, une femme ne trotte pas seule ainsi la nuit, surtout lorsque je suis là sous sa main, moi, son dévoué, son fidèle, qui pour elle, avec elle passerais dans un brâsier ardent, dit Théodore avec humeur.

En ce moment ils étaient près de la petite porte et la trouvant ouverte, Paul et Théodore se précipitent dehors, car c'est par là qu'Alice doit-être sortie.

Qu'est-ce là ? un mouchoir, celui d'Alice qu'elle a laissé tomber ; plus une lettre à son adresse que Théodore ramasse sur le chemin et non loin de la petite porte.

— Lisons, peut-être cette lettre nous mettra-t-elle sur ses traces, et calmera notre inquiétude, propose Paul en ouvrant précipitamment le papier.

— Oui, lisons, font Théodore et Marie avec empressement.

— De M. Senneval, mes amis, écoutez : il veut entretenir Alice, la prie de se rendre ce jour même, sur la dixième heure du soir, à cette petite porte où il n'aura pas manqué de se trouver sans doute ? Or, Alice est avec lui à cette heure, et près du père de celui qui va devenir son époux, notre amie commune ne court aucun danger ; plus d'inquiétude, s'écrie Paul.

— Fort bien ! mais que lui veut ce vieil entêté ? pourquoi ce rendez-vous à la belle étoile lorsqu'en qualité de papa du marié, de beau-père futur, il a le droit d'entrer et de causer tout à son aise dans la maison? Tenez, tout ça me semble louche de la part d'un homme qui ne voit qu'à regret le mariage de son fils avec la chère Alice, et je crains que le bonhomme ne nous ait joué quelque mauvaise farce, observe Théodore.

Alors chacun de repousser cette pensée, et de bien augurer au contraire de ce rendez-vous, puis fixés sur l'absence d'Alice qui ne pouvait durer longtemps encore, ils rentrèrent à la villa.

La nuit s'est passée, mais sans repos, sans sommeil. Le soleil depuis longtemps dore la campagne de ses rayons, et Alice n'a point reparu; l'inquiétude seule, mais vive, piquante est seule rentrée dans la villa. Paul et Marie sont au désespoir et commandent une voiture pour courir à Paris prévenir Oscar, le comte de Roser de la disparition d'Alice, et se remettre tous à sa recherche. Théodore, non moins désespéré, jure, tempête, saute, ne peut tenir en place, mais il restera à Bellevue afin de s'enquérir d'Alice, et l'y attendre, si le ciel daignant prendre leur peine en pitié, leur renvoyait l'amie dont l'absence les inquiète tant. Cela décidé et la huitième heure du matin sonnant, Paul et Marie montés en voiture couraient vers Paris.

— Mon père, rendez-moi Alice, rendez-moi mon épouse, celle sans qui je ne puis plus vivre un seul instant, s'écriait deux heures plus tard Oscar, instruit par ses amis de la disparition d'Alice, et en se précipitant dans la chambre de M. Senneval prêt à quitter Paris et occupé en cet instant à faire fermer ses malles.

— Que me voulez-vous encore, monsieur? ne vous ai-je point défendu de reparaître devant mes yeux? répond le vieillard courroucé en fixant un regard sévère sur son fils.

— Ma femme! mon père, celle à qui le plus doux nœud allait m'unir aujourd'hui, et que vous me ravissez.

— Au diable le fou! Et que veut-il que je fasse de cette femme pour la lui enlever? répond le père avec brusquerie et colère.

— Cette lettre, cette lettre! monsieur, écrite de votre main, remise hier soir à Alice, égarée par elle et trouvée cette nuit par mes amis, ne prouve-t-elle pas que vous seul, après avoir attiré Alice dans un piège, l'avez ravie à mon amour, à ma possession? répond vivement Oscar en présentant la lettre à son père.

M. Senneval, en reconnaissant cette dernière, ne peut cacher un mouvement d'embarras, et se remettant aussitôt:

— Eh bien! que prouve cet écrit? Que je désirais tenter une

mouvelle épreuve sur cette femme, répond-il, que je voulais essayer encore de briser ce mariage qui fait ma honte; mais je n'ai pu me trouver à ce rendez-vous, retenu hier chez moi, je n'ai pas vu Alice.

— Ah! vous me trompez, monsieur; Alice, victime de votre ruse, a été enlevée par vous ou par vos complices. Rendez-la moi, rendez-la moi! s'écrie Oscar avec fureur.

— Misérable! oses-tu bien parler ainsi à ton père? Sors d'ici à l'instant même, ou cette canne va me faire justice de ton audace!

Cela disant, le vieillard levait sur Oscar le bâton dont sa main venait de s'armer.

— Frappez! et rendez-moi Alice! Tuez-moi, mon père, si je me dois plus la revoir.

— Va donc, si tu la veux, la demander à ses amants, à ses anciens compagnons de débauches, avec qui elle s'est enfuie hier soir.

— Dites des infâmes, à qui vous l'avez livrée! Ah! monsieur, Dieu me garde en ce moment et ne veut point un crime; mais si vous n'étiez mon père, tout votre sang suffirait à peine à ma vengeance, dit Oscar hors de lui, fou de fureur et de rage.

— Sortiras-tu de ma présence, enfant maudit, ou me faudra-t-il appeler des valets pour te faire jeter hors d'ici?... s'écrie, non moins furieux, M. Senneval, en allant et venant dans la chambre, le bras levé et toujours armé de sa canne.

— Mon père! pardon! pardon au nom du ciel; mais le désespoir me tue! Dites, oh! dites! avez-vous pu détruire ainsi le bonheur de votre fils, confier son épouse chérie à des ravisseurs! Non, non! Cela est impossible! Mon père! mon père! rendez-moi Alice, rendez-moi la vie!

— Encore une fois, va-t'en, va-t'en, ou je t'assomme, infâme! fuis, te dis-je, en emportant ma malédiction! s'écrie le vieillard d'une voix forte.

— Mon Dieu! mon Dieu! révoquez cet injuste anathème, car je ne suis coupable que d'amour; aimer n'est point un crime, n'est-ce pas, mon Dieu? et faisant Alice si parfaite, c'est que vous avez voulu qu'on adore en elle votre plus belle ouvrage! murmure le jeune homme, affaissé par la douleur et les deux genoux en terre.

M. Senneval, non moins ému, garde le silence et se soutient à peine; la malédiction, échappée de sa bouche, semble avoir épuisé toutes ses forces, et son œil moins courroucé se fixant sur son fils :

21.

— Qu'attends-tu donc encore, malheureux ? fait entendre le vieillard après un instant de silence.

— La mort ou la révocation de l'affreux anathème devant lequel ma tête se courbe en ce moment; mon père, la mort encore si je ne dois plus revoir Alice, répond le jeune homme d'une voix sanglotante et en se traînant vers son père, dont il saisit la main qu'il couvre de larmes et de baisers, sans que le vieillard ait la force de la lui retirer.

— Va, cruel enfant; sois heureux s'il se peut dans l'exil que je t'impose, et que Dieu te pardonne en ce moment, fait entendre M. Senneval avec émotion, en essayant, mais en vain, de retenir les larmes qui s'échappent de sa paupière.

— Oh! merci, merci, mon père! Mais elle, elle! ne lui pardonnez-vous pas aussi? ne la rendez-vous pas à l'amour de votre fils?

— Encore! Mais tu l'aimes donc bien cette femme?...

— Sa vie est ma vie; qu'elle meure, et je meurs, mon père, répond Oscar en pleurant et baisant les genoux du vieillard.

— Mais son passé, que de honte!

— Ses vertus ont, pour elle, trouvé grâce devant Dieu; serez-vous plus inflexible, mon père, et ne permettrez-vous jamais à un fils, à la femme repentante, d'être le soutien de vos vieux jours, de vous chérir et vous le prouver? Grâce pour elle, mon père, pitié pour moi!

M. Senneval ne répond pas; il consulte son cœur, hésite, balance, puis, fixant son fils avec attendrissement, il lui tend les bras et le reçoit sur son sein, où il le comble de caresses.

— Vous pardonnez, mon père? Oh! bonheur! mais Alice, Alice.

— Qu'elle me pardonne de même ma lâche trahison, Oscar, répond M. Senneval avec embarras.

— Oh! ciel, que voulez-vous dire, mon père? s'informe le jeune homme avec effroi.

— Que pour t'arracher cette femme, cet écrit tracé de ma main l'a livrée au pouvoir d'un de Prade, d'un Alban qui, hier au soir, ont dû l'enlever lorsque, croyant venir à moi, Alice sera sortie de sa demeure.

— Ah! mon père, qu'avez-vous fait là? Alice victime de sa confiance en vous! Alice enlevée, et en la puissance de deux libertins! oh! fureur! oh! vengeance!

Et cela dit, Oscar éperdu se précipite hors de chez son père, court chez le comte de Roser, qu'il trouve avec Paul et Théodore, et leur raconte ce qu'il vient d'apprendre. Le comte et son gendre s'emportent à cette nouvelle, Théodore rugit et saute jusqu'au plafond. Mais où trouver Alice? où ses ravisseurs l'ont-ils conduite? où rencontrer ces deux hommes?

— A nous ce soin, monsieur Oscar, et pour cela, suivez-moi; vite en route! s'écrie Théodore.

— Mais où allons-nous, où me conduisez-vous? s'informait Oscar à Théodore qu'un cabriolet emportait avec vitesse.

— Chez la maman Ducastel, dont cet Alban doit épouser la fille, où le gueux passe la plupart de son temps, enfin où nous le trouverons sans doute.

Ils arrivent et sont introduits au salon où madame Ducastel et sa fille les reçoivent et s'informent du sujet de leur visite.

— Madame, c'est la première fois que vous nous voyez; mais c'est égal : sachez que monsieur est Oscar Senneval, jeune homme charmant, et bientôt, je l'espère, l'époux de votre ex-pupille Alice de Merville; moi, je suis Théodore, ex-mauvais sujet converti et passé irrévocablement à l'état d'honnête homme par la grâce de sainte Alice, toujours votre ex-pupille; mais ce que vous ne savez pas encore, c'est que nous venons ici pour briser en quatre un infâme coquin. Cet homme, qui a nom Alban, qui, déshonoré, criblé de dettes, sans honneur ni foi, se flatte publiquement d'être avant peu l'époux de votre demoiselle, dont il préfère la dot à la personne, cet homme, enfin, a osé hier soir enlever Alice de complicité avec un nommé de Prade, autre drôle de son espèce.

Maintenant, mesdames, que vous êtes instruites du sujet de notre visite, noms et prénoms, veuillez nous livrer le susdit Alban afin que nous en fassions justice à l'instant même.

— Et moi je me propose pour être de la partie, fait entendre un petit homme qui venait d'entrer dans le salon, tandis que Théodore parlait.

— Ça va, mon petit, car vous aussi n'avez pas trop à vous louer du quidam en question, reprend Théodore en s'adressant à Menu, car c'était lui.

Madame Ducastel, étourdie d'abord de la volubilité du langage de l'ex-mauvais sujet, et revenue de son étonnement, fait asseoir d'abord les visiteurs, puis à Oscar qui désire parler, prête, ainsi que sa fille, une oreille attentive.

Un long entretien, où chacun a parlé à son tour, et madame

Ducastel, désillusionnée sur Alban, revenue de l'erreur où ce dernier l'avait plongée sur le compte d'Alice, regrettant sa rigueur, son silence envers la pauvre fille qui si souvent avait, dans les lettres qu'elle lui adressait, imploré estime et pardon, madame Ducastel donc, apprend à Oscar ainsi qu'à Théodore qu'Alban, sous prétexte d'un voyage à la ville, prit congé la veille, d'elle et de sa fille en les assurant d'un prompt retour, dont son amour pour Antonine les rendait garantes à ce que leur avait assuré sa bouche menteuse.

— Ce voyage, madame, mais de quel côté? car sans nul doute le misérable aura contraint Alice à le suivre; parlez, parlez, car chaque instant de retard augmente mon supplice, dit Oscar avec impatience.

— De quel côté, je l'ignore, répond la dame.

— Et moi, je suis persuadé que les deux ravisseurs sont dans quelque maison des environs de Paris, où ils auront conduit Alice, où ils la retiennent malgré elle et contre toute justice, observe Menu.

— Quoi! n'est-il donc aucun moyen de découvrir ces misérables, de leur arracher leur victime! s'écrie Oscar hors de lui en parcourant le salon à grands pas, et se frappant le front avec violence.

— Puisqu'il n'y a rien de plus à savoir ici, courons chez de Prade et là peut-être, quoique cet homme soit absent, parviendrons-nous à découvrir quelque chose, propose Menu.

— Oui, en graissant la patte d'un portier, d'un valet, peut-être nous mettra-t-on sur les traces du faquin.

— En route donc, et preste! fait Théodore.

Puis ils prennent tous congé des deux dames, en promettant de venir les instruire, selon leur désir, du résultat des recherches qu'ils allaient entreprendre.

Chez de Prade, nul indice, le jeune homme est absent, en effet, depuis la veille, mais son portier ignore où il est, quand il reviendra, et reste muet à toutes questions concernant les actions de son locataire.

— Mais j'y pense, la Saint-Romain doit être au fait des allures de notre Alban.

— Vite à Bellevue! propose de nouveau Théodore, et suivi de Menu et d'Oscar, il prend aussitôt le chemin de la villa.

Ils arrivent, aucune nouvelle d'Alice, mais des serviteurs dans la désolation.

Sans perdre plus de temps c'est à la chambre où gît la Saint-Romain„ sur un lit de souffrances, que nos trois amis se rendent avec empressement, à cette chambre que vient leur ouvrir la garde placée jour et nuit par la charité d'Alice au chevet de la malade.

— Silence, messieurs, car la malheureuse est au plus bas, dit la garde à voix basse en laissant pénétrer les visiteurs qui, parvenus au lit, reculent épouvantés à l'aspect du cadavre pâle et défiguré qui vient de frapper leur vue.

— La malheureuse ne pourrait rien entendre, ni répondre; il est trop tard! soupire Oscar découragé en fixant un œil de pitié sur la Saint-Romain.

— Le diable m'emporte si la pauvre femme vit encore, fait Menu.

— Elle est morte, bien morte! Mais ce fut pour moi une bonne et faible amie, à elle mes regrets et que Dieu lui pardonne ses fautes, dit Théodore avec émotion en pressant dans la sienne la main déjà glacée de la Saint-Romain, morte dans la matinée, sans que la garde-malade s'en fût aperçue.

— Plus d'espoir, d'indices, que faire? où la retrouver, hélas! s'écrie alors Oscar désespéré.

Maintenant laissons nos trois jeunes gens dans leur incertitude, tenir conseil sur ce qu'ils ont de mieux à faire, et retournons à Alice dont le sort doit vivement nous inquiéter aussi. Sachons que, parvenue à la petite porte de son jardin, le même homme qui avait apporté et remis la lettre à la femme de chambre se présenta à notre héroïne en la prévenant que M. Senneval, indisposé et souffrant de la goutte, ne pouvant venir à elle, la priait de vouloir bien aller à lui et de monter dans la voiture dans laquelle il l'attendait à vingt pas de là.

Cette lettre dont l'écriture lui était tant connue, ce nom de Senneval, les titres et les qualités de celui qui le portait, devant éloigner toutes craintes et soupçons du cœur d'Alice, fit qu'elle n'hésita pas un seul instant et que, confiante, seulement émue par l'idée de paraître devant l'homme qui repoussait son alliance, elle s'élança dans la voiture où à peine entrée la portière se referma vivement sur elle, où dans l'obscurité la plus profonde, des bras la saisirent, la comprimèrent, où des mains s'empressèrent de lier ses mains, d'étouffer ses cris par un bandeau placé sur sa bouche, et durant ce temps la voiture entraînée par quatre chevaux roulait avec une rapidité effrayante.

— Qui êtes... vous?... où me conduisez-vous? que vou... lez-vous de... moi? murmurait l'infortunée avec effort.

N'obtenant nulle réponse, effrayée au-delà de toute expression, suffoquée par le manque d'air, elle ne tarda pas à tomber sans connaissance.

— Elle étouffe, se trouve mal; François, ouvre le volet de cette portière, sa faiblesse nous répond de son silence; fait alors entendre un des personnages de la voiture.

— Ceci est prudent, car si elle allait mourir dans nos mains, l'aventure ne serait plus plaisante du tout, et la justice pourrait fort bien nous chercher noise en faveur d'une semblable équipée, répond un autre personnage en ouvrant précipitamment volet, glaces et stores et faisant par ce moyen pénétrer un air pur et vif dans l'intérieur de la voiture.

— Tu as toujours peur de te compromettre, mon pauvre François.

— Dame! monsieur Alban, en qualité de valet, jadis à vos gages, j'ai consenti à vous rendre service ce jour en vous aidant à enlever cette femme, mais si la chose devait devenir vilaine, merci! je renoncerais tout de suite à la partie.

— Calme tes scrupules : ici, il ne s'agit que d'un simple évanouissement tout à fait favorable à mon projet; ensuite Chanteloup, le but de notre voyage, est peu éloigné, une fois là, je te paierai ta peine et tu seras libre de partir en paix.

Ainsi causaient ces deux personnages, Alban tenant Alice dans ses bras, son complice placé en face de lui. Une heure de route puis la voiture tourne Chanteloup qu'elle venait d'atteindre pour aller s'arrêter à peu de distance du village, dans la cour d'une jolie maison de campagne dont une vieille femme avait ouvert et refermé aussitôt la porte.

— De la part de votre maître, M. de Prade, fait entendre Alban, à la vieille concierge, en lui présentant la lettre que lui avait remise ce dernier.

— Je sais, monsieur m'a fait prévenir ce matin, par un exprès, de votre venue de ce soir, répond la vieille avec brusquerie.

Sans plus attendre, Alban emporte Alice dans la maison et va la déposer sur le lit d'une chambre haute où il l'abandonne et l'enferme, afin d'aller congédier voiture et gens.

Quelques minutes consacrées à ce soin, à faire quelques recommandations à la vieille concierge, telles que de rester sourde aux ris que pourrait pousser Alice, de leur tenir prêt dans la nuit l'excellent souper apporté de Paris dans un coffre de la voiture; et tout cela fait et dit, Alban armé d'une bougie quitte la Robinet, et désireux de rejoindre au plus tôt Alice, pour gagner l'escalier, traverse une salle basse, où à sa grande surprise mais non sans effroi un homme se présente à lui en lui barrant le passage, un homme dans qui Alban reconnaît de Prade souriant de sa frayeur.

— Vous ici, mon cher! par quel hasard et sont-ce là nos conventions?

— Moi-même, que le regret attire sur les traces d'Alice, répond de Prade.

— Ah çà, je ne vous comprends pas, mon cher.

— Allons donc! vous plaisantez, Alban? Dans tout cela, mon cher, j'ai voulu rire à vos dépens, voilà tout, répond de Prade avec ironie.

— Je comprends, vous avez trouvé plaisant de me faire enlever la belle pour votre compte.

— C'est cela même, réplique de Prade avec aplomb.

— Savez-vous, de Prade, que cette action est infâme!

— Mais non, simple plaisanterie; libre à vous, mon cher, de la trouver de mauvais goût, de m'en demander raison à l'instant même, et comme j'ai pensé que telle serait votre intention, voici des armes qui vont nous permettre de vider aussitôt la querelle à quelque distance d'ici, répond de Prade en présentant une paire de pistolets à Alban qui, à cette vue, se trouble et recule d'un pas.

— Quoi! c'est en me proposant de me tuer, que vous couronnez la plus insigne trahison?... vous un ami, un... Allons, de Prade, vous ne serez pas infâme à ce point, n'est-ce pas, mon bon, mon cher de Prade, fait entendre Alban d'un ton mielleux.

— Je veux vous casser la tête, mon drôle, si vous ne décampez vous-même au plus vite de cette maison. Or, sans plus de cérémonie, choisissez ou le duel ou la fuite. Allons, allons! dépêchez!

— Me battre, fi donc! répond Alban.

— Alors au revoir, mon cher Alban, bon voyage, je vous souhaite. Adieu, bonne nuit. Et parlant ainsi d'un air sarcastique, le pistolet en main, de Prade poussait Alban dehors, Alban qui, tremblant de frayeur et de rage, se laisse, sans mot dire, conduire jusqu'à la porte de la villa qui bientôt se referme bruyamment sur lui.

— Ah ! que l'enfer te confonde, infâme ! s'écrie alors Alban avec rage en frappant du pied le pavé de la route et au bruit des éclats de rire que faisait entendre de Prade de l'autre côté en regagnant la maison.

Oh ! infamie ! lâcheté ! un semblable outrage et ne point en demander raison, ne pas s'être senti assez de courage et de force pour tuer ce traître ! ce chien ! ce misérable !!!... Eh bien ! que ce soit un autre qui le punisse et me venge. A moi ! Oscar, à moi ! viens que je te conduise près du traître, viens le surprendre, viens le tuer et nous venger tous deux ! Cela dit, Alban au comble de la fureur s'élance d'un pas rapide vers Paris, à travers le silence et l'obscurité de la nuit.

— C'est moi, Alice, de Prade, l'homme qui t'a tant aimée, qui t'aime encore, cruelle; Alice, reviens à toi, entends ma voix qui t'appelle.

Ainsi disait de Prade en ranimant Alice près de qui il s'était rendu après la retraite forcée d'Alban.

Elle renaît, ouvre les yeux, regarde, rappelle ses souvenirs et jette un cri en repoussant de Prade qu'elle a reconnu.

— Allons ! point de cruautés, de rancune, ma belle, tu me reconnais, pourquoi t'effrayer alors ?

— Quoi, c'est vous, monsieur, qui m'avez enlevée, ravie à mes amis, à mon époux ? Ah ! c'est indigne !

— Moi, bel astre ? je n'ai rien fait de tout cela ! et loin de m'accabler de vos durs reproches, remerciez-moi, au contraire, de vous avoir soustraite aux désirs d'Alban, votre ravisseur, le seul coupable que je viens de chasser à l'instant de ces lieux, afin de punir son audace et de vous délivrer.

— De Prade, s'il est vrai que vous m'ayez rendu ce service, soyez noble tout à fait en me laissant libre de mes actions, de quitter ces lieux qui me sont inconnus, pour rejoindre mes amis qui m'attendent et s'inquiètent de mon absence, dit d'un ton suppliant Alice.

— Que je passe le reste de cette nuit avec toi, et demain tu es libre de quitter cette maison.

— Quelles infâmes conditions ! jamais ! s'écrie Alice avec force.

— Alors, permets-moi donc d'user de la force.

— Auriez-vous l'infamie, monsieur, de violenter une faible femme ?

— Oui.

— De Prade, ne craignez-vous pas que mes cris appellent un sauveur..

— Vaine menace, ma toute belle ; ici tout m'est soumis, ces murs n'ont point d'oreilles : or, il faut céder.

— Jamais, vous dis-je, plutôt mourir.

— Comment donc, mais voilà qui est curieux, fait de Prade avec ironie.

— Humiliez-moi, monsieur, car est bien coupable en effet la femme qui a oublié son devoir au point d'aimer un homme tel que vous.

— Pas mal ! la réponse vaut l'insulte, et j'avoue que j'ai eu tort.

— Que les lois, la société vous ôtent le droit de me retenir en ces lieux contre ma volonté, que je veux être libre et m'éloigner, monsieur, répond Alice avec fierté.

— Quand je te dis, Alice, que tu n'es pas raisonnable.

— Mon Dieu ! personne ne viendra-t-il à mon secours ? s'écrie la pauvre femme en sanglotant.

— Personne, pas même la Robinet, la concierge de cette maison, ton ennemie intime enfin, à qui jadis tu arrachas Marie, son enfant adoptif.

— Cette femme était une infâme ! Marie est la fille du comte de Roser, et Dieu, pour cette action, me doit secours en cet instant, contre votre audace et votre violence.

— Dieu, mon ange, ne fait plus de miracle.

— Misérable ! ignores-tu que je dois être épouse, qu'en me faisant la victime de tes violences, tu brises pour moi le bonheur, la vie ? De Prade, grâce au nom du ciel ! pitié pour une pauvre repentie ; pour celle qui désire par un avenir de vertu, de bienfaisance, racheter un coupable passé ! de Prade, ne soyez point insensible à mes larmes, à mon désespoir ! disait Alice à genoux, les mains jointes et levant ses beaux yeux suppliants sur le jeune homme.

— Que tu es belle ainsi, délicieuse créature ! répond de Prade en saisissant Alice dans ses bras, Alice qui, de toute sa force, lutte contre cette violence ; mais bientôt, renversée, brisée, anéantie, elle perd de nouveau connaissance entre les bras de fer de l'insensible et brutal de Prade.

A la dixième heure du jour qui suivit cette nuit de violence, une voiture traînée par des chevaux couverts d'écume s'arrêtait à la porte de la maison de Chanteloup ; trois hommes en sortirent précipitamment, l'un d'eux frappa aussitôt avec force à la porte de la villa, que la vieille Robinet vint ouvrir.

— Votre maître, de Prade où est-il? s'informent brusquement les arrivants, qui n'étaient autres qu'Oscar, Menu et Théodore, cela en pénétrant dans la maison malgré les efforts de la Robinet pour s'opposer à leur action.

— Mon maître, voilà quatre heures qu'il a regagné Paris, répond la Robinet.

— Une femme est ici, une femme qu'on y a amenée de force, qu'on retient contre sa volonté, où est-elle? demande encore Oscar pâle, tremblant et se contenant à peine.

— Une femme? connais pas!

— Tu mens! celle que nous cherchons est ici, une lettre, il y a deux heures, nous a instruits que ton maître, après l'avoir enlevée hier soir, l'avait amenée ici : or, il nous la faut, ou malheur à toi! fait à son tour Théodore.

— Cherchons, amis, visitons cette maison, dit Oscar en se précipitant vers le péristyle de la villa où tous le suivent en entraînant la Robinet qu'ils enferment dans la première chambre qu'ils rencontrent après l'avoir visitée et s'être assurés qu'Alice n'y était pas. Ils cherchent, parcourent toutes les pièces; l'une d'elles est fermée, pas de clef sur la serrure; qu'importe! en deux bonds Théodore la brise, ils se précipitent : un lit en désordre frappe leurs yeux, puis, dans un coin de cette chambre, étendue sur le parquet, une femme aux vêtements en lambeaux, plongée dans un sommeil léthargique, une femme pâle, défigurée, Alice enfin qu'Oscar reconnaît le premier, vers laquelle il s'élance en jetant un cri d'effroi, qu'il soulève, presse dans ses bras, sur son cœur en l'inondant de ses larmes.

— Mes amis, le misérable l'a tuée! s'écrie-t-il avec désespoir.

Menu et Théodore s'empressent autour des deux amants, consolent l'un, secourent l'autre, mais impossible d'arracher Alice au sommeil de plomb qui la rend insensible.

Quatre heures encore d'une effroyable anxiété, des pleurs, des cris de mort proférés contre de Prade, puis enfin le médecin appelé et présent qui annonce le réveil d'Alice, après avoir combattu longtemps la force et la violence du narcotique qui la tenait endormie.

Elle ouvre la paupière, gémit, soupire, pleure à chaudes larmes, puis moins oppressée, rendue à la raison, l'infortunée pousse un cri en reconnaissant Oscar, qui, penché sur elle, épiait sa résurrection, et cache aussitôt sa tête dans ses deux mains.

— Alice! au nom du ciel! que t'est-il arrivé? parle, parle, que je te venge! s'écrie Oscar avec fureur.

— Perdue! perdue pour toujours! plus d'union, plus de bonheur! répond Alice avec l'accent du désespoir.

— O ciel! qu'oses-tu dire, Alice, plus d'union! s'écrie Oscar.

— Ami, ne m'interroge pas; Oscar, je ne suis plus digne de toi, séparons-nous pour toujours!

— Alice, je devine l'affreuse vérité, et la mort de l'infâme de Prade nous vengera tous deux ; mais sois mon épouse, pauvre femme! car tu es innocente et ton Oscar te vénère, t'adore, dit le jeune homme agenouillé et suppliant.

— Non, te dis-je, Oscar, je ne peux plus t'appartenir, je ne le dois plus!

— Mais tu veux donc que je meure, Alice? car tel est le sort qui m'attend, si tu persistes dans ta résolution, cruelle!

Cette scène se passait en présence du médecin qui, redoutant pour Alice les suites de tant de violentes émotions, engagea Oscar à ménager la sensibilité de cette dernière, sa position maladive, et d'accorder à la jeune femme quelques instants d'un calme, d'une solitude nécessaires à sa santé. Sur cet avis et pressé vivement par le docteur, Oscar se rendit quoiqu'à regret.

Entraîné par Menu et Théodore, ils sortirent de la chambre pour aller tous trois s'installer dans un petit salon par bas, et y attendre, non sans une vive impatience, que le docteur resté près de la malade vînt les prévenir et leur permettre de remonter près de celle qui les intéresse tant.

Une demi-heure d'attente au plus, et le médecin vient leur annoncer que le sommeil avait repris Alice, mais cette fois, un sommeil naturel, bienfaisant, réparateur, qu'il faut respecter, duquel dépend le rétablissement moral et physique de la jeune femme.

A cette nouvelle, Oscar soupire d'impatience, mais se résout; puis le médecin se retire en annonçant son prochain retour.

Une heure, puis deux se passent, deux siècles d'attente enfin pour les amis, et Oscar n'y tenant plus se disposait à remonter près d'Alice, afin de s'assurer de sa position, lorsque l'homme de l'art, fidèle à sa promesse, se présenta de nouveau aux trois amis.

— Arrivez donc, docteur, nous mourons d'impatience! s'écrie Menu du plus loin qu'il aperçoit le médecin.

— Pardon, d'avoir tant tardé, mais les malades sont nombreux dans ce moment, et je suis le seul médecin de ce canton, aussi, n'ai-je pas un instant à moi.

— Je vous crois, docteur, mais notre malade, ne pouvons-nous monter avec vous nous assurer de sa santé? demande Théodore.

— Volontiers, mais pas d'imprudence; de votre part, surtout, monsieur, répond le médecin en fixant Oscar.

— Ah! n'ayez aucune crainte, monsieur, il s'agit ici d'une personne trop chère à mon cœur pour que ma docilité à vos ordres ne vous soit acquise, répond Oscar.

— Allons donc, mais doucement, fait le médecin en ouvrant la marche.

Ils montent, ouvrent la porte de la malade, pénètrent dans la chambre : elle est déserte, Alice a disparu. Un cri de douleur, de désespoir s'échappe du sein d'Oscar, un cri de surprise de la bouche du docteur, de Menu et de Théodore, cela en parcourant la chambre. Sur une table, un papier, des mots écrits au crayon frappent la vue d'Oscar qui reconnaît aussitôt l'écriture d'Alice; le jeune homme saisit le papier et lit ces mots d'une voix émue :

« Encore une fois, Oscar, toute union entre nous est devenue impossible ; je vous aime, et suis trop jalouse de votre honneur pour ne point lui sacrifier ma plus douce espérance et toutes les joies de mon âme. Non, je ne consens plus à vous faire l'époux d'une femme dont vous auriez à rougir, et c'est pour me soustraire à vos prières, pour vous garantir de ma faiblesse, que profitant de la solitude où vous m'avez laissée, je m'échappe d'une odieuse demeure où la violence, l'audace d'un monstre ont fait de moi une créature méprisable même à ses propres yeux.

« Oscar, imitez-moi, du courage! surtout, mon ami, ne cherchez pas à me revoir, vos peines seraient infructueuses, car l'asile dans lequel je vais me réfugier, courir cacher ma honte, me dérobera pour toujours à vos yeux comme à ceux du monde.

« Adieu, Oscar, adieu, toi que j'ai tant aimé, conserve un souvenir amical à ton Alice, pense à elle comme elle pensera à toi pour te bénir et prier le ciel pour ton bonheur! »

— Partie! partie! ah! mes amis, c'est le désespoir, la mort qu'elle me donne, la cruelle! s'écrie Oscar éperdu, en tombant anéanti dans les bras de Théodore.

— Folle résolution, dont l'amour la fera repentir; mais hâtons-nous de courir sur ses traces, fait entendre Menu.

— C'est ce que nous avons de mieux à faire pour le moment, répond Théodore.

— Allons, monsieur Oscar, du courage et partons vite si nous voulons la rejoindre, reprend le petit homme.

— Partons, partons, fait Oscar.

Après avoir satisfait et congédié le médecin, les trois amis se rendent en hâte dans la cour de la maison où ils s'empressent d'appeler à haute voix la Robinet, dans l'intention de questionner cette femme, de s'informer près d'elle si elle avait vu sortir Alice, et quel chemin elle a pris, mais, peine inutile, car la vieille concierge, craignant de payer pour son maître, et que nos jeunes gens ne lui fissent un mauvais parti, avait pris la fuite peu de temps après l'arrivée de ces derniers. Or, tandis que Théodore, Menu et Oscar, que la recherche de la Robinet avaient contraints de rentrer dans la maison, en parcouraient toutes les pièces, le bruit d'une voiture qui s'arrêtait devant la porte de la villa se fit entendre, et la sonnette s'agita aussitôt avec violence.

— Une visite, recevons-la! dit Théodore en se précipitant dehors pour aller ouvrir et reconnaître de Prade dans le visiteur, de Prade qui, ignorant ce qui se passait en ce moment chez lui, accourait de Paris dans l'espérance de torturer de nouveau sa victime, que le matin en partant il avait placée sous la garde et surveillance de la Robinet. Saisir de Prade au collet, l'attirer brusquement dans la cour, et fermer de même la porte de la rue, sans donner le temps au jeune homme de se reconnaître, tel fut le premier mouvement de Théodore.

— Vous ici, qu'y faites-vous? s'informe de Prade avec colère et surprise en se mettant sur ses gardes.

— Je viens te tuer, pour venger Alice, misérable faquin, répond Théodore.

Mais un cri de rage se fait entendre d'une croisée, il est parti de la bouche d'Oscar, qui venant de reconnaître de Prade, bondit de la maison dans la cour, suivi de Menu.

— Trois ensemble! voulez-vous donc m'assassiner? s'écrie de Prade en pâlissant et reculant d'un pas à la vue d'Oscar et de Menu.

— Oui, car il me faut ta vie à l'instant même, scélérat! répond Oscar en se précipitant furieux sur de Prade, mais pour tomber aussitôt sanglant sur le pavé. L'infortuné, en se jetant sur son ennemi, venait de s'enfoncer dans le cœur la lame entière du poignard dont de Prade s'était armé pour sa défense à la vue des trois agresseurs. Théodore et Menu, apercevant le sang qui s'échappe de la blessure d'Oscar, se précipitent pour lui porter secours.

— Mort, mort! l'infortuné! s'écrie Théodore avec effroi, en ne relevant qu'un cadavre; puis, voulant venger la victime, il se relève furieux, et ne revoit plus de Prade: ce dernier avait pris la fuite.

CONCLUSION.

Un mois après les derniers événements qu'on vient de lire, une jeune femme entièrement vêtue de deuil était agenouillée aux pieds de l'archevêque de Paris, seule avec le prélat dans un oratoire. Les yeux de cette femme étaient rouges et pleins de larmes; de son sein s'exhalaient de profonds et douloureux soupirs; tout en elle enfin annonçait le malheur et la désolation, un cœur déchiré, inconsolable.

— Ainsi, ma fille, votre parti est bien pris, votre décision irrévocable? Réfléchissez encore, mon enfant, avant de me répondre, disait le prince de l'Église, prêtre à la figure noble, vénérable, à la pauvre affligée.

— Oui, mon père, je suis décidée! car ma vie n'a été que honte et scandale, ce que vient de vous révéler ma confession, et pour expier semblable existence, il n'est point de rigueur assez forte, de sacrifice assez grand.

— Espérez, mon enfant, et calmez votre douleur, car Dieu est bon, et sa clémence est le prix du repentir, même du plus grand pécheur.

— C'est pourquoi, mon père, je veux, en me vouant à son service, mériter son pardon, celui de mes fautes... tel est le but de ma démarche, de l'audience que j'ai osé réclamer de votre indulgente bonté, dans l'espoir que vous daignerez me guider dans le sacrifice que je souhaite accomplir.

— Volontiers; mais pourquoi tant de rigueur à votre égard? mon enfant, pourquoi renoncer au monde et vouloir ensevelir tant de jeunesse sous l'austère voile d'une religieuse, lorsque dans ce même monde une âme forte et noble peut encore y trouver le salut?

— Mon père, ce monde m'a corrompue, je n'y ai rencontré que la séduction et l'ingratitude; le seul être qui m'y attachait, la seule âme noble et désintéressée à qui j'eusse été heureuse et glorieuse d'unir ma destinée, est montée au ciel depuis un mois; or, malheureuse, isolée sur la terre, je veux à mon tour chercher un refuge dans le sein de Dieu. Permettez-le-moi, mon père, et cessez de combattre plus longtemps une volonté ferme, aidez et secondez la pécheresse repentie.

— Votre nom, mon enfant?
— Alice de Merville.
— Dans quel ordre désirez-vous entrer?...
— Dans celui des sœurs de charité, pour aider à secourir le malheureux, et lui consacrer mes soins.
— Que votre volonté soit faite, Alice de Merville, Dieu vous tiendra compte de ce noble et saint sacrifice.

Quelques mois après cet entretien, après que Menu fût devenu l'époux d'Antonine Ducastel, après que Théodore eût tué en duel le Prade qu'il poursuivait et cherchait en tous lieux, et vengé par la mort de cet homme celle d'Oscar et le malheur de sa bienfaitrice, Alice de Merville faisait ses adieux au monde, sa belle chevelure quittait sa tête sous le ciseau expiatoire, et le drap mortuaire tombait au pied de l'autel, sur le blanc vêtement de la fiancée de Dieu. Alice donc devenue sœur de charité et sous la dénomination de sœur Sainte-Angélique, s'enferma dans un hospice, afin, selon sa volonté, de s'y consacrer au service des malades et de l'humanité.

Deux années s'étaient à peine écoulées, que ses vertus, sa bienfaisance infatigable, lui avaient déjà mérité le pieux respect de ses sœurs et compagnes, l'adoration des infortunés, lorsqu'il plut à Dieu de la rappeler à lui et d'augmenter de sa sainte personne le cortége de ses anges.

Alice mourut d'un mal puisé au chevet d'un malade, dont elle pansait les plaies venimeuses. Et longtemps sur sa tombe, chaque passant aperçut un homme agenouillé, priant les mains jointes et les yeux remplis de larmes; cet homme était Théodore, le seul ami resté fidèle au souvenir de la jeune religieuse, sur la tombe de laquelle, et de ses propres mains, il s'était plu à graver :

A sainte Alice,

Ma reconnaissance et mon souvenir éternels.

FIN.

TABLE

	Pages
Entrée en connaissance.	5
Chapitres I. Ma famille, mes premières années.	46
— II. Premières amours.	54
— III. Séduction, perte et douleur.	76
— IV. Un rival obligeant.	106
— V. Une lorette passée de mode.	118
— VI. Retour, plaisir, déception.	136
— VII. Trafic d'amour.	153
— VIII. Suresne, visite importune, un bal de noces.	166
— IX. Où frappe la misère, la vertu succombe.	181
— X. Grands incidents.	191
— XI. Suite des mémoires.	209
— XII. Un amant imposé.	230
— XIII. Souvenirs d'un grand mois.	237
— XIV. Une longue histoire.	242
— XV. Je retrouve un amoureux.	285
— XVI. Macédoine.	291
— XVII. Un mot sur chacun.	299
— XVIII. Un dernier amour.	300
— XIX. Un ami désintéressé, une conversion.	309
— XX. Entr'acte.	323
— XXI. Il la revoit.	323
— XXII. Trois mois encore.	326
— XXIII. Où la Saint-Romain fait encore des siennes.	333
— XXIV. Les inconvénients de la minorité.	345
— XXV. Causeries.	358
— XXVI. Déception et pénitence.	365
— XXVII. Conclusion.	382

FIN DE LA TABLE.

Sceaux. — Typographie de E. Dépée.

COLLECTION A 1 FRANC LE VOLUME.

PAUL DUPLESSIS.
vol.
- Le Batteur d'Estrade... 2
- Les Mormons... 2
- Étapes d'un volontaire. 4
- L'illustre Polinario... 1
- Un Monde inconnu... 1
- Aventures mexicaines... 1
- Grands-Jours d'Auvergne. 4
- La Sonora... 2
- Les Boucaniers... 4

A. DE GONDRECOURT.
- Le Légataire... 1
- Chevalier de Pampelonne. 2
- Le Baron La Gazette... 2
- Les Péchés mignons... 2
- Un ami diabolique... 1
- Le bout de l'Oreille... 3
- Le dernier des Kervên... 2
- Médine... 2

PUBLIÉ PAR ALEXANDRE DUMAS.
- La Princesse de Monaco. 2
- Mémoires d'un Policeman. 1

PAUL FÉVAL.
- La Louve... 2
- Les couteaux d'or... 4

HENRI DE KOCK.
- Les Mystères du Village. 2
- La Dame aux émeraudes. 4
- Brin-d'Amour... 4
- Les Femmes honnêtes... 1
- La Tribu des Gêneurs... 1
- Mimette... 1

ALEX. DE LAVERGNE.
- La duchesse de Mazarin... 1
- La Pension bourgeoise... 1
- Recherche de l'Inconnue. 1
- Le comte de Mansfeld... 1

MARQUIS DE FOUDRAS.
vol.
- Madame Ibidi... 1
- Lord Algernon... 2
- Caprice de Grande Dame. 3
- Soudards et Lovelaces... 1
- Capitaine de Beauvoisis. 2
- Gentilshommes Chasseurs. 1
- Jacques de Bancion... 2
- La comtesse Avinzi... 1
- Madame de Miémont... 1

ÉLIE BERTHET.
- Les Mystères de la famille. 1
- Une maison de Paris... 1
- Le roi des Mééntriers... 1
- Antonia... 1
- L'Étang de Pécigny... 1
- Le Nid de Cigogne... 1

MADAME V. ANCELOT.
- Le Nœud de ruban... 1
- Gabrielle... 1
- Une Famille parisienne... 1

ALEX. DUMAS FILS.
- Sophie Printemps... 1
- Tristan le Roux... 1

XAVIER DE MONTÉPIN.
- Les Valets de Cœur... 1
- Sœur Suzanne... 2
- L'Officier de fortune... 2
- Un Brelan de Dames... 1
- La Syrène... 1
- Viveurs d'autrefois... 1
- Les Amours d'un Fou... 1
- Geneviève Galliot... 1
- Chevaliers du Lansquenet. 4
- Pécheresses, Ivoine et Mignonne... 2
- Les Viveurs de Paris... 4
- La comtesse Marie... 2

ERNEST CAPENDU.
vol.
- Le Pré Catelan... 1
- Mademoiselle la Ruine... 2
- Les Mystificateurs... 1
- Les Colonnes d'Hercule... 1

ADRIEN ROBERT.
- Jean qui pleure et Jean qui rit... 1
- Les Diables roses... 1
- Léandre et Isabelle... 1

LOUIS BEAUFILS.
- Cicatrices du cœur... 1
- Les Secrets du hasard... 1

DIVERS.
- Mémoires d'une Lorette, par Maximilien Perrin. 1
- Les gens de notre âge, par Victor Thierry... 1
- Les Orages de la vie, par Charles Maquet... 1
- Les Amours de d'Artagnan, par Albert Blanquet. 2
- Contes d'un Marin, par La Landelle... 1
- La succession Lecamus, par Champfleury... 1
- Chasses et Pêches de l'autre monde, par Bénédict Révoil... 1
- Rachel, par Léon Beauvallet... 1
- Les Inutiles, par Angelo de Sorr... 1
- Six mois à Eupatoria, par Léon Pallu... 1
- Une Histoire de soldat, par Louise Collet... 1
- Simples Récits, par Ch. Deslys... 1

www.ingramcontent.com/pod-product-compliance
Lightning Source LLC
Chambersburg PA
CBHW052045230426
43671CB00011B/1790